Reform der Schule und elterliche Mitwirkung

Europäische Hochschulschriften
Publications Universitaires Européennes
European University Studies

Reihe XI
Pädagogik

Série XI Series XI
Pédagogie
Education

Bd./Vol. 757

PETER LANG
Frankfurt am Main · Berlin · Bern · New York · Paris · Wien

Susanne Soppart-Liese

Reform der Schule und elterliche Mitwirkung

Die Ordnung einer sozialen Dienstleistung

PETER LANG
Europäischer Verlag der Wissenschaften

Die Deutsche Bibliothek - CIP-Einheitsaufnahme

Soppart-Liese, Susanne:

Reform der Schule und elterliche Mitwirkung : die Ordnung einer sozialen Dienstleistung / Susanne Soppart-Liese. - Frankfurt am Main ; Berlin ; Bern ; New York ; Paris ; Wien : Lang, 1998
(Europäische Hochschulschriften : Reihe 11, Pädagogik ; Bd. 757)
Zugl.: Hagen, Fernuniv., Diss., 1997
ISBN 3-631-33784-1

D 708
ISSN 0531-7398
ISBN 3-631-33784-1

für

Lenn
Laura
Sarah
Charlotte
Lukas

Inhaltsverzeichnis

Abkürzungsverzeichnis

AJS	American Journal of Sociology
ASchO	Allgemeine Schulordnung
AWO	Arbeiterwohlfahrt
BASS	Bereinigte Allgemeine Sammlung der Schulvorschriften des Landes NRW
BAT	Bundesangestellten-Tarifvertrag
BER	Bundeselternrat
BDI	Bundesverband der Deutschen Industrie
BGB	Bürgerliches Gesetzbuch
BMFJ	Bundesministerium für Familie und Jugend
CEEC	Commité Européenne d'Education Catholique
EPA	European Parent Association
GABI.NRW	Gemeinsames Amtsblatt des Kultusministeriums und des Ministeriums für Wissenschaft und Forschung des Landes Nordrhein-Westfalen; Teil I (Kultusministerium)
GAR	Grüne Alternative in den Räten
GEW	Gewerkschaft Erziehung und Wissenschaft
GG	Grundgesetz (der Bundesrepublik Deutschland)
GIAPEC	Groupement International des Associations de Parents d'Élèves de l'Enseignement Catholique
KED	Katholische Elternschaft Deutschland
KZfSS	Kölner Zeitschrift für Soziologie und Sozialpsychologie
LSV	Landesschülervertretung
MPIFB	Max-Planck-Institut für Bildungsforschung (Berlin)
MPIFG	Max-Planck-Institut für Gesellschaftsforschung (Köln)
NRO	Nicht-Regierungsorganisation
NRW	Nordrhein-Westfalen
NSB	Neue Soziale Bewegung
NWL	Nordrhein-Westfälischer Lehrerverband
OE.GIAPEC	Organisation Européenne - Groupement International des Associations de Parents d'Élèves de l'Enseignement Catholique
OI.GIAPEC	Organisation International - Groupement International des Associations de Parents d'Élèves de l'Enseignement Catholique
RdJB	Recht der Jugend und des Bildungswesens
PEV	Progressiver Eltern- und Erzieherverband (NRW)
PVS	Politische Vierteljahresschrift
SchMG	Schulmitwirkungsgesetz
SchuKo	Schulkonferenz
SOFI	Sozialwissenschaftliches Forschungsinstitut (Göttingen)
SPD	Sozialdemokratische Partei Deutschlands

SV	Schülervertretung
VVzSchMG	Verwaltungsvorschriften zum Schulmitwirkungsgesetz
WZB	Wissenschaftszentrum Berlin
WZN	Wissenschaftszentrum Nordrhein-Westfalen, Institut Arbeit und Technik (Gelsenkirchen)
ZSE	Zeitschrift für Sozialisationsforschung und Erziehungssoziologie

"Die Verwaltung der Schule wird demokratisch sein und für die Wünsche der Bevölkerung empfänglich sein." [1]

"Ein prinzipielles Fernhalten der Eltern von der Schule scheint heute weder als staatliche Kulturpolitik, noch als einzelschulische Organisationsstrategie mehr möglich." [2]

1. Kapitel: Organisierte Elterninteressen im allgemeinbildenden Schulwesen

1. Demokratisierung durch intermediäre Organisationen

Ziel der vorliegenden Arbeit ist eine Analyse von organisierten Elterninteressen im allgemeinbildenden Schulwesen am Beispiel der Verhältnisse in NRW.

Dabei sind Gedanken von Ekkehard KRIPPENDORF leitend:

> "Wie ist ein Maximum (oder ein ständig zu erweiterndes Minimum) von verantwortlicher Partizipation der Bürger und Bürgerinnen an ihren eigenen öffentlichen Angelegenheiten möglich?" [3]

> "Auch das - die neue und erweiterte innere Ausgestaltung der Demokratie, das kreative Experimentieren mit neuen Formen der Partizipation - wäre wohl ein 'Projekt', dessen sich das Deutschland der Jahrtausendwende nicht schämen brauchte, ja, das seine großen gesellschaftlichen Energien phantasievoll in Bewegung setzen könnte." [4]

Welche organisatorischen Mittel für dieses demokratietheoretisch begründete Partizipationsmodell im Bereich der öffentlichen Schule vonnöten sind - und ob dies Verbände als intermediäre Organisationen (hier: von Eltern) sein können - ist Thema dieser Untersuchung. Vereine und Verbände werden als Bindeglieder zwischen individuellen Interessen und wirtschaftlichen, sozialen und politischen Interessen der Gesamtgesellschaft verstanden. so daß sich im Idealfall die Ausrichtung des Verbandszweckes an Zielsetzungen der Gesellschaft ergibt. Als intermediäre Organisationen werden Verbände als Versuche verstanden, durch Interessenvertretung die Demokratisierung auf eine breitere gesellschaftliche Basis zu stellen. [5] Um diese Funktionen erfüllen zu können, sind politischer Aktivismus (vs. nonpartizipatorische output-Orientierung), Rationalität und Engagement (vs. Traditionalismus und Passivität) nötig. [6]

Für diese Arbeit möchte ich die Demokratisierung des Bildungswesens als Ziel umreißen, wobei diese auch im Bereich des staatlichen Schulwesens dreierlei umfaßt:

> "Aufhebung lähmender Verstaatlichungen, die Verhinderung übertriebener Staatsrückzüge u n d die Abwehr pseudoprivater Ermächtigungen." [7]

Die politische Mitgestaltung durch qualitative Mitbestimmung/ Partizipation von Eltern - verstanden als Mitentscheidung - wird als ein Teil dieses Demokratisierungsprozesses verstanden. In ihm sind repräsentative Strukturen mit Strukturen zu verknüpfen, die "Gelegenheit zur Einübung" bieten.

"Ihr Kern bleiben Urteilskraft und Bindungsfähigkeit. Urteilskraft hält den Schlüssel, denn sie ermöglicht angemessene Entscheidungen über die Bedingungen der eigenen politischen Beteiligung ebenso wie über Erfolg und Mißerfolg von Politik und Politikern, und sie lenkt die Energien, das als richtig Beurteilte verbindlich zu praktizieren. Diese Fähigkeiten hängen mit Bildung und Information zusammen, aber sie werden durch sie nicht determiniert. Sie können treffsicher durch Praxiserfahrung entstehen und bestätigt werden. In einem ungeschmälerten Sinne ist politische Urteilskraft ohne eigene mitentscheidende [!] Praxiserfahrung nicht zu gewinnen."

Zusammengefaßt lässt sich also auch für diese Arbeit unterlegen:

"Der kausale Wechselbezug zwischen politischer Informiertheit, Leistungsvertrauen und Teilnahme ist einer der unangefochtenen Topoi der empirischen Politikforschung geblieben." [8]

Der Partizipation von Eltern wird also nicht nur eine kommunikative, sondern ausdrücklich gleichermaßen ein einflußnehmende Funktion zugeschrieben. Diese bewegt sich - im Zusammenhang dieser Arbeit - auf das Ziel, die Qualität von Schule in der Richtung zu verbessern, daß die gesellschaftlich notwendigen Funktionen von Schule erfüllt werden können. Dazu sind Formen und inhaltliche Konzeptionen zu entwickeln, die sich beispielsweise an den Leitlinien der "Differenzierung von Bildungszielen, Bildungswegen und Bildungsinhalten" sowie "Regionalisierung der Bildungsangebote" orientieren, wozu auch das "Gewähren von eigenverantwortlichen sachlichen und finanziellen Handlungsspielräumen auf örtlich-regionaler Ebene" gehört. [9]

Die Gestaltung des Schulwesens anhand dieser Leitlinien greifen die Forderungen nach einem öffentlichen (statt staatlichen) Schulwesen auf und machen es mit der gesellschaftlichen Entwicklung kompatibel. In diesem Zusammenhang ist die generelle Frage aufgeworfen, welche gesellschaftlichen Gruppen überhaupt am Schulwesen beteiligt werden sollen, und in welchen Formen eine solche Beteiligung geschehen soll.

Elternmitwirkung in intermediären Politikformen unterscheidet sich als repräsentative Politikform von der direkten einzelelterlichen Intervention. Welche spezifischen Leistungen können nun verbandliche Organisationen von Elterninteressen bei den unterschiedlichen Konflikten leisten? Gibt es Vorteile gegenüber der einzelelterlichen Intervention?

Die Frage nach der Leistungsfähigkeit, ja sogar Existenzberechtigung von Elternverbänden wird bisher extrem unterschiedlich beurteilt. W.GAGEL sieht die Stärke von Elternverbänden gerade in der komplementären Funktion der ausserkonsensuellen Konfliktlösung.[10] D. MOHRHARDT hingegen begreift die Verbände als Produkt der Unvollkommenheit der gesetzlichen Normierungen.[11] Beide gehen allerdings von einem hierarchischen Modell von Schule aus, in dem steigende Entscheidungsmacht jeweils auf höherer Hierarchieebene angesiedelt ist. Die internen Prozesse der Demokratisierung von Schule lassen sich u.a. mit Abbau der Hierarchien beschreiben. Ein Ziel besteht in der Selbststeuerung der Komplexitätsverarbeitung in den Subsystemen selbst. Dementsprechend müßten veränderte Formen der Elternmitwirkung herausgearbeitet werden. Mir geht es hier um institutionalisierte Partizipationsmöglichkeiten von Bürgerinnen und Bürgern, die sich als Interventionen in das Schulsystem in einem formellen Geflecht von Verfahrensregeln ansiedeln lassen.

Der Gedanke, daß auch Interessenorganisationen ihre Organisations- und Artikulationsformen verändern müssten, ist dabei zwingend:

> "Mit den Veränderungen in der Welt der Arbeit verändern sich also auch die politischen Formen der Artikulation von Interessen, sofern diese auch in der Arbeitsgesellschaft der Zukunft erfolgreich vertreten werden sollen." [12]

Sie wären als Organisationen intermediärer Politikformen zu konzipieren, deren Stärken in einer Doppelstrategie liegen könnten: sowohl institutionelle Arbeit in Richtung Reform als auch die Ingangsetzung kollektiver Lernprozesse in Netzwerken intermediärer Organisationen.[13]

Dazu wäre ein Blick über die Grenzen gesetzlich normierter Elternmitwirkung nötig: kollektive Elternmitwirkung läßt sich nicht allein in den traditionellen Gremien und Verbänden finden, sondern auch in denen der "Neuen Sozialen Bewegung" zuzurechnenden Organisationen wie Bürgerinitiativen, Aktionsgruppen, Runden Tischen etc.. Die von ihnen kreierten Aktionsformen gehören inzwischen auch zum Standardrepertoire von traditionellen Verbänden und Bewegungsverbänden.

2. Elternverbände in NRW – institutionalisierte Mitwirkung und Bewegungsorganisationen

In NRW können nach dem Schulmitwirkungsgesetz (SchMG) zwei Ebenen der elterlichen Mitwirkung unterschieden werden, aus denen sich unterschiedliche Organisationsformen ergeben:

1. auf Einzelschulebene die sich insbesondere aus den rechtlichen Regelungen wie SchMG ergebenden Mitwirkungsmöglichkeiten sowie
2. überschulische, insbesondere auf Landesebene angesiedelte Mitwirkungsmöglichkeiten durch auf freiwilliger Grundlage gebildete Vereine bzw. Verbände.

Beide Organisationsformen sind in einen gesetzlichen Rahmen eingebunden, das Schulmitwirkungsgesetz (SchMG). Gesetzlich verpflichtend ist jedoch nur die Mitwirkung von Eltern auf der Ebene der Einzelschule, auf Landesebene ist sie lediglich potentiell vorgesehen, weil die Organisationsform der freiwilligen Vereinigung folgt.

Ich möchte mich bei den potentiell vorgesehenen freiwilligen Vereinigungen konzentrieren auf diejenigen Verbände, die "anerkannt" sind (zu diesem Begriff vgl. weiter unten). Diejenigen Zusammenschlüsse, die sich als Reaktion auf bestimmte Konflikte (wie eine Organisationsuntersuchung im Bereich des staatlichen Schulsystems, die Einspar- und Kürzungsmöglichkeiten vorschlägt) und Pathogenitäten (wie 'mobbing' im Bereich der Schule) gebildet haben, und die sich mehr den "Neuen Sozialen Bewegungen" zurechnen lassen, sind nicht Gegenstand dieser Untersuchung. Daneben haben sich in NRW punktuell auf Stadt-/ Kreisebene überschulische Zusammenschlüsse von Elternpflegschaften gebildet, z.B. in Köln eine Stadtschulpflegschaft der Grundschulen und eine Arbeitsgemeinschaft der Gymnasien. Diese informelle Zusammenschlüsse sind nach dem Schulmitwirkungsgesetz nicht vorgesehen und haben demnach auch keine formellen Mitwirkungsmöglichkeiten. Sie sind Beispiele für Zusammenschlüsse der Art "Neue Soziale Bewegung", die sich aufgrund individueller Präferenzen bilden und sich fallweise erst einen Zugang zu institutionellen Verfahren erkämpfen müssen. Sie sind nicht Gegenstand dieser Arbeit, weil ihr Einbezug schlicht den Rahmen sprengen würde, so daß allein arbeitsökonomische Gründe es angeraten erscheinen lassen, sich auf die erstgenannten Gruppen zu beschränken. Damit ist keinesfalls darüber entschieden, welche Formen wichtiger, einflußreicher etc. sind. Wahrscheinlich sind beide Formen wechselseitig aufeinander angewiesen, so daß mit gegenseitigen Berührungsängsten und Ausschließungen letztendlich eine Schwächung in der Zielerreichung folgt.

Die Wechselbeziehungen und komplementären Leistungen, die sich aus der Arbeit der traditionellen Verbände, Parteien und letzteren, wie Bürgerinitiativen, Aktionsgruppen u.s.w. ergeben, sind jedoch in dieser Arbeit insoweit Gegenstand, als daß das Verhältnis der Organisationsformen zueinander - z.B. anhand der Fragen nach ihrer Annäherung, Konkurrenz und Öffnung - interessiert. Weitergehende Fragen nach repräsentativen und/oder direktdemokratischen Formen von Beteiligung werden im empirischen Teil der Arbeit eine Rolle spielen.

Das Ziel der Arbeit ist genauer so zu beschreiben: die formell im SchMG NRW institutionalisierte Verbandsarbeit von Eltern in Bezug auf das allgemeinbildende Schulsystem transparent machen, indem die rechtlichen und finanziellen Grundlagen sowie die planerische und informelle Kooperation analysiert werden. Dies soll ein Beitrag zu einer Analyse von einem Einflußfaktor auf die Bildungspolitik sein, welche als Teil von (in Deutschland vorwiegend staatlichen) Steuerungsmechanismen aufgefaßt wird. Die Aktionsmöglichkeiten organisierter Interessenvertretungen von Eltern (kollektive Elternakteure) und ihr Einfluß auf diese Steuerungsmechanismen sollen genauer untersucht werden.

Dies geschieht mit der Absicht, die Leistungsfähigkeit dieses Verbandshandelns in Bezug auf die Veränderungen, die im allgemeinbildenden Schulwesen für nötig erachtet werden zu untersuchen. Dabei werde ich als Bezugspunkte für Veränderungen - in Spezifizierung der Demokratisierung - für das allgemeinbildende Schulwesen einmal die Autonomisierungsdiskussion wählen, zum anderen die damit in einem unlösbaren Zusammenhang stehende Diskussion um die

Qualität von Schule. Für NRW ist diese Diskussion begründet, verdeutlicht und zusammengeführt worden anhand der Empfehlungen einer Bildungskommission.[14]

Aus der Fülle von soziologischen und politologischen Theorien werde ich im folgenden solche auswählen, die es gestatten, einen gewissen 'roten Faden' in diesen Diskussionen herzustellen. Dabei erfolgt die Auswahl theoretischer Versatzstücke unter dem Leitgedanken, daß einige Probleme klarer benannt werden können - und damit vielleicht zu ihrer Lösung beigetragen werden kann. Der Vorwurf des Eklektizismus ist natürlich bei einem solchen Vorgehen nicht weit entfernt.[15] Eine gewisse Systematisierung erfolgt mithilfe des Politikfeldansatzes.[16] Er beschäftigt sich mit einzelnen Politikfeldern - hier also dem Bildungswesen: "Im Zentrum des Interesses der Politikfeldanalyse stehen die Art und Weise staatlicher Aktivitäten, die Problembewältigung und ihre Instrumente."[17] Die Unterscheidung von polity, policy und politics erlaubt es, politische Institutionen und formale Regeln, Politikinhalte und -felder und schließlich den politischen Prozeß zu unterscheiden.[18] Genauer gesagt geht es also bei der polity um die institutionelle Verfassung des politischen Gemeinwesens als der Selbstorganisation der Gesellschaft, bei der policy um den sachlichen Gehalt politischer Programme zur Gestaltung gesellschaftlicher Verhältnisse und schließlich bei politics um den Prozeß der politischen Auseinandersetzung um Machtanteile (Zirkulation der Eliten, Partizipation, Wählerverhalten, Bildung und Zerfall von Koalitionen etc.).[19]

Dieser methodische Ansatz bedeutet hier, daß das Politikfeld ein Teilbereich des Bildungswesens ist, das allgemeinbildende Schulwesen. Die policy kann durch den Kommissionsbericht NRW und ein Bereich der politics durch das Mitwirkungsverhalten von Eltern umrissen werden. Diese Fragen können nun in der Perspektive der staatlichen Steuerung behandelt werden: Was müssen staatlich-administrative Akteure tun? Hier möchte ich einen Perspektivenwechsel machen zu der Fragestellung: was müssen beispielsweise Eltern tun, um im Prozeß der politischen Steuerung eine Rolle zu spielen? Präziser: wie können Eltern sich als kollektive Akteure konstitutieren und gerade deshalb im politischen Prozess einen einflußreichen Faktor darstellen?

Für diese Arbeit werde ich für den politischen Prozess unterlegen, - und damit komme ich auf die anfangs formulierte Zielvorstellung zurück - daß ich "politische Partizipation als Garant für das Wohl des Gemeinwesens und seiner Freiheit nach innen wie außen" ansehe.[20] Diese Partizipation steht als Verfahrens- und Kontrollform im Zusammenhang mit persönlicher Verantwortung[21] für die Umsetzung von Demokratisierung, Emanzipation und versachlichter Austragung von Interessenkonflikten. Letztlich ist damit nicht weniger als die Verwirklichung von Menschenrechten angesprochen, die nur in demokratischen, möglichst dezentralen Verfahren erfolgen kann.[22] Allerdings:

"Verfahren allein, selbst formell demokratische, reichen nicht aus. Allerdings lassen Menschenrechte keine andere Form denn die demokratische zu. Infolge als dauernd anzunehmender Konflikte kommt es darauf an, Entscheidungsformen, Regelungsformen von Konflikten zu etablieren, die durch ein hohes Konsensgebot und harte Minderheitenrechte zugleich ausgezeichnet sind," (108), denn "Politik ist unser aller Beruf, gerade angesichts ihres Entschwindens." (109)

Die Präzisierung dieses Gedankens im Rahmen dieser Arbeit lautet, daß es um den Prozess der Benennung von solchen Problemen geht, die Kinder und Jugendliche (und damit vermittelt deren Erziehungsberechtigte/ -verpflichtete) in und mit der Institution Schule haben. Die Schaffung und Durchsetzung einer Lösung durch kollektive Akteure (sprich: Verbände der Eltern) wird als Interventionsmittel verstanden zum Zwecke der Handlungskoordination.

Zur weiteren Verdeutlichung möchte ich an dieser Stelle eine engergefaßte Definition von Partizipation einschieben: es handelt sich um eine Form der Interessenvertretung, die stimmberechtigte Teilhabe an Entscheidungen beinhaltet. Damit ist u.a. die Frage der Paritäten in Entscheidungsgremien angesprochen. Diese formalen Regeln bilden eine der Grundlagen für die qualitative politische Partizipation mit dem Ziel einer Demokratisierung der Schule. Dies bedeutet die Konzipierung einer Schule in öffentlicher (statt staatlicher) Verantwortung, und in diesem Sinne eine veränderte grundgesetzliche Interpretation der staatlichen Aufsichtsfunktion.

Verbände werden dabei als institutionalisierte Form politischer Partizipation definiert, die sich sowohl von informellen Gruppen mit wechselnden Koalitionen und individuellen Präferenzen als auch von individualisierten Eltern unterscheiden, die im Sinne von politischen Unternehmern jeweils für sich bzw. ihr jeweils eigenes Kind tätig werden. Unter politischer Partizipation verstehe ich für den Bereich Schule eine solche, die sich in einer Verbändepolitik äußert, die sich inhaltlich nicht nur auf pädagogische, sondern auch auf politische Fragen bezieht. Die Ebene der Einflußnahme ist demnach für kollektive Interessenvertretung das Steuerungssystem für das Bildungswesen, also Administration und politisches System.

Somit geht es in dieser Arbeit um institutionalisierte Formen pädagogischer und politischer Interessenvertretung im Sinne von Entscheidungsrechten von Eltern im Schulbereich. Mitentscheidung von Eltern im Schulbereich kann so als ein Mosaiksteinchen zur Erreichung/ Weiterentwicklung der Demokratie im politischen, wirtschaftlichen und sozialen Bereich angesehen werden. [23]

- Anmerkungen zum 1. Kapitel:

1 Direktive Nr. 54 der Alliierten Kontrollbehörde in Deutschland vom 25.6.1947, zit. nach FROESE, L. (1969), 103
2 TYRELL, H. (1987), 106
3 KRIPPENDORF, E. (1993), 145
4 KRIPPENDORF, E. (1993), 146
5 REICHEL, P., (1995), 134
6 KRIPPENDORF, E. (1993), 122
7 ENGLER, W., (1995), 232
8 MEYER, Th. (1994), 69
9 siehe zu allen drei Leitlinien u.a. 5. Familienbericht, 1994, 313
10 GAGEL, W. (1983), 75
11 MOHRHARDT, D., zit. nach GAGEL, W. (1983), 76
12 ALTVATER, E., (1995), 24
13 vgl. GERHARDT, Ute (1996), 13, die diesen Gedankengang als "radikalen Reformismus" bezüglich der Frauenbewegung beschreibt.
14 Bildungskommission NRW (1995) - vgl. ausführlich: Kapitel 5 dieser Arbeit
15 vgl. dazu, und dem souveränen Umgang mit diesem Vorwurf: HÉRITIER, Adrienne. (1993), 434
16 vgl.: JANN, W. (1993), SCHUBERT, K. (1989), HÉRITIER, Adrienne. (1993), diess. [WINDHOFF-HÉRITIER] (1987)
17 JANN, W. (1993) in NOHLEN, D. (Hrsg.), 498
18 WINDHOFF-HÉRITIER, Adrienne. (1987), 17
19 vgl. SCHARPF, F.W. (1989), 11
20 MÜNKELER, H. (1990), 13
21 vgl. NARR, W.-D. (1990), 101
22 NARR, W.-D. (1990), 108 - auch zum Folgenden
23 vgl. gleichlautend: ENGLER, W. (1995), 228

"Die Bemerkungen zur Verfassungslage sind notwendig, weil grundsätzliche Vorbehalte gegenüber elterlicher Partizipation, mögen sie sich auch auf 'Erfahrungen' berufen, an der partizipationsfreundlichen Verfassungslage nichts zu ändern vermögen." [1]

2. Kapitel: Rechtliche Regulierung von Elternmitwirkung

Elternrechte, die Persönlichkeitsrechte der Kinder [2] und staatlicher Erziehungsauftrag bilden den Dreiklang aus rechtlichen Regelungen, aus dem das 'Kindeswohl' harmonisch ertönen soll. Dissonant wird es dann, wenn diese Rechte konkurrierend zueinander gedacht werden: Elternrechte gegen Kinderrechte[3] und diese gegenüber zu denen der Lehrer. Wenn die Schule hier mit rechts- und verwaltungswissenschaftlichen Kategorien betrachtet wird, so werden diese allerdings als Hilfs-, und nicht als Hauptkonstruktionen, angesehen.[4]

Ich werde mich auf das Grundgesetz der Bundesrepublik Deutschland, die Landesverfassung NRW sowie das Schulmitwirkungsgesetz NRW und die Allgemeine Schulordnung konzentrieren. Der Bereich des Verwaltungsrechts sowie die Erlaßlage bleiben dabei ausgespart. Es kommt mir hier nicht auf den Nachvollzug der juristischen Argumentationen in der einschlägigen Fachliteratur an,[5] sondern um die Sicherung grundlegender Ergebnisse.

Grundsätzlich ist die Schule als staatliche Schule gebunden an die Staatszielbestimmungen aus Art. 20 GG sowie die Grundrechte. Die Staatsziele beinhalten konkret Demokratie, Rechts-, Sozial- und Bundesstaat. Die Grundrechte bestimmen u.a. Gewissens-, Glaubens-, Meinungsfreiheit als "Vielfalt und Entwicklungsgewährleistung materieller Produktion und Wettbewerb unterschiedlicher Ideen im politischen Prozeß." [6] Für das Schulwesen leiten sich daraus Grundsätze ab, die sich insbesondere aus dem Rechts- und Sozialstaatsgebot sowie dem Pluralitätsprinzip ergeben.[7] Letzteres umfaßt die Pflicht des Staates zur organisatorischen und curricularen Differenzierung.[8] Elternverbände sind im engeren Sinn in den Rahmen des Koalitionsrechtes sowie der Grundrechte von Eltern und Kindern zu stellen.

Damit sollen diejenigen Regelungen bezüglich des Schulwesens verdeutlicht werden, die als 'Steuerungsmechanismus Recht' eine ausschlaggebende Rolle spielen. Sie gründen auf den Grundrechten sowie den Staatszielbestimmungen.

1. Das Grundgesetz der Bundesrepublik Deutschland

Elternrecht und Kinderrecht sind Grundrechte - ebenso wie das Koalitionsrecht, welches Grundlage für die Gründung von Verbänden ist. In Art. 1,3 GG ist festgelegt:

"Die nachfolgenden Grundrechte binden Gesetzgebung, vollziehende Gewalt und Rechtsprechung als unmittelbar geltendes Recht." [....] "Demnach sind faktische Einschränkungen [....] durch Gesetze oder Verwaltungsverfahren schlicht verfassungswidrig." [9]

Elternrechte und Kinderrechte sind als Grundrechte nach Art. 19,2 besonders geschützt: "In keinem Fall darf ein Grundrecht in seinem Wesensgehalt angetastet werden."

Aus dem GG Art. 6,2 - "Pflege und Erziehung der Kinder sind das natürliche Recht der Eltern und die zuvörderst ihnen obliegende Pflicht. Über ihre Betätigung wacht die staatliche Gemeinschaft" - leitet sich ab

- die Stellung von Eltern und Staat bei der Kindererziehung,
- die Definition der Elternrolle,
- die Bestimmung der Grenzen des elterlichen Erziehungsrechtes,[10]
- die Regelung der staatlichen Grenzen bei der Kinderpflege und -erziehung.

1.1 Individuelle Elternrechte und Staat bei der Kindererziehung

Das Verhältnis von Eltern und Staat ist im wesentlich dadurch bestimmt, daß beide ein gleichberechtigtes Erziehungsrecht haben, welches sich am Kindeswohl orientiert (bzw. orientieren sollte).[11] Diese Orientierung am "Kindeswohl" reguliert die "elterliche Sorge" (§ 1626 BGB). Das Recht der Eltern ist untrennbar mit ihrer Erziehungspflicht verknüpft. Sie wird von staatlicher Seite kontrolliert, indem der Staat ein "Wächteramt" übernimmt, welches er subsidiär wahrnimmt "im Wege der Unterstützung oder durch ein Eingreifen bei Mißbrauchsfällen." [12] Es gibt Interpretationen, die Gleichrangigkeit von elterlichem und staatlichem Erziehungsrecht auf die Schule zu beschränken.[13] Sie kollidieren mit einer Auffassung, nach der alle am Erziehungsprozeß beteiligten Personen/ Institutionen verknüpft werden sollten bei der Lösung von erzieherischen Problemen.[14]

Beim Elternrecht ergibt sich eine eigenartige und einzigartige Rechtskonstruktion: rechtspolitische Normen begründen in der Regel Gebote und Verbote, um unerwünschtes Verhalten zu verhindern.[15]

Allerdings wird beim Elternrecht mit unbestimmten Soll- und Darfvorschriften gearbeitet, die gleichwohl mit einer Pflicht kombiniert werden. Und diese Pflicht wird durch den Staat überwacht, allerdings in einer subsidiären Weise, die wiederum interpretationsbedürftig ist. Solche unbestimmte Begriffe erklären augenscheinlich die Vagheit der Aussagen sowohl zu individuellen als auch kollektiven Elternrechten.

Das staatliche Erziehungshandeln ist durchaus mit eigenen Zielen versehen. Es wird jedoch begrenzt durch die Grundrechte der Kinder und die 'Einwirkungsrechte' der Eltern, sowie generell durch die Staatszielbestimmungen des Grundgesetzes. Konkret bedeutet dies für das Schulwesen beispielsweise, daß das Pluralismusgebot zu beachten ist und Toleranz und sozialer Gerechtigkeit Rechnung zu tragen sind.

Es dürfte außerordentlich interpretationsabhängig sein, die Bereiche elterlichen und staatlichen Erziehungshandelns voneinander abzugrenzen, so daß ich bezweifele, ob damit "ein Kriterium [vorliegt], das die Entscheidungskompetenz von Eltern und Staat festlegt." [16] Die verfassungsrechtliche Anerkenntnis zweier unterschiedlicher Erziehungsbereiche - elterlicher und staatlicher - als Grundlage für die Zuordnung von Entscheidungsrechten im Konfliktfall [17] dürfte tatsächlich nur "im Wege der Abstimmung und des Ausgleichs der unterschiedlichen Interessen" funktionieren. [18]

Ähnlich argumentiert Barbara RHODE, die in der Schaffung neuer Regulationssyteme für die Herbeiführung verantwortlicher Entscheidungsprozesse die Aufgabe des Rechts sieht. [19] Dies kann gelingen, wenn es zu einer Deregulierung von "inzwischen weitgehend durchregelten Räumen" sowie einer "größeren Achtung und Beachtung der bestehenden selbstregulierenden Strukturen in einem Lebensbereich kommt." [20] Dies kann nicht mit "positiven Verhaltensvorschriften", sondern mithilfe der negativen Sanktionierung desjenigen Verhaltens, "das sich schädlich auf die freie Entfaltung der anderen auswirken könnte" erfolgen. [21]

1.2 Kollektive Elternrechte

Aus den individuellen Elternrechten, den Grundrechten des Kindes [22] und dem Demokratie- und Sozialstaatsgebot ergeben sich kollektive Mitbestimmungsrechte der Eltern. [23] Sie sind allerdings in der juristischen Literatur stark umstritten. [24]

Ich möchte diese Diskussion nur insoweit aufnehmen, als daß ich (zustimmend) zitiere aus dem Abschnitt:

> "Elterliche Mitwirkung 'außerhalb des grundgesetzlichen Elternrechts'. Der Landesgesetzgeber kann die von ihm vorgesehenen Elterngremien oder andere, auch gemischte Gremien, mit Rechten ausstatten, die sich nicht, wie das Recht der Eltern aus Art. 6 Abs. 2, S.1 GG, unmittelbar auf das eigene Kind beziehen, wenn Prinzipien des Grundgesetzes oder ausdrückliche Bestimmungen in den Verfassungen der Länder dies erfordern, oder wenn er es für wünschenswert und praktikabel hält und insoweit weder das Grundgesetz noch andere Gesetze entgegenstehen." [25]

Damit ist der Weg frei, unter Beachtung der Grenzen des individuellen Elternrechts aus dem GG eine spezifische Gewährleistung für kollektive elterliche Mitwirkung aus der Landesverfassung zu gewinnen.

1.3 Elternmitwirkung und Kinderrechte

Schließlich ergibt sich eine deutliche Akzentverlagerung und Erweiterung von staatlichem und elterlichem Erziehungshandeln aus den "eigenen Rechten der Kinder, denen es Geltung erst zu verschaffen gilt." [26] Kinder werden zunehmend als Träger, Inhaber und selbständige Ausüber von Grundrechten gesehen.[27] Es ergibt sich damit u.U. ein Konflikt zwischen den elterlichen Erziehungsbefugnissen und der "Subjektstellung des Kindes",[28] beispielsweise in der Frage der gewaltfreien Erziehung der Kinder. Ob damit eine "Arena für den Zweikampf von Eltern- und Kinderrechten" [29] eröffnet wird im Sinne der Durchsetzung individueller Ansprüche Kind-Eltern, möchte ich bezweifeln. Dazu dürften zivilrechtliche Bestimmungen und gar verfassungsrechtliche Ächtungen im Alltag der Familienbeziehungen eine zu rudimentäre Rolle spielen.

Demgegenüber sind im Rahmen staatlicher Ordnungs- und Regulierungspolitik gesamtgesellschaftliche Verteilungs- und Prioritätenfestlegungen zu erwarten. Deren Folgen - wie z.B. steuerliche Be- und Entlastungen, Veränderungen der Schuldauer etc. - schlagen allerdings unmittelbar durch auch auf die familiäre Situation – und damit auf das Eltern-Kind Verhältnis. Diese auf die Familienbeziehungen einwirkenden Folgen staatlicher Politik ergeben sich quer zu sozialstrukturellen Klassenlagen.

Zusammenfassung: Das Elternrecht ist als einziges Grundrecht mit einer Pflicht kombiniert. Die Staatszielbestimmungen sind Entsprechungen der Pflicht des Staates in Form von Grundsätzen, denen er Geltung zu verschaffen hat.

Elternrecht und Staatsauftrag zur Bildung und Erziehung von Kindern sind lt. Bundesverfassungsgericht 1978 gleichgeordnet. Mit der Akzentuierung von eigenständigen Kinderrechten als Grundrechten ergibt sich die Notwendigkeit der gleichrangigen Beachtung der Grundrechte von Kindern und Eltern sowie der einschlägigen Staatszielbestimmungen. Die Abgrenzung von Interessen ist dabei nach dem "Wohl des Kindes" auszurichten. Mit einer regulativen Politik,[30] die Deregulierung und Achtung selbstregulativer Strukturen mithilfe von negativer Sanktionierung freiheitsschädlichen Verhaltens anstrebt, sind die aus dem Grundgesetz sich ergebenden Elternrechte, der Staatsauftrag sowie die Kinderrechte einzulösen. (vgl. weiterführend 6. Kapitel)

2. Schulpolitik = Landespolitik: Die Verfassung des Landes NRW

Schulpolitik ist infolge des föderalen Aufbaus der Bundesrepublik Deutschland Sache der Länder. Deshalb sollen die einschlägigen Bestimmungen aus der Landesverfassung NRW herangezogen werden, aus denen sich die oben angesprochene Gewährleistung für kollektive Mitbestimmungsrechte ergibt. Artikel 10,2 der Landesverfassung bestimmt: "Die Erziehungsberechtigten wirken durch Elternvertretungen an der Gestaltung des Schulwesens mit."

Damit ist deutlich ausgedrückt, daß es sich nicht nur um ein individuelles Elternrecht als Grundrecht handelt, sondern mit dem Terminus 'Elternvertretungen' wird auf ein kollektives Vertretungsrecht hingewiesen, welches sich in institutionalisierter Mitwirkung materialisieren kann.[31] Desweiteren ist der Inhalt der Mitwirkung nicht beschränkt auf Erziehungs- und Unterrichtsfragen (pädagogische Themen), sondern es wird vom 'Schulwesen' als umfassender Ausdruck für die organisierte Form von Erziehung und Bildung gesprochen.

Die Landesverfassung enthält somit einen weitgehenden Auftrag an Elternmitwirkung. Er umfaßt - als überblicksartige Gliederung - die pädagogische, personelle, finanzielle, schulorganisatorische und schulstrukturelle Ebene. Damit ist die Frage der Schulverfassung insgesamt angesprochen.

Umgesetzt wird der Auftrag der Landesverfassung u.a. in Schulgesetzen. Deren Vielzahl ist bemerkenswert in NRW. Sie sind u.a. in der BASS zusammengefaßt (Bereinigte Amtliche Sammlung der Schulvorschriften des Landes Nordrhein-Westfalen). Dieser jährlich erscheinende Wälzer von 1208 Seiten (1994) wird fortlaufend komplettiert durch monatlich erscheinende Ausgaben des GABl. NW.I = Gemeinsame Amtsblatt. Der Anspruch, durch die Herausgabe der BASS wird in § 1 des Einführungserlaß BASS umschrieben:

> "Als Beitrag zur Verwaltungsvereinfachung im Schul- und Weiterbildungsbereich gibt das Kultusministerium des Landes Nordrhein-Westfalen... [...] Die BASS enthält den bereinigten Bestand aller von der Landesregierung amtlich veröffentlichten und am Stichtag fortgeltenden Rechts- und Verwaltungsvorschriften mit Regelungswirkung für den Schul- und Weiterbildungsbereich (Schulvorschriften)."[letzter Satz im Original fettgedruckt.]

2.1 Allgemeine Schulordnung (ASchO)

Im Abschnitt VIII: Schule und Erziehungsberechtigte wird in § 38 [von insgesamt 51 Paragraphen] der Allgemeinen Schulordnung für Nordrhein-Westfalen deren Zusammenarbeit paragraphiert: Abs. 1 lautet:

> "Der Bildungs- und Erziehungsauftrag der Schule erfordert eine enge und vertrauensvolle Zusammenarbeit zwischen Schule und Erziehungsberechtigten. Die Erziehungsberechtigten wirken nach Maßgabe des Schulmitwirkungsgesetzes an der Gestaltung des Schulwesens mit."[32]

Der Auftrag der Landesverfassung wird wieder aufgenommen (Gestaltung des Schulwesens). Ergänzt wird er durch eine Norm (enge und vertrauensvolle Zusammenarbeit zwischen Schule und Erziehungsberechtigten) und einen Hinweis auf einen Rahmen: das Schulmitwirkungsgesetz. In einem Kommentar dazu wird auf 'Sollen' und 'Dürfen' abgestellt:

> "Der legitime Erziehungsanspruch von Eltern und Staat darf nicht zu konkurrierendem Denken und Handeln zwischen Lehrern und Erziehungsberechtig-

ten führen," und "die prinzipielle Gleichrangigkeit [von elterlichem Erziehungsrecht und staatlichem Erziehungsauftrag] dieser Aufgaben soll die Beteiligten verpflichten, zum Wohle der einen Persönlichkeit des Schülers sinnvoll zusammenzuwirken." 33

Die Herstellung praktischer Konkordanz zwischen elterlichem und schulischem Erziehungsrecht wird damit zum Ziel der Mitwirkung erklärt.

2.2 Schulmitwirkungsgesetz (SchMG)

Das 1977 erlassene, 1984 und 1994 zuletzt geänderte Schulmitwirkungsgesetz ist in vier Teile gegliedert:

- Teil I: Allgemeine Bestimmungen,
- Teil II: Mitwirkung in der Schule,
- Teil III: Mitwirkung beim Schulträger und beim Kultusministerium,
- Teil IV: Verfahrensvorschriften.

Teil I umfasst in § 1 Mitwirkung und Mitwirkungsberechtigte, § 2 Organisation und Geltungsbereich der Mitwirkung und § 3 Grenzen der Mitwirkung.

Diese Grenzen umfassen in § 3, Abs. 1 die "Verantwortung der staatlichen Gemeinschaft für die Gestaltung des Schulwesens", die "Aufsicht des Landes", die "Rechtsvorschriften und Verwaltungsvorschriften." Zu letzteren gehören insbesondere die in Runderlassen des Kultusministeriums und in Rundverfügungen der Schulaufsichtsbehörden veröffentlichten Richtlinien für den Unterricht, Lehrpläne und Stundentafeln sowie Richtlinien für den Schulbau und das Schulbauprogramm.

In Abs. 2 erfolgt die Grenzziehung zur pädagogischen Freiheit der Lehrer, in Abs. 3 zum Recht der kommunalen Selbstverwaltung sowie der kollektiven Mitwirkungsrechte der Lehrer (Personalräte, gewerkschaftliche Spitzenorganisationen und Berufsverbände). In Abs. 4 werden sämtliche Mitwirkungsentscheidungen unter die Vorbehalte gestellt:

> "Entscheidungen der Mitwirkungsorgane dürfen nur ausgeführt werden, soweit die personellen, sachlichen und haushaltsmäßigen Voraussetzungen gegeben sind."

Es dürfte deutlich geworden sein, daß die rechtlichen Rahmensetzungen sich schwerlich als ein filigranes Gebilde beschreiben lassen. Im folgenden soll untersucht werden, ob und in welcher Größe sich ein Bild von Elternmitwirkung in diesem Rahmen finden läßt.

2.2.1 Ebenen der Mitwirkung

Für NRW sind zwei Mitwirkungsebenen vorgesehen: die Mitwirkung der Eltern in der einzelnen Schule, und beim Kultusminister die Mitwirkung über

Verbände und Organisationen. Ch. JÜLICH findet es "interessant, [...] daß der nordrhein-westfälische Gesetzgeber davon abgesehen hat, die überschulische Mitwirkung zu institutionalisieren" [34] und hätte es naheliegend gefunden, auch auf Schulträgerebene oder [!] Landesebene Elternbeiräte vorzusehen. Damit sind Nordrhein-Westfalen und Bayern die einzigen Bundesländer in der Bundesrepublik Deutschland, die keine durchgewählten Elternvertretungen haben.

> "Der Gesetzgeber [befürchtete] bei Schaffung solcher Gremien eine 'Atomisierung' schulischer Verantwortung und die Verwischung fachlicher und pädagogischer Verantwortlichkeiten." [35]

Ich werde der Systematik des Gesetzes folgen, und die Mitwirkungsebenen Schule und Gemeinde/Land unterscheiden.

Da hier die Mitwirkungsrechte der Eltern interessieren, werde ich nur diejenigen Gremien anführen, an denen Eltern beteiligt sind. Damit fallen von vorneherein auf der Schulebene die Lehrerkonferenz und die Schülervertretung heraus, die als reine Gruppengremien institutionalisiert sind. Somit ergeben sich institutionelle Mitwirkungsrechte von Eltern in folgenden Gremien auf der Ebene der Einzelschule:

a) Klassenpflegschaft - Klassenkonferenz
b) Schulpflegschaft
c) Schulkonferenz - Fachkonferenzen.

Auf Gemeindeebene gibt es in NRW keine institutionalisierte Mitwirkung. Auf Landesebene erfolgt die Mitwirkung von Eltern durch vom Kultusministerium anerkannte Verbände. (siehe ausführlicher weiter unten)

2.2.2 Funktion der Mitwirkung auf Schulebene

Information, Beteiligung (Anhörungs-, Beratungs-, Anregungs- und Vorschlagsrechte) und Entscheidung sind die Funktionen der Mitwirkung. (§ 1,2) Das 1994 neu eingeführte Auskunfts- und Beschwerderecht der Organe der Schulmitwirkung gegenüber der Schulleitung sowie der Anspruch, von ihr eine schriftliche, mit einer Begründung versehene Antwort zu erhalten (§ 1, Abs. 2) begründet keine Entscheidungsrechte. Wie oben ausgeführt, definiere ich Mitbestimmung in einem engeren Sinne und damit auf Entscheidung, weil nur diese Funktion eine formelle Mitwirkung sinnvoll macht. [36]

Klassenpflegschaft - Klassenkonferenz

Die Klassenpflegschaften/Jahrgangsstufenpflegschaften als Basiseinheit der Schulmitwirkung haben lediglich Beratungsrechte in ausschließlich pädagogischen Fragen (§ 11, Abs. 6, Punkt 1-6 und Abs. 7). Lehrer (Schulleiter, Klassen- und Fachlehrer) sind berechtigt, mit beratender Stimme an den Sitzungen teilzunehmen. Somit bestehen auf dieser Ebene keine echten Mitwirkungsrechte, außer dem Wahlrecht für einen Elternvertreter in die Klassenkonferenz. Auch in dieser haben die zwei Elternvertreter lediglich eine beratende Stimme. (§ 9,2 SchMG)

Schulpflegschaft

Dieses Organ wird von der Gesamtheit der Klassenpflegschaftsvorsitzenden gebildet. Die Aufgaben werden in § 10,3 beschrieben:

> "Die Schulpflegschaft vertritt die Interessen der Erziehungsberechtigten bei der Gestaltung der Bildungs- und Erziehungsarbeit und fördert den Bildungs- und Erziehungsauftrag der Schule."

Die Interessenvertretung der Eltern und die Förderung des schulischen Auftrags erfolgt in der Form der Beratung über nicht näher spezifizierte Punkte. Der Wahlakt - zur Bestimmung der Mitglieder der Schulkonferenz - könnte allerdings als eine substantielle Voraussetzung zur Mitbestimmung angesehen werden.

Es ist sehr auffällig, daß ein Antragsrecht der Schulpflegschaft nicht ausdrücklich aufgeführt ist, sondern lediglich aus § 5, Abs. 2, Punkt 16 erschlossen werden kann (Schulkonferenz entscheidet über Anträge anderer Mitwirkungsorgane). Auch die Inhalte der Beratung werden nicht näher ausgeführt, sondern lediglich in § 10, Abs. 2 kursorisch umschrieben:

> "Inhalt und Umfang der Mitwirkung der Erziehungsberechtigten ergeben sich aus deren Erziehungsauftrag und aus dem Auftrag der Schule."

Eine weitere Auffälligkeit sehe ich darin begründet, daß das Gruppengremiun der Eltern quasi nicht ohne Aufsicht gelassen wird - im Gegensatz zu dem Gremien der Schülervertretung - , weil in § 10, Abs. 1 ausgeführt wird: "Der Schulleiter oder sein ständiger Vertreter soll an den Sitzungen der Schulpflegschaft teilnehmen." Diese Sollvorschrift in der Praxis ausdrücklich außer Kraft zu setzen, dürfte einen Konfliktfall zur Schulleitung konstituieren.

Schulkonferenz

In diesem Gremium, in NRW als Vertretungsorgan von Lehrern, Schülern und Eltern, besteht eine echte Parität, wenn man Eltern und Schüler zusammengefaßt den Lehrern gegenüberstellt. (Damit ist hier eine weitergehende Mitwirkung gegeben als im Bereich der Hochschule: in den dortigen Gremien ist die Übermacht der Professoren festgeschrieben.)

Abgesehen von möglichen faktischen Interessendivergenzen auch zwischen Eltern und Schülern wird diese Parität im Konfliktfall, definiert als Stimmengleichheit (§ 4,6), zugunsten der Lehrerseite eingeschränkt: der Schulleiter hat in diesem Fall Stimmrecht, und seine Stimme oder die des Stellvertreters gibt den Ausschlag. (Es wäre reizvoll, die Konfliktkonstellationen und die daraus erfolgenden Abstimmungsverhaltensweisen des Schulleiters mit ihren Folgewirkungen auf die verschiedenen Gruppen zu untersuchen. Ich vermute eine Stärkung der Staatsseite mithilfe dieser Regelung, vgl. 8. Kapitel, Exkurs)

Allein in der Schulkonferenz haben Eltern neben Empfehlungsrechten echte Mitwirkungsrechte im Sinne von Entscheidung (§ 5,2).

2.2.3 Inhalte der Mitwirkung

Die letzte Änderung des SchMG brachte eine um drei Punkte erweiterte Auflistung von nunmehr zwanzig Punkten, in denen eine Entscheidung durch die Schulkonferenz erfolgt.

Ich gliedere die Ebenen, auf die sich Mitwirkung in der Schule beziehen kann, auf folgende, wesentlich sich aus dem Sinn und Zweck einer Schulorganisation ergebende Bereiche:

- pädagogische Fragen
- finanzielle Fragen
- personelle Fragen
- schulorganisatorische Fragen
- schulstrukturelle Fragen.

Pädagogische Fragen

Danach sind Eltern beteiligt in pädagogischen Fragen (Punkt 1: zeitliche Koordinierung der Hausaufgaben und Leistungsüberprüfung, Punkt 3: zusätzliche Lehrveranstaltungen und Arbeitsgemeinschaften, Punkt 4: Planung von Veranstaltungen der Schule außerhalb des planmäßigen Unterrichts, Punkt 5: Gestaltung der Beratung in der Schule, Punkt 6: Einführung, Ausleihe und Übereignung von Lernmitteln). Der Punkt 7: Vorschläge zur Behebung allgemeiner Erziehungsschwierigkeiten weist über die im engeren Sinn schulpädagogischen Fragen hinaus. Dazu kommt das Wahlrecht zur Besetzung der Fachkonferenzen, in denen Eltern lediglich mit beratender Stimme teilnehmen können [!] und ein Antragsrecht haben.

Finanzielle Fragen

Die Beteiligung bei finanziellen Fragen erstreckt sich auf die haushaltsmäßig festgelegten und zweckgebundenen Finanzmittel, über deren Verwendung die Schulkonferenz zu entscheiden hat (Punkt 10).[37]

Personelle Fragen

Die personelle Entscheidung der Schulkonferenz ist auf die Entscheidung über eine Anregung begrenzt (Punkt 11), die sich lediglich auf den Schulleiter/ Stellvertretenden Schulleiterposten bezieht, nicht jedoch auf das Lehrpersonal insgesamt und das Verwaltungspersonal.

Schulorganisatorische Fragen

Eine Reihe von schulorganisatorischen Fragen ist der 'Entscheidungsmacht' der Schulkonferenz überantwortet: Punkt 8: Verteilung des Unterrichts auf fünf oder sechs Wochentage, Punkt 18: Festlegung der beweglichen Feiertage, Punkte 12-14: Kooperation mit anderen Schulen und verwandten Einrichtungen, Punkt 9: Regelung des Unterrichtsbesuches von Erziehungsberechtigten sowie Durchführung des Elternsprechtages, Punkt 15: Erlaß einer eigenen Schulordnung sowie Punkt 16: Entscheidung über Anträge anderer Mitwirkungsorgane.

Schulstrukturelle Fragen

Die Mitwirkung bei schulstrukturellen Fragen ist lediglich gegeben in der Frage von abweichenden Organisationsformen der Mitwirkung bei Sonderschulen, an besonderen Einrichtungen des Schulwesens, an berufsbildenden Schulen und an Kollegschulen. Ansonsten beschränkt sie sich auf Entscheidungen lediglich über Vorschläge und Anregungen an die Schulaufsichtsbehörde.

Die Bestimmung in § 5, Abs.3, die den Kultusminister ermächtigt, weitere Angelegenheiten aus der Bildungs- und Erziehungsarbeit durch Rechtsverordnung der Schule zu übertragen, unterstreicht den Anspruch zentraler Regelungskompetenz der Landesbehörde.

2.2.4 Inhalte und Funktion der Mitwirkung auf Gemeinde- und Landesebene

Mitwirkung auf Gemeindeebene

Ähnlich vage wie die allgemeinen Bestimmungen zur Mitwirkung (Erster Teil SchMG) und die Aufgabenbeschreibung der Schulpflegschaften (§ 10) ist die der Mitwirkung beim Schulträger:

> "Schule und Schulträger wirken bei der Entwicklung des Schulwesens auf örtlicher Ebene zusammen. Die Schule ist vom Schulträger in den für sie bedeutsamen Angelegenheiten zu beteiligen." (§ 15)

Die folgende Auflistung bezieht sich insbesondere auf schulstrukturelle Fragen (Punkt 1 bis 3, 8 und 9), sächliche Probleme (Punkt 4 und 5, teilweise 6), Schülerbeförderung (Punkt 6) und Zusammenarbeit mit anderen Bildungseinrichtungen (Punkt 7). Auffallend ist, daß in den Verfahrensvorschriften lediglich von einem das Entscheidungsrecht des Schulträgers nicht berührenden Beratungsrechtes die Rede ist, welches zudem institutionell nicht spezifiziert ist. Es kann aus dem Wortlaut des Gesetzes allerdings auch auf die Schulkonferenz geschlossen werden.

Mitwirkung auf Landesebene

Auf Landesebene ist die Mitwirkung in NRW als Beteiligungsrecht von u.a. Elternverbänden ausgestaltet. Beteiligung bedeutet - nach dem SchMG - Anhörung, Beratung, Anregung und Vorschlag. Im oben definierten Sinn sind somit keine echten Mitwirkungsrechte auf Landesebene vorgesehen, weil Entscheidungsrechte gänzlich fehlen.

Wenn man sich ansieht, was auf Landesebene geregelt wird/ werden soll(te), so geht es hier um wesentliche schulstrukturelle Inhalte (§ 16, Punkt 1-4), sächliche Voraussetzungen (Schulbau, Punkt 5), pädagogische Fragen (Punkt 6), schulorganisatorische Fragen (Punkt 7) sowie um den Grenzbereich schulischer-betrieblicher Ausbildung (Punkt 8).

Mitwirkung beim Kultusminister

In schulischen Angelegenheiten von allgemeiner und grundsätzlicher Bedeutung sind die Verbände und Organisationen nach § 2, Abs. 4 vom Kultusminister zu beteiligen. Dies gilt nach § 16 insbesondere für:

1. Entwicklung von Richtlinien und Lehrplänen,
2. Änderung der Struktur und Organisation des Schulwesens,
3. Ausbildungs-, Prüfungs- und Versetzungsordnungen,
4. Schulversuche,
5. Richtlinien über den Schulbau nach § 31 SchVG,
6. Richtlinien über die Auswahl von Lehr- und Lernmitteln,
7. Allgemeine Schulordnung
8. Abstimmung zwischen schulischer und betrieblicher Ausbildung.

Damit könnte ein Katalog der Inhalte von "allgemeiner und grundsätzlicher Bedeutung" (§ 16, erster Satz) in der Tat gegeben sein, jedoch unter Ausklammerung der personellen Fragen. Er ist allerdings sehr vage und allgemein gehalten.

Das Betreten dieser Mitwirkungsebene - geregelt durch die Geschäftsordnung des Landtages - ist an ein exklusives Zugangsrecht gebunden, welches von der Ministerialbürokratie gehandhabt wird: nur Verbände, die von ihr als mit "erheblicher Bedeutung" spezifiziert sind und mindestens für eine Schulform oder -stufe organisiert sind (§ 2, Abs. 4, Punkt 2) haben - neben Verbändevertretern der Lehrerschaft (Gewerkschaften und Berufsverbänden), Schülervertretung, Arbeitgebern, Kirchen, Ersatzschulen und kommunalen Spitzenverbänden - Zutritt.[38]

3. Grenzen der Mitwirkung, oder: wie schützt sich der Staat vor seinen Bürgern?

Der Durchgang von der Landesverfassung bis hinunter zu den Regelungen bezüglich der Basiseinheit Klassenpflegschaft offenbart eine eigentümliche, sich widersprechende Grenzziehung im Regelungsbereich: die Landesverfassung spricht von Gestaltung des Schulwesens, an der die Elternvertretungen mitwirken. Die Gestaltungsaufgabe wird in klassischer bürokratisch-hierarchischer Manier je 'bedeutsamer', je höher die Hierarchieebene ist.

Nach diesem Denkmuster ist es dann folgerichtig, daß die Beteiligungsrechte umgekehrt proportional zur Hierarchieebene sind. Danach müßte eigentlich auf unteren Ebenen eine erweiterte Mitwirkung anzutreffen sein. Daß dies aber (noch nicht einmal) der Fall ist, habe ich gezeigt, indem ich auf Mitbestimmung im engeren Sinn als Mitentscheidung abgestellt habe.

Auf Landesebene bestehen somit keine echten Mitwirkungsrechte im Sinne von Entscheidungsrechten, sondern lediglich Beteiligungsrechte in Form von Anhörung, Anregung, Beratung und Vorschlag. Damit sind die Grenzen kollektiver Elternmitwirkung auf Landesebene in NRW abgesteckt.

Diese Engziehung von Mitwirkungsrechten auf allen Stufen und die weitestgehende Ausklammerung von Entscheidungsrechten [39] läßt mich zu dem Schluß kommen: in NRW sind die Mitwirkungsrechte von Eltern im allgemeinen Schulwesen so begrenzt, daß sie untauglich für das gesamte Schulwesen sind. In ihrer Ausgestaltung tun sie im Grunde genommen auch der Landesverfassung nicht Genüge, so daß der Verfassungsauftrag des Landes NRW seiner Einlösung harrt.

Eine solche inadäquate rechtliche Ausgestaltung elterlicher Mitwirkung wird komplettiert durch die, trotz öffentlicher Finanzierung, strukturelle Asymmetrie zwischen Eltern und Staat.

Die staatliche Regulation großer Bereiche des Bildungswesens kann man volkswirtschaftlich mit den Verteilungswirkungen der öffentlichen Bildungsfinanzierung begründen.[40] Dabei geht es um Verteilungskämpfe der gesellschaftlichen Gruppen/ Klassen und intergenerative Verteilungskämpfe.[41] Diese Tatsache wird gerne geleugnet und gewinnt erst in letzter Zeit eine gewisse Bedeutung in der öffentlichen Diskussion. Statistische Zahlen belegen, daß "das Armutsrisiko 'Alter' langsam an Bedeutung [verliert], während die Armut von Familien mit Kindern zunimmt." [42] Dies bedeutet, daß die Belastungsgewichte im Verteilungskampf eindeutig zuungunsten der jugendlichen Unproduktiven verlagert sind. Die in Teilen der jungen Generation anzutreffende Wut, Aggression und Gewalt sowie der oftmals tiefe Dissens zwischen den Generationen sollte vielleicht daraufhin befragt werden.[43]

Umso wichtiger dürfte eine wirkungsvolle Interessenvertretung der Betroffenen sein; ein Teil davon wäre eine solche im Bereich des allgemeinbildenden Schulwesens. Sie läßt sich auch als 'Konsumentensouveränität' darstellen durch Ausweitung des Einflusses von Eltern auf das Schulwesen, so daß der Begriff „parent empowerment" [44] auch durch Elternmitwirkung substantiell enwickelt werden kann. Weitergehender wäre zu fragen, ob ein Umstellen des Finanzierungsmodus für das Bildungswesen von der staatlichen Finanzierung mit ihrer Gebundenheit an Machtkämpfe zu einem freien Bildungsmarkt [45] stattfinden sollte. Dies ist mit der Hoffnung von der tendenziellen Optimierung sozialer Verhältnisse durch Marktregulierungen verbunden.[46] Marktangebote sind immer auf die Zustimmung der Betroffenen angewiesen. Bei staatlichen Leistungen, die an die unproduktiven Konsumenten (= Alte und Kinder) aus der von der jeweils Erwerbsbevölkerung erbrachten Wertschöpfung bezahlt werden müssen, wird immer versucht werden, die Alimentationsrate möglichst niedrig zu halten.[47]

Sowohl bei der marktmäßigen als auch der staatlichen Finanzierung ist es nur logisch, daß Eltern, d.h. in der Regel 'Produktive', über die Prozesse, die mit den von ihnen erbrachten Geldleistungen finanziert werden, mitbestimmen wollen. Diese bezieht sich aber nicht nur auf die Höhe und Verteilung der finanziellen Ausstattung, sondern ebenso auf die Überwindung der strukturellen Rücksichtslosigkeit - hier des Bildungswesens - gegenüber den Familien.[48]

Die damit erstrebte Familienbezogenheit des Schulsystems (323 ff.) bedarf dringend der 'Elternteilhabe':

> "Gemäß dem grundgesetzlichen Erziehungsrecht der Eltern werden sie über eigene Vertretungen an den Schulen sowie auf den kommunalen und staatlichen Ebenen an der Beratung beteiligt. Die Beteiligungsrechte sind in den Ländern unterschiedlich geregelt. Sie werden allgemein als unzureichend und unbefriedigend empfunden. Dies steht im Gegensatz zum tatsächlichen Teilhabepotential der Eltern. Sie verfügen inzwischen über ein hohes Bildungsniveau und über vielfältige Berufs- und Lebenserfahrungen. Beides verleiht den Eltern allgemeine und spezielle Kompetenzen, die nach verantwortlicher Teilhabe an den öffentlichen Angelegenheiten drängen, insbesondere an jenen, die, wie die Schulen, die Lebenslage der Familien und die Lebensperspektive der Kinder bestimmen. Lebensqualität wird ausserdem daran gemessen, in welchem Maß Eltern über ihre eigenen Angelegenheiten selbst bestimmen können." (232)

Das Interesse an Mitwirkung wird als Kompetenzen für Mitwirkung an öffentlichen Prozessen und als Teil von "Lebensqualität" verstanden. Ob es durch direkte Finanzierungsmodi noch gesteigert werden kann, müßte sich bei einem Vergleich von alternativen und Privatschulen mit staatlichen Schulen zeigen: hier finanzieren die Eltern den Schulbesuch ihrer Kinder doppelt. Neben der materiellen Interessiertheit scheint mir die Transparenz über die Mittelverwendung ausschlaggebend zu sein, um Eltern an Entscheidungsverantwortung bei zentralen Fragen des Schulwesens zu interessieren.

J.P. VOGEL hat die strukturelle Unmöglichkeit von Partizipation aus dem Finanzierungsmodus der staatlichen Schulen abgeleitet: da sie nicht dem Marktmechanismus unterworfen sind, sondern fremdgesteuert in ihrer Finanzierung sind, gibt es keine Gleichberechtigung zwischen Schule und Eltern: "mit einer fremdgesteuerten Behörde kann es strukturell zu keiner gedeihlichen Partizipation kommen." [49] Dieser Finanzierungsmodus bewirkt dann in der Konsequenz, daß Maßstab für das gesamte Schulwesen nicht die Öffentlichkeit, sondern die Staatlichkeit ist. (Damit sind u.a. weitgehend die Möglichkeiten unterschiedlicher Trägerschaften von Schulen vertan.[50]) Entsprechend sind die Voraussetzungen für Mitbestimmung nicht gegeben:

> "Mitbestimmung setzt - nicht allein in der Schule - die prinzipielle Gleichberechtigung aller Beteiligten in Bezug auf das Mitbestimmungsobjekt voraus." [51]

Bei einem hierarchischem Verhältnis der Beteiligten zueinander (Beispiel Schulleiter-Lehrer) sowie unterschiedlichen Rechten der Beteiligten (Entscheidungs- vs. Beratungs-, Anhörungs- und Vorschlagsrechte) ist es im Grunde genommen unsinnig, von Mitbestimmung zu sprechen. Folglich werden auch nur periphere Fragen dieser Art von Mitwirkung überlassen, zentrale Kompetenzen im Kernbereich der Schule bleiben ausgespart.[52]

Sind Partizipationsfragen wie Elternmitwirkung überhaupt rechtlich zu regeln? Wie kann die eigentümliche Verschränkung von privatrechtlich geschützten und verfassungsrechtlich garantierten Rechten und ihrer gleichzeitigen Aufgabe als Pflichten funktionieren? Wie müssen Regelungen zur Konfliktlösung beschaffen sein, die sowohl die Freiwilligkeit als auch den Zwangscharakter von Verhandlungen mitumfassen? Erschwerend kommt hinzu, daß die normative Orientierung der Verhandlungen am 'Kindeswohl' vorgegeben ist. Gewendet auf Elternmitwirkung in der Schule ergeben sich also sowohl auf individueller als auch auf kollektiver Ebene der Interessenvertretung Probleme, die aus der rechtlichen Konstruktion von Elternrecht und Schulmitwirkung nicht lösbar sind. Rechtliche Regelungen werden dann als Zwang empfunden, denen man nicht aus Überzeugung zustimmen kann, weil sie für die pädagogischen Prozesse in der Schule als nicht akzeptabel angesehen werden. Oftmals kommt es dann auch zu einer ritualisierten Rechtsanwendung: man betreibt sie, weil es so vorgeschrieben ist. (vgl. Kapitel 4 und 6)

Rechtliche Regulierungen als komplementäre, und nicht als substitutionelle Ergänzung gedacht, führen nicht zur Zersplitterung und Auflösung von Verantwortlichkeiten.[53] Oder anders ausgedrückt: die (vermeintlichen) Eindeutigkeiten juristischer Argumentationen müssen versagen. Gleichwohl läßt sich für "vulnerable Gruppen" wie Kinder ein verfassungsrechtlicher Schutz mit der Folge politischer Leitung und Kontrolle feststellen,[54] der sich nicht nur als regulatorisches Recht für abstrakte Risikosteuerung und verwaltungspragmatische Effizienz auffassen läßt, sondern durchaus eine Auffassung von Rechtsgüterschutz, individueller Gefahrenabwehr und individueller Gerechtigkeit unterlegt. Allerdings: die "Freiräume individueller Fachpolitiken lassen diese politische Leitung und Kontrolle auf tönernen Füßen stehen," [55] so daß es zu den beklagten Regelungs- und Vollzugsdefiziten kommt.[56]

4. Formen der Elternmitwirkung in NRW und regulative Mechanismen

Für NRW sind durch das SchMG zwei formal unabhängige Ebenen der gesetzlich verfaßten Mitwirkung auf der Ebene der einzelnen Schule und der auf Landesebene charakteristisch. Wenn man W. GAGEL darin folgt, daß sich Elternmitwirkung in die interne und die externe Mitwirkung unterteilen läßt, und daß gerade ihre Stärke darin liegt bzw. liegen könnte, daß eine Aufteilung von Aufgaben und der Art ihrer Durchsetzung - konsensual vs. kompetitiv - erfolgt, so ist damit bereits ein Auseinanderfallen des Systems der Elternmitwirkung in den möglichen Steuerungsmechanismen gegeben. Die möglichen Vorteile solcher unterschiedlichen Strategien werden aber verschenkt, wenn die Ausführenden nicht in einem auch formal abgesicherten Rahmen handeln (wie ihn rechtliche Regulierungen bieten können, hier also das SchMG). In NRW sind sie darauf angewiesen, einen internen Zusammenhang der Mitwirkenden auf den unterschiedlichen Ebenen durch die Ausgestaltung ihrer Eintrittsbedingungen in einen Verein selbst herzustellen. Damit werden - zumindest auf der Ebene der polity als der Ebene der institutionellen Verfasstheit - die Vorteile verschenkt, die in der Installierung zweier unterschiedlicher Systeme der Mitwirkung mit jeweils unterschiedlichen Orientierungen liegen könnten.

Für die Prozesse der politischen Auseinandersetzung um Machtanteile (politics) sind die tatsächlichen Beziehungen der beiden Systeme zueinander zu untersuchen. Leitende Prinzipien für beide Systeme sind Kindeswohl, Kooperation, Ausgleich und Konsens. Die regulativen Mechanismen - wie die Orientierung am Kindeswohl - können für beide Ebenen der Mitwirkung dann tragend sein, wenn bestimmte Voraussetzungen erfüllt sind, wie die rechtliche Absicherung von Entscheidungsgewalt und Machtsymmetrie der Partizipierenden. Beides ist nicht gegeben.

Für das Land NRW ist eine zusätzliche entscheidende Schwächung für Elternmitwirkung dadurch angelegt, daß die Vertretungen auf einzelschulischer Ebene von den anderen Ebenen völlig losgelöst sind: die Verfaßtheit der Vertretungen folgt einmal den Prinzipien der freiwilligen Vereinigung auf Landesebene, zum anderen den des stufenweisen demokratischen Aufbaus von (repräsentativen) Vertretungen lediglich auf der Ebene der Einzelschule. Infolge dieser unterschiedlichen Verfaßtheit der Elternvertretungen können die Vorteile der abgestimmten Verwendung von konsensuellen und kompetitiven Verfahren nicht genutzt werden. Die genannten Voraussetzungen für eine Machtsymmetrie sind weder gegeben, noch ist sie mit dieser Verfaßtheit, die sich durch ein demokratisches Defizit auszeichnet, legitimerweise zu übertragen. Es ist demnach folgerichtig, daß es auch keine expliziten Entscheidungsrechte gibt.

Zusammenfassung: Die Aufhängung von Interessendurchsetzung an das Kindeswohl verlangt nach konsensualen Strategien, die aber nur dann aufgehen würden, wenn es Machtsymmetrien zwischen den Akteuren gäbe. Systematisch ist dies nicht gegeben durch den Finanzierungsmodus des allgemeinbildenden Schulwesens, welcher verhindert, daß eine Gleichberechtigung zwischen den Beteiligten hergestellt ist. Die Regulierungen der Organisationsprinzipien der elterlichen Mitwirkung in NRW auf den unterschiedlichen Ebenen führt zusätzlich dazu, daß infolge des demokratischen Legitimationsdefizites der Vertretungen die Übertragung von möglichen Aufgaben der Selbstregulierung blockiert werden.

Bei der Durchmusterung der rechtlichen Grundlagen für kollektive Elternmitwirkung vom Grundgesetz ausgehend bis 'hinunter' zum Schulmitwirkungsgesetz des Landes NRW hat sich ergeben, daß Ansatzpunkte für kollektive Elternrechte durchaus gegeben sind (in der Landesverfassung sogar ausdrücklich vorgesehen sind). Die Ausgestaltung dieser Mitwirkungsrechte ist durch restriktive Grenzziehungen gekennzeichnet, die außerdem eine ausgeprägte Hierarchisierung auszeichnet. Auch wenn Elternrechte gleichzeitig als Pflichten ausgewiesen werden, kann diese Verkomplizierung nicht darüber hinwegtäuschen, daß insgesamt die bestehenden schulgesetzlichen Rahmenbedingungen als untauglich einzuschätzen sind. Sie sind auch als dysfunktional dann zu bezeichnen, wenn Selbstregulierungsprozesse zum Ziel erklärt werden. Die bestehenden schulgesetzlichen Rahmenbedingungen für Elternmitwirkung bieten dafür keine Ansatzpunkte.

Eine Veränderung dieser Rahmenbedingungen kann sich auf die verfassungsrechtlichen Aussagen gründen. Die rechtlichen Regelungen von Elternmitwirkung als komplementärer Ergänzung zur politischen Leitung und Kontrolle verfassungsmäßig gesicherter Rechte für Kinder und Jugendliche bedürften der verfassungskonformen Ausgestaltung nach dem Grundgesetz als auch der Landesverfassung NRW.

Eine Rückbeziehung kollektiver Elternmitwirkung auf Elternrechte als Individualrechte sowie politische Inanspruchnahme von Eltern (-vereinigungen) für parteipolitische Programme wäre demnach überflüssig.[57]

- Anmerkungen zum 2. Kapitel:

1 MAHRENHOLZ, E.G. (1976), 272
2 vgl. NEVERMANN, K. (1979), 100
3 vgl. PESCHEL-GUTZEIT, Lore-Maria (1994b),14 - siehe auch MARGIES, D. et al. (2.1990): "Das verfassungsrechtlich garantierte Elternrecht wird durch die Rechte des Kindes zu einer Elternpflicht mit dem alleinigen Ziel [!], zum Wohle des Kindes mit der Schule zusammenzuarbeiten."
4 siehe FISCHER, W. (1979), 45 - ähnlich FÜSSEL, H.-P. (1994), 78, der (Schul-) Recht als "Instrument zur Herstellung sinnvoller Lösungen" beschreibt, wobei diese pädagogisch begründet sein sollten.
5 siehe dazu: 51. Dt. Juristentag (1976): Nach welchen rechtlichen Grundsätzen sind das öffentliche Schulwesen und die Stellung der an ihm beteiligten zu regeln / OPPERMANN, Th. (1976): Gutachten C - vgl. ausführlich FÜSSEL, H.-P. (1987)
6 RICHTER, I. (1979), 73
7 RICHTER, I. (1979), 74
8 RICHTER, I. (1979), 76
9 FRANK, M. (1993), 275
10 vgl. auch zum Folgenden: SEIFERT, K.-H./ HÖRNIG, D. (4.1991)
11 weitergehend präzisiert bei SEIFERT, K.-H./ HÖRNIG, D. (4.1991), 88: "Bei Interessenkollisionen zwischen Kind und Eltern hat das Kindeswohl Vorrang."
12 siehe FÜSSEL, H.P. (1987), 193 - auch weitgehend zum Folgenden
13 OSSENBÜHL, F. (1978), 24
14 HANSEN, K. (1994), 42 - er nennt Schule und Jugendamt bei erzieherischen, Schule und Polizei bei strafbaren Handlungen. - Vgl. dazu relativierend SCHWAB, D. (7.1993): "Über Erziehungsziele und -mittel gibt es unterschiedliche Auffassungen. Die Gerichte werden daher den Kindeswohlbegriff nicht nach sublimen Erziehungstheorien ausrichten, sondern vordergründiger so anlegen, daß er von möglichst vielen Rechtsbürgern akzeptiert werden kann. [....] Dabei muß man sich jedoch bewußtbleiben, daß [...] nur grobe Zielverfehlungen Anlaß für staatliches Einschreiten sein können."
15 LANDFRIED, Ch. (1990), 77
16 FÜSSEL, H.P. (1987), 194 - vgl. ESCHENBURG, Th. (1956), 449: "Das Erziehungsrecht des Staates setzt dagegen erst mit dem schulpflichtigen Alter des Kindes ein und be schränkt sich auf die schulische Erziehung [...]."
17 FÜSSEL, H.P. (1987), 186
18 FÜSSEL, H.P. (1987), 194
19 RHODE, Barbara (1993), 533 - vgl. Anmerkung 4 in diesem Kapitel.
20 RHODE, Barbara (1993), 532
21 RHODE, Barbara (1993), 519

22 vgl. dazu: UN-Kinderkonvention von 1989, 1992 in der Bundesrepublik Deutschland in Kraft getreten, (speziell Art. 18: Verantwortung für das Kindeswohl) sowie die sich auf den gesamten Text beziehende Denkschrift des Deutschen Bundestages, 12. Wahlperiode.

23 vgl. STAUPE, J. (1991), 116/117 - "Nach unserer Auffassung ist aus dem GG lediglich das Erfordenis einer gewissen partizipatorischen Grundstruktur der Schule als Minimum abzuleiten, bei deren Ausgestaltung die Länder aber einen ganz weiten bildungspolitisch-pädagogischen Gestaltungsspielraum haben, nicht aber die Einräumung konkreter Mitbestimmungsrechte." (117)

24 vgl. für einen umfassenden Überblick: FEHNEMANN, Ursula (1980)

25 FEHNEMANN, Ursula (1980), 562

26 PESCHEL-GUTZEIT, Lore-Maria (1994 a), 301

27 PESCHEL-GUTZEIT, Lore-Maria (1994 a), 14

28 PESCHEL-GUTZEIT, Lore-Maria (1994b), 14

29 SIMITIS, S. zit. nach PESCHEL-GUTZEIT (1994b), 14

30 vgl. Kapitel 6 dieser Arbeit

31 FEHNEMANN, Ursula (1980), 559

32 Bereinigte Amtliche Sammlung der Schulvorschriften des Landes Nordrhein-Westfalen (BASS), (1994), 7

33 MARGIES, D. et al. (1990), 224/225

34 JÜLICH, Ch. (1986), 51

35 so Dr. AMBERG, LtMinR im Bayerischen Staatsministerium für Unterricht, Kultus, Wissenschaft und Kunst in einem Schreiben an die Verfasserin vom 18.06.1993 - vgl. auf gleicher Ebene (inhaltlich und positionell) liegend den Beitrag von RÖHRS, D.G. (1982) mit seiner heftigen Kritik am Musterentwurf des 51. Dt. Juristentages

36 Das weite Feld nichtinstitutionalisierter, informeller Einflussnahme ist hier nicht Thema; findet natürlich statt und bestimmt die Praxis in den Schulen.

37 in NRW wird z.Zt. (Stand: Juni 1996) überlegt, ob den Schulen diese Finanzmittel von der Kommune halbjährlich als Budget überwiesen werden könnten. Die 'Finanzautonomie' wird durch Modellversuche zur Energieeinsparung auf den Weg gebracht: eingesparte Energiekosten können anderweitig - Unterrichtsmittel, Renovierung, etc. - verwendet werden. Konkret in Köln ist das so geregelt, daß von den eingesparten Mitteln 10% an den Hausmeister gehen, 40% an die Schule und 50% die Stadt einbehält. - Die Anreizwirkung bei der Koppelung von Reformen ("Finanzautonomie") und Einsparungen erscheint mir bei dieser Regelung nicht sonderlich hoch zu sein.

38 vgl. ausführlich Kapitel 3 und 7 dieser Arbeit

39 es gibt Entscheidungsrechte lediglich zu recht marginalen schulorganisatorischen Fragen

40 vgl. ENGELBERT, Angelika (1992)

41 zugespitzt und polemisch vgl. dazu: GRONEMEYER, R. (1989)

42 im einzelnen: DIENEL, Christiane (1994), 24 - vgl. Kapitel 6 dieser Arbeit, speziell: Exkurs. Zur sozialen Lage von Familien.

43 vgl. GRONEMEYER, R. (1993)

44 vgl. WEISS, H. (1993), 71

45 vgl. BLANKERTZ, S. (1989), 134 ff. - vgl. auch das folgende Kapitel dieser Arbeit

46 BLANKERTZ, S. (1989), 162

47 vgl. RÜRUP, B./ SESSELMEIER, W. (1993), 13. - Die Vorstellung, daß "nur das Geld für soziale Aufgaben verteilt werden kann, das nicht nur vorhanden, sondern über [!] ist" kann zwar von einem Bundestagsabgeordneten im Plenum Ende 1993 geäußert werden (MILDNER, Klaus, MdB-CDU, Magdeburg in der 199. Sitzung des Bundestages am 9.12.1993, zit. nach: Das Parlament, 24./31.12.1993, S.8) - der dieser Argumentation zugrundeliegende Gedanken von staatlicher Sozialpolitik als Almosenpflege dürfte sich kaum gesellschaftlich durchhalten lassen. Aber auch die Diskussionen um die "Grenzen des Sozialstaates", seiner "Rückführung auf das Wesentliche" u.ä. weisen tendenziell in die gleiche Richtung.

48 siehe 5. Familienbericht (1994), 67 - auch zum Folgenden

49 VOGEL, J.P. (1991), 77 - vgl. die gleiche Argumentation bei BLANKERTZ, S. (1989)

50 VOGEL, J.P. (1979), 143

51 siehe VOGEL, J.P. (1972), 217 - ich finde immer wieder Textstellen, die auch nach langer Zeit ihre Aktualität nicht eingebüßt haben. Dies spricht nicht für den gesellschaftlichen und schulischen Reformeifer – VOGEL spricht dann auch von "Mitbestimmungsrummel" (222) und Mund-voll-Nehmen bei der Formulierung der Mitbestimmungsgesetze.

52 VOGEL, J.P. (1972), 223

53 siehe Anmerkung 20 dieses Kapitels

54 WOLF, R. (1991), 415

55 WOLF, R. (1991), 394

56 siehe dazu: RHODE, Barbara (1993) - vgl. Kapitel 4 dieser Arbeit: Bildungspolitische Begründung für die Empfehlungen der NRW-Bildungskommission.

57 zur Illustration: Für die Wahlen im Februar 1995 in Hessen hat der CDU-Spitzenkandidat den Präsidenten [!] des Deutschen Lehrerverbandes, Josef KRAUS, Bayern, für das Kultusressort, vorgestellt. Dieser hat das hessische Schulgesetz mit den relativ ausgeweiteten Rechten für Eltern- und Schülervertretern in den Schulkonferenzen prompt wegen der dadurch vermeintlich tangierten Hoheitsrechte als "ein bißchen zuviel an Basisdemokratie" kritisiert. (KStA, 17.01.1995, 6)

3. Kapitel: Auswertung einer Befragung von Elternverbänden

Teil 1: Elternverbände in NRW

I. Darstellung der Ergebnisse

1. Vorgehen und Reaktionen

Um einen möglichst umfassenden Überblick über die Elternverbände in NRW zu bekommen, habe ich mit den Elternverbänden in NRW zuerst telephonisch Kontakt aufgenommen. Ich beschrieb das Thema der Arbeit, bat um Informationsmaterial - wie Publikationen und Satzungen - und fragte nach der generellen Bereitschaft zu weitergehenden Auskünften über die Verbandsarbeit. Die Reaktionen der Verbandsvertreter waren für mein Vorhaben sehr ermutigend: es bestand eine große Interessiertheit und Bereitschaft zur Unterstützung. Diese dokumentierte sich in teilweise sehr ausführlichen Gesprächen und der Zusicherung, einen Fragebogen zu bearbeiten. Ein Treffen fand mit einem Verbandsvertreter statt, bei dem er mir Literatur sowie Akten der Verbandstätigkeit zur Durchsicht - und nach Rücksprache teilweise auch zum Kopieren - zur Verfügung stellte. Lediglich ein Verband sah sich nicht in der Lage, die Satzung zuzuschicken, weil "sie sich in der Überarbeitung" befinde. In dieser Phase der Arbeit habe ich Kontakt zu allen Verbänden aufnehmen können, wobei sich diese auf Vorstände, Geschäftsführung und Mitglieder bezogen.

Nach dieser mehr orientierenden Phase habe ich habe einen Fragebogen mit insgesamt 37 Fragen entworfen. Er enthält überwiegend (36) geschlossene Fragen, davon fünf mit auch offenen Antwortmöglichkeiten, und einer offenen Frage zum Abschluß. (siehe Anlage 1)

Die Versendung des Fragebogens erfolgte im April 1995 postalisch an alle elf in NRW "auf Landesebene für mindestens eine Schulform oder Schulstufe organisierten Elternverbände von erheblicher Bedeutung nach § 2, Abs. 4 Nr. 2 SchMG".[1]

Der Rücklauf der Fragebögen gestalteten sich schwierig: die ersten Bögen wurden noch im selben Monat (1), sowie einen Monat später (1) zurückgeschickt. Drei Monate später habe ich ein Erinnerungsschreiben mit der Bitte um Beantwortung der Fragen an die noch ausstehenden Verbände geschickt. Es erfolgte die Rücksendung zweier Fragebögen und ein Antwortschreiben einer Organisation mit der Beantwortung ausgewählter Fragen nebst Beilage von Publikationen. Mit einem Verbandsvertreter stand ich in telephonischem Kontakt: er wollte die Fragen lieber in einem persönlichen Gespräch beantworten. Leider standen dem bisher seine gesundheitlich-familiären Gründe entgegen.

Bei einem weiteren Verband hatte der Vorsitz gewechselt, der Fragebogen war dabei verlorengegangen. Freundlicherweise erklärte sich der bisherige Vorsitzende bereit, den erneut zugesandten Fragebogens mit seinem Nachfolger zusammen zu beantworten. Nach einer telephonischen Erinnerung im März 1996 [!] wurde der Fragebogen zwei Tage später zurückgesandt. Eine gewisse Besonderheit liegt in dem Fall desjenigen Verbandes vor, der lediglich einige Fragen in einem Brief über die Sekretärin beantwortet hatte: ich konnte mit dem Geschäftsführer des Verbandes im März 1996 ein längeres Telephongespräch führen, in dessen Verlauf ich am Ende sämtliche Fragen des Fragebogens stellen konnte und auch beantwortet bekam. Somit habe ich von diesem Verband eine doppelte 'Datenbasis'. Ein Verband hat darüberhinaus gebeten, mündliche Erläuterungen zu einigen Antworten geben zu können. Diese erfolgten in einem längeren Telephonat.

Von vier Verbänden habe ich auf den Fragebogen überhaupt keine Reaktion erhalten. Um die Auswertung durchführen zu können, habe ich mich entschlossen, den Stand vom April 1996 (immerhin ein Jahr Zeit, mit Erinnerung und erneuter Bitte, den Fragebogen auszufüllen) zu nehmen, so daß Ergebnisse über sechs von insgesamt elf Verbänden vorliegen. Angesichts des geringen Umfangs der Grundgesamtheit erübrigt sich wohl eine prozentuale Ausrechnung der Rückläuferquote; für eine postalische Befragung ist sie sehr zufriedenstellend. Die darüberhinaus gegebenen telephonischen Auskünfte und Präzisierungen waren teilweise sehr umfangreich und haben deutlich die Informationen erweitern und vertiefen können. Sie weisen darüberhinaus auf das Interesse und Engagement der Verbandsvertreter zur Beantwortung der Fragen hin. Leider ist aber auch die Abhängigkeit der Verbandsarbeit von persönlichen Faktoren, wie Krankheit und Wechsel des Vorsitzes zu konstatieren.

Die nachfolgenden Ergebnisse sind infolge der nicht von allen Verbänden vorliegenden Daten als Explorationen zu verstehen, die in einem Feld sondieren.

2. Auswertung der Ergebnisse

2.1 Differenzierung der Elternverbände gesetzlich und real

Im SchMG werden die "Elternverbände von erheblicher Bedeutung" gegliedert nach Schulstufe oder Schulform. Ein Ergebnis meiner Erhebung ist, daß diese Gliederung nach Schulstufen und -formen in NRW die Verbändelandschaft nicht richtig wiedergibt: eine Differenzierung in schulformbezogene Elternverbände und allgemeine Verbände ("Sammelverband", so die Geschäftsführerin eines schulformbezogenen Verbandes) ist zutreffender. Schulstufenbezogene Verbände existieren überhaupt nicht.

Das Kriterium der Abgrenzung der Elternverbände nach Schulstufen/ oder -formen im SchMG ist also zu erweitern um das Kriterium "allgemeine Verbände". Die bestehenden Elternverbände in NRW lassen sich noch präziser differenzieren nach drei Richtungen hin:

- die *schulformbezogenen* Verbände nach Grundschule, Hauptschule, Realschule, Gesamtschule, Gymnasium,
- die nach *weltanschaulichen* Prinzipien organisierten Verbände, wie kirchen- oder parteinahe Verbände (KED, PEV),
- die nach *Sonderformen* organisierten Verbände (Hilfe für Behinderte; Gemeinsam Leben - Gemeinsam Lernen).

Insgesamt habe ich Reaktionen auf den Fragebogen von sieben (von elf) Verbänden bekommen; in diese Auswertung können zum jetzigen Zeitpunkt jedoch nur sechs eingehen, davon vier schulformbezogene und zwei weltanschaulich ausgerichtete Verbände.

2.2 Verbandsgründung und Frage nach Vorläuferverbänden

1971 existierte in NRW bereits der Entwurf eines Schulmitwirkungsgesetzes (unter dem damaligen Kultusminister J. GIRGENSOHN). Es trat erst Ende 1977 in Kraft - und damit eine gesetzliche Mitwirkungsbestimmung auch für Elternverbände.

Bereits vor dieser gesetzlichen Regelung hatten sich Elternverbände in NRW gegründet: 1956 die Landeselternschaft der Gymnasien, 1958 die Katholische Elternschaft Deutschlands (KED) in NRW, 1973 der Progressive Eltern- und Erzieherverband NRW (PEV), 1974 der Landeselternrat der Gesamtschulen sowie 1987 die Landeselternschaft Grundschulen (mit zwei Vorläuferverbänden aus dem Jahre 1978), 1989 der Elternrat Hauptschulen, mit einem Vorläuferverband von 1975. Eine besondere Stellung nimmt die KED ein, die auf Bundesebene bereits 1954 gegründet worden ist, mit einem Vorläuferverband vor dem 2. Weltkrieg.

Auch andere organisierte Elterninteressen gab es in NRW bereits vor dem Schulmitwirkungsgesetz von 1977:

> "Unabhängig von den auf staatliche Veranlassung entwickelten Formen der Elternmitarbeit haben sich freie Formen des Zusammenschlusses der Eltern gebildet, sei es zur Förderung bestimmter Schularten, sei es aus konfessionellen, weltanschaulichen, schulpolitischen oder wirtschaftlichen Gründen, sei es auf Grund schulreformerischer Ideen oder allgemein pädagogischer Interessen." [2]

Nach den mir vorliegenden Daten sind somit ein schulformbezogener Verband (Gymnasium) sowie ein "Sammelverein" (KED, NRW) die frühesten Gründungen in den sechziger Jahren, die anderen liegen in den achtziger Jahren. Dabei haben der Verband der Grundschuleltern und der Hauptschuleltern bereits Transformationen durchgemacht, indem aus zwei Vereinen durch Neugründung in den neunziger Jahren ein Verein wurde (Grundschule) bzw. ein Vorläuferverband vierzehn Jahre lang existierte (Hauptschule). Alle hier behandelten Elternverbände sind eingebunden in die gesetzlich entwickelte Mitwirkung, wie sie in NRW mit der Verabschiedung des SchMG 1977 in Kraft trat. Das bedeutet, daß sie alle “anerkannt” sind.

2.3 Mitgliederstruktur (Fragen 2 - 4)

2.3.1 Stärke und Art der Mitgliedschaft

Ein Faktor für die Durchsetzung von Organisationszielen ist die Stärke der Mitgliedschaft, auch in quantitativer Hinsicht. Ich habe nach Mitgliederzahlen gefragt; diese Fragestellung ist für die speziellen Verhältnisse in NRW nicht präzise genug gewesen, weil sie die satzungsmäßigen Besonderheiten einzelner Verbände bezüglich der Mitgliedschaft nicht ausreichend berücksichtigt.

Eine differenziertere Fragestellung hätte nach Einzelmitgliedschaft und Gruppenmitgliedschaft fragen müssen, bzw. nach Mitgliedschaft von Schulpflegschaften.

Danach ergibt sich folgendes Bild:

	Schulen/Mitglieder	Mitgliederart
Grundschule	1.400	Mitgliedschulen/ Schulpflegschaft
Hauptschule	209	Mitgliedschulen
Gymnasium	529	Mitgliedschulen
Integrierte Gesamtschule	120	Mitgliedschulen
KED	6.500	Einzelmitgliedschaft
PEV	2.000	Einzel- und Gruppenmitgliedschaft

2.3.2 Mitgliederstruktur nach Geschlecht, Alter, Berufsposition und Entwicklung der Mitgliederzahlen

Die vertiefenden Fragen nach der Mitgliederstruktur bezüglich Geschlecht, Alter und Berufsposition ist mangels statistischer Daten von nur drei Verbänden beantwortet worden. Danach gibt es bei einem Verband ein ausgewogenes Verhältnis von weiblichen und männlichen Mitgliedern, bei zwei anderen liegt das Verhältnis 60 : 40 bzw. 88 : 12 (jeweils %).

Daten über die Entwicklung der Mitgliederzahlen im Verlauf (1980 - 1990) hat nur ein Verband geliefert. Bei diesem sind 88 % der Mitglieder weiblichen Geschlechts. Wenn man die Daten von 1990 im Vergleich nimmt, ist dies eine Zunahme um 10 % des weiblichen Anteils an der Verbandsarbeit. Die Mitgliederzahl hat sich um 48 erhöht (1990 - 1996). Daraus kann zumindest als Trend geschlossen werden, daß verbandliche Elternarbeit zum Großteil Frauenarbeit ist.

Zu den beruflichen Positionen der Mitglieder liegen ebenfalls von zwei Verbänden Daten vor: danach sind bei dem einen Verband die Mehrzahl der Mitglieder (85 %) Selbständige, bei dem anderen Verband sind lediglich 2 % Selbständige, 13 % in leitenden Positionen, 22 % Hausfrauen/ Hausmänner sowie der Großteil von 63 % in nicht-leitenden Positionen in der Wirtschaft tätig.

Über die Altersstruktur der Verbände liegen ebenfalls Daten von zwei Verbänden vor: die Altersgruppe 35- 50 Jahre ist mit 60 bzw. 85 % erwartungsgemäß am stärksten vertreten, die Altersgruppe 20- 35 Jahre mit 30 bzw. 7 %, über 50 Jahre immerhin 8- 15 %.

2.4 Organisationsstruktur (Fragen 5 - 9)

2.4.1 Innere Ordnung der Verbände durch e.V.-Satzung

Die Elternverbände in NRW sind alle als Vereine mit einer e.V.-Satzung organisiert, so daß die Gemeinnützigkeit ein Charakteristikum der Verbandstätigkeit ist. Organisatorisch sind damit Festlegungen verbunden, wie sie sich aus § 21-54 BGB sowie den speziellen Vorschriften der § 55-79 für eingetragene Vereine ergeben. Nach § 25 ist eine Satzung bindend vorgeschrieben, nach § 26 ein Vorstand, dessen Bestellung nach § 27 durch eine Mitgliederversammlung erfolgt (Ausnahmen regelt § 29, Notbestellung durch Amtsgericht infolge Fehlens von Mitgliedern) sowie die satzungsmäßig auszugestaltenden Vorschriften für die Ordnung der Angelegenheiten des Vereins durch die Mitgliederversammlung (§ 32).

Ein eingetragener Verein muß gemäß § 56 mindestens sieben Mitglieder haben, und nach § 58 eine Satzung, die u.a. Bestimmungen über die Bildung des Vorstandes enthält (§ 58,3).

Diese Bedingungen sind zwingend vorgeschrieben zur Anerkennung der Gemeinnützigkeit. Sie werden erfüllt, wobei die Zahl der Vorstandsmitglieder variabel ist und 5 - 11 Personen umfasst. Größere Vorstände ergeben sich bei einem Verein durch einen erweiterten Vorstand (zusätzliche Mitglieder von Fachausschüssen).

2.4.2 Sicherung der Arbeitsfähigkeit durch Geschäftsführung, Personal und sonstige unterstützende Strukturen

Die Arbeitsfähigkeit eines Vorstandes dürfte von der Anzahl seiner Mitglieder ebenso abhängig sein wie von dem Vorhandensein einer Geschäftsführung: die Hälfte der Vereine hat eine/n Geschäftsführer/in. Weiter ist die Hilfe von zusätzlichem Personal zu beachten: vier der Vereine haben sonstiges Personal, regelmäßig und bei Bedarf. Dabei besteht ein klarer Zusammenhang zwischen der Größe der Mitgliedszahl und dem beschäftigten Personal: der Verband mit 529 Mitgliedern beschäftigt zwei Vollzeitkräfte regelmäßig und eine stundenweise angestellte Kraft bei Bedarf; der Verband mit rund 2.000 Mitgliedern hat fünf Vollzeit- und drei Teilzeitkräfte regelmäßig, und bei Bedarf 12 Vollzeitkräfte.

Legt man die Zahlen für Vollzeitkräfte zugrunde, so könnte man davon ausgehen, daß ca. 300 Mitglieder eine Vollzeitkraft erforderlich machen. Demnach wären lediglich zwei Verbände personell ausreichend versorgt, drei Verbände sind personell nicht ausgestattet, sondern auf reine Ehrenamtlichkeit angewiesen.

Zur Aufgabenerledigung können unterstützende Strukturen aus anderen Gremien des Verbandes hinzukommen; tatsächlich bedienen sich fünf von sechs Verbänden dieses Instrumentariums in Form von Fachausschüssen (3), Experten, Beiräten und Kommissionen. Zwei Verbände stützen sich auf regionale Untergliederungen wie Stadtverbände.

2.4.3 Einbindung der Mitgliedschaft durch Mitgliederversammlung

Die Einbindung der Mitgliedschaft in die Vereinsarbeit läßt sich auch an der Einberufung einer Mitgliederversammlung ablesen: von achtmal jährlich bis zweijährig reichen hier die Antworten (zweijährig, zweimal pro Jahr, 2- 3mal pro Jahr, viermal jährlich, 4- 8mal pro Jahr). Auffällig ist, daß der Verband mit den meisten Mitgliedern einen zweijährigen Turnus wählt. (siehe weiter unten, Antworten zu Frage 20: Wesentliche Probleme der innerorganisatorischen Aufgabenerledigung).

2.4.4 Vorstände

Vereinen wird oft der Vorwurf gemacht, daß sie 'Vorstandsdomänen' errichteten. Die beiden Fragen nach der Amtsperiode sowie der Dauer der Amtszeit des bisherigen und jetzigen Vorsitzenden zielen in diese Richtung. Satzungsmässig beträgt die Amtszeit bei allen sechs Vereinen zwei Jahre, die tatsächlichen Amtszeiten gehen, außer bei einem Verein, darüber hinaus: 4 - 9 Jahre, bei einem Verband hat der Vorsitz seit der Gründung noch nie gewechselt (insgesamt 12 Jahre!). Einen Wechsel in der Verbandsführung hat es bei einem Verband vor einem Jahr gegeben, das heißt, daß der Vorgänger bereits im Vorläuferverband den Vorsitz für vier Jahre innegehabt hat. In drei anderen Verbänden gab es 5 - 7 Jahre Vorstandsvorsitzdauer. Die jetzigen Vorstände erreichen mit zwei, drei und viereinhalb Jahren Vorsitzdauer Kontinuität, bei zwei Verbänden gab es Wechsel (ein Jahr bzw. erst vier Wochen neu im Amt).

2.5 Schwerpunkte der Verbandsarbeit (Frage 13)

Alle Verbände sehen in der schulformbezogenen Arbeit ihren Schwerpunkt. Mitgliederinformation/Mitgliederschulung, Informationsaustausch und Einflußarbeit in Richtung Politik folgen mit jeweils fünf Nennungen. Allgemeine bildungspolitische Arbeit und Öffentlichkeitsarbeit werden je viermal genannt, Einflußarbeit in Richtung Administration dreimal, Einflußarbeit in Richtung Wissenschaft und Elternberatung je zweimal, auf Supervision, Familienbildung, Politische Bildung, Projekte, Jugendhilfeangebote, Arbeitskreise sowie Einflußarbeit in Richtung Wirtschaft entfallen jeweils eine Nennung.

Drei Schwerpunkte der Verbandsarbeit kristallisieren sich heraus: schulformbezogene Arbeit, interne Verbandsarbeit und externe Arbeit in Richtung Politik.

2.6 Rekrutierung von Mitgliedern (Fragen 14 - 17)

Rekrutierung von (neuen) Mitgliedern ist für das Überleben von Vereinen lebenswichtig; fünf von sechs Verbänden betreiben Mitgliederwerbung, ein Verband sieht zwar die Notwendigkeit, tut es jedoch nicht ("müßte man tun", sagte ein Geschäftsführer).

Interessant ist der Weg, über den neue Mitglieder geworben werden: bei jeweils zwei Verbänden läuft er über die Schulpflegschaften oder über vom Verband angebotene Veranstaltungen, ein Verband schreibt die Schulen direkt an und lädt zur Mitgliederversammlung ein.

Die Mitgliedschaft selbst läuft bei drei Verbänden nur über die Schulpflegschaftsvorsitzenden bzw. Delegierte der Schulpflegschaft; bei einem Verband ist Voraussetzung, daß ein Kind in der Schulform ist, bei zwei Verbänden kann jeder Mitglied werden.

Damit ist bei den schulformabhängigen Verbänden eine gewisse Restriktion bei den Zugangsbedingungen zum Verband geschaffen, wobei der Zugang über Gremienmitgliedschaft/ Delegation von einem Elterngremium (also der Schulpflegschaft) eine gewisse Repräsentativität der Eltern unterstreicht. Dies könnte dann auch der Verbandsarbeit als kollektiver Interessenvertretung zugute kommen, zumindest dem Anspruch nach: nicht einzelne Kinder werden vertreten, sondern Gruppen von Eltern bzw. die Elternschaft von einzelnen Schulen.

Die "Sammelvereine" haben diese Art der Zugangsbeschränkungen über Gremien nicht; sie haben in einem Fall nur Einzelmitgliedschaft, in dem anderen Fall sowohl Einzel- als auch Gruppenmitgliedschaft. Die Exklusivität wird durch die Möglichkeit einer fördernden Mitgliedschaft bei vier Vereinen abgeschwächt; allerdings liegt der Prozentsatz der fördernden Mitgliedschaft bei lediglich zwei, vier bzw. fünf Prozent. Ein Verein hat mit der Umwandlung zum e.V. seinen eigens geschaffenen Förderverein abgeschafft.

Über den Zugang zum Verein im Sinne der Aufnahme neuer Mitglieder beschließt in fünf Fällen der Vorstand, bei einem entscheidet entweder die Mitgliederversammlung oder der Vorstand, je nach Mitgliedschaftstyp, Gruppen- oder Einzelmitgliedschaft.

2.7 Mitgliederaktivitäten (Fragen 18 und 20)

Die Beteiligung der Mitglieder an der Verbandsarbeit ist nach landläufigem Verständnis Dreh- und Angelpunkt der oft beschworenen 'lebendigen Vereinsarbeit'. Die Antworten auf diese Frage sind sehr vielschichtig: ein Verband antwortet etwas ausweichend, daß auf der zweijährlichen Mitgliederversammlung über ein Drittel der Mitglieder regelmäßig erscheinen, bei den anderen liegen die Zahlen für die aktive Mitarbeit in Prozentbereichen von unter 10 %: lediglich 1 - 9,6 % der Mitglieder beteiligen sich regelmäßig an der Verbandsarbeit (2,5 - 5; 4,2; 7,1 %).

Hinweise auf die Ursachen dieser geringen Mitgliederbeteiligung können die Antworten auf die Frage nach den wesentlichen Problemen der innerorganisatorischen Aufgabenerledigung geben: je zweimal werden die räumliche Entfernung und mangelnde Motivation zur Mitarbeit genannt, je einmal die mangelnde Anbindung Basis/ Vorstand, fehlendes Personal, Erreichen von Schulpflegschaftsvorsitzenden und Ehrenamtlichkeit; das größte Problem mit drei Nennungen sind die Finanzen. Zusammengefaßt: Grundprobleme sind mangelnde Finanzmittel, innerorganisatorische Kommunikationsprobleme sowie geringe Motivation zur Mitarbeit in einem Verband.

Entsprechend hat auch bloß die Hälfte der Verbände eigene Büroräume, dabei lediglich nur ein schulformbezogener Verband.[3]

2.8 Finanzfragen (Fragen 27 - 29)

2.8.1 Einnahmequellen

Sechs Verbände haben auf diese Fragen geantwortet. Fünf geben als wesentlichste Einnahmequelle die Mitgliedsbeiträge an, Spenden werden dreimal genannt, selbsterwirtschaftete Einnahmen zweimal, Sponsoring einmal. Zwei Verbände werden gefördert, einer öffentlich, der andere von der katholischen Kirche.

Die im SchMG ausdrücklich aufgeführte schulformabhängige Verbandsarbeit erfährt also in NRW keinerlei finanzielle Förderung, sondern ist in Reinkultur auf Eigenerbringung der Mittel angewiesen.

2.8.2 Beiträge: Vergleich des satzungsmäßigen Soll mit dem Ist

Der satzungsmäßige Beitrag ist sehr unterschiedlich geregelt: ein Verband erhebt einen Beitrag von 1,50 DM pro Schüler, ein anderer pro Klasse 13 DM, ein dritter 50 DM pro Mitglied/ Schule, der vierte staffelt nach Gruppen-/ Einzelmitgliedschaft ab 50/ 30 DM bzw. Einzelmitgliedschaft à 20 DM.

Die Beitragsehrlichkeit läßt sich grob ermitteln anhand der Daten zu den satzungsmäßigen Beiträgen, der angegebenen Mitgliederzahl sowie der Ausgaben, hier in 1994.

Dabei ergibt sich folgendes Bild:

satzungsgemäßer Beitrag (1994)	erwartbare Einnahmen	tatsächliche Ausgaben
pro Kopf 1,50 DM/ 527 Mitglieder 4	660.000 DM	445.000 DM
pro Schulklasse 13 DM/ 360 Mitglieder	18.000 DM	20.000 DM
Gruppen-/Einzelmitgliedschaft á 50 DM/ 2.000 Mitglieder	100.000 DM +90.000 DM (Förderung) = 190.000 DM	220.000 DM
pro Schule 50 DM/ 1.400 Mitglieder	70.000 DM	35.000 DM
pro Einzel-/Schulmitgliedschaft 30 DM/ 209 Mitglieder	6.270 DM	1.500 DM
pro Einzelmitgliedschaft 20 DM/ ca. 5.000/ 6.000 Mitglieder	100.000 DM-130.000 DM	1- 1,3 Mio. DM* *(niedrige Schätzung, da"die Beitragseinnahmen unter 10 % der Ausgaben abdecken")

Falls man davon ausgeht, daß bei der pro-Klasse-Erhebung jedes der insgesamt 360 Mitglieder eine Klasse vertritt, so ist hier die Beitragsehrlichkeit am höchsten. Alle anderen Verbände weisen Defizite auf von einem Drittel bis zur Hälfte der satzungsmäßig zu erwartenden Summen.

2.8.3 Sicherung einer finanziellen Basis: Mitgliedsbeiträge, öffentliche Förderung und kirchliche Förderung

Keiner der schulformabhängigen Verbände wird öffentlich gefördert; lediglich ein Verein erhält fortlaufend Fördermittel vom Land NRW. Allerdings handelt es sich hierbei nicht um einen schulformbezogenen Verband. Der andere nicht-schulformbezogene Verband weist nach Schätzung eines Verbandsvertreters einen sehr hohen Finanzstatus aus; er ragt damit als einziger Verband aus der eklatanten Unterfinanzierung der schulformbezogenen elterlichen Verbandsarbeit heraus. (Angesichts eines Ausgabenbetrages von 1.500 DM lasse ich die Frage nach dem Unterschiedsbeitrag eines Verbandes hier beiseite.)

Nach Auskunft eines Verbandsgeschäftsführers wäre zur finanziellen Sicherstellung der Verbandsarbeit und seiner Aufgabenerledigung ein Mitgliedschaftsbeitrag von 250 bis 350 DM pro Mitglied und Jahr nötig. Wenn man diese Zahl einmal gegenrechnet mit den Einnahmen/ Ausgaben der Verbände, wird die nur noch lächerlich zu nennende Finanzausstattung der schulformabhängigen elterlichen Verbandsarbeit deutlich; sie beträgt sogar bei dem als finanziell potent geltenden Verband lediglich ein Drittel des unter Zugrundelegung des fiktiven niedrigen Beitrags tatsächlichen erforderlichen Finanzvolumens. Auch die öffentliche Förderung eines anderen Verbandes erscheint in einem anderen Licht, beträgt sie doch auch nur knapp die Hälfte der (niedrigeren) erforderlichen Mittel. [5]

Die 'Armut' der Verbände wird dadurch zementiert, daß Mitgliedsbeiträge zu den Elternverbänden lediglich als Spenden eingesammelt werden dürfen, nicht jedoch als Beiträge des Mitgliedschaftsorgans oder der Einzeleltern der Schule gelten. Hieraus ergibt sich ein Widerspruch zu den Satzungen, weil dort die Mitgliedschaft gebunden ist an die Delegation durch das Organ Schulpflegschaft. Faktisch ist jedoch nur eine persönliche Einzelmitgliedschaft möglich mit entsprechender Freiwilligkeit der Zahlung von Beiträgen. Es handelt sich deshalb genau genommen lediglich um Spenden.

Die finanzielle Basis ist somit nicht nur (relativ) mager, sondern auch höchst unsicher, da schwankend und u.a. vom guten Willen und Geschick zur Spendeneintreibung der Vereine abhängig. Wie gelingt es den Verbänden angesichts der geringen und schwankenden finanziellen Mittel ihre Arbeit zu leisten?

2.9 Arbeit der Verbände (Fragen 21 - 26, 29 - 33)

2.9.1 Öffentlichkeitsarbeit durch Publikationen

Öffentlichkeitsarbeit in Form von Publikationen und Veranstaltungen sowie schulbezogene Gremienarbeit und interorganisatorische Arbeit in Form von Kontakten zu anderen Verbänden sind klassische Aufgaben von Verbänden.

Ein Publikationsorgan geben fünf Verbände heraus, drei regelmäßig, zwei unregelmäßig. Es erscheint zwei- bis viermal jährlich. Der Umfang streut von vier Seiten nebst Beilage bis zu 90 Seiten (16 - 32; 50 - 80; 60 - 90). Alle Mitglieder erhalten die Publikation ihres Verbandes; bei drei Verbänden erfolgt die Verteilung auf Anforderung, zwei Verbände bedienen auch Zielgruppen der Verbandsarbeit. Bei dem finanziell potentesten Verband liegt die Auflagenhöhe bei 7.000, bei unregelmäßiger Erscheinungsweise, ein anderer Verband gibt eine Auflagenhöhe von 40.000 an, drei- bis viermal pro Jahr.

Weitere Publikationen sind bei zwei Verbänden vorhanden sind (Info-Post, thematische Informationen).[6]

2.9.2 Veranstaltungen

Veranstaltungen sind weitere Aktivitäten bei vier Verbänden, zwei führen sie nicht durch; dabei führt nur ein Verband die Veranstaltungen regelmäßig durch. Die Häufigkeit schwankt von 'unregelmäßig bis zu fünfmal im Jahr' bis 'regelmäßig mehr als fünfmal im Jahr'. Thematisch bewegen sich die Veranstaltungen in einem breiten Spektrum (Angaben bezogen auf die letzten zwei Jahre):

- Eltermitwirkungsseminare (zwei Nennungen)

jeweils eine Nennung:

- Verhaltensauffälligkeiten bei Schulkindern
- Ganz- bzw. Halbtägige Betreuung in der Schule
- Hausaufgaben
- Schulprogramme
- Hochbegabte SchülerInnen im Unterricht
- Schulpolitische und schulpraktische Themen
- themenbezogene Veranstaltungen "wie z.B. zu Freya KLIER"
- Hauptschule – die richtige Schule für ihr Kind.

Ein anderer Verband benennt kursorisch "Familienpolitik" als Thema.

Die Veranstaltungen werden bei vier Verbänden als intraorganisatorische Öffentlichkeitsarbeit angesehen, die sich vorrangig an Mitglieder richtet; drei benennen die allgemeine Öffentlichkeit und bestimmte Zielgruppen, und damit eine verbandsexterne Öffentlichkeit als vorrangige Ansprechpartner für die Veranstaltungen. (keine Antwort: 1)

2.9.3 Schulbezogene Gremienarbeit

Schulbezogene Gremienarbeit leisten fünf Verbände (keine Antwort: 1). Vorrangig ist dabei die Landesebene mit fünf Nennungen, aber auch vier Nennungen zur Bundesebene; auf die einzelne Schule entfallen drei Nennungen, zwei auf Stadt-/ Bezirksebene. (keine Antwort: 1)

Die Gremienarbeit wird getragen in vier Fällen entweder von Vorstandsmitgliedern oder in je zwei Fällen ungeregelt je nach Interesse und zeitlicher Verfügbarkeit auch von anderen Personen oder von sonstigen, vom Verband gewählten, Mitgliedern. (keine Antwort: 1)

2.9.4 Interorganisatorische Arbeit

Ebene der interorganisatorischen Arbeit:

Interorganisatorische Kontakte gibt es bei allen Verbänden, auf Vorstandsebene bei fünfen regelmäßig, bei zweien auf Vorstandsebene (auch) nach Bedarf.

Auf Mitgliederebene verlaufen die Kontakte zu anderen Verbänden bei einem Verband nach Bedarf, ein anderer antwortet auf diese Frage ohne Spezifikationen.

Arten der interorganisatorischen Kooperation

Worin besteht im engeren Sinne die interorganisatorische Zusammenarbeit? Bei allen Verbänden besteht mit anderen Organisationen im Bildungsbereich ein Informationsaustausch, je zur Hälfte regelmäßig und unregelmäßig. Mit anderen schulformbezogenen Verbänden haben fünf Verbände regelmäßigen Kontakt, mit Lehrerverbänden vier Verbände, die sonstigen Kontakte verlaufen in Form von Gesprächen und Publikationen. Die Kontakte beziehen sich dabei bei zwei Elternverbänden auf die GEW, auf sonstige bildungspolitische Verbände und lediglich bei einem auf die Landesschülervertretung.

Darüberhinaus besteht eine regelrechte Zusammenarbeit mit diesen anderen Verbänden bei fünf Verbänden. (keine Antwort: 1) Diese gestaltet sich über gemeinsame Öffentlichkeitsarbeit (vier Nennungen), Veranstaltungen und Publikationen bei je drei Verbänden, jeweils eine Nennung entfällt auf Abstimmung mit anderen schulformbezogenen Elternverbänden sowie gemeinsame Vorbereitung von Demonstrationen.

Die Finanzierung dieser Aktivitäten (Veranstaltungen) ist deshalb bei sechs Verbänden der Hauptposten bei den Ausgaben, gefolgt von den Publikationen (fünf Nennungen), Sach- und Personalausgaben mit vier Nennungen und Fahrtkosten mit einer Nennung.

Mitgliedschaft in anderen Organisationen

Alle Verbände sind Mitglied eines Dachverbandes auf Bundesebene, vier auf Länderebene, einer auf europäischer und internationaler Ebene. [7]

Die Mitgliedschaft in anderen Organisationen ist bei vier Verbänden gegeben: Aktion Jugendschutz, Bürgeraktion Schule, Diozösanrat und Arbeiterwohlfahrt. Bei zwei Verbänden besteht keine weitere Mitgliedschaft.

2.10 Selbsteinschätzung der Arbeit der Verbände (Fragen 34 - 36)

Hauptprobleme

Ich habe nach den Hauptproblemen gefragt. Erwartungsgemäß steht die geringe Mittelausstattung bei fünf Verbänden als Hauptproblem ganz oben. Für vier Verbände liegt es in der mangelnden Resonanz bei der Administration, insbesondere beim Land, aber auch in der Stadt und beim Bund (je eine Nennung). Dreimal wird mangelndes Mitgliederengagement genannt, zweimal fehlende Räumlichkeiten. Die Resonanz bei den Parteien und in der Öffentlichkeit wird je einmal genannt, ebenso fehlende Hilfen und Förderungen.

Sonstige Schwierigkeiten möchte ich mit zwei längeren Zitaten von Verbandsvertretern anführen:

"Zuwenig Unterstützung durch die Schulleitung, die in mindestens 50 % aller Fälle unsere Post nicht an die Schulpflegschaft weiterleitet ! Schulleitungen haben Angst vor äußeren Einflüssen, vor allem von Seiten der Eltern. Dabei wird die Information über die landesweit arbeitende Elternvertretung bewußt zurückgehalten. Man will 'Ruhe' in der Schule, keine Nachfragen."

"Allgemeines gesellschaftliches Klima (Kinder- und Familienfeindlichkeit), soziale Lage vieler Familien, Entsolidarisierung, Leistungsdruck in der Schule, schleichende Angriffe auf Arbeitnehmerrechte (z.B. Bildungsurlaub), mangelndes Handlungsbewußtsein bei Eltern bezüglich Schule (Autoritätsdenken)."

Einschätzung der eigenen Arbeit

Es verwundert angesichts dieser Fülle von Problemen, daß trotzdem die Erreichung der Zielsetzung des Verbandes von Fünfen bei einer vierstufigen Skala als "teilweise erreicht" eingeschätzt wird, ein Verband stuft seine Arbeit - allerdings nur innerhalb der Zielgruppe - als "voll erreicht" ein.

Verbesserung der Verbandsarbeit

Die Mittel zur Optimierung der Verbandsarbeit werden bei fünf Verbänden in der verstärkten Öffentlichkeitsarbeit gesehen, vier Verbände planen eine bessere Finanzausstattung, drei Verbände sehen in der Verstärkung der Gremienarbeit und der Verbesserung der internen Organisation ein Mittel zur Optimierung der Verbandsarbeit. Zwei Verbände erwarten eine solche Verbesserung durch die Zusammenarbeit mit anderen Verbänden und Organisationen. Die Verstärkung informeller Kontakte und eine modifizierte Mitgliederwerbung und -betreuung sind weitere Nennungen (je einmal). Ein Verband plant eine Abkehr von festen Arbeitskreisen und will stattdessen projektbezogene Arbeit machen.

Grundlagenänderungen

Auf die offene, letzte Frage habe ich von zwei Verbänden eine Antwort erhalten: eine Verbandsvertreterin sieht die Notwendigkeit einer veränderten gesetzlichen Grundlage für die Elternvertretungen, die "durchgewählt" sein sollten - wie in vierzehn anderen Bundesländern - , so daß die Mitgliedschaft nicht länger an die Schulpflegschaft gekoppelt ist. Damit könnte die ständige Fluktuation (eine Verbandsvertreterin nennt sie euphemistisch: "ständiger Erneuerungsprozeß") und dementsprechende übergroße Bindung von Arbeitskraft für die Neuanwerbung von Mitgliedern verhindert werden. Ein anderer Verband vermerkt: "Bildungspolitik ist nicht spektakulär", und beklagt deshalb, daß das "eigentliche Anliegen nicht rüberzubringen" sei.

II. Interpretation der Ergebnisse

1. Zur Methode der Datenerhebung

Grenzen der gewählten Methode

Die gewählte Methode ist aufschlußreich nicht nur in den Ergebnissen selbst, die durch den Fragebogen erhoben worden sind. Aus der Art und Weise, wie sich der Rücklauf der Fragebögen gestaltete, ergeben sich einige Einblicke, wie die Verbände ihre Aufgaben nicht nur sehen, sondern wie sie diese erledigen, zumindest bezüglich einer Anfrage von außen.

Eine schriftliche Befragung durch einen Fragebogen hat für diesen Bereich der verbandlichen Organisation von Elterninteressen eine explorative Funktion. Die Entwicklung des Instrumentariums 'Fragebogen' ist eine mögliche Herangehensweise an das 'Objekt' Elternverbände als einer möglichen Perspektive der soziologisch-politologischen Verbändeforschung, die meines Wissens bisher für diesen Bereich noch nicht vorgelegt worden ist. [8]

Die Ergebnisse aus einer schriftlichen Befragung sind Daten, welche die Sicht und die Selbsteinschätzung der Verbandsvertreter darstellen. Damit kann deren Wunsch verbunden sein, die Verbandsarbeit so darzustellen, wie sie in der Öffentlichkeit gesehen werden möge. Dieser Darstellungseffekt nach außen ist erst einmal nicht mehr als ein verständlicher Wunsch. Bezüglich der Daten selbst kann eine Überprüfung, z.B. der Mitgliederdaten, der Prozentzahlen der aktiven Mitglieder etc., schwerlich erfolgen mit der hier gewählten Methode (dazu bedürfte es beispielsweise einer teilnehmenden Beobachtung der Vereinsarbeit). Ich kann deshalb nur von subjektiven Eindrücken ausgehen, wenn ich den Status der Daten interpretieren möchte als Konstruktionen von Mitgliedern der Vereine auf Vorstandsebene/ Geschäftsführerebene über die Verbandsarbeit.

Mögliche Alternative zur gewählten Methode

Angesichts der kleinen Fallmenge von elf Verbänden erscheint mir - im nachhinein - eine postalische Befragung nicht mehr so zwingend zu sein. Die in den telephonischen Interviews und den dabei erfolgenden vertiefenden Gesprächen erhobenen Daten sind meines Erachtens für das Verständnis der Arbeit und insbesondere der speziellen Schwierigkeiten der Verbände mindestens so informativ gewesen wie die Daten aus dem Fragebogen. Ich habe aus arbeitsökonomischen Gründen die Fragebogenmethode gewählt.

Eine mögliche Folgemethode könnte in einer mehr fallbezogenen Einzeldarstellung der Verbände liegen. Die dazu erforderlichen Methoden der Datenerhebung, wie beispielsweise qualitative Interviews mit Verbandsvertretern und Mitgliedern, Analyse von Akten der Verbände, Inhaltsanalyse ihrer Publikationen, Analyse von Protokollen z.B. aus den Gremien des Landtages u.v.m. erfordern jedoch einige finanzielle Mittel für technische Ausstattung und Arbeitszeit. Diese standen im Rahmen dieses Projektes nicht zur Verfügung.

Zeitliche Begrenzung des Untersuchungsobjektes

Eine weitere Einschränkung ist zu machen bezüglich der Geschichte der Elternverbände: eine eigene Untersuchung wäre anzustellen in Hinblick auf Vorläuferverbände bzw. organisierte Elterninteressen für den Zeitraum vor Beendigung der Zweiten Weltkrieges. Dabei wären aus bildungspolitischer Sicht organisierte Elterninteressen nach dem Ersten Weltkrieg, in der Weimarer Republik also, sowie in der Zeit des Nationalsozialismus interessant. [9] Die Geschichte der organisierten Interessenvertretung von Eltern in dem Gebiet des jetzigen, erst nach dem Zweiten Weltkrieg gegründeten, Nordrhein-Westfalens müßte also noch geschrieben werden. Ich beschränke mich hier auf die weitgehend in der Regel in den siebziger Jahren entstandenen Verbände.

Bei der Interpretation der Ergebnisse sind deshalb die sich aus den methodischen Besonderheiten sowie aus dem ausgewählten zeitlichen Rahmen ergebenden Einschränkungen zu beachten.

2. Stellung und Kooperationen der Elternverbände innerhalb des Systems der schulischen Mitwirkung

Auf den ersten Blick erscheint die Zahl von ingesamt elf Elternverbänden recht hoch zu sein; die Frage, warum nicht zumindest in einem Bundesland nur ein Elternverband existiert, der sich als organisierte Interessenvertretung von Eltern zumindest im allgemeinbildenden Schulwesen versteht, stellt sich schon. Hinter der Zahl von elf Verbänden ist auch nicht ein einheitliches Organisationsprinzip erkennbar, beispielsweise nach Schulstufen/ -formen. Vielmehr sind drei Organisationsprinzipien unterscheidbar: nach Schulformen, nach politischen/ weltanschaulichen Prinzipien und nach speziellen (elterlichen) Lebenslagen, die sich aus verschiedenen kindlichen Handicaps ergeben. Eine einheitliche Organisierung nach der Lebenslage "Elternschaft" ist ebensowenig gegeben wie das nach dem Wortlaut des Gesetzes vorgesehene Organisationsprinzip nach Schulformen und -stufen.

Betrachtet man diese Unübersichtlichkeit von organisierten Elterninteressen in dem Gesamtsystem von Mitwirkungsakteuren in NRW,[10] so ergibt sich wieder ein verändertes Bild: die Eltern sind in NRW eine von insgesamt sechs Gruppen, die in das Mitwirkungsgeschehen lt. Schulmitwirkungsgesetz einzubeziehen sind. Die anderen Gruppen sind:

- Spitzenverbände der zuständigen Gewerkschaften und Berufsverbände - also Lehrer (zehn Organisationen),
- Schülervertretungen (zwei Organisationen),

- Vereinigung der Industrie- und Handelskammern, Westdeutscher Handwerkskammertag,
- Kirchen sowie Zusammenschlüsse der Träger von Ersatzschulen (sieben Organisationen),
- Kommunale Spitzenverbände (drei Organisationen),
- Verbände und Organisationen, "denen in spezifischen Angelegenheiten Gelegenheit zur Stellungnahme gegeben werden kann" [11] (insgesamt 94 Organisationen, davon zwei Drittel Lehrer spezifischer Fachrichtungen).

Danach gibt es also lt. Schulmitwirkungsgesetz insgesamt 33 Organisationen, die zu beteiligen *sind* und insgesamt 94 Organisationen, die beteiligt werden *können*. Die Gesamtzahl von potentiell Mitwirkungsberechtigten beläuft sich nach dem SchMG in NRW in der Fassung von 1995 demnach auf 127 kollektive Akteure.

Die Vielzahl der Organisationen auch im mitwirkungsverpflichtenden Bereich weist auf die Zersplitterung der Interessenvertretungen im Bereich der Lehrer und Eltern hin. Dabei sind die Lehrer in ihrer organisierten Interessenvertretung zwar mit sechs Organisationen vertreten, lassen sich aber über drei Spitzenorganisationen repräsentieren. Die Eltern sind demgegenüber nach den drei oben angegebenen Prinzipien organisiert, teilweise auch doppelt (im Fall von Gesamtschulen und Sonderschulen). Eine zumindest federführende Instanz gibt es nicht, jeder Verband spricht "für sich selbst".

Eine solche organisatorische Zersplitterung könnte in Teilen kompensiert werden durch intensive Zusammenarbeit, beispielsweise im Vorfeld von anstehenden Entscheidungen. Meine Fragen dazu (26, 30, 32, 33) erbrachten zwar die Angabe regelmäßige Kontakte, jedoch überwiegend nur auf Vorstandsebene. Der Informationsaustausch findet bei fast allen Verbänden in Form von Gesprächen und Publikationen statt, jedoch regelmäßig nur bei der Hälfte der Verbände. Eine Zusammenarbeit bejahen fünf Verbände, wobei Öffentlichkeitsarbeit, Veranstaltungen und Publikationen am häufigsten genannt werden.

Eine genauere Analyse der tatsächlich erfolgenden Interaktionen zwischen den Verbänden würde eine Einschätzung darüber erlauben, ob es sich bei diesem Informationsaustausch und der Zusammenarbeit um koordiniertes Vorgehen handelt, oder eher um fallweise sich anbietende Kontakte. Die Aussage eines Verbandsvertreters: "Man kennt sich, die Zusammenarbeit ist geregelt, jeder weiß, wer mit wem kann", verweist auf eine stabile Einschätzungs- und Erwartungsstruktur gegenüber den anderen Mitwirkungsakteuren, sagt allerdings nichts über die Intensität, Dauer und vor allem Erfolg der Zusammenarbeit aus.

Das SchMG geht von insgesamt fünf Akteursgruppen aus: Lehrer, Eltern, Schüler, Arbeitgeber und Kommune. Es ist auffällig, daß nicht alle Akteure miteinander in Kontakt stehen. Die Kontakte der Eltern verlaufen vorrangig zu den Lehrerverbänden und den sonstigen Elternverbänden; nur ein Verband hat Kontakt zu den Schülerverbänden, ein anderer zu den Arbeitgebern (BDI).

Zumindest bezüglich der Kontakte zu der Administration vom Land gibt es drei Nennungen, welche die mangelnde Resonanz als Hauptproblem der Verbandsarbeit bezeichnen, nur eine Nennung entfällt jeweils auf die Kommune und den Bund (Frage 34). Es ist aus den vorliegenden Daten nicht auszumachen, von welcher Seite aus dieser unbefriedigende Zustand der mangelnden Kontakte ausgeht und ob und welche Anstrengungen unternommen werden, zu sämtlichen Akteursgruppen Kontakte aufzubauen. Zumindest läßt sich für den Zeitraum der Befragung feststellen, daß die Elternverbände sich bei der Zusammenarbeit mit anderen Verbänden hauptsächlich auf die Lehrerverbände stützen. – Wird Schule als eine Veranstaltung von Lehrern und Eltern angesehen?

Weitere Indikatoren für die Offenheit bzw. Geschlossenheit der Verbandsarbeit können durch die Fragen 30 und 31 ermittelt werden: die Mitgliedschaft in einem Dachverband kann die Reichweite der Verbandsarbeit erweitern (alle Verbände bejahen diese Frage), die Mitgliedschaft in anderen Organisationen das Anliegen der Verbandsarbeit in weitere Zusammenhänge bringen. Vier Verbände überschreiten ihren eigenen Organisationsrahmen. Eine differenziertere Sicht erbringt allerdings, daß die beiden Sammelverbände sich an verwandte Organisationen anlehnen (KED – Diozösanrat; PEV – AWO), so daß lediglich zwei Verbände in ein anderes Organisationsfeld hineingehen (Aktion Jugendschutz, Bürgeraktion Schule). Angesichts der Fülle von schul- und kinderbezogenen organisierten Aktivitäten ist diese organisationspolitische Genügsamkeit der Elternverbände etwas verwunderlich. – Schmoren die Elternverbände im eigenen Saft?

3. Organisationsstruktur der Elternverbände

3.1 Einzelmitgliedschaft oder Gremienmitgliedschaft

Idealerweise wären möglichst viele Eltern organisiert (Einzelmitgliedschaft) und/oder die Elterngremien möglichst vieler Schulen wären Mitglied (Gruppenmitgliedschaft). Das Bestreben der schulformbezogenen Elternverbände geht dahin, über ihre Satzungen Gremienmitgliedschaften festzuschreiben, indem Mitglieder im Verband von den Schulpflegschaften zumindest delegiert, wenn nicht selbst dort Mitglied sein müssen. Der damit verbundene Anspruch, die Elternschaft einer Schule zu vertreten, statt nur einzelne Eltern, steht quer zu der gesetzlichen Regelung des SchMG: hier ist nur eine freiwillige Einzelmitgliedschaft in Elternverbänden vorgesehen. Dementsprechend sind auch die gesetzlichen Regelungen zur Zahlung des Mitgliedschaftsbeitrages zwar pro forma in den Satzungen festgelegt, ihre Einhaltung jedoch nicht zwingend.[12]

3.2 Staatlich kontrollierter Wildwuchs

Das Nebeneinander von schulformbezogenen Verbänden mit dem Anspruch der Gremienmitgliedschaft sowie von Sammelverbänden mit der Möglichkeit entweder der Kombination aus Einzel- und Gruppenmitgliedschaft oder alleiniger Einzelmitgliedschaft sowie das völlige Fehlen von im Gesetz vorgesehenen schulstufenbezogenen Verbänden ist ein weiteres Kuriosum der nordrhein-westfälischen Elternmitwirkung. Es ist nicht zu erwarten, daß sich aus diesem Neben- und Durcheinander eine sinnvolle Organisationsstruktur entwickeln ließe. Vielmehr drängt sich der Eindruck auf, daß es sich um gewachsene Strukturen handelt, oder besser: es hat sich ein gewisser Wildwuchs entwickelt.

Das Fehlen von genauen Kriterien für die vom Gesetz geforderte "erhebliche Bedeutung" führt dazu, daß die Definitionsmacht allein bei der Administration liegt. Da die Administration allein bestimmt, ob ein Elternverband "anerkannt" ist oder wird, gibt es zumindest den Anspruch auf Kontrolle dieses Wildwuchses.

Allgemein drängt sich damit der Eindruck auf, daß es zwar eine gesetzliche Mitwirkung von Elternverbänden in NRW gibt, nach dem Motto: "so etwas hat man". Die Ausgestaltung, die Durchführung und damit die Effizienz und Effektivität scheint jedoch beliebig zu sein, weil es an eindeutigen Regelungen mangelt, hier erst einmal in Bezug auf die Organisationsstruktur. Da dieses System staatlicherseits definiert und kontrolliert wird, kann man darauf schliessen, daß von einem dezidierten Interesse zumindest der Administration ausgegangen werden muß, die Elternmitwirkung auf Landesebene möglichst an ihren Unzulänglichkeiten scheitern zu lassen. Dieser Eindruck wird durch eine Modellrechnung für eine halbwegs ausreichende Finanzierung von Verbandsarbeit gestützt. (siehe Abschnitt 4)

3.3 Organisationsdichte

Zunächst möchte ich auf die - trotz dieser Schwierigkeiten - tatsächliche Organisationsdichte eingehen, verstanden als Anteil der Schulen, die in schulformbezogenen Verbänden überhaupt organisiert sind.

(siehe Abb. Seite 61)

Diese Zahlen belegen für die schulformbezogenen Verbände, daß es ihnen außerordentlich schwerfällt, eine akzeptable Organisationsdichte zu erreichen – außer dem Verband der Gymnasialeltern, der mit einer Organisationsrate von 85 % eine eindrucksvolle Zahl aufzuweisen hat. Eingeschränkt gilt dies auch für den Verband der Gesamtschuleltern mit 61 %, wobei hier zu beachten ist, daß es im Bereich der Gesamtschule zwei Verbände gibt. Der eine ist allerdings kein reiner Elternverband, sondern in ihm sind neben überwiegend Lehrern auch Eltern organisiert, so daß sich die Organisationsrate von Eltern in der Gesamtschule damit insgesamt erhöhen dürfte.

Schulart	„Schulen mit Schulbetrieb" (Stand: 4/96) [13]		Organisierte Schulen Eigenangabe jeweiliger Verband (Stand: 1995)	
	öffentlich	privat	Anzahl	Prozent
Grundschule	3.405	15	1.400	41 %
Hauptschule	744	3	209	28 %
Gymnasium	515	105	529	85 %
Gesamtschule	186	12	120	61 %
Realschule	470	42	keine Antwort	
Sonderschulen	645	79	keine Antwort	

Fazit: aus den vorliegenden Ergebnissen läßt sich lediglich bei den Eltern von Gymnasiasten und Gesamtschülern eine organisierte Interessenvertretung feststellen, die eine Vertretung von mehr als der Hälfte der Schulen erreicht. Bei den nicht-schulformbezogenen Verbänden ist es ein von der katholischen Kirche 'geprägter' Verband, der schulbezogene Elternarbeit als Verbandsziel hat.

Seine Organisationsstruktur, die auf Einzelmitgliedschaft von Eltern abstellt, erlaubt erst einmal keinen Aufschluß über die Organisationsdichte. Hierzu müßten spezielle Auswertungen z.B. der regionalen Verteilung der Mitglieder sowie der von ihren Kindern besuchten Schulen erfolgen. Inwieweit der andere nicht-schulformbezogene Verband schulisch bezogene Elternarbeit macht, läßt sich aus den vorhandenen Daten nicht hinreichend genau erschließen: bezüglich der Organisationsstruktur und auch der Aufgabenstellung handelt es sich um einen mehr umfassend sozialpädagogisch ausgerichteten Verband, der Elternarbeit an Schulen als ein mögliches Arbeitsfeld neben anderen betreibt.

3.4 Rekrutierung von Mitgliedern

Die Organisationsdichte ist direkt abhängig von der Rekrutierung von Mitgliedern. Durch den Anspruch der schulformbezogenen Verbände, daß die Mitgliedschaft zumindest bestätigt wird durch das Elterngremium Schulpflegschaft, sind Zugangsrestriktionen geschaffen. Diese werden erhöht, wenn die Aufnahme von Kontakten nicht direkt verläuft zwischen Eltern- und Verbändevertretern, sondern der Weg über eine weitere Instanz, wie die Schulleitung, gewählt wird. Daß dieser enge Zugangsweg überhaupt noch besteht, weist auf ausgeprägte Defizite bezüglich der Stellung der Schulpflegschaften an den einzelnen

Schulen hin: sie existieren anscheinend nicht als eigene Organe/ Gremien, sondern sind sogar beim Empfangen von Kommunikationsangeboten, die von außerhalb der Schule kommen, von der Schulleitung abhängig.[13]

4. Finanzierung der Verbände

Modellrechnung für eine halbwegs ausreichende Finanzierung von Verbandsarbeit

Ich möchte eine Modellrechnung bezüglich der Finanzausstattung einer Verbandsarbeit aufstellen, welche die notwendigen Mittel gegenüberstellt mit den tatsächlich vorhandenen Mitteln. Die für eine Verbandsarbeit notwendigen Mittel belaufen sich nach Aussagen eines Verbandsvertreters auf jährlich 350 DM pro Mitglied. (*Im Kursivdruck die 'Finanzierungsuntergrenze' bei Zugrundelegung des Mindestbetrags von 250 DM*) Danach ergeben sich folgende Summen: in Spalte 1 die Summe, die sich ergäbe, wenn alle Schulen organisiert wären; Spalte 2 enthält die Summen, die sich ergäben, wenn die momentan organisierten Schulen einen ausreichenden Mitgliedsbeitrag bezahlten; in Spalte 3 finden sich die lt. Satzung derzeit zu bezahlenden Beiträge; Spalte 4 enthält die tatsächlichen Ausgaben der Verbände in 1994. Alle Beträge sind in DM angegeben.

	Schulen insgesamt	z.Z. organisierte Schulen	Soll lt. Satzung	Ist lt. Satzung
Grundschule	1.232.000 *850.000*	490.000	70.000	35.000
Hauptschule	261.450 *186.750*	73.150	6.270	1.500
Gymnasium	217.000 *155.000*	185.150	660.000	445.000
Gesamtschule	69.300 *49.500*	42.000	70.000	18.000
KED	1.750.000 - 2.100.000		100.000 - 130.000	1.000.000 - 1.300.000
PEV Einzel-/ Gruppenmitgliedschaft		700.000	190.000	220.000

Folgt man den noch niedrig angesetzten Zahlen, so bleiben als einzige, finanziell halbwegs ausreichend ausgestattete Verbände die der katholischen Kirche und der Gymnasialeltern übrig. Nur letzterer 'läuft aus eigener Kraft'.

Unter dieser Perspektive bleibt nur noch zu konstatieren, daß im Land NRW von einer organisierten Elternvertretung nur in Bezug auf die katholische Kirche und Gymnasialeltern gesprochen werden kann. Betrachtet man es unter der lt. Gesetzestext geforderten schulformbezogenen Organisation, so bleiben lediglich die Gymnasialeltern übrig. Es drängt sich unter diesem Gesichtspunkt das Fazit auf, daß in NRW die schulformbezogene organisierte Elternvertretung - außer für den Gymnasialbereich - weitgehend Makulatur ist. – Findet die Elternmitwirkung bei der Schulpolitik im Land NRW nur von der katholischen Kirche und den Gymnasialeltern statt?

5. Aufgabenerledigung der Verbände

Es lassen sich bei der Aufgabenerledigung von Verbänden drei Bereiche differenzieren: die interne, die externe und die interorganisatorische Arbeit. Die interne Aufgabenerledigung umfaßt die Rekrutierung und Betreuung von Mitgliedern, ihre Information und Schulung zwecks Aktivierung für Aufgaben innerhalb und außerhalb des Verbandes. Dazu kommen die Organisations- und Verwaltungsabläufe innerhalb des Verbandes selbst.

Die externe Aufgabenerledigung besteht vor allem in Öffentlichkeitsarbeit, Gremienarbeit und Einflußarbeit als den drei wesentlichsten Bereiche von Verbandsarbeit. Die Öffentlichkeitsarbeit und die Einflußarbeit beziehen sich auf unterschiedliche Zielgruppen, die sich grob klassifizieren lassen als Meinungs- und Entscheidungsträger. Gremienarbeit bezieht sich auf vorhandene Institutionen, in denen Präsenz gezeigt wird.

Die interorganisatorische Aufgabenerledigung nimmt eine Zwischenposition zwischen interner und externer Arbeit ein, weil sie eigentlich als Aufgabenfeld an die Existenz der jeweiligen Verbände gebunden ist. Gleichzeitig hat sie natürlich Rückwirkungen auf die interne und externe Aufgabenerledigung. Ein ganz guter Indikator zur Abschätzung der Wirkung eines Verbandes dürfte das Verhältnis sein, in dem interne (zusammen mit interorganisatorischer) Arbeit zu externer Arbeit steht, lassen sich daraus doch Rückschlüsse ziehen, inwieweit der Verband als Verband mit sich selbst beschäftigt ist und/ oder auch tatsächlich nach außen wirkt.

5.1 Schwerpunkt auf interner und interorganisatorischer Arbeit

Aus den vorhandenen Ergebnissen läßt sich nicht deutlich herauslesen, welchen Stellenwert die externe Arbeit tatsächlich einnimmt. Es kann jedoch indirekt aus den Ergebnissen zu der Frage 13 (Schwerpunkte der Verbandsarbeit) geschlossen werden, daß zwar ein Übergewicht bei der externen Arbeit durch die vier Bereiche 'schulformbezogene Arbeit', 'allgemeine bildungspolitische Arbeit', 'Öffentlichkeitsarbeit' und 'Einflußarbeit' vorliegt. Die fast gleichhäufige Besetzung dieser externen Bereiche mit den internen Bereichen 'Mitgliederinformation/ -schulung' und 'Informationsaustausch' legt jedoch den Schluß nahe, daß - möglicherweise infolge von Mehrfachnennungen - beide Bereiche zumindest gleichgewichtig sind.

Betrachtet man die Aktivitäten en détail, so ragen Publikationen und Veranstaltungen heraus, die auch den Hauptteil der Finanzen verschlingen, jedoch bilden Sach- und Personalausgaben einen fast gleichgewichtigen Anteil. Zusammen mit den Ergebnissen zu Fragen der interorganisatorischen Zusammenarbeit (32: Informationsaustausch / 33: Zusammenarbeit), die sich auch hauptsächlich auf Gespräche und Publikationen bzw. auf die Zusammenarbeit durch Publikationen und Veranstaltungen sowie gemeinsame Öffentlichkeitsarbeit stützen, läßt sich die Hypothese aufstellen, daß ein Großteil der Aktivitäten der Verbände nicht nach außen gerichtet ist, sondern in der internen und interorganisatorischen Arbeit liegt. Entsprechend werden die Hauptprobleme auch intern lokalisiert: zu geringe Finanzmittel und zu geringes Mitgliederengagement.

5.2 Akzeptanzprobleme bei der externen Arbeit

Die Nennungen zu Problemen der externen Wirkung zielen eindeutig auf die Administration des Landes, d.h. die tatsächlichen Auswirkungen der Einflußarbeit werden kritisch gesehen. Unterstrichen werden die enormen Schwierigkeiten der externen Verbandsarbeit durch die bitteren Stellungnahmen von drei Verbänden. Einmal wird die ablehnende Haltung der Schulleiter beklagt, die es verhindert, potentielle Mitglieder überhaupt anzusprechen, zum anderen wird generell ein gesellschaftspolitisches Klima der Ausgrenzung von Familie und Kindern beklagt sowie die Marginalität von Bildungspolitik insgesamt.

Das Gesamtbild bezüglich der Rahmenbedingungen und der Akzeptanz der Arbeit ist damit vorwiegend düster: in einer politischen Landschaft, in der Bildungspolitik eine Randstellung einnimmt, versuchen finanziell und personell schwachbrüstige Verbände etwas zu bewegen und stoßen dabei auf eine Mauer von mangelnder Resonanz bei dem direkten Gegenpart ihrer Einflußbemühungen, der Administration.

5.3 Vorstandsdominanz bei Aufgabenerledigung

Die Zahl von aktiven Mitgliedern, d.h. solchen, die sich an den verschiedenen Formen der Verbandsarbeit überhaupt beteiligen, ist zumindest bei vorwiegend ehrenamtlich arbeitenden Verbänden entscheidend für die Quantität und auch Qualität der Verbandsarbeit. Meine Fragen zielen auf die unterschiedlichen Beteiligungsformen: Mitgliederversammlung, Vorstandsarbeit, Ausschüsse u.ä. innerverbandliche Gremien als Unterstützung der internen Verbandsarbeit; interorganisatorische Gremienarbeit, sowie Kontakte und Kommunikation zu anderen Verbänden; und schließlich die Frage, wer die externe Verbandsarbeit trägt. In allen Verbänden sind es die gewählten Vorstände, an denen der Hauptteil der Arbeit 'klebenbleibt'. Die Frage der Mitgliederaktivierung darüberhinaus ist ein Indikator für Mitgliedermotivation, Beteiligungsbereitschaft der Mitglieder, Delegationsfähigkeit des Vorstandes, allgemein: Demokratisierung der innerverbandlichen Arbeit und Strukturen.

5.4 Schwache Mitgliederaktivierung

Die Mitgliederversammlung ist ein vom Gesetzgeber vorgeschriebenes Organ; dessen Nutzung kann zwischen den Polen Akklamation und Aktivierung liegen. Es ist auffällig, daß ein Verein mit hauptamtlichem Personal dieses Instrumentarium nur alle zwei Jahre überhaupt nutzt, so daß der Gedanke des Akklamationsorgans naheliegt. Ein anderer Verein, auch nicht rein ehrenamtlich, scheint die Mitgliederversammlung als Arbeitsorgan zu nutzen, weil auf die Frage der Mitgliederbeteiligung der Besuch der MV angegeben wird. Unterstützende Gremien sind Fachausschüsse, Kommissionen etc.. Von den Verbänden mit hauptamtlichen Personal machen alle davon Gebrauch, so daß man bei diesen Verbänden von einer gewissen Professionalisierung der Arbeit sprechen kann.

Ob diese der Mitgliederaktivierung zugute kommt oder mehr ein Instrumentarium ist, die Vorstandsarbeit selbst zu unterstützen, müßte im einzelnen genauer untersucht werden. Indirekt ist sicherlich eine Qualitätsverbesserung der Arbeit damit verbunden, weil externer Sachverstand und/ oder Expertenwissen in die Verbandsarbeit einfließt.

Wenn man einmal die absoluten Zahlen der aktiven Mitglieder anschaut, ergibt sich folgendes Bild:

	Mitgliederzahl absolut	'aktive Mitglieder' absolut	'aktive Mitglieder' relativ
Grundschule	1.400	100	7,1 %
Hauptschule	209	20	9,6 %
Gymnasium	529	200 (MV)	
		18 (erw. Vorstand)	1,4 %
Gesamtschule	360	5	1,4 %
KED	2.000	50 - 100	2,5 - 5 %
PEV	5.000 - 6.000	50	0,8 - 1 %

Die Zahlenangaben über die aktiven Mitglieder liegen bei zwei Verbänden unter 10 %, bei den anderen erreichen sie nicht die 5 %-Marke. Da es sich bei den schulformbezogenen Verbänden um Schulpflegschaftsmitglieder handelt, die schließlich auch in ihrer jeweiligen Schulen eingespannt sind, so sind diese Zahlen nicht weiter verwunderlich, weil einem rein ehrenamtlichen Engagement enge Grenzen gesetzt sind.

Vergleicht man die Raten der Mitgliederaktivität mit den Ergebnissen zur finanziellen Ausstattung der Verbände, so scheinen die finanzarmen Verbände durch eine höhere Rate der Mitgliederaktivität ihre Schwäche zu kompensieren. Ob dies tatsächlich funktioniert, bedürfte weiterer Untersuchung.

5.5 Defensive, gremienbezogene Mitgliederrekrutierung

Mitgliederaktivierung und die Anwerbung neuer Mitglieder verweisen auf das Expansionsinteresse eines Verbandes. Obwohl die Mitgliederaktivierung als nicht befriedigend angesehen wird, - und neben der Finanzierung als gleichgroßes Problem benannt wird (Ehrenamtlichkeit und Motivation zur aktiven Mitarbeit) - bleiben die Aktivitäten zur Mitgliederwerbung eng an die informatorischen Möglichkeiten des Verbandes gebunden (Einladung zur MV, bei Veranstaltungen des Verbandes) sowie an den restriktiven Zugangsweg über die Schulpflegschaften/ bzw. Schulleitungen.

Ein weiteres Indiz für diesen Befund der geringen Mitgliederaktivierung liegt in der Veranstaltungspolitik der Verbände: sie dient vorrangig den Mitgliedern selbst, Zielgruppen und allgemeine Öffentlichkeit werden gleichhäufig genannt. Aus den Mehrfachnennungen kann geschlossen werden, daß an allgemeiner Öffentlichkeitsarbeit wenig Interesse besteht. Da die Veranstaltungen jedoch auch mehrheitlich unregelmäßig stattfinden, verweist dies wiederum auf die finanziellen und personellen Probleme. Dazu paßt, daß nur die Hälfte der Verbände überhaupt über eigenen Büroraum verfügt. – Sind die Verbände überhaupt an einer aktiven Mitgliederpolitik interessiert?

5.6 Positive Selbsteinschätzung der Verbände

Die Selbsteinschätzung der Verbände über die Zielerreichung überrascht demgegenüber: mit "teilweise erreicht" bzw. einmal sogar "voll erreicht" (allerdings eingeschränkt auf die interne Arbeit bezüglich der Mitglieder) ist die Selbstwahrnehmung insgesamt positiv. Sie dokumentiert den Willen, - zumindest in der Selbstdarstellung nach außen -, trotz der enormen Schwierigkeiten nicht aufzugeben bei der Arbeit der elterlichen Interessenvertretung in der Schule.

6. Elternmitwirkung in Abhängigkeit von schulstrukturellen Entscheidungen

Eine Änderung des 'makulatorischen Wildwuches' bei den Elternverbänden in NRW wird nur dann durchgesetzt werden können, wenn sie nicht mit verminderten Einflußchancen der beiden bisher starken Verbände verbunden ist. Zwei mögliche Richtungen bieten sich dafür an: zum einen die Überlegung, daß nur eine Koalition von einflußreichen schulformbezogenen Elternverbänden die Stellung der Eltern insgesamt stärken kann. Eine solche Koalition ist abhängig von einer festgefügten schulstrukturellen Landschaft. Davon kann im Fall von NRW nicht mehr umstandslos gesprochen werden, weil auch in diesem Land die Diskussion beispielsweise um die Abschaffung der Hauptschule in vollem Gang ist.[14]

Andererseits könnte ein Änderung dann erfolgen, wenn die Stellung der Eltern im Schulsystem insgesamt sich verändern würde, beispielsweise im Gefolge von schulpolitischen und -pädagogischen Entscheidungen, wie sie in der Debatte um die Autonomisierung von Schule zunehmend deutlich werden. Wenn Eltern (in diesen Denkmodellen) eine verstärkte Stellung erhalten, wäre dann auch die Frage nach ihrer organisierten Interessenvertretung neu zu stellen. Allerdings nur dann, wenn Elternvertretungen nicht nur auf die Einzelschule oder enge regionale Netze beschränkt werden, sondern auch auf der Landesebene eine Rolle spielen. Wenn man dies bejahen sollte, müßte eine Stärkung auch der organisierten Interessenvertretung von Eltern erfolgen.[15]

Solange die Elternverbände sich jedoch inhaltlich als Vertretung und vor allem Verteidiger einer einzelnen Schulform definieren, werden Koalitionen zwischen den Verbänden schwierig. Ihre Rolle innerhalb der schulpädagogischen Debatte um eine Autonomisierung der Schule droht darüberhinaus zu verschwimmen. Der Anschein der Verlagerung von Kompetenzen an die Einzelschule stärkt das sowieso schon vorhandene vorrangige Interesse von Eltern an der jeweiligen Schule ihres Kindes/ ihrer Kinder und scheint die organisierte Elternvertretung auf Landesebene um die letzten Reste ihrer Legitimation zu bringen.

Letzten Endes stellt sich die Frage, ob eine schulformorganisierte Interessenvertretung von Eltern auf Landesebene überhaupt noch eine Berechtigung hat angesichts der angestrebten schulstrukturellen und schulpädagogischen Reformabsichten. Inhaltlich geraten die schulformbezogenen Verbände in eine Verteidigungsstellung, aus der heraus ihnen der Vorwurf des strukturellen Konservatismus immer wieder neu gemacht werden kann.

7. Zusammenfassung und Ausblick

Insgesamt ergibt sich bezüglich der internen Aufgabenerledigung das Bild von doch recht "geschlossenen Gesellschaften", deren finanzielle und personelle Probleme nicht geleugnet werden können, deren Anstrengungen zur Behebung jedoch auch kaum zu erkennen sind. Zusammen mit der positiven Selbsteinschätzung könnte man auf eine gewisse Selbstgenügsamkeit schließen, die einhergeht mit dem Sich-Einrichten auf festgefügten Bahnen.

Es drängt sich der Eindruck auf, daß zu den allgemeinen strukturellen Problemen der Verbändearbeit - wie sie sich auch in Industrieverbänden, Parteien und Gewerkschaften zeigt - spezielle, quasi hausgemachte, Probleme bei den Elternverbänden dazukommen. Diese liegen vor allem in einer wenig offensiven Öffentlichkeitsarbeit.

Das Festhalten an Gremienmitgliedschaften, das quer zu den tatsächlich vorhandenen gesetzlichen Regelungen steht und damit auch die Finanzierung auf einen wackligen Untergrund stellt, bedeutet letzlich ein Festhalten an einer Fiktion von Repräsentativität der Verbände in NRW. Es ist deshalb folgerichtig, wenn eine Verbandsvertreterin gerade im gesetzgeberischen Bereich Handlungsbedarf sieht, der es gestatten würde, von "durchgewählten" Elternvertretungen zu sprechen. Es müßte anhand solcherart gewählter Vertretungen in anderen Bundesländern untersucht werden, ob sich tatsächlich mit einem solchen Wahlmodus eine Aufwertung der Stellung der Elternverbände - und damit der Berücksichtigung elterlichen Interessen - verbindet. Zumindest dürfte aber dieser Wahlmodus zu einer demokratisch legitimierten Interessenvertretung gehören. Die Schwierigkeit, daß Elterninteressen als nicht organisierbar angesehen werden, weil es ihnen an Organisationsmacht mangelt, bleibt damit aber bestehen.

Dies zeigt sich auch an den Organisationsformen. In Bezug auf organisierte Elterninteressen kann für NRW gesagt werden, daß bei den direkt Partizipationsbeteiligten an der Schule - Lehrer, Schüler, Eltern - die Lehrer- und Elterngruppe disparat in schulformspezifische, weltanschauliche und symptomorientierte Verbände organisiert sind gegenüber zentral organisierten Schülern (SV, Bezirks- und Landesvertretung). Nur letzere sind nach der gesetzlichen Normierung her dreistufig und demokratisch legitimiert durch Wahlen. Bei den Elternverbänden handelt es sich um freiwillige Vereinigungen, denen es - im Unterschied zu den Lehrerverbänden - bisher jedoch nicht gelungen ist, eine zentrale Koordinierung auf Landesebene zu entwickeln.

Die Lehrerverbände haben eine solche Koordinierung durch den Dreiklang berufsständischer, gewerkschaftlicher und weltanschaulicher Vertretungen. Dagegen leisten sich die Elternvertretungen - zusätzlich zu diesen Richtungsentscheidungen - die Zersplitterung in schulformabhängige Organisation sowie Doppelorganisation. Was auf den ersten Blick als ein sorgsam austariertes System erscheint - und damit der strategischen Möglichkeiten wie wechselseitige Blockade und der Notwendigkeit verhandlungsorientierter Lösungen - entpuppt sich bei näherem Hinsehen allein in der organisationspolitischen Ausrichtung als System mit Schlagseite: die Lehrer sind durch drei Spitzenorganisationen vertreten, was bedeutet, daß sie durch die Zentralisierung von Verhandlungsmacht einen bedeutenden Vorteil haben. Wenn eine zentrale Koordinierung nicht vorhanden ist, trägt dies lediglich zur Konkurrenz untereinander bei. Ob dieses "naturwüchsige Handeln" auch Vorteile bietet, oder ob die Nachteile überwiegen, hängt vom Standort des Betrachters ab: auch eine aus der Nicht-Koordinierung erwachsene Blockade der Elterninteressen ist als (latentes) Verbandsziel denkbar und könnte von anderen Mitwirkungsspielern sogar ausdrücklich begrüßt werden.

Reformvorschläge zur Stärkung des Einflusses von Eltern auf die Schule müßten entlang den Fragen der "Entzugsmöglichkeiten gegenüber dem politischen System" (U. v. ALEMANN) bzw. der grundlegenden - zumindest glaubhaft androhbaren - "Leistungsverweigerung" (C. OFFE) diskutiert werden. Erst mit einer solchen Ausweitung der Fragestellung werden die Leistungen der Verbände einschätzbar, wie sie sich auch in der externen Aufgabenerledigung darstellen: neben der Öffentlichkeitsarbeit also Gremienarbeit und Einflußarbeit. Nur wenn organisierbare Interessen mit den oben genannten Handlungsmöglichkeiten dahinterstehen, können wirksame Positionen eingenommen und auch durchgesetzt werden.

In diesem Licht betrachtet ist die Frage, wer diese Interessen in Gremien vertritt, zweitrangig. Daß es aber in den meisten Fällen die Vorstandsmitglieder selbst sind, welche die Gremienarbeit abdecken, verweist auf innerverbandliche personelle Probleme: eine Einbeziehung der Mitglieder findet weder in der externen noch in der innerorganisatorischen Aufgabenerledigung nennenswert statt. Zusammen mit den Befunden zur Mitgliederaktivierung und Rekrutierung neuer Mitglieder als Feld der internen Aufgabenerledigung kann somit tendenziell von einem weitgehend mitgliedsfreien Agieren der Verbände gesprochen werden.

Diese Analyse steht natürlich quer zu dem offiziellen Verständnis von - zumindest sozialer - Verbandsarbeit, die gerne mit dem Gespann 'Ehrenamtlichkeit' und 'Gemeinwohlorientierung' fährt. Zumindest die Orientierung an der Ehrenamtlichkeit ist mit Mitgliederaktivitäten untrennbar verbunden. Steht bei den Wohlfahrtsverbänden finanzielle Macht und ein auf dem Markt nachgefragtes Produkt hinter dieser offiziellen Darstellung, so fällt es bei den hier diskutierten Elternverbänden schwer, diese auszumachen. Das Interesse der Eltern äußert sich de facto lediglich als der Wunsch, daß sie Einfluß auf die (Schul-) Politik haben mögen. Anders ausgedrückt: was können Eltern in die Waagschale werfen, wenn sie tatsächlich von den Entscheidungen, Schule betreffend, ausgeschlossen werden?

Die Existenzberechtigung von landesweiten schulformbezogenen Elternverbänden gerät somit von zwei Seiten unter Druck: die faktische Ohnmacht von Eltern in den bestehenden Organisationsformen und -prozessen der Schule sowie die Absichten zu schulstrukturellen Veränderungen, die auf Regionalisierung und zumindest ein Aufweichen des gegliederten Schulsystems hinauslaufen.

Meine Analyse zwingt zu dem Schluß, daß es für landesweite schulformbezogene Elternverbände in NRW letztlich keine Existenzberechtigung mehr gibt und gleichzeitig ihre interne Schwäche eine (Selbst-) Auflösung nahelegen würde.

Damit ist kein Plädoyer für eine generelle Aufgabe der Vertretung von Elterninteressen im allgemeinbildenden Schulwesen ausgesprochen. Ganz im Gegenteil sollte über neue Formen der Interessenvertretung intensiv nachgedacht werden. Dies ist auch angebracht, weil ich sehr hohes Engagement, Sachkompetenz und Möglichkeiten, diese in Mitwirkungsprozesse einzubringen, bei den Verbandsvertretern feststellen konnte. Warum sollte ein solches Interesse und Engagement nicht genutzt werden?

Die Ergebnisse dieser Arbeit zeigen, daß allerdings mit einer derartig zersplitterten, sowohl von den gesetzlichen Möglichkeiten als auch faktisch vorhandenen Mitteln ohnmächtigen, Elternvertretung ein Regelsystem entstanden ist, mit welchem die anstehenden Probleme sich nicht werden lösen lassen. Daß darüberhinaus das Engagement der Elternvertreter verpufft, weil dieses System so defizitär ist, macht veränderte Regelungen unabdingbar. Versteht man Elternmitwirkung als Teil von Öffentlichkeit, so ist das System der Elternmitwirkung in NRW untauglich für eine demokratische Kontrolle staatlicher Schulstrukturen.

Teil 2: Europäische Elternverbände

I. Darstellung der Ergebnisse

1. Vorgehen und Reaktionen

Im Verlauf der Untersuchung bin ich auf die Arbeit von europäischen Elternverbänden gestoßen. Neben Informationen, die man den Publikationen entnehmen kann, konnte ich mit drei Vertreterinnen von deutschen Verbänden, die auch im europäischen Kontext vertreten sind, längere telephonische Interviews machen und Gespräche führen. Dabei diente der Fragebogen als Interviewleitfaden, so daß die Erhebungsmethode als 'teilstrukturiertes telephonisches Interview' bezeichnet werden kann.

2. Auswertung der Ergebnisse

2.1 Verbände

Auf europäischer Ebene gibt es zwei Verbände:

A. – GIAPEC (Groupement International des Associations de Parents d'Élèves de l'Enseignement Catholique) als konfessioneller Verband,

B. – EPA (European Parent Association) als überkonfessioneller Verband

2.2 Verbandsgründung und Frage nach Vorläuferverbänden

A. Die GIAPEC ist hervorgegangen aus einer informellen Zusammenarbeit, die 1962 initiiert und begonnen wurde von spanischen und südamerikanischen Elternvereinigungen. 1978 fand die Gründungsversammlung dieser katholischen Elternverbände auf europäischer Ebene statt.

B. Die EPA ist ein überkonfessioneller Verband, der 1985 gegründet wurde.

2.3 Mitgliederstruktur

A. Mitgliedsverbände kommen z.Zt. aus Belgien, Deutschland, Frankreich, Irland, Monaco, Portugal Spanien und den Niederlanden. Mit Mazedonien,

Österreich, der Slowakei und Ungarn laufen derzeit (1996) Beitrittsverhandlungen. Mitglied können nur Verbände werden, die national anerkannt sind. Diese Voraussetzungen werden geprüft, z.B. anhand der Satzungen.

B. Die Mitgliederstruktur der EPA ist zweigeteilt in Verbandsmitgliedschaft und assoziierte Einzelmitgliedschaft. Insgesamt gibt es 50 Mitglieder.

2.4 Organisationsstruktur

2.4.1 Innere Ordnung der Verbände

A. Der europäische Verband ist nach einer e.V.-Satzung belgischen Rechts organisiert (Sitz der Geschäftsstelle).

B. Auch die EPA ist ein gemeinnütziger Verein.

2.4.2 Sicherung der Arbeitsfähigkeit

A. Der Vorstand besteht aus fünf Personen, mit einem Präsidenten und Vizepräsidenten an der Spitze. Die Amtszeit beläuft sich auf zwei Jahre. Der Verband hat seinen Sitz in Belgien, angelehnt an den flämischen Verband.

Die Aufgaben der Verbandes werden ohne hauptamtliches Personal erledigt, der Geschäftsführer und sonstiges Personal arbeiten ehrenamtlich. Unterstützt wird die Arbeit durch Arbeitskreise, die themenbezogen eingerichtet werden.

Es besteht ein Verwaltungsrat aus neun Mitgliedern, der sich aus den beiden Präsidenten, dem Schatzmeister und sechs weiteren Mitgliedern zusammensetzt; der Generalsekretär der CEEC (Commité Européenne d'Education Catholique) - eine Einrichtung der Bischofskonferenzen der europäischen Länder - nimmt als ständiger Gast an den Versammlungen des Verwaltungsrates teil. Die Mitgliederversammlung findet einmal jährlich statt.

B. Auch bei der EPA findet einmal jährlich eine Mitgliederversammlung statt. Das Arbeitsgremium besteht aus einem 'council', in dem die Mitglieder der 16 EU-Staaten vertreten sind, wobei Deutschland, England, Frankreich und Italien mit je zwei Mitgliedern vertreten sind, das Gremium also insgesamt zwanzig Personen umfaßt.

Die Amtszeit der Mitglieder im 'council' beträgt vier Jahre, wobei jeweils alternierend nach zwei Jahren die Hälfte der Mitglieder neu gewählt wird; es ist eine dreimalige Wiederwahl möglich. Es gibt keinen Geschäftsführer, jedoch wird die Arbeit des Verbandes unterstützt durch eine Vollzeit- und eine Teilzeitsekretärin in eigenen Büroräumen.

2.5 Schwerpunkte der Verbandsarbeit

A. "Wertevermittlung", so lautete die spontane Antwort der deutschen Vertreterin, sowie allgemeine bildungspolitische Arbeit, Öffentlichkeitsarbeit, Mitgliederinformation und -schulung, Einflußarbeit in Richtung Politik und Kirche. Die Kommissionen der Europäischen Union, die für Familie und Soziales zuständig sind, werden auf der administrativen Ebene der EU vorrangig angesprochen. Auf der parlamentarischen Ebene (Europaparlament) ist die GIAPEC als Nicht-Regierungs-Organisation (NRO) anerkannt.

B. Auch die EPA ist anerkannt als NRO. Schwerpunkte ihrer Arbeit liegen nach der Aussagen der Verbandsvertreterin in der Vertretung der "Demokratie", "Rolle der Eltern"und "Freiheit der Erziehung" (verstanden als freie Schulwahl).

2.6 Rekrutierung von Mitgliedern

A. Sie erfolgt bei internationalen Treffen. Voraussetzung für die Mitgliedschaft ist, daß es sich um einen anerkannten Verband in dem betreffenden Land handelt und eine Satzung existiert. Über die Aufnahme neuer Mitglieder entscheidet nach einer Vorprüfung durch den Verwaltungsrat (s.o.) der Vorstand, mit anschließender Bestätigung durch die Mitgliederversammlung.

B. Durch die Möglichkeit der assoziierten Einzelmitgliedschaft besteht auf der Mitgliedschaftsebene keine Zugangsbeschränkung. Die Mitgliederversammlung entscheidet über die Aufnahme neuer Mitglieder. Auf der Arbeitsebene sind gewisse Restriktionen festgeschrieben durch die Regelungen der Stimmenanzahl im 'council' für die einzelnen Staaten.

2.7 Mitgliederaktivitäten

Bei beiden europäischen Verbänden handelt es sich um Vertretungen nationaler Verbände auf der europäischen Ebene, die als Lobby anzusehen sind. Die Frage nach Mitgliederaktivitäten stellt sich auf dieser Ebene nicht.

A. Der Verwaltungsrat ist Hauptträger der Arbeit.

B. Das 'council' ist Hauptträger der Arbeit.

2.8 Finanzierung

A. Die Finanzierung erfolgt über Mitgliedsbeiträge der nationalen Verbände, die nicht einheitlich festgeschrieben sind, sondern sich nach deren Finanzkraft richten. Dazu kommen Spenden aus den europäischen Mitgliedsländern. Weitere Auskünfte, insbesondere über die Höhe der Jahresetats, waren nicht zu erhalten.

B. Die EPA finanziert sich über gestaffelte Mitgliedsbeiträge von 230 bis 300 ECU pro Mitglied. Dazu kommt eine projektbezogene Förderung durch die EU und die Übernahme von Reisekosten.

Die reine Projektförderung für das Jahr 1995 beispielsweise erreichte einen Betrag von ca. 25.000 DM. Insgesamt ergeben sich so - Projektförderung und Erstattung der laufenden Kosten, insbesondere Reisekosten - ca. 100.000 DM, die von der EU bezahlt werden. Dabei ist eine Voraussetzung für die EU-Förderung, daß ein Drittel der reinen Projektkosten vom Verband selbst übernommen werden müssen.

2.9 Arbeit des Verbandes

2.9.1 Öffentlichkeitsarbeit und Veranstaltungen

A. Mangels finanzieller Ausstattung wurde das regelmäßig erscheinende Publikationsorgan eingestellt. An seine Stelle sind themenbezogene Papiere getreten, die über die nationalen Verbände verteilt werden. Es werden regelmäßige Veranstaltungen durchgeführt in Form von Informationsveranstaltungen und Trainingsprogrammen.

B. Die EPA führt Seminare durch, z.B. zum "Lebenslangen Lernen" oder "Ausbildung der Elternvertreter".

2.9.2 Interorganisatorische Kontakte

A. Die Kontakte zu anderen Verbänden bestehen insbesondere zu den Lehrerverbänden. Die Zentralstelle für Bildung in Europa der katholischen Bischöfe (CEEC) ist im Verwaltungsrat sowie der Mitgliederversammlung vertreten. Regelmäßige interorganisatorische Kontakte bestehen zur EPA auf Vorstandsebene. Sonstige Mitgliedschaften bestehen auf internationaler Ebene zur OI-GIAPEC (Organisation International - GIAPEC) in Form von Mitgliedschaften über Einzelpersonen.

B. Kontakte bestehen zu Lehrerverbänden und Gewerkschaften.

2.10 Selbsteinschätzung der Arbeit

2.10.1 Hauptprobleme

A. Die größten Probleme bei der Aufgabenerledigung bestehen infolge der Ehrenamtlichkeit: Finanzen und Zeit. Dazu kommt auch noch ständiger Personalwechsel als weitere Folge der Ehrenamtlichkeit. ("Das Rad muß immer neu erfunden werden", sagt dazu eine Verbandsvertreterin)

Die Arbeit gegenüber der Kirche und Politik wird als mühsam eingeschätzt. Es sei jedoch gelungen, sie von Elternmitwirkung zu überzeugen. In der Öffentlichkeitsarbeit seien die Elternrechte gestützt und durchgesetzt worden.

B. Die Arbeit der EPA wird mit "viel erreicht" eingeschätzt.

2.10.3 Verbesserung der Verbandsarbeit

A. Die Optimierung der Verbandsarbeit wird in einer verstärkten Öffentlichkeitsarbeit, besserer Finanzausstattung, Verbesserung der Zusammenarbeit mit anderen Organisationen, wie z.B. Familienverbänden, sowie der Verbesserung der internen Organisation durch Professionalisierung der Arbeit gesehen.

B. Eine Verbesserung der Arbeit im 'council' ist durch Regionalisierung der Arbeit erreicht worden. Arbeitskreise, die regelmäßig einmal im Jahr tagen, unterstützen die Arbeit. Eine Verbesserung der Rahmenbedingungen der Arbeit ist mit dem Maastrichter Vertrag erfolgt, in dem die Anerkennung von Bildung und Erziehung überhaupt als Thema festgeschrieben ist.

II. Interpretation der Ergebnisse

1. Zur Methode

Die Daten wurden telephonisch erhoben in einem ca. 1 1/2 -stündigem Gespräch, wobei der Fragebogen als Interviewleitfaden diente. Die Ergebnisse zur EPA wurden bezüglich der Finanzierung von einer zweiten Vertreterin exakter erhoben. Beide Vertreterinnen arbeiten lange in der Elternverbandsarbeit, und zwar auf allen Ebenen: Einzelschule, Landesverband, Bundesebene (BER) und europäische Ebene. Ich habe den Eindruck von großer Kompetenz gewonnen.

2. Organisationsstruktur

Es ergeben sich Parallelen zur Organisationsstruktur in NRW: ein weltanschaulich ausgerichteter Verband sowie ein "Sammelverein" auch auf der europäischen Ebene.

Die interne Organisationsstruktur ist ausgefeilt und gibt das Bemühen um Koordination auf der europäischen Ebene wieder. Bei der GIAPEC existiert ein fünfköpfiger Vorstand. Drei seiner Mitglieder bilden zusammen mit sechs weiteren Mitgliedern den neunköpfigen Verwaltungsrat als Arbeitsgremium. Damit ist die Repräsentanz aller Mitgliedsländer gesichert. Außerdem bildet der Verwaltungsrat das Bindeglied zu der CEEC. Diese für Bildung zuständige Vertretung der katholischen Bischöfe auf europäischer Ebene ist durch die doppelte Vertretung - sowohl im Verwaltungsrat als auch in der Mitgliederversammlung [16] - in einer dominanten Position.

Die GIAPEC nimmt eine klare Richtungsentscheidung zur Grundlage der Mitgliederrekrutierung: Katholizismus (Besuch katholischer Schulen oder/ und katholische Familienverbände mit schulgehenden Kindern). Dabei ist nur eine Mitgliedschaft kollektiver Akteure möglich.

Mit neun Ländern (davon drei Mitglieder nach den Volksgruppen in Belgien) ist die GIAPEC in weniger Ländern vertreten als die EPA, die alle Länder der Europäischen Gemeinschaft vertritt.
Die länderspezifische Repräsentativität der Vertretung wird im Fall Deutschlands dadurch sichergestellt, daß sich der Bundeselternrat und die KED - als einzige national organisierten Elternorganisationen in Deutschland - die Mitgliedschaft in der EPA alternierend zweijährlich aufgeteilt haben.

Die EPA hat eine interne Organisationsstruktur, die stark an die Regelungen innerhalb der Europäischen Gemeinschaft angelehnt ist: es sind alle europäischen Länder vertreten, wobei sich die 'grossen' Länder Deutschland, England, Frankreich und Italien mit jeweils zwei Mitgliedern im Council gegenüber den 'kleineren' Ländern eine Sperrminorität bei Abstimmungen gesichert haben. Die Regelungen über die Amtsdauer (vier Jahre, mit dreimaliger Wiederholungsmöglichkeit) und der Wahlmodus (Wahl von jeweils der Hälfte der Mitglieder nach zwei Jahren) spiegeln den Wunsch nach Kontinuität wieder.

3. Finanzierung und Arbeitsbelastung

Beide Verbände bezeichnen die Finanzierung als völlig unzureichend und darüberhinaus das Antragsverfahren als sehr bürokratisiert. Es gibt vonseiten der Europäischen Union seit dem Maastrichter Vertrag nur noch Projektförderungen. Voraussetzung sind genaue Antragsunterlagen, deren Ausarbeitung eine Menge Arbeit verursacht. Da die Arbeit - ich überblicke lediglich die Verhältnisse in Deutschland - in den beiden Nationalverbänden ehrenamtlich geleistet wird und auch für die europäischen Vertretungen diese Form beibehalten wird, ist dies eine große Hürde.
Die Übernahme von Reisekosten und Übernachtungskosten zu den viermal jährlich stattfindenden Treffen (EPA) erfolgt vonseiten der EU, der Bundeselternrat bezahlt 60 DM Tagegeld. Dies deckt nicht die entstehenden Kosten, so daß das Ehrenamt zusätzlich auch noch den Einsatz von privaten Finanzmitteln erforderlich macht.
Die Arbeitsbelastung erreicht nach Angabe einer der deutschen Verbandsvertreterinnen die eines "Vollzeitjobs", gerechnet mit acht bis zehn Stunden täglich. An Terminen nennt sie, neben denen in der Einzelschule und im Landesverband (wo sie von einer Teilzeitkraft ohne Sozialversicherung unterstützt wird): vier bis sechs Wochenenden auf Bundesebene und weitere vier auf der europäischen Ebene. Ihre Klagen, daß die Ansprüchlichkeit der Mitglieder immer größer werde, die Beteiligungsbereitschaft dagegen abnehmend sei, führt zusammengenommen bei ihr zu der Konsequenz, daß sie im Herbst sämtliche Aufgaben in der Elternvertretung auf allen Ebenen niederlegen wird.
Die andere Vertreterin gibt eine Arbeitsbelastung allein von zwei bis drei Vormittagen im Monat für die Arbeit im europäischen Verband an. Dazu kom-

men die Zeiten für die Einzelschulebene, Kreisebene, Landesebene und "Mutterverband".

4. Zusammenfassung: Lobbyarbeit ohne Basis?

Der Aufbau transnationaler Organisationsstrukturen bewirkt - auch in anderen Bereichen - vorrangig die Erschließung von Finanzierungstöpfen, hier also denen der Europäischen Gemeinschaft. Die damit geförderten Projekte müssen, zumindest bei der Antragstellung, inhaltlich legitimiert sein. Dies führt in der Regel zu weitgesteckten Begründungszusammenhängen ("Förderung der Demokratie") für Aktivitäten ("Training für Eltern"). Die Angaben zu der inhaltlichen Ausrichtung der Verbandsarbeit sind allgemein gehalten worden. "Wertevermittlung" und "Demokratie", "Freiheit der Erziehung" und "Rolle der Eltern" müßten anhand der angeführten Aktivitäten (Informationsveranstaltungen, Trainingsprogramme und Seminare) genauer dargestellt werden.

Der Hauptzweck der Arbeit auf der europäischen Ebene besteht allerdings nicht in einzelnen Projekten, sondern in Lobbyarbeit. Das thematische Aufführen von Bildung und Erziehung im Maastrichter Vertrag sowie die Anerkennung der Elternverbände als NRO beim Europäischen Parlament sind zwei Grundvoraussetzungen für die Arbeit auf dieser Ebene.[17]

Ob allerdings diese Arbeit als effektiv und effizient bezeichnet werden kann, wenn zwar verbandliche Strukturen auf europäischer Ebene bestehen, diese jedoch - wie in dieser Arbeit am Beispiel Deutschlands gezeigt - nicht rückgebunden sind an starke nationale Verbände, müßte genauer untersucht werden.

Es bleibt als Fazit, daß sich die Uneinheitlichkeiten der nationalen Organisationsformen auf der europäischen Ebene zwar fortsetzen, aber Elternverbände auf dieser Ebene zumindest organisiert und anerkannt sind.

- Anmerkungen zum 3. Kapitel:

1 BASS 1994 / 95, S. 1190
2 HECKEL, H./ SEIPP, P. (4.1969), S. 438
3 Ein Verbandsvorsitzender urteilte deshalb knapp: "Küchentischverbände".
4 Nach Angaben der Geschäftsführerin werden damit 400.000 SchülerInnen vertreten; es ergibt sich eine Organisationsrate von 85 % bei den Schulen. Die Beiträge werden von der Hälfte der Mitglieder satzungsgemäß bezahlt. Die andere Hälfte bezahlt nach den vorliegenden Zahlen somit lediglich die Hälfte vom satzungsgemäßen Beitrag.
5 vgl. Abschnitt 4 dieses Kapitels
6 Leider habe ich die Frage nach der Auflagenhöhe nicht in dem Fragebogen gestellt, so daß diese Daten von den anderen Verbänden nicht vorliegen.
7 Ein Verband benennt finanzielle und zeitliche Probleme als Hinderungsgrund.
8 Die aus dem Jahre 1979 stammende Arbeit von D. MOHRHARDT über den Bundeselternrat stellt denn auch gerade das Fehlen von Arbeiten über die Organisationsstruktur (91) sowie die "Unkenntnis organisationspolitischer Wirklichkeit" (221) fest.
9 vgl. dazu de LORENT, H.-P. (1992), Schule ohne Vorgesetzte, der in seiner Darstellung der Geschichte der Selbstverwaltung der Schulen in Hamburg 1870-1986 auch Fragen der elterlichen Interessenvertretung anschneidet (z.B. 118 ff. sowie entsprechende Literaturverweise). - Zur Weimarer Republik vgl. WAGNER-WINTERHAGER, Luise (1979)
10 vgl. ausführlich 6. Kapitel dieser Arbeit
11 siehe BASS, S. 1191
12 vgl. die Ergebnisse zur Finanzierung und Finanz- und Ausgabensituation der Verbände oben
13 vgl. VVzSchMG i.d. Fassung vom 5.7.1994 zu § 1,2: "An Mitwirkungsorgane gerichtete Post ist an diese ungeöffnet weiterzuleiten." – vgl. dazu die Stellungnahme unter 2.10 dieses Kapitels
14 vgl. beispielsweise KStA vom 07.05.1996, S. 6 und vom 10.05.1996, S. 11
15 vgl. Kapitel 4 dieser Arbeit, wonach die Elternvertretung auf Landesebene aus den Empfehlungen der Bildungskommission nicht ersichtlich wird.
16 "Besuch katholischer Schulen" und/ oder "katholische Familienverbände mit schulgehenden Kindern" ist die Definition der Verbandsvertreterin über das notwendige Aufnahmekriterium in die GIAPEC.
17 Auf internationaler Ebene besteht nur bei den katholischen Elternverbänden durch eine Mitgliedschaft bei der OI. GIAPEC - allerdings nur über Einzelpersonen - ein gewisser Zusammenschluß.

4. Kapitel: Institutionalisierung von Elternmitwirkung als Beitrag zur 'Autonomisierung' von Schule

1. Elternmitwirkung und Schulverhältnisse

Schulverhältnisse im engeren Sinn sind die durch rechtliche Regelungen vorgezeichneten Beziehungsmuster der an Schule Beteiligten. Sie umfassen den staatlichen Erziehungsauftrag, Elternrechte und Persönlichkeitsrechte des Kindes. Außerdem sind sie mit den rechtlichen Regelungen der öffentlichen Verwaltung verknüpft und finden ihren Niederschlag auch - neben dem Verwaltungsrecht - in Erlassen, Verfügungen, Rundschreiben etc.. Eine Verknüpfung von Schulverhältnissen im rechtlichen Sinn mit den Funktionen von Schule ergibt einen erweiterten Begriff von 'Schulverhältnissen', der im Folgenden zugrundegelegt wird.

Die Funktionen der Schule werden mit der Trias

- Qualifikation/ Selektion/ Sozialisation, alternativ auch:
- Qualifikation/ Selektion - Allokation/ Kustodialfunktion [1] beschrieben.

Sie führen zur Entlastung/ Komplementärfunktion/ Belastung sonstiger Sozialisationsinstanzen (wie beispielsweise Familie).

1.1 Eingeschränkte Funktionalität für Allokation

Die Erfüllung dieser Funktionen ist ein wesentlicher Beitrag zur Legitimation von Schule. Meine These ist, daß Schule weder die "optimal organisierte Lernumwelt" [2] ist, noch sie ihre Funktionen ausreichend erfüllen kann.[3] Ihre Allokations- und Selektionsfunktion ist nicht mehr erfüllt: denn höhere und längere Bildung führt nicht länger zu höherem Einkommen und/ oder Statuserhalt und -verbesserung, sondern eröffnet höchstens noch das Anrecht, an dem Konkurrenzspiel des Arbeitsmarktes teilzunehmen. Die Lockerung bzw. Auflösung des Zusammenhanges von Qualifikation, Selektion und Allokation bewirkt, daß Ökonomisierung von Erziehung i.S. der Umsetzung ins Monetäre nicht mehr gesichert ist. Der weitgehenden Gleichheit in den Ausbildungsmöglichkeiten stehen keine Entsprechungen im Berufs- und Beschäftigungssystem gegenüber; lediglich eine "Anhebung der Zugangskriterien zu den hierarchisch differenzierten Berufspositionen" ist festzustellen.[4]

"Der autonome Beitrag des Bildungssystems zur Statusdistribution" [5] ist daher eher gering einzuschätzen. Gleichwohl ist positiv festzuhalten, daß es eine breitere Streuung von Ausbildungsmöglichkeiten und Bildung gibt, die auch zu einer gewissen Angleichung sozial bedingter Ausbildungsunterschiede geführt hat. Damit wird wahrscheinlich eine noch größere berufliche Ungleichheit verhindert. [6]

Es bleibt als Fazit, daß die Funktionalität von Schule für Allokation/ Selektion sehr eingeschränkt ist:

> "eine Erweiterung der Bildungsbeteiligung die berufliche Ungleichheit wegen des Verschiebens von Selektionsbarrieren in die höheren Bildungsinstitutionen und wegen der hierarchischen Differenzierung im Beschäftigungssystem nicht nennenswert reduziert." [7]

Für Eltern ist dies ein besonders sensibler Punkt: sind sie doch an der Selbständigkeit ihrer Kinder ökonomisch und sozial besonders interessiert. Die Schulkarriere ihrer Kinder soll den im Vorschulalter geleisteten 'input' erhalten und steigern. Die meisten Eltern sind - speziell Frauen - in ihrer eigenen Berufs- und Erwerbsbiographie den Turbulenzen des Arbeitsmarktes unterworfen, so daß Status- und Positionsverluste (z.B. infolge der Mutterschaft) zu ihren Erfahrungsbereich gehören. Das gesteigerte Interesse an schulischer Ausbildung und Sozialisation ist also nicht nur aus der 'Natürlichkeit' der Eltern-Kind-Beziehung zu erklären, sondern erhält seine besondere Brisanz aus eigenen, geschlechtsspezifisch zugespitzten Arbeitsmarkterfahrungen. Wenn nun die Schule die in sie gesetzten Erwartungen bezüglich von Allokationen/ Selektionen über Qualifikationen nicht (länger) erfüllen kann, so ist die Frage, aus welchen Gründen Schule stattfindet. Dies ist die Frage nach dem "Unternehmensziel", wenn die Schule als Dienstleistungsunternehmen betriebswirtschaftlich betrachtet wird, und die nach der "Legitimation" bei einer gesellschaftspolitischen Orientierung.

1.2 Sozialisationsfunktion als Legitimationspfad

Wie sieht es mit der Sozialisationsfunktionen von Schule aus? Hier werden traditionell die lautesten Klagen angestimmt, weil es sehr unterschiedliche und interessenlagebedingte Einschätzungen gibt über die sich herausbildenen Handlungsmuster als Produkte der Sozialisation. Dabei geht es letztlich wiederum um deren Verwertung im Arbeitsprozeß. Für die Schule bedeutet das den Aufbau eines riesigen Erwartungsdrucks bezüglich ihrer Leistungen. Schwachstellen, Veränderungschancen, aber auch Überforderung werden deutlich vor allem bei den Übergängen in andere Ausbildungssysteme und Arbeitsmärkte.

Das Interesse der Eltern richtet sich dabei auf die sozialisierende Funktion von Schule als dem Ort, in dem soziale kindliche/ jugendliche Netzwerke aufgebaut werden. [8] Besondere Anforderungen richten sich dann an die Schule, wenn außerschulische Angebote wegfallen, so daß die Schule zum einzigen Ort wird, an dem dieser Netzwerkbau noch möglich wird. Fatal ist, daß Kürzungen und Streichungen im Bereich der Jugendhilfe besonders dann schnell bei der Hand sind, wenn diese nicht als eine "gesamtgesellschaftlich zu tragende und

[...] zu verantwortenden Aufgabe" [9] sondern lediglich als "Ausfallbürge von Sozialisationsprozessen" verstanden wird.[10] Beim Wegfall solcher außerschulischen Angebote und Schwierigkeiten in der Finanzierung privater Angebote richten sich demgemäß verstärkte Erwartungen an die Schule, weil hier schichtspezifischere und/oder nachbarschaftlichere Angebote machbar erscheinen. Solche Ansätze werden unter dem Stichwort 'Öffnung von Schule' diskutiert im Sinne einer "sozial-räumlichen Öffnung". [11] Ein solcher gemeinwesenorientierter Ansatz beruht letztlich auf der Erkenntnis: "die Probleme der Jugendlichen sind die des Gemeinwesens", so daß zwingend ist:

> "Über kurz oder lang ist eine kooperative Vernetzung ohnehin unumgehbar, weil anhaltende Schübe von Milieuauflösungen ehedem relativ stabile und sich naturwüchsig reproduzierende Lebensgemeinschaften wie kollektive Normbezüge verdrängen." [12]

Schließlich besteht die Erwartung von 'Synergieeffekten' bei Qualifikations- und Bildungsprozessen. Oder anders ausgedrückt: die Hoffnung, daß die Schule über die Bereitstellung eines Treffpunktes für soziale peers Motivationen schafft für Tätigkeiten, die innerhalb eines Familienverbandes nicht angeboten und auch nicht angenommen werden. Paradox ist dabei, daß eigenständiges Kinder-/ Jugendlichenleben, und damit ein unpädagogischer Alltag, sich eher in Institutionen zu ergeben scheint.[13] Es entstehen dadurch Kooperationserfordernisse zwischen den institutionalisierten Erziehungseinrichtungen (wie Schule), den informellen Netzen von Sozialisationsprozessen (wie Selbsthilfeeinrichtungen) und den primären Sozialisationsinstanzen (wie Familien).

1.3 Organisationsentwicklung zur Wiedergewinnung von Legitimation

Die Funktionalität von Mitwirkungsprozessen kann in einer organisationssoziologischen Perspektive auf der formalen und informellen Ebene angesiedelt werden (wobei formelle und informelle Elternmitwirkung sich lediglich analytisch trennen lassen, sie sind in der Realität natürlich wechselseitig verbunden):

- formale Elternmitwirkung ist nur unter der Voraussetzung funktionierender Koordination wirkungsvoll, wobei diese "ohne Zentralinstanz nicht denkbar ist" [14]
- informelle Elternmitwirkung als Reaktion auf Defizite ist funktional und dient darüberhinaus zum Abbau von Unsicherheiten, Vertrauensaufbau, Ausloten von Alternativen, Frühwarnsystem bei Konflikten sowie der Modifikation einseitiger Machtverhältnisse.[15] Dabei kann sie dann zum Aufbau zusätzlicher Einflußmöglichkeiten dienen, die zum Zusammenführen und Bündeln sozialkultureller Antriebskräfte für politische und gesellschaftliche Veränderungen genutzt werden können.[16]

Konkrete Vorschläge zur Erprobung finden sich auch für den Bereich des Schulwesens [17] und werden dort besonders unter dem Aspekt der "Qualität von Schule" und "Organisationsentwicklung" diskutiert.[18] Weiterführend kann man Partizipation auch als "Handlungslernen" und Teil der politischen Bildung verstehen.[19]

Diese letztere mehr pädagogische und sozialpsychologische Argumentation wird durch organisationssoziologische Überlegungen komplettiert:

- die Überlegenheit von regionalen, lokalen und individuellen Entscheidungen gegenüber zentralistisch-hierarchischen Entscheidungen ist erwiesen, [20]
- wobei Rahmenbedingungen eingehalten werden müssen, wie Selbstverantwortung z.B für Kosten und Personal im Rahmen von Leistungs- und Finanzzielen, [21]
- die Minimierung von Entscheidungsebenen zwecks Verfahrensabkürzung und Beschleunigung von Entscheidungen ist sinnvoll, [22]
- Organisationsentwicklung und damit Partizipation werden insgesamt wichtig(er).

Damit werden herkömmliche Organisationsstrukturen infrage gestellt, so daß man bei Organisationsentwicklung von der Organisation von Widerspruch sprechen kann. [23] Dieser ist funktional bedeutsam, dient er doch der Verbesserung der Leistungsfähigkeit einer Institution (hier des Schulsystems). [24] Da die Unzufriedenheit mit dem Schulwesen nicht leicht oder überhaupt nicht infolge der Schulpflicht über "Abwanderung" aus ihm gelöst werden kann (und in einer Vielzahl von Situationen, insbesondere im ländlichen Raum, eine Alternative innerhalb von Schulformen auch nicht vorhanden ist), ist die Organisation von "Widerspruch" gerade dort die einzig praktikable Alternative. Es wird damit ein Katalysatoreffekt insofern erzielt, als daß Frustrationen überhaupt geäußert werden. Es kann nicht unbedingt davon ausgegangen werden, daß die Mitwirkungsprozesse sich nahtlos einpassen lassen in das Funktionieren einer Institution: sie sind nicht einfach planbar in Bezug auf die Zwecksetzungen der Institution, sondern sie können erst einmal allenfalls der Verringerung der Unterschiede in den Meinungen dienen. [25] Sie sind also zur Steuerung von spezifischen Differenzen geeignet, nicht jedoch zur Steuerung der Institution selbst, [26] so daß eine Steigerung der Leistungsfähigkeit allein aus Mitwirkungsprozessen nicht zu erwarten ist. Diese stoßen immer dann an Grenzen, wenn strukturelle Probleme als nicht veränderbar angesehen werden. [27]

In der Schule ergeben sich Konflikte insbesondere durch den für viele frustrierenden Wettlauf nach dem positionellen Gut Bildung. [28] Diese Konflikte zwischen den Anbietern und den Abnehmern von Bildungsprozessen zu entschärfen, wenn nicht zu lösen, verlangen nach Vermittlung und Koordination, welche als "Entscheidungsverknüpfungen zwischen Konfliktthemen" definiert werden können. [29]

Im Bildungsbereich als Teil der staatlichen Verwaltung ergeben sich Konflikte mit den Adressaten und Klientel dieser staatlichen Verwaltung, d.h. vor allem mit Kindern/ Jugendlichen und deren Eltern/ Erziehungsberechtigten. Letztere sind z.T. bei Jugendlichen auch stellvertretend miteinbezogen. Daraus kann sich unter Umständen auch zwischen Kindern und deren Stellvertretern selbst noch einmal eine Konfliktlinie ergeben – auch innerhalb von Mitwirkungsprozessen.

Zusammenfassung: Die erodierenden Allokationsfunktionen von Schule verstärken die Aufmerksamkeit auf ihre Sozialisationsfunktionen. Neben den schulischen sind außerschulische Sozialisationseinrichtungen für den Aufbau jugendlicher Netzwerke unverzichtbar. Nur in der Kooperation von familialen, schulischen und außerschulischen Sozialisationseinrichtungen lassen sich - auch angesichts von permanenten Einsparversuchen - Sozialisationseffekte erzielen. Eine solche Kooperation erfordert aufseiten der Schule eine gründliche Änderung ihrer Organisation. Ein funktionsbezogener Ansatz wie die organisationssoziologische Argumentation betont die Leistungsfähigkeit von Mitwirkungsprozessen für das Erreichen von Zielen der jeweiligen Organisation/ Institution. Bis hierhin ergibt sich also, daß Einiges für Mitwirkung, hier von Eltern in der Schule, spricht. Warum ist sie so marginal, obwohl sie von den Eltern nachgefragt wird? [30]

1.4 Zusammenarbeit mit Eltern

Die Schule selbst sollte ein Eigeninteresse an der Zusammenarbeit mit den Eltern haben in Bezug auf ihre eigenen Systemprozesse:

- Leistungsbereich: außerunterrichtliche Bedingungen haben sich als effektiver denn Unterricht erwiesen,[31] so daß die Zusammenarbeit mit den Eltern eine bessere Erfüllung der pädagogischen Aufgabe erbringt,[32]
- Eltern könnten ein Unterstützungssystem für die Schule mitaufbauen helfen,[33]
- schließlich könnten sie sich in die Schulpolitik einschalten,[34]
- die Schulentwicklungsplanung wäre ein weiteres Beispiel für Ebenen der Elternmitwirkung.[35]

Damit wären Ebenen der Schulmitwirkung von Eltern angegeben, die deutlich die einzelschulische Ebene übersteigen (Schulpolitik, Schulentwicklungsplanung).

Die Benennung von möglichen Mitwirkungsebenen/ -aufgaben kann nicht ein für allemal festgelegt werden. Denn der Erziehungsprozeß, der sich als soziale Dienstleistung darstellen läßt, beruht auf der strukturellen Tatsache, daß bei seiner Herstellung die Effizienz und Effektivität abhängig ist von der aktiven Teilnahme, Zusammenwirken, Kooperation, Interaktion und Kommunikation der Beteiligten. [36] Damit werden Erziehungsvorstellungen und Interaktionsmodi handlungsleitend, die sich permanent verändern, sei es, daß sie auch in (scheinbar) selbstverständlich funktionierenden Institutionen ihre Wirksamkeit verlieren,[37] ihre sozialintegrativen Funktionen abgeschwächt werden oder auch ganz verloren gehen. So verändern sich auch die Mitwirkungsaufgaben entsprechend der im Erziehungsprozeß handlungsleitenden Vorstellungen und Interaktionsmodi.

Sind die Qualifikations- und Kustodialfunktionen der Schule ebenfalls diesen Wandlungen ausgesetzt? In der "Theorie des Bildungstausches" wird Wissen (des Lehrers) gegen Respekt (des Schülers) ausgetauscht. [38] Unter Respekt wird die Anerkenntnis der Legitimation der Schule und die Kontrolle des Unterrichts von Seiten des Schülers verstanden. Dies bedeutet u.a., daß dem Schüler der Unterricht als sinnvoll einsichtig sein muß. Wie ich oben gezeigt habe, ist dies nicht mehr oder sehr schwer zu vermitteln infolge der Erodierung der Allokations- und Sozialisationsfunktion der Schule, die dazu führen, daß das im Unterricht zu erwerbende Wissen entwertet wird. Dadurch erscheint er sinnlos - also nicht legitimiert; die Grundlage des Bildungstausches bricht zusammen.

Jedoch sind auch die Qualifikations- und Kustodialfunktionen ohne die zugehörigen Sozialisationsfunktionen nicht zu erfüllen, so daß die Qualität der Sozialisationsfunktionen in den Vordergrund rückt. Diese ist mit einer funktionierenden Kooperation der Erziehungsinstanzen, hier Elternhaus/ Schule zu sichern. Diese Kooperation kann nicht nur über den Unterricht erfolgen, wie es in der "Theorie des Bildungstausches" nahegelegt wird, sondern erfolgt über die gesamte Organisation der schulischen Prozesse. Dieser richtet sich (oder sollte es) hauptsächlich auf den Unterricht; jedoch sind andere Prozesse, wie beispielsweise die Gebäude, der Stundenplan, die Hierarchie usw. für das Funktionieren der Schule ebenso entscheidend. Hier kann man weiter gehen, und auch nach den Legitimierungen fragen, wie sie sich aus der Regelung der Organisation ergeben können.

1.5 Kooperation und gegenseitiges Lernen zum Zwecke der Selbststeuerung der Organisation Schule

An diesem gesamten Erzeugungsprozess entscheidet sich, ob so etwas wie 'Vernünftigkeit' hergestellt werden kann. Wenn nun über die Sozialisations- und Allokationsfunktion keine 'Vernünftigkeit' im Sinne von Legitimation mehr und auch nicht allein hergestellt werden kann, so könnten Legitimierungen aus den sonstigen Funktionen und Prozessen der Schule erfolgen. In diesem Sinne kann gefolgert werden, daß beispielsweise über Fragen der Organisation des Unterrichts, der Gebäude, der Art der Kooperation etc. Legitimationsbeschaffungen stattfinden. Alle diese Prozesse müssen und können im System der Einzelschule von den Beteiligten selbst geregelt, vor allem durchgeführt und evaluiert werden. Dies bedeutet Selbststeuerung für die Beteiligten am Schulsystem, auf zentrale Steuerung kann weitgehend verzichtet werden, weil letztlich nur auf der Implementationsebene Legitimationen hergestellt werden können. [39] Auch die Verwaltung der Schule spielt sich dann in Prozessen des Aushandelns zwischen allen Beteiligten ab, so daß es sich "mit" dem Bürger, und nicht "gegen" ihn (als hoheitliches Verwaltungshandeln) oder "für" ihn (als wohlfahrtsstaatliches Verwaltungshandeln) darstellt. [40]

Zusammenfassung: Legitimationen für die Schule laufen vor allem über sozialintegrative Funktionen. Diese zentralen Funktionen, wie Sozialisation und Allokation, Erziehungs- und Interaktionsmodi sowie ein bürokratisiertes Expertentum, stellen Legitimationen nur noch teilweise her. Als Ausweg wäre Zweierlei denkbar: eine Refunktionalisierung dieser Funktionen - wobei Effizienzsteigerung eine Möglichkeit wäre - oder Legitimationsbeschaffung über andere, erweiterte Funktionen, wie den sozialpädagogischen Ausbau der Schule. Diese beiden Möglichkeiten sind in Ansätzen der Organisationsentwicklung enthalten.

Gemeinsam liegen diesen Möglichkeiten Prozesse des gegenseitigen Lernens und der Kooperation in Prozessen der Selbststeuerung zugrunde. Sie sind bei allen Ansätze der Organisationsentwicklung grundlegend.

Für den Schulbereich hat eine Bildungskommission NRW diesen Ansatz prototypisch in ihren Empfehlungen ausgeführt.

2. Sicht der Bildungskommission NRW bezüglich Elternmitwirkung

Ein solcher Organisationsentwicklungsansatz soll nach Überlegungen einer im Sommer 1992 vom Ministerpräsidenten des Landes NRW, Johannes RAU, gegründeten und ihm direkt zugeordneten Bildungskommission angestoßen werden. J. RAU selbst betont im Vorwort, daß es dazu

> "eines offenen Diskurses mit und zwischen allen, die an Schule, Bildung, Aus- und Weiterbildung beteiligt und auf sie angewiesen sind [bedarf]." [41]

Ich werde diese "Denkschrift" als Beispiel für eine neuere bildungspolitischen Argumentation des "Establishments" heranziehen, und sie in Hinblick auf Elternmitwirkung durchsehen.

> "Allgemein wird durch die Ausdifferenzierung eines Establishments dessen Verhältnis zu den am Unterricht Beteiligten zum Problem. Sprache und Zeithorizonte divergieren. Das Establishment erlebt, inauguriert, verwirft, rephrasiert Änderungen, die anderswo möglicherweise gar nicht oder nur in Störwellen ankommen. Während man oben um Revolutionen kämpft oder mit Reformen scheitert, haben die Lehrer es unterdes mit geänderten Lehrbüchern, neuen Erlassen und Disziplinschwierigkeiten zu tun. Wenn solche Divergenzen zunehmen, könnte der Eindruck entstehen, daß die Musik für die Zuschauer und nicht für die Tanzenden gespielt wird." [42]

Die Frage, ob damit ein Überzeugungsprogramm für Reformen der Öffentlichkeit und Experten vorgelegt wird, oder mehr ein vom Staat veranstaltetes Ritual eines pädagogischen Diskurses veranstaltet wird, wird sich anhand der tatsächlichen Umsetzung der Empfehlungen ablesen lassen.

2.1 Einführung in die Fragestellung und allgemeine Begründungslinien

Daß eine Bildungskommission in NRW im Sommer 1992 vom Ministerpräsidenten des Landes NRW selbst gegründet und ihm direkt zugeordnet wurde, ist ein Novum in der Landespolitik gewesen. Drei Jahre später, im Sommer 1995, legte die Kommission ihre "Denkschrift" vor (so der offizielle Titel).

Nach R. BROCKMEYER hat die Kommission darauf verzichtet, die Mitwirkung von Eltern gesondert zu behandeln; vielmehr laufen Überlegungen dazu im gesamten Text mit. [43] Ich werde im Folgenden unter vier Fragestellungen die Denkschrift durchgehen und zusammenfassend bezüglich der Mitwirkung speziell von Eltern darstellen:

1. In welcher Weise wird die Mitwirkung von der an Schule Beteiligten beschrieben?
2. Welche Rolle sollen in diesem Geschehen die Eltern spielen?
3. Welche Konsequenzen ergeben sich längerfristig gesehen für die Vertretung von Elterninteressen in Bezug auf deren Organisation?
4. Haben kollektive Interessenvertretungen von Eltern (noch) einen Stellenwert?

Was ist der Anlaß und wozu dienen die Empfehlungen? Die Kommission gibt sich die Aufgabe, "auf einen offensichtlichen Entwicklungsbedarf [der Schulentwicklung] mit plausiblen Vorschlägen und gangbaren Lösungswegen zu reagieren" (XI) für "politisches und staatliches Handeln" (XIII). Dabei wird an dem "Konzept einer öffentlich verantworteten Bildung, das ein Grundkonzept bürgerlicher Aufklärung ist" (71) festgehalten, allerdings mit der Einschränkung veränderter Rahmenbedingungen u.a. für die Staatstätigkeit:

> "[...] die Schwächung eines Staatsverständnisses, das in der öffentlichen Trägerschaft, in der Gestaltungsverantwortung und in der Kontrollaufgabe für das Bildungswesen einen grundlegenden Pfeiler der Staatstätigkeit sieht." (72)

Der staatlichen Gesamtverantwortung wird die eigenverantwortliche Mitgestaltung zur Seite gestellt. Das Ziel besteht darin, "eine Balance zwischen eigenverantworteten Entscheidungen vor Ort und weiterhin bestehender staatlicher Gesamtverantwortung" (XXIV) zu schaffen, indem "die Regulierung durch den Staat in vielen Bereichen durch das Handeln der Beteiligten in den Einzelschulen oder lokaler/ regionaler demokratisch legitimierter Gremien ersetzt [wird]." (XXIV)

Leitvorstellung dabei ist, daß "Entscheidungsfähigkeit gesichert und zugleich Partizipation gefördert und interne Rechenschaft und Kontrolle gewährleistet werden." (XXV)

Staatliches Handeln verändert sich hin zu "orientierendes und fördernd-unterstützendes staatliches Handeln, das stärker als bisher auf Qualitätsverbesserung und Innovation als auf Sicherstellung und Vereinheitlichung ausgerichtet ist." (XXVI)

Komplementär ist die Partizipation der Beteiligten und Betroffenen als "unmittelbare Partizipation" konzipiert (XXV), mit der Notwendigkeit: "Die derzeitigen Mitwirkungsmöglichkeiten von Lehrerinnen und Lehrern, Schülerinnen und Schülern und Eltern sollen erweitert werden." (XXV)

2.2 Begründungslinien für erweiterte Mitwirkung

Die Bildungskommission verfolgt ein umfassendes Spektrum von sozialen, politischen, rechtlichen und ökonomischen Begründungszusammenhängen für ihre Empfehlungen. Es lassen sich fünf Orientierungen herauskristallisieren:

- gesellschaftspolitische Orientierung,
- steuerungstheoretische Orientierung,
- rechtliche Orientierung und
- bildungspolitische Orientierung,
- im engeren Sinn schulreformerische Orientierung.

Ihnen werden Leitvorstellungen sowie Empfehlungen zugeordnet, die ich im Folgenden unter dem Gesichtspunkt der Mitwirkung von Eltern durchmustern werde.

Bildungspolitische Orientierung

Das "Ziel der Demokratisierung und verstärkten Mitwirkung der am Bildungswesen Beteiligten" (13) als eine allgemeine bildungspolitische Forderung der sechziger Jahre hat sich nach Ansicht der Kommission nicht realisiert. Vielmehr ist zu konstatieren, daß

> "[...] die Mitwirkung im Schulbereich nicht die innovative Kraft entfalten [kann], die in ihr angelegt ist. Das Mißverhältnis von Entscheidungsaufwand und Tragweite der Entscheidungen läßt für viele Betroffene ein Engagement als wenig lohnend erscheinen. Oftmals werden von den Beteiligten der Sinn und die Notwendigkeit der vorgesehenen Partizipationsformen nicht mehr erkannt und die detaillierten Verfahrensvorschriften lediglich formal realisiert." (153)

Dies ist um so bedauerlicher, als die Kommission das Grundverständnis über Schule, welches im Schulmitwirkungsgesetz des Landes NRW niedergelegt ist als Zusammenhang von Eigenverantwortung und Zusammenwirken, "nachdrücklich unterstützt." (64)

Wenn nun eine teilautonome Schule (64) angestrebt wird mit erweiterten Selbstgestaltungsrechten, so haben diese veränderte Mitwirkungsformen zur Voraussetzung, (67), die sich an einer "Kultur des Verhandelns" orientieren. (67) Nur so kann dem Umstand entgegengewirkt werden, daß

> "Verantwortung in den gegenwärtigen Steuerungsstrukturen nicht wirksam übernommen werden [kann], und zwar von keinem der Beteiligten, weder von 'unten' noch von 'oben'. " (153)

"Der Umfang der Regelungsdichte und die Weisungsstränge täuschen eine Steuerungsfähigkeit vor, die de facto so nicht gegeben ist. Handlungsmöglichlichkeit und Verantwortlichkeit fallen im gegenwärtigen Steuerungssystem auseinander." (154)

Gesellschaftspolitische Orientierung

Der gesellschaftliche Wandel wird beschrieben als "Pluralisierung der Lebensformen und der sozialen Beziehungen" (24), "Veränderung der Welt durch neue Technologien und Medien" (25 ff.), die "ökologische Frage" (27), "Bevölkerungsentwicklung und Migration" (28), "Internationalisierung der Lebensverhältnisse" (29) sowie "Wandel der Werte" (29). Da die Schule als ein "wesentliches Element in gesellschaftlichen Entwicklungen" (33) gesehen wird, ist sie von den Prozessen des gesellschaftlichen Wandels direkt betroffen, und muß sich darauf einstellen. (vgl. 30 ff.)

Notwendige Veränderungen der Schule werden durchdekliniert anhand der Veränderung von Lebenswelten von Kindern und Jugendlichen und wirtschaftlichem Wandel und Arbeit. Sie münden in die Empfehlungen des lebenslangen Lernens (56 ff.) sowie in "Selbstgestaltung und Verantwortung" (61 ff.) der Schule.

Die Realisierung wird anhand von Steuerungskonzepten (62), die Verantwortungsdelegation und Dezentralisierung beinhalten (62), dem Konzept der teilautonomen Schule (64) sowie der "Fortführung der Schulreform" (69) der siebziger Jahre empfohlen. Dabei soll gelten:

"Eine neue Schulreform muß die Möglichkeit schaffen, Lehrerinnen und Lehrer, Eltern, Schülerinnen und Schüler an den Reformüberlegungen zu beteiligen, sie mit Reformrechten auszustatten und sie zu den neuen Entwicklungen zu ermutigen und - wo nötig - zu befähigen." (70)

Steuerungstheoretische Begründungen

Die dezidiert gesellschaftspolitisch begründeten Reformvorschläge Anfang der Siebziger-Jahre, die auf Demokratisierung und Partizipation abzielten, werden nun nicht mehr und ausschließlich unter demokratietheoretischen Prämissen abgehandelt, sondern tauchen als steuerungstheoretisch begründete Notwendigkeiten auf. Inhaltlich folgen aus beiden Begründungszusammenhängen die gleichen Empfehlungen, insbesondere "Dezentralisierung" und "Delegation von Entscheidungsrechten und Trägerkompetenzen an die Einzelschule" (154) sowie die Grundorientierungen "Selbstorganisation" und "Subsidiarität" (154). Bezüglich der Mitwirkung wird festgehalten:

"Die derzeitigen Mitwirkungsmöglichkeiten von Lehrerinnen und Lehrern, Schülerinnen und Schülern und Eltern sollen erweitert werden. Staatliche Rahmenvorgaben sollen hierfür Mindeststandards sichern. Über die Mitwirkung in Gremien hinaus sollen Eltern und Schülerinnen und Schüler auch bei der Gestaltung der alltäglichen Erziehungs- und Bildungsarbeit stärker beteiligt werden. Die Schulen sollen das Recht erhalten, die staatlichen Rahmenvorgaben zur Mitwirkung und zu den Leistungsstrukturen der Schule in einem eigenen Organisationsstatut zu konkretisieren und auszugestalten. Die Strukturen der Schulleitung und der Gremien, die Abgrenzung ihrer jeweiligen Rechte und die Beteiligungsnotwendigkeiten und -verfahren sollen so gestaltet werden, daß Entscheidungsfähigkeit gesichert und zugleich Partizipation gefördert und interne Rechenschaft und Kontrolle gewährleistet werden." (160)

Dies geschieht in deutlicher Absetzung von einem zentralisierten, durchgreifenden Verständnis staatlichen Handelns ("Hierarchie, Weisung und Genehmigung", 154). Betont werden vielmehr Entscheidungen vor Ort, und somit auch die kommunale Ebene. Damit verbunden sind schulstrukturelle Entscheidungen, die sich mehr auf die Einzelschule als "Lern- und Lebensraum" (77 ff.) und die "regional gestalteten Bildungslandschaften" (284 ff.) beziehen, in deutlicher Abkehr von zentral verordneten, die lokale und regionale Situation notwendigerweise nicht ausreichend wahrnehmenden schulformbezogenen Schulstrukturen.

Damit einher geht in Bezug auf Mitwirkung von Eltern deren Stärkung in Fragen der Schulwahlentscheidung: in der Form einer nachfrageorientierten Planung, wenn sie eine gewisse Stabilitätsdauer erreicht, werden ihre Wahlen zur Grundlage von Schulformen gemacht. (293)

Diesen noch auszugestaltenden Rechten stehen Erwartungen an Eltern gegenüber, wie die, sich an der Gestaltung der "Schulkultur" (79 ff.) zu beteiligen, beispielsweise [wie inzwischen in traditioneller Weise] als Unterstützer zur "Gestaltung von [nunmehr nicht mehr Schule, sondern] Lernlandschaft" (100) bis hin zur "Ausgestaltung der Schule als demokratische Schulgemeinde - zum Beispiel in Anlehnung an das Modell der 'just community' - , die den Schülerinnen und Schülern und den Eltern Dialog-, Beteiligungs- und Entscheidungsmöglichkeiten bietet." (116)

Rechtliche Orientierung

Eindrucksvoll wird das Scheitern bisheriger rechtlicher Rahmenbedingungen im Alltag der Schulwirklichkeit beschrieben:

> "Im Gesamtkontext der vorliegenden rechtlichen Rahmenbedingungen und der gegenwärtigen Steuerungpraxis bleiben die Selbstgestaltungsmöglichkeiten der Einzelschulen oft verwiesen auf den regelungs- und anweisungsfrei bleibenden Raum, das heißt auf den Spielraum, den Aufsichtsbehörden und Träger tatsächlich lassen. Das Arbeiten in Grauzonen, das Suchen nach Handlungsmöglichkeiten im Regelungsdickicht und das Einholen von Sondergenehmigungen vielfältiger Art behindern Eigeninitiative und absorbieren Arbeitskraft. Neben den staatlichen Vorgaben entwickelt sich eine Schulwirklichkeit, die weder voll handlungsfähig ist, noch über ihr Handeln Rechenschaft ablegen muß." (158)

Die in hohem Maß penibel ausgestalteten Nutzungsrechte, Pflichten und Ansprüche suggerieren ein Maß an Rechtssicherheit, welches aber bei der Herstellung von Gemeinsamkeiten wenig förderlich, (158/159) und darüberhinaus auch nicht juristisch, verwaltungsökonomisch und politisch sinnvoll ist:

> "Zwar eröffnen die Vorgaben im unterschiedlichen Maße Freiräume, es bestehen gleichwohl starke Zweifel daran, ob die Regelungsdichte und -detailliertheit rechtlich notwendig ist. Unter Steuerungsgesichtspunkten ist sie weder sinnvoll, noch ist sie hinsichtlich des Verhältnisses von Regelungsaufwand und Ertrag als effektiv zu beurteilen. Der Schulbereich ist unter diesen Bedingungen ohne spezialisiertes Expertenwissen selbst in Teilbereichen kaum noch erschließbar. Der Blick auf das Wesentliche, das heißt die von Gesetzgeber gewollten Zielvorstellungen, wird verstellt. Es entsteht so der Eindruck einer Untersteuerung im Zielbereich, gerade weil im Verfahrensbereich überreguliert wird." (185/186) [44]

Es wird vorgeschlagen, daß auch in Fragen der Mitwirkung lediglich staatliche Rahmenvorgaben als Mindeststandard gesetzlich formuliert werden (165):

> "darüberhinausgehende Formen der Partizipation und gegenüber dem derzeitigen Zustand erweiterte Mitwirkungsmöglichkeiten von Schülerinnen und Schülern und Eltern sollen gefördert werden. (165) [...] In dem Organisationsstatut der Schule sollen die Entscheidungs- und Beteiligungsrechte der Mitwirkungsorgane und die Verfahren der Beteiligung präzisiert werden. Zu den Beteiligungsrechten sollen neben Informationsrechten gegenüber der Schulleitung auch Initiativrechte gegenüber Schulleitung und Schulbeirat in Bezug auf deren Entscheidungsbereich gehören." (165)

Diese präzisierteren Entscheidungsrechte und um Initiativrechte erweiterten Beteiligungsrechte (neben den Informationsrechten) beziehen sich auf den pädagogischen Bereich, schulstrukturellen Bereich, Bestellung von Schulleitungsmitgliedern, Auswertung von Evaluationsergebnissen (165/166) sowie die Selbstevaluation der Schule (197). Bezüglich der externen Evaluation durch den Pädagogischen Dienst werden die Mitwirkungsmöglichkeiten von Eltern auf die "Erörterung von Berichten der Schulleitung" im Schulbeirat beschränkt. (167) Elternmitwirkung ist dort direkt nicht vorgesehen, sondern der Pädagogische Dienst soll als Instanz, "die aufgrund ihrer Unabhängigkeit auch die Interessen der Betroffenen, insbesondere der Schülerinnen und Schüler und der Eltern, gegenüber den Schulen und der Schulverwaltung zur Geltung bringt" (199) agieren. [45]

Insgesamt dient die Mitwirkung dazu, "frühzeitig Akzeptanz herzustellen." (188) Diese bezieht sich grundlegend auf die Frage der "Notwendigkeit einer ausreichenden öffentlichen Finanzierung des Bildungswesens." (207) Dabei steht der "noch bestehende pädagogisch, sozialpolitisch und bürgerrechtlich begründete Grundkonsens" auf dem Spiel, der angesichts der "absehbaren Finanzierungsengpässe der öffentlichen Hand" zu zerbrechen droht (207). Dieses utilitaristische Argument wird ergänzt durch einen partizipations- und demokratietheoretisch ausgerichteten Programmsatz:

"Ihren Anspruch auf Mitwirkung und Mitverantwortung im Prozeß der Weiterentwicklung und Veränderung der Gesellschaft im Sinne sozialer Gerechtigkeit, Demokratisierung und Humanisierung muß die Schule im Unterricht und im Schulleben konsequent verwirklichen und in der Öffentlichkeit offensiv vertreten." (79)

Schulreformerische Orientierung im engeren Sinn

"Eine neue Schulreform muß die Möglichkeit schaffen, Lehrerinnen und Lehrer, Eltern, Schülerinnen und Schüler an den Reformüberlegungen zu beteiligen, sie mit Reformrechten auszustatten und sie zu den neuen Entwicklungen zu ermutigen und - wo nötig - zu befähigen." (70)

Für Letzteres steht die Empfehlung, die Weiterbildung für LehrerInnen auch "zunehmend" für solche Eltern zu öffnen, die in den neu zu schaffenden Schulbeiräten mitwirken. [46]

Ähnlich vorsichtig fallen die Vorschläge in Bezug auf die Wahlmöglichkeiten für Eltern behinderter Kinder aus:

"Es soll angestrebt werden, daß Eltern das Recht erhalten, nach eingehender Beratung mit Sonderpädagogen und medizinischen Diensten zwischen der sonderpädagogischen Förderung in speziellen Bildungseinrichtungen ('Förderschulen') oder in Regelklassen der allgemeinen Schulen zu wählen, wenn Land und Schulträger dafür in der Region die materiellen Voraussetzungen geschaffen haben." (254/255)

Die Empfehlung zur Kooperation auch von Mitwirkungsgremien in Schulen unterschiedlicher Bildungsgänge in der Sekundarstufe I (283) kann als Abkehr von schulformbezogenen Schulen gelesen werden.

Eine einschneidende Neuerung - ablesbar auch in der Reaktion der Öffentlichkeit auf die Empfehlungen[47] - ist die Vorstellung der Bildungskommission, daß die Grundschulzeit von vier auf sechs Jahre in NRW verlängert werden soll (237). Diese Ausdehnung wird begründet mit der Verstärkung der Entwicklungsmöglichkeiten der Kinder und der Erziehungs- und Sozialfunktion der Grundschule (237). Implizit wird eine weitere Begründung deutlich, wenn von dem Entscheidungsverhalten der Eltern von Grundschulkindern gesagt wird, daß das Eignungsgutachten der Grundschule "stark an Bedeutung verloren" hat. (227)

"Für viele Eltern spielt es bei ihrer Entscheidung für den Übergang in die Sekundarstufe I kaum noch eine Rolle. Durch den allgemein zunehmenden Übergang in Schulformen mit gymnasialer Oberstufe entsteht aber für einen Teil der Eltern ein früher und hoher Entscheidungsdruck schon während der Grundschulzeit der Kinder. Die meisten Eltern bemühen sich darum, bereits während der ersten beiden Grundschuljahre, spätestens aber im dritten Grundschuljahr den Leistungsstand ihrer Kinder so zu fördern, daß er den Übergang in Bildungswege ermöglicht, die zu möglichst hohen schulischen Abschlüssen führen." (227)

▼ Exkurs: Die Auffassung über Eltern am Beispiel der Verlängerung der Grundschulzeit

Bei der Argumentation der Kommission um die Verlängerung der Grundschulzeit wird auf Verhaltensweisen von Eltern abgestellt, die ein bestimmtes Bild von Eltern transportieren. Ich möchte dies deutlich machen anhand der Empfehlungen über das Grundschulgutachten selbst sowie der schulstrukturellen Empfehlung zur Verlängerung der Grundschulzeit.

Die Kommission umschreibt die Rolle der Eltern in der Grundschule insbesondere im Hinblick auf das Fortkommen der Kinder sowie deren Übergang auf eine weiterführende Schule. Diese 'Karriere" wird von der Schule in dem sogenannten Grundschulgutachten zertifiziert.

Übersetzt könnte der Gedankengang der Kommission so lauten: die Legitimation der Empfehlung der Grundschule ist nicht mehr gegeben. Eltern entscheiden ohne Rücksicht auf die Grundschule allein über den Übergang, wobei sie das Gymnasium präferieren. Leistungserwartungen dieser Schulform werden frühzeitig antizipiert, und mit Hilfe von Fördermaßnahmen durch die Eltern wird der Unterricht in der Grundschule ergänzt. Man könnte dieses Elternverhalten als Kritik an den Leistungen der Grundschule lesen. Die Kommission verfährt umgekehrt: die Kritik gilt dem Elternverhalten, welches als Ausdruck überzogener elterlicher Anspruchshaltung an die Kinder dargestellt wird. (Die Veränderung der Form des Grundschulgutachtens in der vierten Klasse ab Schuljahr 1997/98 in NRW kann angesichts dieser Argumentation kaum als bildungspolitisch durchdachte Maßnahme interpretiert werden.) Das - angeblich aus den Elternaspirationen - entstehende Problem der strukturellen Überbeanspruchung einer bestimmten Schulform, nämlich des Gymnasiums, wird nicht explizit benannt, ergibt sich allerdings aus der Empfehlung für eine Reaktion auf diese Problemlage seitens der staatlichen Bildungsverwaltung. Sie sieht so aus, daß diejenige Schulform, die am ehesten einen Gesamtschulcharakter hat, in ihrer Dauer verlängert wird. Dies wird mit kinderzentrierten Argumenten ("...ein von der Entwicklung der Kinder her gerechtfertigter Übergang in weiterführende Bildungsgänge möglich ist," 237), der Stärkung der Erziehungs- und Sozialfunktion der Grundschule sowie ihrer Weiterentwicklung für sonderpädagogische Aufgaben (227) begründet.

Diese - angeblich vom Kind her gedachte - Argumentation, eine Leitvorstellung von Integration (tendenzielle Integration von sonderpädagogischen Schulformen in die Grundschule) wird verknüpft mit einer Elternsicht, der zwar nicht (länger) die Berechtigung, wohl aber die Orientierung am Kindeswohl abgesprochen wird, weil einseitig auf Bildungsaspirationen der Eltern Bezug genommen wird. [48]

Man könnte diese Argumente in eine ablaufende Folge fassen: ein staatliches Angebot wird nicht länger akzeptiert (Grundschulunterricht/ Zertifizierung), sondern unterlaufen (private Ausgleichsmaßnahmen/ Nicht-Akzeptanz der Grundschulempfehlung). Dies schafft Folgeprobleme ('Überfüllung' einer Schulform), auf die mit einer 'Maßnahme' reagiert werden muß (Verlängerung der vorhergehenden Schulform). Diese wird begründet mit Vorwürfen mangelnder Einsicht der Abnehmer der bestehenden Leistung. Die Änderungen des Leistungsangebotes selbst werden dann nicht begründet in Hinblick auf die Kritik, sondern auf Modelle von "Kindeswohl" und "Integration". Diese Modelle sind einerseits abstrakt und andererseits so besetzt, daß sie nur politisch äußerst unkorrekt ablehnbar sind. ▲

In Hinblick auf Elternmitwirkung ist es schon sehr auffällig, daß in den Empfehlungen der Kommission so viel von direkter Partizipation, Wahlfreiheit etc. die Rede ist, jedoch bei einer solchen schulstrukturellen Entscheidung noch nicht einmal die Möglichkeit der Elternmitverantwortung positiv in Augenschein genommen wird, sondern sich nur als Kritik an Elternentscheidungen äußert. [49]

Dabei sind die Empfehlungen der Kommission in mehrerer Hinsicht für die Verhältnisse in NRW nicht zutreffend:

- es gibt in NRW keine schulformunabhängige Förder- bzw. Orientierungsstufen, so daß das Argument des zweimaligen Schulwechsels für dieses Bundesland nicht gilt,
- der - wenn er denn so stattfände - beklagenswerte "größtenteils abrupte" Übergang von der Grundschule zu einer weiterführenden Schule entspricht nicht länger den realen Praktiken beim Übergang: es findet eine Kooperation der meisten weiterführenden Schulen mit den abgebenden Grundschulen statt. Der gleitende Übergang, z.B. in Form von Kennenlernnachmittagen am Ende des auslaufenden Schuljahres, Tutorien etc. gehören inzwischen zum Standardrepertoire bei der Profilbildung einer erfolgreichen Schule,
- das Argument der "heterogen zusammengesetzten Lerngruppen bzw. Klassen" ist keine Besonderheit der Grundschule, sondern findet sich in allen Schulen.
- vor allem aber bleiben die Empfehlungen zur Ausgestaltung der fünften und sechsten Klasse an der Grundschule vage:

> "Wenngleich das Lernen im Klassenverband den überwiegenden Teil des Unterrichts während der gesamten Zeit der sechsjährigen Grundschule bilden muß, kann es - über zeitweilige äußere Differenzierungen in Form von Wahl- und Wahlpflichtangeboten hinaus und unter geschlechterbezogenen Gesichtspunkten - notwendig werden, im 5. bzw. 6. Schuljahr im begrenzten Umfang Niveaukurs-Differenzierungen vorzunehmen," (240)

Es drängt sich der Eindruck auf, daß an der Schulform Grundschule von Lehrern dieser Schulform nichts wesentlich anderes gemacht werden soll, als in den Orientierungsstufen der weiterführenden Schulen von deren Lehrern.

Empfehlungen, welche über die inhaltliche Ausgestaltung der verlängerten Grundschule sowie deren personelle Absicherung kaum etwas aussagen, sind leicht dem Verdacht ausgesetzt, daß es sich bei ihnen nicht primär um pädagogische, sondern um finanzpolitische Maßnahmen handelt.

Es ergeben sich damit zwischen den Vorschlägen zu schulstrukturellen Veränderungen und dem (bisherigen) Handeln der Eltern gegenläufige Prozesse, die alles andere als Akzeptanz hervorrufen dürften. Wenn sich der Verdacht bestätigte, daß für die verlängerte Grundschule keine eigenständige Konzeption vorläge, sondern lediglich die Grundschulzeit mit geringen Modifikationen/ Erweiterungen verlängert würde, würde dies im Endeffekt in Hinsicht auf die Qualifikation der Kinder eine Verschlechterung bedeuten. Deshalb sind Präzisierungen dringend erforderlich. Bestehende Zweifel können schwerlich mit einer altruistischen Argumentation "insbesondere für Kinder, die in ihrem familiären bzw. außerschulischen Sozialisationsfeld relativ geringe Lernanregungen erhalten" (240) ausgeräumt werden.

Wenn staatliche Leistungen bzw. weitgehende Änderungen bei diesen Leistungen begründet werden nicht mit dem ihnen zugrundliegenden Problem, - hier: Finanzierungsprobleme - sondern dem 'Publikum' - hier: den Eltern - die Maßnahme mit 'Publikumsbeschimpfung', mit unpräzisen Vorstellungen und Appellen an Altruismus nahegebracht werden sollen, entstehen Akzeptanzprobleme. Wenn dann gleichzeitig Prinzipien wie Partizipation und Wahlfreiheit deklamiert werden, entstehen Widersprüche zwischen tatsächlich stattfindenden Maßnahmen/ Verfahren und formulierten Ansprüchen. Eine der Folgen besteht in der Delegitimierung von Personen, Verfahren und Institutionen. Die Empfehlungen der Bildungskommission erweisen sich bei dem Punkt „Verlängerung der Grundschulzeit" als Beispiel dafür, wie die mögliche Funktion einer Denkschrift als Überzeugungsprogramm für die Teilöffentlichkeit Eltern verschenkt wird.

2.3 Planung des schulreformerischen Politikprozesses

Die Denkschrift der Kommission verzichtet ausdrücklich auf den Anspruch, eine geschlossene Planungsvorgabe mit direkter Umsetzungsmöglichkeit zu sein:

> "Das Vorgehen auf der Grundlage von geschlossenen und fertigen Konzeptionen, Systemen und Globalplanungen soll zurücktreten zugunsten eines Denkens in Orientierungen und Gestaltungsprinzipien, die vor Ort zu einer situationsgerechten, konkreten Entwicklung führen können." (338)

Allerdings soll gleichermaßen gelten:

> "Die Kommission geht davon aus, daß ihre Leitvorstellungen und Empfehlungen im Zusammenhang gewürdigt werden: Nur wenn die Änderungen des Steuerungs- und Verantwortungssystems, die schulorganisatorischen Gestaltungsmöglichkeiten, die Zielsetzungen für die innere Gestaltung der Schulen und das Bewirtschaftungskonzept insgesamt [!] auf den Weg der Verwirklichung gebracht werden, dürften sich die Wirkungen einstellen, die die Kommission im Bild der 'Schule der Zukunft' zusammengefaßt hat." (338)

Der Weg dorthin wird beschrieben als langfristiger Entwicklungsprozeß, der stufenweise und schwerpunktweise erfolgen kann, wenn der Gesamtzusammenhang der Empfehlungen gewahrt wird. (338)

Hierzu wird ein zeitlich befristeter, breiter Diskussionsprozeß vorgeschlagen, der in politische Entscheidungen sowie der Vorbereitung eines "Entwicklungsgesetzes für das Bildungswesen in Nordrhein-Westfalen" (342) mündet. (vgl. genauer 340/341)

Zentrale Zielsetzungen und Ausgangspunkte werden darin vorgegeben, eine Experimentierklausel sowie “Übergangsgesetzgebung” (340/341) ermöglichen eine “stufenweise Entwicklung”. (339)

Mit diesen Vorschlägen beansprucht die Kommission nicht nur die Expertenrolle für ihre Vorschläge, sondern möchte gleichzeitig das Verfahren der Politikgestaltung formen. Darüberhinaus werden klare Zielvorgaben für den gesetzgeberischen Prozeß gemacht. Damit findet eine Verschränkung der Expertenrolle für inhaltliche Vorschläge zum Schulwesen, dem policy-Prozeß, und dem legislativen Verfahren statt, die eine Funktionsvermischung zwischen Vorschlag und Entscheidung beansprucht. Die sachliche Kompetenz und Repräsentation werden vermischt mit Verhandlungen und institutionellem Prozeß. [50]

Kann dieses umfassende Vorgehen mit der Brisanz des Themas und der Schärfe, mit der eine Lösung herbeigeführt werden soll oder müßte, erklärt werden? Ob sich diese Strategie als Befreiungsschlag auswirken kann [51] oder in den Mühlen des Politikprozesses ganz schlicht kleingeschrotet wird, ist kaum absehbar (und ist auch nicht mit den Empfehlungen selbst zu erklären, sondern ergibt sich aus dem politischen Prozeß selbst, wie z.B. in NRW aktuell Personal- und Koalitionsüberlegungen, Stand: Mai 1997).

Zumindest ist der verfolgte Politikstil in sich etwas widersprüchlich: erst wird von einer “von unten” getragenen Information und Diskussion gesprochen, um sich dann durch zeitliche Limitierungen und Zielvorgaben als regulative Politik “von oben” zu entpuppen. Diese Uneindeutigkeit - zusammen mit der Vagheit zur Implementierung der vorgeschlagenen Maßnahmen - läßt die Glaubwürdigkeit und damit verbunden das notwendige Vertrauen nicht unbedingt steigen.

2.4 Konsequenzen für Elternmitwirkung auf unterschiedlichen Ebenen

Ich werde im Folgenden versuchen, anhand der allgemeinen Zielsetzungen mögliche Entwicklungen für die Elternmitwirkung zu skizzieren, die sich beziehen

- auf die Ebene der Einzelschule,
- auf die kommunale und regionale Ebene sowie
- auf die Landesebene.

Damit sind die Fragen der kollektiven Interessenvertretung von Eltern miteinbeschlossen.

Mitwirkung auf der Ebene der Einzelschule

Stichworte für die Mitwirkung auf der untersten Ebene der Verwaltungshierarchie sind Autonomisierung, Selbstorganisation, Selbstkontrolle, Selbstverantwortung. Neben der hinlänglich bekannten Aufforderung zur finanziellen Unterstützung der Einzelschule durch die Eltern wird mit der (schonungslosen) Beschreibung der defizitären Umsetzung von Mitbestimmungsrechten ein Akzent gesetzt, der eine Mitwirkung von Eltern lohnend, inhaltlich bestimmbar und mit Verantwortlichkeit ausgestaltet sehen will. Dazu sollen die Informationsrechte um Initiativrechte erweitert werden. Eine Mitwirkung von Eltern wird in Zusammenhang mit Ermutigung und Befähigung gesehen. Es werden damit nicht nur formale Beteiligungsrechte, sondern auch materiale Voraussetzungen zur Wahrnehmung dieser Rechte gesehen und ihre Umsetzung vorgeschlagen.

Kommunale und regionale Ebene

Die Schaffung von Schulbeiräten (166-170) und Schulkommissionen auf Trägerebene sowie Bildungskommissionen auf regionaler Ebene werden vorgeschlagen, ohne daß genauere Hinweise auf elterliche Mitwirkung erfolgen. Bezüglich der Schulbeiräte werden zwei Varianten zur Besetzung vorgeschlagen (166/167), die beide das Ziel verfolgen, die Schule sich nicht selbst zu überlassen:

> "Durch Einbezug von Bürgerinnen und Bürgern, die nicht bereits als Eltern, Schülerinnen und Schüler oder Lehrerinnen und Lehrer Mitglieder der jeweiligen Schule sind, soll zusätzlicher Sachverstand in die Schule hineingeholt werden und so die Schule und inbesondere die Schulleitung bei ihren Aufgaben unterstützt werden. Zugleich soll so die Einbindung der Schule in das gesellschaftliche Umfeld verbessert werden." (167)

Die Interpretation, daß sich hiermit keine Ausweitung von elterlicher Interessenvertretung ergibt, wird gestützt, wenn man sich den Alternativvorschlag zum Schulbeirat ansieht. Er besteht darin, daß die Schulkonferenz dahingehend weiterentwickelt wird (169), daß sie zu je 50 % von Lehrern und Schülern sowie Eltern besetzt wird. Diese Konzeption wird von der Kommission zugunsten der Beiratskonzeption nicht unterstützt. Es bleibt unklar, ob der Schulbeirat als Ersatz oder als zusätzliches Gremium installiert werden soll.

Die Besetzung der Schulkommission ist zur Hälfte vorgesehen aus Mitgliedern, die vom Rat bestellt werden, und die andere Hälfte soll bestehen aus Mitgliedern, die "in Angelegenheiten des Schulwesens besonders erfahren sein [sollen]." (179) Dies könnte auch bei Eltern gegeben sein; der Vorschlag zielt allerdings nicht explizit auf diese Gruppe.

Die Mitglieder der Bildungskommission werden vom Kreistag/ Stadtrat berufen, eine Elternvertretung wird nicht explizit angeführt, könnte allerdings unter "sachkundiger Bürger" und "beratende Mitglieder" eingeführt werden.

Landesebene

Das Personal der Pädagogischen Dienste, welche u.a. die Elterninteressen zur Geltung bringen sollen (vgl. 199), wird zeitlich befristet von der Landesregierung berufen. Es wird unterschieden zwischen hauptamtlich Beschäftigten und teilzeitbeschäftigten oder freien Mitarbeitern (326), die nicht nur aus dem Bildungsbereich, sondern ausdrücklich auch aus "Wirtschaft oder Verwaltung" (327) kommen sollen, wenn sie mit "Bewertungspraxis" vertraut sind. (327) Hierin kann ebenfalls kaum ein Korridor zur Vertretung von Eltern gesehen werden.

Die Kommission spricht sich für eine unmittelbare Partizipation aus.

> "Die Beteiligung der Betroffenen soll sich nicht nur auf die Prozesse innerhalb der Einzelschule beziehen, sondern betrifft auch das Zusammenwirken der verschiedenen Ebenen im System Schule." (67)

Wie diese Zielvorstellungen zusammengebracht werden sollen (unmittelbare Partizipation, die oben beschriebenen Gremienbesetzungen sowie Partizipation auf "verschiedenen Ebenen im System Schule"), bleibt völlig unklar.

Fazit: Exklusion von elterlicher Interessenvertretung

Zumindest Berücksichtigung von Elterninteressen und deren Mitwirkung lassen sich aus den Zielvorstellungen der Kommission ablesen. Bei den Empfehlungen und Konkretisierungen erweist sich demgegenüber, daß die Mitwirkung von Eltern auf die Ebene der Einzelschule verwiesen wird, dort allerdings auch offengehalten wird.

Bezüglich kollektiver Interessenvertretung von Eltern kann man davon ausgehen, daß sie nach den Zielvorstellungen der Kommission ersatzlos wegfallen kann, weil direkte Partizipation als Zielvorstellung von der Kommission vertreten wird. Damit entfallen repräsentative Vertretungsformen. Mit der Zielvorstellung, daß schulformunabhängig die Einzelschule als Motor der Entwicklung angesehen wird, werden - langfristig gesehen - schulformabhängige Elternverbände obsolet. Inwieweit Prozesse der Dezentralisierung, Autonomisierung und Regionalisierung tatsächlich kollektive Elternvertretung wegfallen lassen und eine solche Entwicklung wünschenswert ist in Hinblick auf die Wahrnehmung von Elterninteressen, ist allerdings eine ganz andere Frage.

Wenn allerdings die Mitwirkung von Eltern auf allen Systemebenen vorgesehen werden sollte, so ist diese nur möglich durch "demokratisch legitimierte Gremien" (s.o.). Die derzeit in NRW stattfindende Elternmitwirkung durch schulformbezogene Elternvereine und Sammelvereine unterschiedlicher Provenienz dürfte sich bei einer Umsetzung der Zielvorstellungen der Kommission erledigt haben. Und es führt damit kein Weg vorbei auch an einer gesetzgeberischen Neukonzipierung von elterlicher Interessenvertretung in NRW.

Zusammenfassung: Die Stärken der Empfehlungen der Bildungskommission NRW liegen darin, daß Defizite bisheriger Schulpolitik überhaupt klar benannt werden. Allerdings ist ein demokratisches Beteiligungsmodell weder aus der Genese der Kommission (direkte Zuordnung zum Ministerpräsidenten, "Berufungspolitik" in die Kommission), noch von ihren Empfehlungen zur Umsetzung der Reformvorhaben herauszulesen.

Bezüglich der Beteiligung von Eltern bleiben die Empfehlungen unbestimmt bis ausschließend. Da in der Wirtschafts- und Strukturpolitik "Bereiche wie Kultur, Religion, Sport und Gesundheit nur eine untergeordnete Rolle [spielen] oder gar nicht vertreten [sind]" [52], und auch in den neuen Regulierungsformen wie Regionalisierung diese nicht auftreten, könnte auf eine traditionelle Politikimplementation zurückgeschlossen werden.

Angesichts der starken Argumente für eine system- und netzwerktheoretisch erweiterte Politikkonzeption (auch in dem vorbereitenden theoretischen Teil der Empfehlungen selbst!) dürften die Durchsetzungschancen für die Empfehlungen deshalb eher niedrig angesetzt werden.

Enger gefaßt zum Thema dieser Arbeit: wie soll eine Reform funktionieren, in der die Elternakteure bei substantiellen Entscheidungsprozessen und -ebenen (also oberhalb der Einzelschule) nicht vorkommen und ihre Mitwirkung auf der einzelschulischen Ebene vage erwähnt wird? Dabei ist besonders auffällig, daß Elternakteure als solche - und nicht lediglich in verbändeartigen Organisationen - bei den Konkretisierungen der Empfehlungen fehlen.

• Anmerkungen zum 4. Kapitel:

1 KLEMM, K.(1994) differenziert nach - als Erweiterung gedacht - Qualifikation, Selektion, Integrations- bzw. Legitimationsfunktion sowie Absorptionsfunktion. Letztere ist gedacht als "Menschen vom Arbeitsmarkt zu absorbieren. Indem sie mehr Menschen länger ausbilden, vermindern sie, indem sie Bildungszeiten verkürzen, vergrößern sie das Erwerbspotential." (136) Mir scheint das eine Verdeutlichung der Allokations- und Kustodialfunktion zu sein.

2 so KRUMM, V. (1990), 5

3 vgl. Kapitel 5 dieser Arbeit - dort habe ich diesen Sachverhalt bezüglich von Wertorientierungen und Leistungsideologie diskutiert.

4 HOPF, W. (1985c), 608

5 HOPF, W. (1985c), 608

6 HOPF, W. (1985a), 199

7 HOPF, W. (1985a), 199

8 vgl. NISSEN, Ursula/ van RIJK, J. (1992)

9 MÜNDER, J. (1985), 507

10 MÜNDER, J. (1985), 510

11 MÜNDER, J. (1985), 510

12 so BÖHNISCH, L. (1994), 239

13 vgl. COLBERT-SCHRADER, Hedi (1992)

14 siehe HONDRICH, K.O. (1977), 226
15 vgl. BENZ, A. (1992),193/194
16 vgl. SCHABEDOTH, H.-J./ TIEMANN, H. (1991), 87
17 vgl. HAMMELRATH, A./ NIMPTSCH, J. (1993)
18 vgl. zu einzelnen Methoden bereits: Dt. Bildungsrat (1973), A 109 (Eltern übernehmen spezielle Aufgaben – Verwaltungs-Hilfsaufgaben sowie auch Funktionen analog Schulassistenten wie im amerikanischen Schulsystem); PHILIPP, E. (1992); ROLFF, H.-G. (1990) und (1993)
19 vgl. SCHNETZ, Diemut (1991), 92 - vgl. auch das 1. Kapitel dieser Arbeit
20 vgl. BLANKERTZ, S. (1989), 72 - FLAM, Helena (1990), 43, liefert die Begründung: "Contrary to the widely accepted notions, however, it is impossible to posit a simple positive relationship between a high level of centralization and a high level of corporate capacity to act. This is so because capacity to act includes two dimensions - decision-making and implementation - which stand in reverse relationship to each other. The more centralized and effective decision-making is (ceteris paribus), the more likely it is that the excluded implementing staff in a bureaucracy or a membership in a coalition-dependent organization or a movement, may slow down or sabotage the implementation process."
21 vgl. BANNER, K., zit. nach BEYER, L./ BRINCKMANN, H. (1992), 75
22 BANNER, K., zit. nach BEYER, L./ BRINCKMANN, H. (1992), 77
23 HIRSCHMAN, A.O. (1992)
24 HIRSCHMAN, A.O. (1992), 356
25 vgl. LUHMANN, N. (1989), 7
26 LUHMANN, N. (1989), 8
27 vgl. BEYER, L./ BRINCKMANN, H. (1990), 137 (am Beispiel von Kommunalverwaltung)
28 vgl. FETSCHER, I. (1992) und HIRSCH, F. (1980)
29 vgl. BENZ, A, (1992), 193
30 siehe ROLFF, H.-G. (1990/1992/1996), wobei diese Nachfrage nach Mitbestimmung in der Schule als Problem nur von einer Minderheit angesehen wird: auf einer Liste mit 12 Items erscheint die Beteiligung von Eltern bei nur 7% (6% im Osten) als ein zu wenig Beachtetes in der Schule.
31 vgl. KRUMM, V. (1988)
32 KRUMM, V. (1987), 21
33 siehe ROLFF, G. (1993), 201 ff.
34 ROLFF, G. (1993), 137
35 vgl. PFEIFFER, H. (1992), 279
36 siehe BADURA, B./ GROSS, P. (1977), 363/366 - siehe analog: KEVENHÖRSTER, P./ WINDHOFF-HÈRITIER, Adrienne (1981), 242 - siehe die folgenden Kapitel
37 KÖHLER-WEISKER, Angela et. al. (1993), 47
38 LIEBEL, M. (1985), 375
39 vgl. Anmerkung 20, FLAM, Helena (1990)
40 so BRANDEL, R./ STÖBE, Sabine (1994), 70

41 Bildungskommission NRW (1995): Zukunft der Bildung, Schule der Zukunft - alle folgenden Zitate beziehen sich auf diesen Text, wenn nichts anderes angeben ist.

42 LUHMANN, N./ SCHORR, E. (1988), 348 - "Andererseits bietet das Establishment eine Chance, Unzufriedenheit oder Folgen von Fehlentscheidungen von unten nach oben zu transformieren und meinungsbildend zu publizieren [...]." (ebd.) Unter "Establishment" werden "Rollen und Rollensysteme [bezeichnet], die dem Erziehungssystem zugerechnet werden, die aber nicht direkt, sondern nur indirekt mit dem auf der technischen Ebene ablaufenden Unterricht befaßt sind" (343) , also Rollen u.a. in der Lehrerausbildung, Forschung, Verwaltung und in politischen und beruflichen Organisationen.

43 R. BROCKMEYER, Leiter des Sekretariats der Kommission, in einem Telephongespräch Anfang 1995 mit der Verfasserin

44 In welchen Teilen diese verquere Sachlage dem Föderalismus, der "Wahrnehmung von Rechtsmitteln durch Eltern" sowie der "inneren Dynamik der Schulverwaltung selbst" anzulasten ist (186), müßte vielleicht doch noch etwas genauer untersucht werden. Bezüglich der hier interessierenden Elternmitwirkung bliebe vorerst festzuhalten, daß die vermeintlich extensive Wahrnehmung von Rechtsmitteln seitens der Eltern sicherlich nicht aus einer Position der Stärke heraus erfolgt, sondern mehr abwehrenden Charakter gegenüber einer machtvoll agierenden und auch so empfundenen staatlichen Übermacht im Bereich des Schulwesens hat. Daß diese Regulierungen selbst nicht zielgenau sind, steht auf einem anderen Blatt.

45 vgl. "Planung des schulreformerischen Politikprozeses" weiter unten

46 Eine sehr einschränkende Empfehlung: ganz langsam ("zunehmend") sollen ausgewählte Eltern (der Schulbeiräte) zu gemeinsamen Weiterbildungen zugelassen werden. – Welches exklusive Wissen wird in Lehrerfortbildungen vermittelt? - vgl. dazu die Ausführungen zu Lern- und Lehrevaluation (97), in der Eltern nicht berücksichtigt werden.

47 vgl. zusammenfassend: SCHWERING, M. "Sechs Jahre Grundschule - Streit in NRW" im Kölner Stadt-Anzeiger vom 19.1.1996, S. 33

48 Daß gerade die personalbezogen günstigste Schulform (Eingangsgehalt A 11/Leitung A13) ausgebaut werden soll, ergibt ökonomischen Sinn. Zum Vergleich die Gehälter im Kindergartenbereich: Eingangsgehalt für ErzieherInnen: BAT VIb/ KinderpflegerInnen: BAT VIII (LeiterIn: BAT IV b)

49 Mir scheint, daß die Palette pädagogischer Argumente an der schlichten Tatsache vorbeigeht, daß das bestehende unterrichtliche Angebot an der Grundschule eine so weitreichende schulstrukturelle Entscheidung in den Augen der meisten Eltern in der Regel nicht legitimiert.

50 vgl. BENZ, A. (1994), 76 ff.

51 "first mover", vgl. HÉRITIER, Adrienne (1995)

52 KRAFT, A. / ULRICH, G. (1994), 59

"Es ist ein empirisch bestätigter Topos von Staatsklugheit, Adressaten staatlichen Handelns möglichst nicht als Objekte in Distanz zur Staatsmacht zu bringen, sondern durch Zuweisung von Entscheidungspartizipation als Subjekte staatlicher Herrschaft für Staatsziele zu vereinnahmen und ihre Kompetenz- und Konsenspotentiale für öffentliche Anliegen zu mobilisieren." [1]

5. Kapitel: Elternmitwirkung als organisiertes Interesse

1. Begriffsklärung: Interesse, Bedürfnis und Macht

Nach der Beschreibung der Akteure möchte ich systematischer danach fragen, warum es ein System der Elternmitwirkung gibt? Ohne Organisation scheinen sich Interessen nicht mehr artikulieren zu können - dies gilt auch für Demokratisierungsprozesse:

"Es kommt auf Interessen, Willen, politische Ressourcen, Erfolg von ausreichender Zahl aktiver Menschen an, um Demokratisierungsprozesse zu konstituieren und weiterzuentwickeln." [2]

Dabei werden 'Organisation' und 'Interesse' für höchst unterschiedliche Aktivitäten gebraucht: so spricht der Bund der Steuerzahler davon, daß er "beratend, aufklärend, beeinflussend und kontrollierend" zum Wohle der Allgemeinheit tätig wird [3]; und auch der Präsident des Festkomitees des Kölner Karnevals spricht von den "Kräften des organisierten Karnevals." [4]

Der Interessebegriff, der sich auf ein "Bedürfnis" gründet, ist dabei mindestens so schillernd wie der Bedürfnisbegriff selbst: verweist "Interesse" mehr auf eine öffentlich-politische, so der "Bedürfnisbegriff" eher auf eine psychologisch-individuelle Sphäre. Beide sind nicht "einfach da", sondern bilden sich in einem komplizierten Prozess heraus. Dieser Produktionsprozeß, in dem sich sowohl Bedürfnis als auch Interesse entwickeln,[5] umfaßt für "Interesse" dreierlei: die psychologische Ebene der Aufmerksamkeit, die soziale Ebene des Nutzens sowie die politische Ebene der Einflußnahme. In der Regel geht es bei der Einflußnahme um Entscheidungen bzw. die Durchsetzung von sozialem Handeln, welches sich auf die Verteilung von materiellen und immateriellen Gütern bezieht. [6] Der Interessebegriff verweist also bereits auf überindividuelle, durch gerichtete Einflußnahme mit dem Ziel der Nutzenmehrung stattfindende Prozesse.

Für den Begriff des Nutzens ist es dabei recht hilfreich, an die Unterscheidung von "wants" und "needs" anzuknüpfen, um deutlich zu machen, daß immer eine Wertzuschreibung erfolgt. Ob und wie etwas als 'Nutzen' angesehen wird, ist demnach abhängig von Werten, die in sozialen Handlungssituationen erzeugt worden sind und in diesen immer wieder bestätigt werden. So können Interessen als interaktive und interorganisatorische Spannungen zwischen gesellschaftlichen Akteuren und sozialem Gegenüber beschrieben werden. [7] Bei den organisierten Interessen handelt es sich insofern um eine Weiterentwicklung, als daß der kollektive Charakter von Aufmerksamkeit, Nutzen und Einflußnahme angesprochen wird. Dabei handelt es sich nicht allein um eine Zusammenfassung verschiedener Einzelinteressen in einen größeren Verbund, sondern in dem Prozeß der Kollektivierung entsteht eine andere, neue Qualität des Interesses. [8]

Interessen gründen sich demnach auf Bedürfnisse, die man nach zwei Seiten hin unterscheiden kann in Notwendigkeiten i.S. von Grundbedürfnissen und in solche, nach denen ein Wunsch zur Bedürfnisbefriedigung entsteht. Interessen artikulieren sich auf zwei Ebenen: die psychologische Ebene der Aufmerksamkeit wird auf der sozialen Ebene verknüpft mit der Frage nach dem Nutzen einer Handlung.

Auf der dritten, der politischen Ebene, äußert sich das Interesse als Einflußnahme. Auf dieser Ebene ist das Gegenüber immer ein organisatorischer Zusammenhang, für den Prozesse der Macht und der Kontrolle entscheidend sind.

Macht ist kein Besitzstand, sondern wird als gegenseitige Austauschbeziehung zwischen Akteuren definiert. [9] Sie läßt sich nicht nur im Rekurs auf vorgegebene Strukturen/ Rollenanforderungen denken, denen sich die einzelnen Akteure anzupassen haben, sondern:

> "Die Interpretation der formalen und informalen Strukturen und Regeln einer Organisation als institutionalisierte Spielregeln, die als Produkt früherer Machtverhältnisse und Verhandlungen zustandegekommen sind, hat den Vorteil, die Funktionsweise einer Organisation nicht von vornherein als Ergebnis einer passiven Anpassung von Individuen oder Gruppen mit ihren eigenen Motivationen an die in ihr vorgesehenen Prozeduren oder 'Rollenerwartungen' erklären zu müssen." [10]

Durch diese Dynamisierung des Machtbegriffs werden formale Strukturen relativiert, indem sie als "provisorische Kodifizierungen einer Machtbalance" [11] begriffen werden.

Methodisch bedeutet dies für die Analyse von Organisationen, daß sie

- Machtbeziehungen und stabile Strategien,
- Spiel (-regeln), die diese Strategien rational erscheinen lassen, sowie die
- Regulierung der Spiele entdeckt, d.h. den Systemcharakter der Organisation empirisch einlöst. [12]

Problemlösungsversuche werden sich auch im Falle des Schulwesens immer in organisatorischen Zusammenhängen abspielen; damit werden Fragen von Kontrolle und Macht in Organisationen entscheidend. Sie sind zentrale Bestandteile politischen Verhaltens in organisatorischen Zusammenhängen, welches sich nach Spielregeln vollzieht, die sich als Produkte von Machtverhältnissen und Verhandlungen beschreiben lassen. Dabei können 'Interessen' nicht als einziges Motiv betrachtet werden und auch nicht als ausschließlich rationale Gründe des Handelns. Dazu sind die Übereinstimmung zwischen den wirklichen Interessen und den Mutmaßungen darüber, was diese eigentlichen Interessen eigentlich sind, oftmals zu weit auseinander. (vgl. die Unterscheidung zwischen wahren Interessen und falschem Bewusstsein) Die Bedeutung des instrumentellen Handeln ist mit der des nicht-rationalen Handelns zu ergänzen.[13]

In diesem Sinn möchte ich von organisiertem Interesse als Element eines Systems (hier von Elternmitwirkung im allgemeinbildenden Schulwesen) sprechen. Es steht mit anderen Systemen im Bereich des Schulwesens in Verbindung. Das Untersuchungsinteresse bezieht sich in dieser Perspektive darauf, zu erkennen

- nach welcher Operationsweise - wie Macht, Geld, Wissen, Leidenschaften - das System funktioniert, verstanden als Inhalte der systemischen Interaktion (und nicht nur Intentionen und Interessen der beteiligten Individuen), [14]
- welche Folgen und Wirkungen damit verbunden sind,
- "wer aufgrund welcher Bedingungen [...] Kontrolle ausübt", und damit
- analytisch als Nebeneffekt, aber inhaltlich als (Haupt-) Problem: wie die Gestaltbarkeit des Schulwesens durch zielorientiertes strategische Handeln vorstrukturiert, verengt und determiniert wird.[15]

Genauer ist zu fragen,

- nach welcher Operationsweise (z.B. zielorientiertes strategisches Handeln?) das System 'Organisierte Elterninteressen' funktioniert und auf welche Weise es auf das System Schule einwirkt,
- welche Folgen mit diesem Handeln verbunden sind, und
- ob (und wenn ja, welche) Wirkungen auf die Gestaltung des Schulwesens erfolgen.

Noch enger gefaßt:

- welche Bedingungen dazu geführt haben, daß es Elternmitwirkung in der Schule als kollektive Interessenvertretung gibt,
- welche Faktoren kollektive Interessenvertretung von Eltern behindern oder befördern,
- welche Mechanismen zur Verfügung stehen, um die sich aus den Bedingungen ergebenen und aufgrund der gewählten Faktoren resultierende Probleme zu lösen.

Über die Beschreibung von Relationen können so die Funktionen von Elternorganisationen in schulpolitischen Willensbildungsprozessen, wie etwa Beratungsmodalitäten zwischen Elternvertretungs- und Schulverwaltungsinstanzen, die Einflußchancen von Elternvereinen auf kultusministerielle Entscheidungen sowie die Beeinflussungschancen der "Willensbildung im politischen Raum" [16] analysiert werden. Dies geschieht, um die faktischen als auch die formal vorgesehenen Beziehungen zu erfassen, wobei der Vergleich mit den funktional optimalen Beziehungen schließlich den "Ertrag" der formalen und faktischen Beziehungen auszuloten erlaubt. [17]

2. Ziel- und Interessenbestimmung der Elternmitwirkung

Auch elterliche Mitwirkung im allgemeinbildenden Schulwesen kann angemessen nur begriffen werden als Konstruktion, die in den Zusammenhang von gesellschaftlicher Modernisierung zu stellen ist, verstanden als "Zusammenhang mit sozialen Integrations- und Ausgrenzungstendenzen, also unter Berücksichtigung der sich verändernden Struktur sozialer Ungleichheit." [18] Nur so kann für Mitwirkung ein Anschluß an sonstige Theorieentwicklung hergestellt werden.

"Jeder ist seines Glückes Schmied" – dieser populäre Gedanke umschreibt eine zentrale Idee, welche dem Schulsystem unterlegt wird: über formale Schulbildung soll die prinzipielle Chancengleichheit, insbesondere für den beruflichen Erfolg, sichergestellt, über Leistung soziale Ungleichheit sowohl abgebaut als auch legitimiert werden. Die Voraussetzungen für dieses Denkmodell bestehen in

- chancengleichem Zugang zu (höherer) Bildung,
- Synchronisierung von Bildungs- und Beschäftigungssystem,
- individueller Zurechnung von Leistungen im Arbeitsprozeß.

Dieses Wohlfahrtsmodell scheint ein auslaufendes zu sein: Massenarbeitslosigkeit unterhöhlt die Formel von dem Zusammenhang zwischen Bildung und Berufsposition, die Reduzierung staatlicher Leistungen zum Auffangen dysfunktionaler Nebenwirkungen des Wirtschaftsprozesses [19] stößt an Akzeptanzgrenzen. Das Schulsystem als Hort und Insel wohlfahrtsstaatlicher Politik und demokratischer Prinzipien zu "retten", erscheint angesichts dieser Probleme vermessen. Das Schulwesen gerät so von zwei Seiten in Legitimationsdruck: die obrigkeitsstaatlich-hierarchisch gegliederte Schule erfüllt mit ihrem im günstigsten Fall technokratischem Funktionieren umso weniger die Erwartungen, wie es ihr nicht gelingt, die Ansprüche partizipatorischer Art zu befriedigen. Wenn diese sich auf wohlfahrtsstaatliche und demokratische Prinzipien berufen, ist deren Einlösung ebensowenig gesichert, wie das technokratische Modell überholt ist.

Es käme also auf die Entwicklung von Verfahren an, die es gestatten, das Technokratiemodell mit dem Partizipationsmodell in der Weise zusammenzubinden, daß die vorhandene Funktionsfähigkeit nicht unterschritten, sondern erweitert wird und gleichzeitig Reformen mehrheitsfähig gemacht werden.

Eltern werden nur dann in diesem Prozeß eine Rolle spielen können, wenn sie sich mindestens in einem Maße organisieren, wie es die "Gegenspieler" im Schulsystem bereits getan haben. Das Beispiel der verbandlichen Organisation der Lehrerschaft zeigt die Verschränkung ideologischer Unterschiedlichkeit mit der Vertretung von Statusinteressen. [20] Dieser gewerkschaftlichen Interessenvertretung, verbunden mit schulformspezifischer und/ oder weltanschaulicher Ausrichtung, können Elternvertretungen nur dann als Verhandlungspartner mit Aussicht auf Erfolg gegenübertreten, wenn ihr eigenes Organisationsniveau nicht deutlich dagegen abfällt.

Die Klärung von Motiv- und Interessenlagen wird auf seiten der Eltern jedoch behindert, solange sie dem Glauben anhängen, daß das allgemeine Schulsystem zur Statusdistribution in gesellschaftlicher Hinsicht einen autonomen Beitrag leistet, und damit eine Rechtfertigung gesellschaftlicher Ungleichheit als einer des 'individuellen Verdienstes'. Sie verkennen, daß gerade dies eine Befestigung und der entscheidende Beitrag der Ausbildungsinstitutionen zur Reproduktion der Sozialstruktur ist. [21]

Die alltägliche Durchsetzung elterlicher Interessen ist, von der einzelnen Schule aus gesehen, sicherlich auch begleitet nicht nur von Bereicherung des Schullebens, sondern auch von "Aufgeregtheit" und "Durcheinander". [22] Diese ergeben sich aufgrund der unklaren Funktionsbestimmung von Schule und Familie, die beide als Sozialisationsinstanzen zu keiner neuen, angemessenen Definition ihrer Aufgaben und Abgrenzungen gefunden haben. Gegenüber familialer Erziehung werden Vorwürfe von Erziehungsunfähigkeit und -unwilligkeit gegenüber Eltern erhoben, [23] die, wenn sie mit Zuschreibungen wie "Erziehungsdiktatur" [24] zusammenkommen, eine tiefgehende Aversion gegenüber familialen Prozessen ausdrücken. Ein möglicher Ausweg wird dann in der Zuweisung von neuen Aufgaben an die Schule in Richtung sozialpädagogischer Elternarbeit [25] gesehen: nicht nur Information über Unterrichtsinhalte und Hilfen bei Hausaufgaben und Üben ("Festigung von Lerninhalten", so die gestelzte Umschreibung), sondern auch über "das Erziehungsverhalten insgesamt." Die Übernahme von nicht geleisteter familialer Erziehungsarbeit durch die Schule mit Modellen der "Öffnung von Schule hin zur Schulsozialarbeit" [26] ist die weiterführende Konsequenz einer solchen Analyse. Sie ist regelmäßig begleitet von Forderungen nach mehr Zeit zuungunsten des (engeren) Leistungsbereichs sowie verstärkter Fort- und Weiterbildung des Lehrpersonals.

Mir scheinen solche gegenseitigen Zurechnungen von Versagen und schriller Betonung der Unzulänglichkeiten, oder komplementär dazu eine Idealisierung und Überfrachtung mit Aufgaben [27] keine Lösungswege zu sein. Sie verhindern ein notwendiges Zusammenwirken.

Für Elternmitwirkung bedeutet dies die notwendige Klärung der entscheidenden Frage, mit welchen Zielen und für welchen Interessen sie eintritt. Der bis in die sechziger Jahre hinein vorhandene Konsens über pädagogische Anliegen zwischen Eltern und Lehrern - und damit einhergehend das Interesse der SchülerInnen, Einmischungen der Eltern möglichst abzuwenden - ist abgelöst worden von zumindest pluralistischen pädagogischen Interessen bei allen drei Gruppierungen.

Systematischer zusammengefaßt: [28] steigende Vergesellschaftung und Verwissenschaftlichung führen zu einer Erhöhung von geistiger Arbeit. Das Bildungsinteresse verselbständigt sich gegenüber dem unmittelbaren ökonomischen Bedarf. Diese Abkoppelung wird den Kostendruck auf die staatlichen Bildungsausgaben steigern bis hin zu einem gesellschaftlichen Verteilungskampf. Dabei werden politischen Koalitionen zur Interessendurchsetzung entscheidend, die sich prototypisch in zwei Richtungen entwickeln: Koalition von direkt Beteiligten am Schulsystem - Lehrer, Eltern, Jugendliche - oder Sicherung von Privilegien und Reprivatisierung von Bildungskosten/ -einrichtungen. Letztere Strategie dürfte wahrscheinlicher sein aufgrund des Drucks, der sich aus der Differenz des hohen Niveaus des individuellen Bildungsinteresses und der begrenzten Marktnachfrage ergibt, welche die Chancen zur angemessenen Verwendung/ Verwertung von Qualifikationen wegfallen läßt. Die damit verbundene Erhöhung des Marktwertes von Bildungszertifikaten hat einschneidende Auswirkungen auf die Qualifikationsprozesse selbst: es ist mit verstärkten Selektionsprozessen zu rechnen als auch mit einer Verschiebung des Bildungsinteresses bei den Jugendlichen selbst, die ein formales Bildungsinteresse über das inhaltliche stellen. Damit ist der Zusammenhang von höherer Bildung und Autonomie nicht mehr gegeben, sondern es ist erwartbar,

> "daß Wissen forciert unter instrumentalistischen Gesichtspunkten aufgenommen und verwendet wird. Kurz: wir haben es vornehmlich mit instrumenteller Bildung zu tun, die auf Verwertbarkeit und Effizienzsteigerung im ökonomischen System ausgerichtet ist." [29]

Der "politisch-legitimatorische Nutzenabbau" von Bildung, der darin besteht, daß sie nicht länger als Passepartout zur Kompensation von Mängeln in der Sozialstruktur und Verfügung über Ressourcen taugt, bewirkt dann wiederum eine andere Umgangsform mit dem System Schule. Konkret: die beklagten Disziplinlosigkeiten, Gewalttätigkeiten etc. der Schüler mit den entsprechenden Reaktionen der Lehrer wären so aus den persönlichen Zuschreibungen von Unzulänglichkeiten zu lösen und auf sozialstrukturelle Erklärungen zurückzuführen, wobei über die alltägliche Umgehensweise aber (leider) noch nichts Weiterführendes gesagt werden kann, sondern lediglich der "individualistische Stachel" gezogen wäre.

3. Theoretische Ansätze

3.1 Systemtheorie

Ich möchte Theorieansätze zusammenfassen und versuchen, sie aufeinander und auf Elternmitwirkung zu beziehen. Ich werde einige soziologische und politologische Theorieansätze daraufhin mustern, welche Rolle und Funktion sie kollektiver Interessenvertretung einräumen. [30] Dabei werde ich mich auf ausgewählte Aspekte der

- Systemtheorie,
- Neuen Politischen Ökonomie (in Form der Rational-Choice-Theorie nach M. OLSON) und
- Korporatismustheorie

beziehen und auf ihre Brauchbarkeit in Hinsicht auf kollektive Interessenvertretung von Eltern. Dies geschieht mit der Absicht, die Möglichkeiten des "wechselseitigen Schrittmacherverhältnisses" verschiedener Theorieansätze herauszuarbeiten.[31] Die "säuberlich arrangierte Anordnung der verschiedenen Ansätze in der Pädagogik" mit der Folge, daß "jede Schule ihre eigenen, speziellen Auffassungen über Inhalt, Methoden und die Beziehung zwischen Theorie und Praxis [hat]", soll nicht verlängert werden,[32] sondern durch eine Kombination von Theorieansätzen soll eine Problemlösung angestoßen werden.

3.1.1 Systemtheoretische Überlegungen zur Elternmitwirkung

In den Sozialwissenschaften besteht eine "klassische Frontstellung" [33] zwischen Handlungstheorien und Systemtheorien. U. SCHIMANK hat einen Weg vorgeschlagen zur Kombination system- und akteurstheoretischer Ansätze, der mir recht aussichtsreich zu sein scheint: Subjektorientierung oder Systemorientierung werden versuchsweise nicht als einander ausschließende Orientierungen verstanden, sondern aus der analytischen [!] Nachordnung ("Handlung, Subjektivität und individuelle Identität werden hier als Produkt von Systemprozessen behandelt" [34]) wird dadurch eine Synthese versucht, daß "kollektives Handeln und soziale Bewegungen als fundamentale Prozesse für die krisenhaft wechselnde Systembildung und kulturelle Strukturen [herausgestellt werden]."

Die Gegenüberstellung von Systemprozessen als "simplifizierende Inszenierungen" und konkreten sozialen Situationen mit sachlichen, sozialen und zeitlichen Kontingenzen[35] verweist auf die Konstruktion von Systemen als "Kunstgriffe des Denkens",[36] die dann wiederum Erwartungen und Handlungsorientierungen erzeugen.

Zusammenfassung: Akteursbezogene Theorien können auch vom kollektiven Handeln als Bezugspunkt der Theoriebildung ausgehen; systembezogene Theorien gehen von den Funktionen aus, die soziale Positionen, Gruppen und Institutionen für den (Nicht-) Bestand eines Systems haben. Die Kombination beider Ansätze geschieht durch zwei Kunstgriffe: das Handeln individueller Akteure wird analytisch als Produkt von Systemprozessen erfaßt, und diese werden zurückgeschraubt auf Denkkonstruktionen von kontingenten sachlichen, sozialen und zeitlichen Prozessen. Der Witz bei der Kombination liegt darin, daß diese Systemkonstruktionen das soziale Handeln, z.B. über Erwartungen, Wertorientierungen etc. orientieren. Der Weg ist freigeschaufelt (zumindest theoretisch), soziales Handeln als Konstruktion von - ob nun individuellen und/ oder kollektiven Akteuren - zu begreifen.[37] Und jede Konstruktion ist veränderbar.

Die Fragestellung für diese Arbeit kann in diesem Bezug so formuliert werden: wie sind die Konstruktionen der kollektiven Elternmitwirkung in NRW beschaffen und welchen Einfluß haben sie auf die Systembildung des allgemeinbildenden Schulwesens?

Und wenn die Konstruktion des allgemeinbildenden Schulwesens neu erstellt wird (bzw. besser: umgebaut wird), wie müßten sich dann die Konstruktionen der Elternmitwirkung verändern? Und noch enger gefaßt: sind Elternvereine als bisherige Konstruktion für kollektive Mitwirkung von Eltern eine tragfähige Basis?

Aus der Vielzahl von Systemtheorien greife ich folgende heraus:

> " 'System' wird definiert als Menge von Elementen, die durch Relationen zu einer von der Umwelt abgegrenzten Ganzheit verbunden sind. Die Gesamtheit der Relationen wird Struktur eines Systems genannt. Der Begriff Funktion umschreibt den Beitrag einer bestimmten Struktur oder eines bestimmten Elements zur Aufrechterhaltung eines Systems." [38]

Die Strukturbildung selbst geschieht zur Komplexitätsreduzierung, d.h. Umwelteinflüsse werden durch Strukturbildung reduziert, die Grenzziehungen zur Umwelt, interne Differenzierung und Verfahrenssteuerung sein können. Sie erlauben "selbstinduzierte Zustandsänderungen [...] , bis hin zur bewußten Revision eben dieser Strukturen." [39] Voraussetzung für diese Strukturbildung ist Reflexion als "Besinnung auf die eigene Identität", "Selbstthematisierung" als Ermöglichung,

> "daß die Einheit des Systems für Teile des Systems - seien es Teilsysteme, Teilprozesse, gelegentliche Akte - zugänglich wird. Reflexion ist insofern eine Form der Partizipation. Ein Teil kann das Ganze zwar nicht sein, kann es aber thematisieren, indem er es sinnhaft identifiziert und auf eine ausgegrenzte Umwelt bezieht" [40] und so
>
> "Bedingung der Kompatibilität von Teilen eines komplexen Gesamtsystems" ist. (73)

Reflexion gewinnt damit die Funktion, daß die Einzelteile eines Gesamtsystems zusammenpassen ("Reflexion Bedingung der Kompatibilität von Teilen eines komplexen Gesamtsystems"), ihre Identität aus ihrer Funktion beziehen und gleichzeitig in Bezug auf andere Systeme lernen, sich als deren Umwelt zu begreifen. Dieses Lernen bedeutet, "Restriktionen und Abstimmungszwänge in das eigene Entscheidungskalkül einzubauen." (73) Eine überlegene und wirksame Handlungsrationalität ergibt sich nur dann, wenn sie zumindest von der Mehrzahl der Teilsysteme eines Handlungszusammenhanges angewendet wird. Damit dies passiert, sind "hochkomplexe kognitive Strukturen" (74) Voraussetzung, die in unterschiedlichen Formen realisiert werden können (z.B. differenzierte Rollen, Positionen oder Teileinheiten – Expertenteam, Beratungsstab etc.). Die damit gewonnenen Fähigkeiten, die in der Selbsthematisierung des fokalen Systems und seiner Beziehungen zur Umwelt liegen, sowie der Berücksichtigung der Folgen des Handelns, sind Voraussetzung dafür, daß nicht der maximale Eigennutz, sondern der kontinuierliche optimale Nutzen angestrebt wird. Dies läßt sich als klassische rationale Strategie beschreiben, und damit als "Steigerungsverhältnis zwischen mehreren Akteuren." (76)

Die Überlegenheit einer so definierten Optimierungsstrategie liegt darin, daß zwar instrumentelles Handeln und Macht nicht ausgeschlossen werden, die wechselseitigen Kosten dafür jedoch erhöht werden, so daß andere Formen/ Steuerungsmechanismen an Attraktivität gewinnen. Dies sind kommunikative Handlungsstrategien "in der Hoffnung auf gemeinsamen Vorteil" (76) – also eben nicht (weltfremder) Altruismus, sondern auch rational-egoistisches Verhalten unter wechselseitiger Perspektive bei Lösung von Konflikten. Dieses Handeln verursacht jeweils Kosten, die sich aber im intersystemischen Kontakt ausgleichen, weil kombinatorische Gewinne anfallen.

Der weitergehende Schritt besteht darin, dieses Verhandlungssystem zu institutionalisieren, um die längerfristige Optimierung auf Dauer zu stellen.

Elternmitwirkung in dieser systemtheoretischen Perspektive müßte demnach bestimmt werden als ein Teilsystem des Schulsystems, das als Gesamtsystem aufgefaßt wird, und als eigenständiges System 'Elternmitwirkung'. Fragen nach den das System bildenden Elementen, ihrer Relationen zueinander (Struktur) und ihren Funktionen schließen sich an. Die Passung der Einzelteile mit und in dem System insgesamt bedeutet bezüglich Elternmitwirkung, ob und welche Funktionen sie mit dem und für das Schulsystem erfüllt. Mit den Elementen des Systems 'Elternmitwirkung' wird nach der Erfüllung von Funktionen gefragt, die sogar bis zur Gewinnung von Identität aus diesen Funktionen für das Teilsystem gehen können. Grenzziehungen zur Umwelt, interne Differenzierung und Verfahrenssteuerungen sind als Prozesse der Strukturbildung zu untersuchen und auch daraufhin zu befragen, ob sie den Umweltbezug (z.B. zwischen Elternssystem und Schulsystem, Elternsystem und Öffentlichkeit etc.) herstellen können. Denn nur dann ist mit 'Selbstthematisierung' zu rechnen, die es gestattet, die Folgen des Handelns zu berücksichtigen als Voraussetzung für Optimierungsstrategien, kommunikative Handlungsstrategien und Verhandlungssysteme. Schließlich könnte diese Analyse erbringen, welche eventuellen Defizite vorhanden sind und wie sie zu beheben wären. Die Defizite selbst können als mangelnde Homogenisierung/ Abbildung der Strukturen der Umwelt im Binnensystem selbst beschrieben werden.

Beide Systeme - Schulsystem und Elternsystem - sind Subsysteme des gesamtgesellschaftlichen Systems. Sie müßten sich jeweils als eigenständiges System (intraorganisatorisch) und in ihrem Verhältnis zueinander organisieren (interorganisatorisch). Wie könnte dies geschehen, wenn eine Selbststeuerung das Ziel ist?

In der "Erhöhung der Reflexionsleistung der gesellschaftlichen Subsysteme" sowie der "Selbstbegrenzung ihrer spezialisierten Möglichkeiten" sieht H. WILLKE Voraussetzungen zur Institutionalisierung von Reflexion/ gesellschaftlicher Verantwortung mit dem Ziel der Selbststeuerung von Teilbereichen und gleichzeitiger Abstimmung mit anderen Teilsystemen.[41] Die sich daraus ergebende Autonomie der Teilsysteme wird nur dann funktional auch für das Gesamtsystem werden, wenn die Reintegration der Teile gelingt. Diese kann über die Kontrolle der Kontextbedingungen des Ganzen erfolgen, welche die Teilsysteme in interdependenzgesteuerten Interaktionen (wie Verhandlungssystemen, verfahrensmäßigen Absicherungen) generieren, und die eine Institutionalisierung von Heterogenität erlauben.

> "Jeglicher Primat nur eines 'Verknüpfungsmechanismus' reduziert die Potentialität des Gesamtsystems. Unter der Prämisse, daß sich ein einzelner leitender Gesichtspunkt, der Primat einer einzelnen Teilsystemrationalität - sei dies Religion, Ökonomie oder auch Wissenschaft - nicht begründen und legitimieren läßt, bedeutet eine solche Reduktion nichts anderes als die Irrationalität des komplexen Ganzen." [42]

Für das Schulsystem und das Elternsystem sind zu klären, was

1. Erhöhung ihrer eigenen Reflexionsleistung,
2. Reintegration der autonomen Teilsysteme durch in interdependenzgesteuerten Interaktionen generierten Verknüpfungsmechanismen, die eine Kontrolle des Kontextes erlauben, sowie schließlich
3. Institutionalisierung der Heterogenität der Teilsysteme und
4. Selbstbeschränkung der spezialisierten Möglichkeiten,

bedeuten, die in Selbststeuerung münden sollen.

Die wichtigste Voraussetzung zur Erhöhung der Reflexionsleistung ist die genaue Bestimmung des Interesses. Will sich Elternvertretung in einem Gestrüpp divergierender Interessen nicht verfangen, und damit wirkungslos bleiben, muß sie sehr genau zur Artikulation ihrer Interessen kommen unter Beachtung der Interessen Anderer sowie einer Begrenzung ihrer kompetitiven Durchsetzung:

> "Voraussetzung dafür, daß es überhaupt gelingen kann ist ein Verhältnis zwischen den Gruppen selbst, das weder konfrontativ noch kompetitiv definiert wird, sondern - wo nicht von einer grundlegenden Gemeinsamkeit der Interessen - zumindest von der Anerkennung des Existenzrechts und der legitimen Interessenverfolgung der jeweils anderen Seite bestimmt sein muß." [43]

Und weiter:

> "Wichtiger als die 'kompetitive' Aufrechnung relativer Vor- und Nachteile wird die 'integrative' Diskussion darüber, ob in Verhandlungen insgesamt - das heißt für alle Beteiligten gemeinsam - das bestmögliche Ergebnis erreicht wurde." (44)

Selbstbeschränkung der spezialisierten Möglichkeiten bedeutet vor allem die Verfolgung einer Handlungsstrategie, die nicht den maximalen Eigennutz, sondern den optimalen gemeinsamen Nutzen anstrebt. Dies kann dann u.a. auch das Aufgeben von bestimmten Positionen und die Einschränkung von Rechten bedeuten, wenn im intersystemischen Kontakt kombinatorische Gewinne anfallen, eventuell auch in Form von ausgleichenden Maßnahmen. [44]

Reintegration der Teile eines Gesamtsystems vollzieht sich durch Reflexionsleistungen, die sich als "Selbstthematisierung des fokalen Systems", seiner Beziehungen zur Umwelt und Berücksichtigung der Folgen des Handelns beschreiben lassen. Sie stellen die Voraussetzungen für die Kompatibilität der Teile eines Systems miteinander dar. Institutionalisierung der Teilsysteme erlaubt es, diese Verhaltensweisen zur Erreichung des optimalen gemeinsamen Nutzens auf Dauer zu stellen.

3.1.2 Schule und Eltern als Systeme

Wenn es um die Frage der Mitwirkung von Eltern geht, so wird damit ein Interesse angemeldet, das begründet gehört, um Interessen und den Wunsch nach ihrer Durchsetzung legitim erscheinen zu lassen. Diese Diskussion ist sinnvollerweise in den Rahmen der Schulverfassung zu stellen, die sich zwischen den Polen gesamtstaatlicher Einwirkung auf die Schule und der Mitbestimmung betroffener Gruppen bewegt.[45] Die Verortung der Mitwirkung als Unterscheidung zwischen schulinterner und eher schulexterner Willensbildung [46] wird sinnvollerweise dann nicht weiterverfolgt, wenn es um regulative Mechanismen geht zwischen dem 'System Schule' und seiner 'Umwelt': Eltern werden dabei im engeren Sinn nicht als Systemmitglieder verstanden, sondern als eigenes System, welches für das Schulsystem ein System der 'Umwelt' darstellt. Bei Betrachtung der regulativen Beziehungen zwischen dem Schul- und dem Elternsystem erscheinen Abstufungen von intern und extern bei Mitwirkungsprozessen wenig sinnvoll, weil hier der Bezugspunkt auf den Beziehungen zwischen Systemen liegen soll; die Willensbildung selbst ist dann nur ein Teilbereich.

Ich werde mich explizit auf einen Ansatz beziehen, in welchem die Schule als Organisation gedacht wird.[47] Beziehungen ergeben sich danach sowohl intraorganisatorisch als auch interorganisatorisch. Die intersystemischen Beziehungen zwischen Eltern- und Schulsystem regeln vor allem die Zufuhr der notwendigen Ressourcen für das Schulsystem, sprich: der SchülerInnen. Die Voraussetzung und der Bestand des Schulsystems sind direkt abhängig von dieser Zulieferung. Dies ist für das Elternsystem so nicht gegeben, es könnte auch unabhängig vom Schulsystem bestehen. Gleichwohl ist allein die Existenz des Schulsystems als 'Umwelt' für das Elternsystem wiederum voraussetzungsvoll. Die wichtigste Leistung des Elternsystems besteht in der Zufuhr der Ressource Schüler, andere kommen hinzu/ bzw. können hinzukommen. Diese ergeben sich aus dem Ausmaß und der Art und Weise von Beziehungen, die zwischen diesen beiden Systemen installiert werden. Die besondere Qualität des elterlichen Teils des (Unterstützungs-) Systems besteht nun darin, daß deren Mitglieder über ihre Kinder von der Schule direkt betroffen sind, so daß von einem unmittelbaren Interesse an dem Schulsystem ausgegangen werden kann.[48]

Die wechselseitige Abhängigkeit wird bezüglich des Schulsystems nicht so unmittelbar ausgestaltet, da infolge einer staatlich verordneten Schulpflicht die Ressourcenzufuhr durch Zwang geregelt wird. Man könnte nun argumentieren, daß die Schulpflicht mit einem Recht auf Schule zusammengeführt ist. Diese Verquickung von Pflichten und Rechten sowie deren Ausgestaltung erfordern auf allen Ebenen Mitwirkungsprozesse der Beteiligten, in diesem Falle also auch der Eltern.[49] Wenn nun diese Beziehungen als Kooperationsbeziehungen aufgebaut würden - so meine These - könnte das Elternsystem für die Schule Teil des Unterstützungssystems für eine institutionalisierte Erneuerung der Schule sein.[50] Das ergäbe sich jedoch nur dann, wenn sich eindeutige und geregelte Kooperationsbeziehungen planen und umsetzen ließen. Dies gilt umso mehr, wenn das Elternsystem als Modernisierungs- und Demokratisierungspotential genutzt werden soll.

Zur Kritik an der Systemtheorie:

H.-G. SOEFFNER [51] spricht von den "magischen Vorstellungen" über Systeme und Systemstrukturen, welche aber auch den "Macher" über den "autopoietischen Zauber seiner systemischen Kosmologie nicht vergessen machen [kann], daß Strukturen und Systeme ohne Personen nicht darstellbar sind." (113) Es wäre zu fragen, ob soziale Bewegungen als Artikulatoren von eben dieser Moderne zu begreifen wären (118), einer Moderne, in der Differenzierung und Effizienz in Hinblick auf Sozialsysteme diskutiert werden, welche "Mitgliedermotivationen homogenisieren" (N. LUHMANN), so daß die Sozialsysteme als handlungsfähig, und damit als Kollektivakteure gefaßt werden.

Es geht hierbei nicht um eine Personalisierung von Organisationen, sondern um ein theoretisches Konzept. In ihm ist nicht mehr individuelles Handeln, sondern kollektives Handeln Ausgangspunkt. Der Vorwurf von SOEFFNER wäre demnach weniger zutreffend, weil es nicht um die Gegenüberstellung von Person und Organisation geht, sondern um die eigenständige Akteurseinheit: kollektive Aktion/ soziale Bewegung / Organisation.

Wenn Systeme als "Mythos" (SOEFFNER) und "Fiktion" (SCHIMANK) bezeichnet werden, ist der Gedanke der Entfremdung durch und in gesellschaftlichen Verhältnissen (K. MARX) naheliegend. Begriffsperlenspiel, selbstgeschaffene theoretische Probleme — oder bietet die Kombination theoretischer Ansätze auch einen Beitrag zur Lösung 'praktischer' Probleme?

In einem weitergehenden Schritt hat U. SCHIMANK [52] eine Verbindung von System- und Akteurstheorien vorgelegt, in der gesellschaftliche Teilsysteme als Abstraktionen konkreten sozialen Situationen gegenübergestellt werden. Letztere sind kontingent, während Systembildungen als "Kunstgriffe des Denkens" handlungsermöglichende simplifizierende Inszenierungen/ Abstraktionen sozialer Situationen leisten. Damit sind sie "Fiktionen", die dadurch, daß sie Erwartungen generieren (635) und Akteure diese Fiktionen antizipieren, ihre Wirkung entfalten: es kommt zu einer Annäherung der Handlungslogiken von gesellschaftlichem Teilsystem und Akteuren. Die Orientierungen durch/ in gesellschaftlichen Teilsystemen beziehen sich auf kognitive, normative und evaluative Prozesse (Sein, Sollen, Wollen) und dienen zur Bewältigung sozialer Situationen mit ihren sozialen, zeitlichen und sachlichen Kontingenzen.

Zusammenfassung: Die (irritierende) Beschreibung einer sozialen Situation als Relationen zwischen Elementen bedeutet, daß diese definiert werden müssen. Sie können auch als Kollektivakteur angesehen werden. Die Konstruktion eines Systems selbst hat mehrere Funktionen: Komplexitätsreduktion durch Grenzziehung, interne Differenzierung und Verfahrenssteuerung. Über Reflexion/ Selbstthematisierung wird Kompatibilität der Teile sowie die Abschätzung von Folgen des Handelns hergestellt. Indem zwischen den Elementen eine Struktur institutionalisiert wird, kann es zu einer Steigerung des kollektiven Nutzens kommen durch Verstetigung der Strukturierungen. Die zweite Funktion einer Systembildung liegt in den dadurch erzeugten Erwartungen und Handlungsorientierungen.

Der systemtheoretische Ansatz bietet bezogen auf Elternmitwirkung Elemente in einem klassischem rationalen Verfahren zur Steigerung des Gesamtnutzens an, indem er auf Strukturierung und Reflexion zielt, die u.a. verhandlungsorientierte, das Gesamtsystem und die Teilsysteme balancierende Strategien ermöglicht. Die Ausschließung von Eltern - nicht nur als Einzel- sondern auch als Kollektiveakteure - erscheint danach weder nützlich noch klug zu sein:

> "Innovation und Transfer im Bildungswesen sind in extremer Weise auf das Zusammenwirken zahlreicher Akteure auf den Ebenen von Bund, Ländern und Gemeinden, in den Bildungseinrichtungen und deren Trägern sowie der Mütter und Väter und deren Lobby angewiesen." [53]

Es geht im Grunde nicht länger um die Frage, ob die Eltern in die Schule einbezogen werden, sondern um die Frage nach der Art und Weise der Einbeziehung von Eltern. Dies setzt handlungsfähige Elternakteure voraus, und in diesem Zusammenhang ist dann die Frage der Organisierung von Eltern entscheidend.

3.1.3 Koordination/ Integration als Voraussetzung für funktionale Autonomie

Das allgemeinbildende Schulwesen als vom Staat gesteuertes Teilsystem zeichnet sich durch eine geringe Selbststeuerung aus; entsprechend sind die Partizipationsmöglichkeiten der an ihm Beteiligten gering. Sie werden - hier im Fall der Eltern - zusätzlich durch die organisatorische Zersplitterung und Konkurrenz zwischen den Partizipanden behindert. Positiv gewendet könnte man zwar die Hypothese aufstellen, daß gerade die Vielfalt dieser Interessen (-organisierung) den "Möglichkeitsreichtum" [54] entfalten hilft. Dazu bedürfte es jedoch einer Strategie zur Integration der unterschiedlichen Formen der Elternmitwirkung: sie wäre das Gegenteil zur bestehenden Lage, daß jeder Verband mit einer Maximierungsstrategie nach optimaler Variabilität strebt. Die dabei stattfindenden Überproduktion von Optionen verhindert, daß Integrationsfunktionen von Elternmitwirkung zum Tragen kommen. Theoretisch könnten diese Funktion dann erfüllt werden, wenn teilautonome Systeme der Elternmitwirkung dauerhaft koordiniert und vernetzt würden mit einem kooperativ ausgehandelten Zielhorizont. [55]

Bestehende Formen der Elternmitwirkung sind jedoch abhängig von staatlicher Steuerung, weltanschaulicher und symptomorientierter Organisierung und nicht-autonomer Interessenformulierung, so daß die Entwicklung von Eigenkomplexität erschwert wird. Diese ist jedoch nötig, um hinreichend genau auf das Schulwesen einwirken zu können. [56] Damit dies nicht eine "fromme Formel" bleibt, ist die Installierung von integrativen Mechanismen unter dem Aspekt von Selbstbegrenzung nötig. Nur so könnte es gelingen, zu einer "Institutionalisierung gesellschaftlicher Verantwortung" (H. WILLKE) zu kommen, die sowohl die Ansprüche gegen Staat und Verbände, als auch die von Mitspracheforderungen der BürgerInnen aufnimmt. Eine solche funktionale Autonomie ist Voraussetzung für das Erneuerungs- und Anpassungsvermögen von Teilsystemen.

Zusammenfassung: Entwicklung von Eigenkomplexität und funktionale Autonomie der Elternmitwirkung werden beschrieben als Voraussetzung dafür, daß das Teilsystem Elternmitwirkung gesellschaftliche Verantwortung für das Schulsystem übernehmen kann. Dazu müßte die organisatorische Zersplitterung und Konkurrenz zugunsten von Koordination und Kooperation überwunden werden, was auch integrative Steuerung durch Selbstbegrenzung nötig macht, um zu einer Anpassung/ Erneuerung von Elternmitwirkung zu kommen.

3.1.4 Förderliche Bedingungen für kollektives Handeln

K. EDER [57] hat den Versuch unternommen, Bedingungen für kollektives Handeln anzugeben. Als Ausgangspunkt für die Theoriebildung geht es also um den "Prozeßcharakter sozialer Bewegung als Lernprozeß" (42). Damit sind nicht länger Sozialstruktur, institutionalisierte und wertmäßig integrierte Handlungskontexte (8) Ausgangspunkt der Theoriekonstruktion, sondern soziale Bewegung (9). Kollektives Handeln als Bedingung für die Möglichkeit sozialer Bewegung wird als rationales Handeln aufgefaßt, welches - je nach Theorierahmen - als utilitaristische Motivation (= relativer Vorteil) oder prinzipalistische Motivation (= kollektiv akzeptierte Gründe) konstruiert wird. Er unterscheidet dabei die drei Ebenen Mikro-, Meso- und Makroebene, und ordnet diesen ausgewählte "förderliche Bedingungen" zu:

- auf der Mikroebene (12) geht es um einen kollektiven Lernprozess zur Herstellung von Konsens. Kleine Gruppen, direkte Interaktion, Heterogenität der Teilnehmer und Gruppenstruktur sind auf dieser Ebene förderliche Bedingungen.

Elternstrategien auf der Mikroebene im Schulbereich lassen sich in der Regel auch als anwaltschaftliches Handeln für das eigene Kind begreifen, so daß innerhalb der Einzelschule eine konsensuale Strategie nützlich und psychologisch notwendig ist.

- auf der Mesoebene (13) geht es vor allem um kollektive Identität und Ressourcenmobilisierung, so daß formale Organisation (= institutionelle Macht), Identitätsbildung, z.B. zum Ausmaß und Qualität von Aktionsrepertoires, sowie Durchsetzungschancen wichtig werden, (Inklusivität/ Exklusivität des kollektiven Gutes/ exit-Option).

Auf der Mesoebene sind die innnerverbandliche Interessenaggregation und "Ressourcenmobilisierung" anzusiedeln. Die Probleme der Finanzierung und Professionalisierung sind neben denen der Aktivierung hier aussschlaggebend. Für Eltern kommt erschwerend hinzu, daß in einer Vielzahl von Gremien agiert wird bzw. werden müßte. Bereits auf der Ebene der Einzelschule sind dies als ständige Einrichtungen - neben den Klassenpflegschaften - in der Regel wenigstens drei: Schulpflegschaft, Schulkonferenz, Fachkonferenz. Eine sachgerechte Mitwirkung erfordert die Teilnahme an allen drei Gremien. Dazu kommen die entsprechenden informellen Kontakte und Vorbereitungen (die nach aller Erfahrung mindestens die Hälfte der Arbeit ausmachen), so daß sich allein daraus ein immenser Zeit- und Koordinationsaufwand ergibt. Wenn mitwirkende Eltern dann noch mit einer traditionellen, dem hierarchisch-bürokratischen Modell verpflichteten Schulleitung konfrontiert sind, der jede Information abgerungen werden muß und jede Stellungnahme nicht kooperativ, sondern je einzeln von den Eltern erarbeitet wird, so ergibt sich eine völlige Überforderung - und damit Ausbeutung - von Eltern. Damit wird Mitwirkung von Eltern zum Luxusgeschäft oder zur Farce.

- auf der Makroebene (13) geht es um die Mobilisierung politischer Öffentlichkeit. Dazu ist die Struktur kollektiver Güter, kollektive Ethiken und Klassenstruktur entscheidend. Hier geht es um gezielte Normverletzung (41), Gegenexpertise, Bereitstellung identifikatonsfähiger Symbole durch Einsatz von Massenmedien etc..

Außerhalb der Schule, bzw. über die Einzelschule hinausgehend, sind nicht konsensuale Strategien, also wettbewerbsorientierte, kompetitiv und differenzierte Strategien möglich und nützlich. [58] Auf dieser Makroebene verfolgt Elternmitwirkung das Ziel, insbesondere auf das politische, administrative und öffentliche System einzuwirken. Die Techniken der Öffentlichkeitsarbeit sind in diesem Zusammenhang von Eltern ebenso zu nutzen wie von anderen Interessengruppen auch, um überhaupt das Thema in der Öffentlichkeit durchzusetzen. [59] Für verbandsförmig organisierte Elterninteressen ist die Unterscheidung wesentlich, ob die von ihnen vertretenen Probleme als öffentliche Themen behandelt oder deeskaliert werden zu einem Problem zwischen Institutionen. [60] Gerade die Lokalisierung von Verbandsarbeit zwischen Öffentlichkeit und Politik, und daher unterschiedlichen Eingriffsebenen, macht es für Elternmitwirkung notwendig, mit teilweise gegenläufigen Strategien in den unterschiedlichen Arenen agieren zu müssen.

> "Damit ein Thema nicht-etablierter Gruppen auf die politische Agenda avanciert, bedarf es häufig Persönlichkeiten, die die Thematisierung mehr oder weniger professionell vorantreiben. Solche Figuren 'politischer Unternehmer' investieren Zeit, Arbeitskraft, Reputation und womöglich Geld in die Thematisierung. Sie versprechen sich von der Durchsetzung des Themas auf der öffentlichen und politischen Agenda zukünftige Gewinne in Form von materiellen Chancen oder solidarischen Gütern. Ein wichtiges Element der Themenpromotion ist der Aufbau von Netzwerken und Kommunikationsinfrastrukturen, die für das Thema mobilisierbar und organisierbar sind." [61]

Die Öffentlichkeitsarbeit gehört für die Darstellung des Verbandes nach außen, seiner Leistungsfähigkeit des Themensettings in der Öffentlichkeit sowie des Hereintragens der Themen in die Institutionen zu einer der wichtigsten intermediären Aufgaben.

Zusammenfassung: Ausgangspunkt der Argumentation ist die Frage nach der Legitimierung von Schule durch Funktionsfähigkeit und Reformbereitschaft. Verfahren dazu erfordern die Organisation von mehrheitsfähigen Trägern. Damit werden Fragen der "Unwahrscheinlichkeit" der Organisierung von kollektiven Interessen [62] aufgeworfen. Ein theoretischer Vorschlag, der das Konstrukt 'soziale Bewegung' zum Ausgangspunkt einer Verbindung von System- und Handlungstheorie macht, wird vorgestellt. Den drei Ebenen der Einflußnahme werden spezifische Funktionen zugeordnet sowie dafür förderliche Bedingungen: die advokatorischen Funktionen auf der Mikroebene sind im Konsens mit kleinen, direkt interagierenden Gruppen zu leisten; die Koordinierungsfunktionen auf der Mesoebene sind über Finanzierung und Professionalisierung als Mittel institutioneller Machtbildung zu sichern; und auf der

Makroebene geht es um die Produktion von ‚Leistungen' und die (Mit-) Steuerung von Programmen, für die Prozesse der Mobilisierung politischer Öffentlichkeit entscheidend sind.

3.1.5 Intermediäre und mikropolitische Regulierung als Einheit

Auch die Ebenen der Mitwirkung, verstanden als Eingriffsebenen, lassen sich genauer bestimmen.

Wenn es richtig ist, daß auf der Ebene der Einzelschule Eltern strukturnotwendig eine konsensuelle Politik verfolgen müssen, so ist nicht einzusehen, warum gerade dort die Mitwirkung detailliert gesetzlich normiert ist. Schließlich kommt es auf dieser Ebene auf die Umsetzung von Entscheidungen an, die schwerlich zentral zu steuern bzw. allgemeingültig per Gesetz zu regeln sind. Auf der (Landes-) Ebene, auf der umfassende Entscheidungen über Personal, Finanzen und Programme getroffen werden, ist die Mitwirkung kursorisch nach Mitwirkungsgegenständen aufgeführt. Da keine näheren Spezifizierungen, weder nach Inhalten noch nach Verfahrensfragen, erfolgen, ist diese Ebene der relevanten Entscheidungen weitgehend mitwirkungsfrei. Anders ausgedrückt: gerade auf der Ebene (Einzelschule) und von denjenigen wird Kontrolle ausgeübt (Einzeleltern bzw. kollektiv Mitwirkungsberechtigte mit sehr restriktiv umschriebenen Mitwirkungsgegenständen), die im Prinzip am wenigsten mitwirkungsrelevant sind. Mitwirkung von Eltern ist dann tatsächlich oftmals nur kleinliche Kontrolle, weil "Umdefinitionen" und "umdirigierendes Aufgreifen von Problemen" [63] echte Kooperationsbeziehungen nicht entstehen lassen. Wenn die geplanten Umorganisationen der Schule nicht nur als Rationalisierungs- und Kostensenkungsstrategien begriffen werden, sondern gleichzeitig auch zu einer Entbürokratisierung genutzt werden in Richtung Selbstverwaltung, erfordern sie den Einbezug sämtlicher an der Schule beteiligten Gruppen.

Dazu werden neue Bündnisse von den an der Schule Beteiligten gebraucht. Interessenvertretungen von Eltern könnten modernisierungsbereite Fraktionen auf politischer und exekutiver Ebene unterstützen.[64]

Voraussetzungen dafür liegen – analog betrieblicher Praxis – in der "aktiven Beteiligung relevanter Belegschaftsteile am Optimierungs- und Rationalisierungsgeschehen" (3) mit den Folgen, daß

> "formalisierte Hierarchien und damit angestammte Positionen, Aufstiegsmöglichkeiten und Quellen sozialer Wertschätzung in Frage" gestellt werden (4) und "betriebliche Regularien und Entscheidungsprozesse nunmehr ihres vermeintlichen Sachzwangscharakters entkleidet werden." (5) Folge ist: "Gestaltung der Arbeitsorganisation und betrieblicher Leistungskompromiß werden für Aushandlungsprozesse unter direkter Beteiligung der Beschäftigten geöffnet." [65]

Es ist einsichtig, daß damit der "Bedarf an verhandlungsfähigen 'Mikropolitikern' [auf allen Ebenen wächst]". (5)

Für den industriellen Bereich werden bei Mitwirkungsprozessen die beiden Fraktionen Management/ Eigentümer und Beschäftigte gegenübergestellt. Für den öffentlichen Bereich können ähnliche Konstellationen bei der Gegenüberstellung von Legislative, Exekutive und Judikative und den Lehrern, Eltern und Schülern aufgestellt werden, um die Mitwirkungsakteure zu erfassen. Ihre Beziehungen verändern sich sowohl im industriellen als auch im öffentlichen Bereich in solchen Punkten wie Abflachen von Hierarchien und der Notwendigkeit von Aushandlungsprozeduren über Arbeitsorganisation und Zielerreichung von Leistungen mit den Leistungserbringern selbst.

Die Befürchtung,[66] daß damit ein Zurückdrängen oder die Lockerung intermediärer, rechtlich fixierter Mitbestimmungsregelungen zugunsten einzelschulischer, 'mikropolitischer' Regulationen verbunden sein könnte,[67] ist für NRW gegenstandslos. Im Schulbereich dieses Bundeslandes müßte eine hinreichende formelle Fixierung von Mitbestimmungsrechten im Sinne von Entscheidungsrechten von Eltern erst noch geschaffen werden, und eine solche Basis würde eine sowohl intermediäre als auch mikropolitische Interessenvertretung erst ermöglichen.

Zusammenfassung: Am Beispiel NRW läßt sich zeigen, daß die Mitwirkungsregeln auf mikropolitischer Ebene recht genau fixiert sind, gleichwohl aber keine Entscheidungsrechte sind. Auf intermediärer Ebene - hier also Landesebene mit dem Verbändehandeln - gibt es zwar einen Gesetzestext, dessen Wortlaut und Ausgestaltung ist aber vage. Auch er bietet keine Entscheidungsrechte.

Die gesamte Mitwirkungsregelung von Eltern ist auf allen Ebenen völlig unzureichend, sowohl von ihren Gegenständen und ihren Aufgabenbereichen her, als auch von ihrer materiellen Absicherung. Damit wird das Potential von Elternmitwirkung als Modernisierunsfaktor verschenkt. Um es wirksam werden zu lassen, bedürfte es einer Verschränkung von mikropolitischer und intermediärer Ebene der Mitwirkung.

Für den Schulbereich sind bislang Regelungen für beide Ebenen so defizitär, daß ein "Ausspielen" der beiden Ebenen gegeneinander - z.B. in der Form, daß eine der Ebenen eine rechtliche Stärkung erfährt zugunsten einer anderen Ebene, wie es beispielsweise in den Diskussionen um "Schulautonomie" erfolgt - sachunangemessen wäre. Vielmehr müßten die einzelnen Ebenen überhaupt erst einmal sinnvoll geregelt und aufeinander bezogen werden.

3.2 Neue Politische Ökonomie

3.2.1 Sozialwissenschaftliche Neue Politische Ökonomie

Akteurstheorien, die unter der Flagge der 'Neuen Politischen Ökonomie' segeln, gehen von einem rationalen, nutzenmaximierenden Individuum aus und fragen danach, unter welchen Voraussetzungen dieser ökonomistische Individualtyp ein Interesse daran haben könnte, sich in Gruppen zusammenzuschließen. Eine sozialwissenschaftliche Theorie der rationalen Wahl sollte nicht mißverstanden werden als ökonomische Theorie der individuellen Nutzenmaximierung mit ihrer simplen Vorteilsmaximierung zuungunsten anderer Akteure. Vielmehr kommt es der sozialwissenschaftlichen Theorie auf die subjektive Wahrnehmung, Entscheidung und Einstellung der handelnden Person zu einer Situation und deren angestrebten Veränderung/ Verbesserung an. Die Grundannahme, daß "Akteure ihren Nutzen nicht relativ zu anderen maximieren wollen, sondern lediglich zu einer für sie existierenden Situation." [68] macht einen großen Unterschied zu einer rein ökonomischen Theorie, weil auf individuelle Handlungsziele und -motivationen abgestellt wird und nicht nur auf ein quantifizierbares Mehr oder Weniger.

Mit allein ökonomischer Betrachtung und Theoriekonstruktion ist beim Rational-Choice-Ansatz in sozialwissenschaftlicher Anwendung also nicht zu rechnen: vielmehr geht es um sozialen Austausch, der mehr und anders ist als rationaler ökonomischer Austausch, verstanden als individuelle Optimierung/ Maximierung. Es geht auch um Werte und Normen als Deutungsmuster und Orientierungen, um daraus sich herausbildende Institutionalisierungen, Organisationen und Strukturen. Sie werden nach dieser Theorie des individuellen Auswahlhandelns verstanden als Maximierung der Produktformel: *Erwartung der Konsequenzen* x *Höhe ihrer Bewertung.* "Und diese wiederum steuern jene Befindlichkeiten, nach der die Menschen im Sinne ihrer Lust-/ Vermeidungsbilanz zum Handeln veranlaßt werden." [69] Die Orientierungen des Handelns sind demnach nicht auf einen individuellen Vorteil begrenzt, sondern beziehen sich ebenso auf sozial akzeptierte Prinzipien.

Im Rahmen dieser Arbeit werde ich nach dem OLSON-Ansatz die Frage diskutieren, ob Eltern organisierbar sind zu kollektiven Interessenvertretungen infolge der im allgemeinbildenden Schulwesens hergestellten Güter. Diese Fragestellung arbeitet mit der (rationalistischen) Annahme, daß sich auch im Schulwesen ein 'Produkt' beschreiben läßt, welches dort hergestellt wird und an dem 'Abnehmer' (hier also Eltern) ein Interesse haben. Zur Durchsetzung insbesondere von Qualitätsansprüchen wird dann, analog zu sonstigen Verbraucherorganisationen, danach gefragt, ob Eltern organisierbar sind.

3.2.2 Bildungsgüter als Organisationsanlass

Bildungsgüter sind öffentliche Güter, die unteilbar sind. Dies bedeutet, sie kommen allen, und nicht nur den Organisierten zugute; damit ist das Trittbrettfahrerproblem -"free rider"- verbunden. Kollektive Interessenorganisation hat es so mit dem Problem zu tun, daß durch eine Nicht-Organisation bei der Verteilung der Güter nicht differenziert wird, es also bei Organisation keine Privilegierungen gibt.

Bei Eltern handelt es sich im Prinzip um eine große Gruppe, auch wenn sie noch nicht als Gruppe organisiert sind (= latente Gruppe). Das Problem lautet also, wie eine große, latente Gruppe von Einzeleltern in eine manifeste Gruppe überführt werden kann. Nach M. OLSON könnten für organisierte Gruppenmitglieder teilbare, private Güter als Gratifikation angeboten werden. Bei diesen Anreizen könnte man materielle von immateriellen Anreizen unterscheiden, wie moralische, psycho-soziale und ideologische. Ausgeschlossen werden dürfte die Möglichkeit des Zwanges zur Mitgliedschaft. [70] (Die organisationspolitische Lösung des Trittbrettfahrerproblems durch Zwangsmitgliedschaft löst nicht das Problem, um das es eigentlich geht: die Aktivierung der Mitglieder.) So verbleibt lediglich die Alternative der selektiven Anreize als Ausweg aus dem Gefangenendilemma, daß rational handelnde Mitglieder die Kooperation verweigern.

Das Problem der Organisation von Eltern besteht also in doppelter Weise: einmal den Nutzen der Kooperation höher anzusetzen als die Kosten für die Beteiligung, zum zweiten auch geeignete Anreize für Kooperation zu finden, die dann gleichsam die Kosten-Nutzen-Rechnung 'ausgleichen' können.

Für Elternmitwirkung stellen sich mit diesem Theorieansatz folgende Probleme:

- Wird mit Elternmitwirkung ein Kollektivgut erstellt? Welches? Dabei können Ziele und Interessen ein immaterielles Gut darstellen. [71]
- Welche Gruppengröße gestattet es, den individuellen Nutzen im Verhältnis zu dem Einsatz zu maximieren?
- Welche selektiven Vorteile stehen den Gruppen der Elternmitwirkung zur Verfügung?
- Gibt es eventuelle äußere Anreize, wie Zwang zur Gruppenbildung?
- Worin könnten moralische, ideologische und psycho-soziale Anreize für Kooperation bestehen?

Bis hierhin ist das Organisationsproblem unter der Perspektive des möglichen Organisationspotentials abgehandelt worden. Man könnte nun auch fragen, welche Interessen von Bürokratien und Politikern vorhanden sind bezüglich einer Verhinderung oder Förderung von kollektiven Interesseorganisationen. Politiker (und die von ihnen i.d.R. mittelbar beeinflußte Bürokratie) sind von der Zustimmung von Wählern abhängig, und damit gezwungen zur Rücksichtnahme auf Wähler, sofern sie an der Macht bleiben, ihre politischen und ideologischen Ziele durchsetzen, kurz: wiedergewählt werden wollen. Grundlage des Verbandshandelns wäre danach,[72] daß Verbände mehr Wählerstimmen zuführen können/ bzw. abspenstig machen können als es Parteien ohne Verbände vermögen würden, so daß möglichst wenige Wählerstimmen verlorengehen. Diese Funktion können Verbände durch Informationen erfüllen: sie informieren ihre Mitglieder, und im Gegenzug führen sie Informationen von ihren Mitgliedern beispielsweise der Politik zu.[73] Das Interesse von Politikern und Bürokratie an der Verbandsarbeit beruht demnach auf der Annahme einer Bindewirkung der Verbände auf ihre Mitglieder bei Wahlen.

Weiter können Verbände Macht ausüben als Lieferanten oder Abnehmer bestimmter Güter und Dienstleistungen, so daß eine gewisse Marktmacht ausgeübt wird. Die Finanzierung von politischen Parteien durch Verbände ist bekannt, ebenso die personelle Besetzung und gegenseitige personelle Durchdringung, wodurch Einfluß auf den politischen Prozeß ausgeübt werden kann. Ob ein Verband sich durchzusetzen vermag, ist abhängig von der Mitgliederzahl und den potentiell Betroffenen bzw. den Nutznießern einer Entscheidung. Dabei sind Kompromisse notwendig, die einige Voraussetzungen haben: [74]

- Vorteile müssen für die Begünstigten noch spürbar sein,
- Ziele dürfen nur teilweise miteinander konkurrieren und
- Entscheidung zugunsten einer einzigen Gruppe muß ausgeschlossen sein.

Allgemeiner ausgedrückt: Konsensbildung, Zwang und sozialer Tausch dienen zum Akkordieren von Interessen. Vollziehen diese sich immer nach Rationalitätskriterien, oder:

- welche Faktoren begrenzen die Rationalität der individuellen Wahl: normative und emotionale/ irrationale Faktoren,
- welche Bedeutung haben diese nicht-rationalen Faktoren in Bezug auf Fehleinschätzungen? Haben sie eine bestimmte Funktion? Werden sie eventuell systematisch gefördert?
- Sind Handlungen immer zielgerichtet? Oder entwickeln sie sich zum Teil erst mit anderen Handlungen in einer bestimmten Situation/ Kontext?
- Sind Handlungen von Individuen autonom und/ oder inwieweit sind sie immer von der Bestätigung Anderer abhängig?

Ich möchte im Folgenden diese Überlegungen auf Elternmitwirkung über Verbände anlegen. Bezüglich der Organisation von Eltern ist nach dem Ansatz der Neuen Politischen Ökonomie ihre Organisierbarkeit erst einmal kaum gegeben, weil ihr Interesse sich auf Bildungsgüter bezieht, die als unteilbare, öffentliche Güter bereitgestellt werden, so daß auch Nicht-Organisierte in ihren Genuß kommen. Allerdings könnten Anreize zur Organisierung darin liegen, daß teilbare, private Güter eingesetzt werden, deren Preis beispielsweise über Mitgliedsbeiträge abgedeckt wird. Aber auch immaterielle Güter können in einem Anreizsystem funktionieren, und damit zur Organisierung beitragen.

Es ist erwartbar, daß die Organisationsrate von Eltern dann steigt, wenn Bildungsgüter teilbare, private Güter sind bzw. werden. Vermittelt funktioniert dieses Organisationsmittel bereits bei Fördervereinen: hier ist die Ausstattung der Schule teilweise (bzw. inzwischen zum großen Teil) von den Geldern abhängig, die von den Eltern im Rahmen des Fördervereins aufgebracht werden.

Aber auch immaterielle Anreize, wie beispielsweise die Mitarbeit in einer Kommission zur Profilbildung der Schule, in die der Sachverstand der Eltern eingebracht wird, kann unter diesem Organisationsaspekt betrachtet werden. (Nur müßte der Grundsatz, daß die Kosten geringer ausfallen als der Nutzen, wesentlich stärker zum Tragen kommen, wobei 'Kosten' nicht lediglich unter ökonomischen, sondern sozialen Gesichtspunkten anfallen, womit die von S. PAPCKE erwähnte "Lust-/ Vermeidungsbilanz" zum Tragen kommt, die sich an der Erwartung der Konsequenzen multipliziert mit der Höhe ihrer Bewertung bemißt.) Mühevolle Koordinationen von Eltern- und Lehrervertretungen in der Schule, aber auch abwertende Qualifizierungen familialer Erziehungsleistungen durch professionelle Erzieher, erzeugen in der erwähnten Lust/ Vermeidungsbilanz bei Eltern Kosten, die auch eine Organisierung unwahrscheinlicher machen.

Eltern als Wählergruppe sind aufgrund ihrer Disparatheit kaum organisierbar, denn Elternschaft allein ist eine Rolle, die in der Regel zusammen mit und neben anderen Rollen ausgeübt wird, so daß kaum ein abgrenzbares Kriterium zur Organisierung vorliegt außer der Tatsache des Kind(er) - Habens. Dies ist bislang kein Kriterium, welches einen informationellen Vorsprung oder eine Marktmacht begründete, die von Verbänden gebündelt würde und deshalb von Politikern wahrgenommen, gefördert und gepflegt würde. Das kann sich allerdings sehr schnell ändern, wie sich auf dem Konsumgütermarkt zeigt: dort werden Kinder und Jugendliche als wesentliches 'Marktsegment' wahrgenommen und behandelt. Bei Kollektivgütern ist die Berücksichtigung von Interessen für Kinder und Jugendliche bisher nicht in dem Maße durchgesetzt.

Bei einer so geringen Organisationswahrscheinlichkeit ist eine Konkurrenz von Verbänden, die Kinder- und Jugendlicheninteressen wirkungsmächtig vertreten wollen, wenig sinnvoll:

- Verteilungspolitische Spielräume sind gering vorhanden, so daß Kompromißbildung zwischen den Verbänden obsolet ist,
- Konkurrenz zwischen den Verbänden ist sinnlos, weil über Zukunftshoffnungen und -befürchtungen nicht dauerhaft mobilisiert werden kann und das Organisationspotential deshalb nicht bestimmbar ist,[75]
- Kompromißbildung zwischen den Verbänden ist nicht möglich, da von den Ergebnissen der einzelnen Schulformen her scharfe Konkurrenz herrscht, ausschließende Begünstigung von den Abschlußqualifikationen her stattfindet und damit eine Ungleichverteilung von Vorteilen.

Fazit: Nach der Neuen Politischen Ökonomie ist eine Organisierung von Eltern bei einem staatlich gesteuerten und finanziertem Schulwesen eher unwahrscheinlich. Wenn sie trotzdem geschieht, dürfte sie auf dem Boden der immateriellen selektiven Anreize wachsen.

Eine Erweiterung der Utilitätstheorie liegt in radikalliberalen und anarchistischen Theorien vor.[76] Hier werden die Beziehungen zwischen Staat und Markt untersucht und die Frage der Vermischung/ Einmischung des Staates gestellt. Nach diesen Theorien beruhen Ungleichgewichte und Ungerechtigkeiten nicht auf den Marktgesetzlichkeiten selbst, sondern entstehen durch politische Interventionen des Staates.

Da das Bildungswesen eine Veranstaltung des Staates ist, lautet die Forderung entlang dieses Theorieansatzes, daß er sich aus dem Schulwesen zurückziehen sollte zugunsten einer überwiegend marktlichen Regulierung des Bildungssystems. [77]

Bei einer marktmäßigen Organisierung des Bildungswesen ist der Einfluß von Eltern als "Marktmacht" enorm steigerbar.[78] Der Hoffnung auf ein qualitativ entscheidend verbessertes Bildungswesen infolge des dann herrschenden Konkurrenz- und Wettbewerbscharakters zwischen den Schulen steht die Befürchtung gegenüber, daß diese Verbesserung auf Kosten Nicht-Privilegierter entsteht.[79] Diese Überlegung zu Eltern als Abnehmern der ‚Dienstleistung' Schule ist zu ergänzen um die mögliche Rolle von Verbänden als Anbietern von Dienstleistungen.

Eventuell ist die Fragestellung auch dazu angetan, darüber nachzudenken, ob und mit wieviel Staatlichkeit Öffentlichkeit zu repräsentieren ist und in welchen Formen sie ausgeübt wird.[80] Dies bezieht sich dann auch auf die Organisation von Eltern nicht nur als Abnehmer von Dienstleistungen, sondern kann weitergeführt werden bis hin zu ihrer Organisation als Dienstleistungsanbietern sowie deren Absicherung über entsprechende rechtliche Regulierungen.

Dies ist natürlich insbesondere eine Frage nach der Finanzierung (-sart) des Bildungssystems: [81]

Finanzier:	Finanzierungsart:
• Staat	Finanzierung von: Institutionen/Köpfen (voucher)
• Private Haushalte	individuell/ über gesellschaftliche Institutionen
• Unternehmen	Einzelbetrieb/ überbetrieblich

Inzwischen ist eine deutliche Tendenz festzustellen, die Nutzer von Bildungsangeboten stärker an der Finanzierung zu beteiligen. Damit wird die bislang geltende Finanzierung von (schulischen) Institutionen des allgemeinbildenden Schulwesens über den Staat zumindest ergänzt durch die individuelle Finanzierung über private Haushalte. Diese nimmt in zwei Richtungen zu: einmal als direkte Finanzierungsleistungen innerhalb des staatlichen Schulwesens (wie Erhebung von Büchergeld, Kopierkosten, Zuschußfinanzierungen für diverse Aktivitäten etc.), zum anderen kann man den schnell wachsenden Markt von Nachhilfe- und Betreuungsorganisationen für Schulkinder als komplementäre private Finanzierung des öffentlichen Schulwesens ansehen. Das Argument der sozialselektiven Funktion von privat erbrachten finanziellen Leistungen wird in beide Richtungen beansprucht: des Ausschlusses von weniger finanzkräftigen Gruppen und gleichzeitig der vermehrten Nutzung von Bildungseinrichtungen durch längerfristigen Besuch durch in der Regel besser gestellte Haushalte. Dadurch ergibt sich letztlich, daß diejenigen überproportional das Bildungswesen finanzieren, die es unterproportional in Anspruch nehmen.[82] Es ist nicht weit zu der Schlußfolgerung:

> "[...] so würde sich die Frage stellen, ob bei der derzeitigen Finanzierung der Bildungsinstitutionen nicht der tatsächlich gut gestellte Teil der Bevölkerung den 'Sozialstaat' mit seiner Fülle kostenlos bereitgestellter infrastrukturellen Einrichtungen als 'soziale Hängematte' mißbraucht." [83]

Zusammenfassung: Ansätze der Neuen Politischen Ökonomie legen ein nutzenmaximierendes, rationales Individuum zugrunde. Da Handlungen als soziale Austauschprozesse gefaßt werden, ist "Rationalität" zwar an individuelle kontingente Erwartungen, Werte, Normen etc. gebunden, die jedoch sozial vermittelt sind.

Es ist erwartbar, daß die Organisationsrate von Eltern dann steigt, wenn neben immateriellen Anreizen für Mitwirkung auch durch direkt an die Schule zahlbare Mittel eine direkte materielle Interessiertheit an der Verwendung dieser Mittel entsteht. Eltern sind dann Marktteilnehmer mit entsprechender Wettbewerbsorientierung, die als direkter Anreiz zur Organisierung von 'Marktmacht' wirkt. Diese lässt sich beispielsweise über verbandliche Organisierung erreichen, und eine solche Organisation kann selbst wiederum als Anbieter von Dienstleistungen auftreten. Daneben sind auch nicht-rationale Gründe für Elternbeteiligung zu beachten, wie Gefühle des Beteiligtseins, des Fördern von Überzeugungen etc..

3.2.3 Elterninteressen als Organisationspotential

Wichtig erscheint mir, daß es gelingt, einen Begriff von Elternmitwirkung als Transformation von Elterninteressen zu organisierten Interessen zu gewinnen, um damit tatsächlich, wie W. GAGEL anmahnt, schulische Probleme nicht als Ansammlung und Zusammenfassung individueller Sorgen erscheinen zu lassen. [84]

Wenn man nun die Träger des Systems Elternmitwirkung ermitteln will, fragt man in der hier interessierenden Perspektive der kollektiven Interessenorganisation nach dem prinzipiellen Organisationspotential. Man könnte nun davon ausgehen, daß es Eltern von Kindern im schulpflichtigen Alter sind, "Kinderhaber". Deren Abhängigkeit von Schulproblemen, ihrer Ubiquität und Alltäglichkeit, ergibt ein Potential, welches ein Interesse an einem funktionstüchtigen Schulwesen hat, worin Weiterentwicklung/ Veränderung/ Modernisierung/ etc. einbeschlossen sind.

Wenn sie sich als sozial und politisch einflußreicher Verband organisieren,[85] können die Einzelinteressen in gemeinsame Zielsetzungen überführt werden. Dazu sind u.a. gemeinsame Einstellungen der Akteure der jeweilige Interessengruppe notwendig, die sich dann auch verhaltensrelevant auswirken müssen.

Bei Elterninteressen handelt es sich um ein weitverbreitetes Interesse, das andererseits infolge der unterschiedlichen sozialen Lage jedoch heterogen ist. Die prinzipielle Homogenität des Problems "Elternschaft" mit daraus entstehenden Interessen ist gleichzeitig in seinen Ausprägungen heterogen: Entsprechendes ist bei der Zusammenfassung zu "lobbies" zu erwarten. Es ist erwartbar, daß sich daraus ebensfalls heterogene Einstellungen und daraus erwachsende Verhaltensweisen herausbilden, die das "Geschäft" der Organisierung erschweren.

Die weitergehende Frage lautet: unter welchen Bedingungen sind Individualinteressen organisierbar zu kollektivem Handeln? Die schlichte Feststellung, daß bei Vorliegen eines gemeinsamen Interesses Individuen bereit seien, sich zu Gruppen zusammenzuschließen, um das gemeinsame Interesse durchzusetzen, erklärt nicht das Gegenteil. Angesichts der Nicht-Organisiertheit der Mehrheit der Individuen, trotz eines gemeinsamen Interesses, - z.B. von Eltern - sind Antworten gefragt nach den Bedingungen, unter denen jemand bereit ist, sich in einer größeren Gruppe/ Organisation/ Verband zu organisieren.

Vorstellbar ist, daß sich infolge der Homogenität des Problems der Elternschaft große Verbände als Ausdruck organisierter Interessen herausbilden. Diese hätten die Chance, aufgrund der großen Zahl nicht nur Sonderinteressen, sondern Kollektivinteressen zu vertreten.[86] Dieser optimistischen Annahme wird durch den OLSON-Ansatz [87] entgegengehalten, daß eben die Heterogenität und Breite des Interesses eine Organisierung unwahrscheinlich mache: die Inklusivität des Problems - d.h. gleichverteilte und breit gestreute Interessen - seien schwerer zu organisieren als exklusive Interessen, die abgrenzbar sind.[88] Als zweite Bestimmung für die Fähigkeit zur Organisation nimmt OLSON die Marktabhängigkeit bzw. -unabhängigkeit eines Kollektivgutes an: Marktunabhängigkeit erschwert die Organisation zusätzlich.

Ist Bildung und Ausbildung ein marktgängiges Gut? [89] (Die Verwertung von) Bildung ist als knappes, den Verteilungskämpfen unterworfenes Gut charakterisiert – und unterliegt in dieser Perspektive den Marktgesetzlichkeiten.[90] Dieser Exklusivität der Bildungsgüter, die sich letzlich aus der Marktabhängigkeit des Kollektivgutes Bildung ergibt, steht die Inklusivität des Problems Elternschaft gegenüber, aus der heraus die Organisationsmöglichkeiten von Elterninteressen geschwächt sind.

Elternmitwirkung bezieht sich in ihrer Zielsetzung natürlich auch auf die ökonomische Funktion von Bildung, deren Produktion und Verteilung. Für die Organisation der Elterninteressen kann bis hierher gesagt werden, daß nach dem OLSON-Ansatz eine Zusammenfassung zu kollektivem Handeln infolge der Inklusivität der Bildungsgüter schwer werden, infolge der Marktabhängigkeit der Produkte des Ausbildungsprozesses eine Organisierung jedoch auch erleichtert werden dürfte. Diese Marktgängigkeit der Bildungsgüter ist jedoch eine in der Zukunft liegende, und deshalb auch nicht leicht zu prognostizierende. Sie kann nur erwartet und erhofft werden, sie ist nicht im Produktionsprozeß der Bildungsgüter selbst vorhanden. Damit sind nach dem OLSON-Ansatz die Organisierung von Interessenvertretungen von Eltern infolge der Inklusivität und der nur vorgestellten, weil in der Zukunft erhofften, Marktgängigkeit der Bildungsgüter äußerst schwer erreichbar. Zwar begrenzt OLSON selbst die Brauchbarkeit seines Ansatzes auf wirtschaftliche und politische Lobbies sowie auf solche sozialen Lobbies, die in der Lage sind, soziale und wirtschaftliche Leistungen anbieten zu können. [91] Ausdrücklich ausgenommen werden philanthropische und religiöse Vereinigungen, die er als "Gefühlsgruppen" [92] bezeichnet, und zu denen er auch Familien- und Freundschaftsgruppen zählt. Auch diejenigen Gruppen, die zwar groß sind und lebenswichtige gemeinsame Interessen haben, werden sich trotzdem dann nicht organisieren können, wenn sie nicht über selektive Anreize verfügen, die es ihnen gestatten, Kosten für kollektives Verhalten niedriger zu machen als für individuelles Verhalten.

Nach diesem Theorieansatz die Organisierung von Elterninteressen zu betrachten, schärft den Blick dafür, welche Interessen eigentlich von Eltern vertreten werden bzw. sinnvollerweise vertreten werden könnten. Die Inklusivität der Bildungsgüter und die in die Zukunft verschobene Hoffnung auf deren Marktgängigkeit erschweren das Zusammenfassen von Eltern in Organisationen kollektiven Verhaltens. Selektive Anreize werden verstanden als Mittel, die es rational machen, eine kollektive Interessenverfolgung statt einer individuellen zu wählen. Diese Anreize können direkte Vorteile sein, beispielsweise wirtschaftlicher Art, aber auch soziale Anreize sind denkbar. Elternorganisationen auf der Grundlage von religiösen und philantrophischen Grundsätzen aufzubauen, bleibt als weitere Möglichkeit.

Es verbietet sich, die Güter des allgemeinbildenden Schulwesens exklusiv zu machen sowie sie zeitlich direkt an Marktgängigkeit anzubinden. Organisationsversuche, die Bildung in ihrem "Eigenwert", unabhängig von Allokationsinteressen zu sehen, werden verständlich – sie haben nach dem OLSON-Ansatz aber nur dann Erfolg, wenn diese Wertorientierung starken Rückhalt bei den Eltern hätte bis hin zu einer verhaltenssteuernden Orientierung. Die Möglichkeiten von selektiven Anreizen zur Organisation stehen nur solchen Elternorganisationen zur Verfügung, die diese selbst produzieren können, wie beispielsweise Informationen oder eine attraktive Gestaltung der Verbandsarbeit selbst.

Andererseits könnte eine Veränderung der Schulverhältnisse die Interessenorganisation von Eltern aus rationalen Gründen wahrscheinlicher machen. Eine Verlagerung von Bildungskosten auf Private sowie die Einräumung entscheidungsrelevanter Mitbestimmungsobjekte sind Beispiele, die eine Organisation erwarten lassen. Diese Veränderungen der Schulverhältnisse sind letztlich nur über schulgesetzliche Rahmenbedingungen abzusichern.

3.2.4 Interessenoptionen als Rekrutierungsproblem

Eintrittsoptionen in eine Organisation

Die grundlegende Frage, wie Interessen sich entwickeln - ob als Voraussetzung oder Folge von Zusammenschlüssen [93] - ist unter dem Gesichtspunkt der Optionenwahl interessant. Eine gesetzlich normierte Elternmitwirkung ebenso wie eine schulformbezogene und symptomorientierte hält im strengen Sinne keine Optionen bereit (es sei denn um den Preis der Nichtwahrnehmung von Einflußchancen bei Nichtbeteiligung). Weltanschaulich orientierte Elternverbände setzen dagegen eine bewußte Entscheidung zum Beitritt voraus. Deren deutlich höherer Organisationsgrad - von der Einzelschule bis hin zur internationalen Ebene - ist dadurch erklärbar, weil eine Option für eine weltanschauliche Richtung durch den Beitritt zur Organisation explizit ausgesprochen werden muß. Die "entry-option" kann damit als wesentlicher Rekrutierungsmechanismus angesehen werden. Bei der Mitgliederrekrutierung wird deshalb - ähnlich wie beim Marketing für Konsumwaren und politische Parteien - gerne auf eine weltanschaulich fundierte Optionenwahl rekurriert. So wird beispielsweise nicht direkt für eine bestimmte Schulform geworben, sondern für die Chancen, die ein gegliedertes Schulwesen für die bestmögliche Plazierung jedes Einzelnen nach Fähigkeiten und Neigungen bereithält. Die Abstrahierung zu Programmsätzen und Richtungsentscheidungen z.B. für oder gegen "Freiheit der Erziehung" ergibt sich daraus. Die Möglichkeit der Optionenwahl (bzw. deren Suggerierung) läßt auch Reformen so attraktiv erscheinen.

Austrittsmöglichkeiten aus einer Organisation

Da auch die "exit-option" für Verbandsmitglieder besteht, ist das Entstehen konkurrierender Organisationen, insbesondere bei weltanschaulich orientierten Organisationen, zwangsläufig. Damit entstehen Konkurrenzen um die Definitionsmacht, hier: von Elterninteressen. Die Gründung von weiteren weltanschaulich ausgerichteten Verbänden sowie als Folge eine organisatorische Zersplitterung ist somit erklärbar aus dem Rekrutierungsmuster dieser Art von Verbänden. Die daraus entstehende interorganisatorische Konkurrenz verschärft sich angesichts von starken organisierten Gegeninteressen, hier insbesondere von Lehrern. Die Gegenseite wird in der Regel daran interessiert sein, Interessenentstehung und Gruppenbildung der jeweils anderen Seite zu erschweren und zu behindern, indem Verhinderungs- und Vereinnahmungsprozesse stattfinden wie

- Interessen- und Gruppenpluralisierung,
- Gegeneinander-Ausspielen,
- Verhinderung von Vernetzung,
- inhaltliche und organisatorische Verschränkungsprozesse in dem Sinne, daß unter der Flagge des "Kindeswohls" eigenständige Interessenformu-

lierungen von Eltern vielfältig verhindert werden, u.a. durch "Unterwanderung" von sowohl gesetzlich vorgesehenen Gremien als auch Verbänden (Vermischung von Mitgliedschaften Lehrer/ Eltern, wie beispielsweise in der Gemeinnützigen Gesellschaft Gesamtschule).

Ein- und Austritt aus einer Organisation setzen eine Entscheidung voraus. Diese Optionenwahl ist bei weltanschaulich orientierten Verbänden explizit auszusprechen, sie ergibt sich nicht einfach aus der Zugehörigkeit zu einer Schulform, der Betroffenheit durch ein Symptom oder aus rechtlichen Regulierungen. Deshalb wird diese entry-option auch als Rekrutierungsinstrument benutzt: sie eröffnet Teilnahmechancen, und damit auch Zugehörigkeit zu abgegrenzten Zielen. Außerdem beugt sie auch späterer Abwanderung vor, wenn sie rigide ausgestaltet wird. [94]

Mobilisierung von Eltern (-interessen)

Allerdings ist das Problem der Mobilisierung von "Teilnehmern" meines Wissens bisher ungelöst: wie kann erreicht werden kann, daß Partizipation nicht nur zu einer "Bühne der Selbstdarstellung partizipationsbereiter und -befähigter" Eltern, "als kooperative Ergänzung zu bereits etablierten Akteuren und Institutionen" [95] gerät? Dies schließt auch eine Interessenvertretung bisher marginalisierter Eltern ein. Auf welcher Ebene könnte deren Vertretung erreicht werden: Schule, Verbände, Neue Soziale Bewegung? E. JORDAN/ R. SCHONE schlagen zusätzlich für diejenigen, die sich (noch) nicht in festere Organisationsformen eingebunden haben, eine Form der aktivierenden Beteiligung vor.

> "um die Steigerung der Beteiligungsfähigkeit und -bereitschaft dieser unterrepräsentierten Gruppe [aufgrund ungleicher Verteilung ökonomischer und sozialer Teilhabechancen] zu erreichen." [96]

Hilfreich sind auch die Überlegungen, welche Voraussetzungen dafür gegeben sein müssen. [97] B. KLANDERMANS/ D. OEGEMA unterscheiden vier Mobilisierungsaspekte:

- formation of mobilization potentials,
- formation and activation of recruitment networks,
- arousal of motivation to participate,
- removal of barriers to participate.

Diesen vier Schritten sind jeweils bestimmte Aktivitäten zugeordnet, welche den Beitritt zu einer sozialen Bewegung (am Beispiel Demonstration) fördern (in Klammern entsprechende gegenläufige Gründe für eine Nichtteilnahme):

- becoming part of the mobilization potential (lack of sympathy for the movement),
- becoming target of mobilization attemps,
- becoming motivated to participate,
- overcoming barriers to participate.

Als Ergebnis verdient festgehalten zu werden:

> "[...] the formation and activation of recruitment networks imply coalition formation and the linking of movement organizations to existing formal and informal networks; the arousal of motivation to participate rests on calculations of cost and benefits of participation; and securing actual participation entails the maintenance of motivation and the elimination of barriers." (529)

Für Elternmitwirkung dürfte weiterhin entscheidend sein:

> "[...] the more important ideological incentives are in a movement the more informal networks linked to the movement act as guardians of the principles by forcing people to act according to their principles." (530)

Koalitionsbildungen, Anbindung an formelle und informelle Netzwerke, Kosten-Nutzen-Kalkulationen als Vorüberlegungen zum Engagement, die Aufrechterhaltung von Motivationen bei Beteiligung und das Wegräumen hinderlicher Barrieren sowie - gerade bei ideologisch aufgeladenen Themen - die Beachtung der Stärke informeller Netzwerke als "Wächter" von Überzeugungen, d.h. der Generierung und Aufrechterhaltung von Werten, geben die Spannweite von Problemen auch bei der Organisation von Elternmitwirkung an. Sie treten bei der Aktivierung der Betroffenen, dem Gremienhandeln in der Schule und dem Verbändehandeln selbst auf.

3.2.5 Abstiegsbedrohung als Organisationsanlaß

Die Organisation von Interessen kann ohne die Beachtung von Statuskonkurrenzen nicht gedacht werden - hier die zwischen Lehrer und Eltern, verstanden als Nachfrager nach Bildung und Träger und Organisatoren von Bildungsprozessen, sowie der Eltern untereinander. Zwei der Elternmitwirkung unterlegten Interessenformen können unterschieden werden:

- Statusprivilegierungen: Elterninteressen, die Statusprivilegien aufrechterhalten wollen bzw. daran teilnehmen wollen (Abstiegsabwehr-/ Aufstiegsstrategie), oder
- Marginalisierungen: marginalisierte oder von Marginalisierung bedrohte Gruppen von Eltern (wobei allein die Tatsache des Kinderhabens in der Regel den wesentlichen Bestimmungsgrund für die Marginalisierung abgibt.) [98]

Die Verschränkung von Eltern- und Lehrerinteressen in einer Organisationsform (sogenannte gemischte Lehrer-Eltern-Verbände, wie Aktion Humane Schule, Gemeinnützige Gesellschaft Gesamtschule) tendieren dazu, Statusinteressen von Lehrern vertreten und sichern zu wollen. [99]

Damit stellen sich die Fragen nach dem Organisationspotential neu: tendenziell sind alle Abstiegsbedrohten organisierbar, ob nun als Nachfrager nach oder als Träger und Organisierer von Bildungsprozessen.[100] Dabei bietet kollektives Handeln den unschätzbaren Vorteil gegenüber konventionellen Formen politischer Partizipation (wie Teilnahme an Wahlen), daß auch ressourcenschwache Gruppen unabhängig von ihrer strukturellen Position, Chancen zur Durchsetzung ihrer Interessen haben.[101]

3.2.6 Erweiterung sozialer Legitimierung von Schule

Das mit kollektiver Interessenvertretung verbundene politische Ziel besteht letztlich in der Verlagerung politischer Herrschaft. Die wohlfahrtsstaatliche Legitimierung von Schule wird damit erweitert bzw. umgelenkt auf politische Legitimierungen, die ohne Partizipation nicht (länger) herstellbar sind. In diesem Sinne sind organisierte Elterninteressen für das Schulsystem unverzichtbar.[102]

Gleichzeitig sind Verteilungskonflikte um die politische Herrschaft erwartbar, sei es, daß (bisher) privilegierte Minderheiten weniger durchsetzungsfähig gemacht werden und/oder eine gewisse Egalisierung von Verteilungeffekten einsetzt. Ohne zumindest verfahrensmäßig abgestützte Zustimmung in Form von Mitentscheidungsmöglichkeiten sind diese Umverteilungen nicht durchsetzbar.

Damit sind gleichzeitig die beiden Pole angegeben, von denen her sich das Interesse an Elternmitwirkung herleiten läßt: sind es einmal insbesondere ökonomische, aber auch politische Interessen am Schulsystem, so auf der anderen Seite vor allem soziale Interessen.[103] Für Elternmitwirkung - und die damit zusammenhängende Frage nach der Legitimation von Schule - ergibt sich auf der empirischen Ebene die Frage, welche Sozialgruppen welche Form der Schule (noch) tragen in dem Sinne, daß über das Hinnehmen der allgemeinen Schulpflicht hinaus Bereitschaften zur Gestaltung, beispielsweise des Schullebens, bestehen. (Daten zum Schulwahlverhalten können Indikatoren abgeben, die auf Akzeptanzniveaus sowohl für einzelne Schulen als auch Schulformen hinweisen.)

Solche Bereitschaft zur Mitarbeit in der Schule erfordert die Durchbrechung der Rolle von Klienten und Laien angesichts einer durch Bürokratisierung, Professionalisierung, Verrechtlichung und Ökonomisierung geprägten Schule. Die Frage der Passivierung der Eltern bzw. als gegenläufiger Prozeß ihre Aktivierung, ist von entscheidender Bedeutung.[104] Diese Aktivierung kann nur dann gelingen, wenn es zur Interessenbildung und -durchsetzung kommt, die sich - wie in anderen sozialen Feldern auch - nach dem Dreierschritt der Interessenartikulation, -selektion und -aggregation vollzieht.

Allerdings sind alle Schwierigkeiten, die bei der Produktion von Kollektivgütern entstehen, auch auf Elternmitbestimmung anzuwenden. Diese bestehen darin, daß Beteiligung in größeren Gruppen nicht mit Zwang herbeigeführt werden kann, sondern mit individuellen selektiven Anreizen belohnt werden müßte.[105] Da materielle Anreize, die von den Zusammenschlüssen der Eltern erbracht werden oder in Form von Subventionierungen erfolgen, weitgehend auszuschalten sind bzw. wegfallen, bedarf es immaterieller Anreize zur Mitwirkung. Diese können auf moralischer, ideologischer oder psycho-sozialer Ebene liegen. Bei Elternmitwirkung ergeben sich letztere vor allem durch Lerneffekte, speziell aus dem Informationsgewinn und dem formellen und informellen Einfluß. Anlässe zur Organisierung gibt es zur Genüge:

- die Enttäuschungen über die soziale Dienstleistung Schule sind breit vorhanden,[106]
- die Einsicht, daß die Bedürfnisbefriedigung nur über kollektives Handeln Erfolg hat, ist breiter Konsens,[107]
- die Erfahrungen mit administrativen Lösungen und ihrer negativen Bewertung sind Allgemeingut geworden,[108]
- die Erfahrungen mit kollektiven Handeln (Vereine, Bürgerinitiativen, Parteien) sind nicht auf Minderheiten beschränkt.[109]

Es ist angesichts der hohen Interessenorganisation der Schule - insbesondere der Lehrer - davon auszugehen, daß es zu erkämpfende, zu verteidigende, jedenfalls abgrenzbare Interessen der am Schulsystem Beteiligten gibt, insbesondere der Administration, der Politik, der Schüler und der Eltern.[110] Im Fall der Interessen von Eltern ist zu fragen, ob gemeinsame bzw. komplementäre oder konkurrierende und/ oder antagonistische Interessen zwischen Eltern und Schule bestehen.[111] Gegen eine auch denkbare Indifferenz der Gruppen gegenüber den Zielen und Handlungen der jeweils anderen Gruppe spricht der hohe Organisationsgrad der Lehrer, was darauf hindeutet, daß Interessendurchsetzung gegen jemanden stattfindet (bzw. zumindest stattfinden soll). Jedenfalls kann nicht davon ausgegangen werden, daß es sich bei den Interessen der direkt an Schule Beteiligten um nicht-konkurrierende Interessen handelt.

Die Frage, in welchen Formen diese widerstreitenden Interessen geklärt werden, verweist wiederum auf das Problem u.a. der Gremien innerhalb der Schule. Dabei fällt auf, daß es eine Trennung zwischen Gremien gibt, in denen Fragen von Unterricht und Erziehung behandelt werden (beispielsweise Schulkonferenz) und denjenigen, in denen Personalfragen behandelt werden. Die unterschiedliche Besetzung der Gremien - konkret: Eltern und Schüler sind bei Personalverwaltungsangelegenheiten nicht mitbeteiligt - zeigt, daß in einem "Kernbereich" der Schulverhältnisse, der Personalauswahl - wie z.B. Bestellung des Schulleiters und Beförderungen - formelle Mitspracherechte von Eltern nicht vorhanden sind.[112]

Eine Interessenabklärung ist Voraussetzung zur Lösung von Problemen, wobei es hilfreich ist, die Art der Interessen eindeutig zu klären. Dies erlaubt die Wahl bestimmter Modi der Konfliktlösung. So kann man sich beispielsweise bei antagonistischen Interessen - d.h., wenn zwei Handlungsabsichten sich ausschließen - eine Menge Arbeit sparen, wenn man nicht den Modus von "Verhandeln" zur Konfliktlösung einsetzt, sondern gleich in Richtung "Entscheiden" geht. Anders sieht das bei konkurrierenden Interessen aus, bei denen "die Handlung eines Akteurs das Ausmaß der Interessebefriedigung eines anderen Akteurs [vermindert]." [113] Wenn man davon ausgeht, daß im Schulwesen Bildungsgüter hergestellt und verteilt werden, so sind diese Verteilungskonflikten unterworfen, für die eine Konfliktform gilt, die nicht kompromißfähig ist,[114] und mit einem "Toleranzabkommen" gelöst werden könnten. Vielmehr geht es immer um Anteile an bestimmten Gütern, und der Konflikt darum kann nur - im besten Fall - durch Entscheidung gelöst werden, weil der Vorteil der einen Partei der Nachteil der anderen ist.

Für Elternmitwirkung als Interessenvertretung kann bis hierher gesagt werden, daß es aufgrund der Konfliktstruktur unabdingbar notwendig ist, die Interessen deutlich zu machen im Sinne einer Handlungsoption. Nur so kann überhaupt zwischen alternativen Optionen eine Entscheidung herbeigeführt werden. Wenig hilfreich sind all diejenigen Präsentationen von Elterninteressen, welche die antagonistischen und konkurrierenden Interessen von Eltern untereinander und der Eltern gegenüber Schule verschleiern, beispielsweise in dem formelhaften Bezug auf ein abstraktes "Kindeswohl". Daß es prinzipiell ein gemeinsames Interesse von Eltern und Lehrern bezüglich der Ausbildungsbedingungen der Schule gibt, wird damit nicht in Abrede gestellt.[115] Die Durchsetzung dieser Interessen sind jedoch dem Muster von Verteilungskonflikten unterworfen, und deshalb Entscheidungsfragen.

3.3 Korporatismustheorie

Ein spezieller politologischer Ansatz, die Korporatismustheorie, untersucht "die Inkorporierung funktional wichtiger Interessen bei der Formulierung und Durchführung spezieller Politiken (Neokorporatismustheorem)." [116]

Zum "gesellschaftlichen Standardrepertoire" [117] gehört in der BRD, daß Interessenartikulation und -vermittlung über organisierte Interessen verläuft, d.h. daß beispielsweise Verbände für und im Namen der in ihnen organisierten Mitglieder sprechen. Wenn diese Art der Interessenvermittlung zwischen staatlichen und gesellschaftlichen Akteuren als verfestigte Interaktionen beschrieben werden können, die sich nicht "über mehrheitsdemokratische parlamentarische Regierungssysteme und darauf extern bezogenen pluralistischen Willensbildungsprozessen [darstellen]" (33) , so spricht man von Korporatismus.[118]

3.3.1 Rolle der Verbände - NRW-Elternverbände im korporatistischen Arrangement

Eltern sind in der Bundesrepublik Deutschland auf unterschiedlichen Ebenen organisiert: a) Klasse; b) Schule; c) Stadt/ Region; d) Land.

Bei den Organisationsformen der Schuleltern lassen sich grundsätzlich zwei Formen unterscheiden: die gesetzlich abgesicherte Mitwirkung und die Vereins- bzw. Verbändelösung.

Die gesetzlich abgesicherten Mitwirkungsrechte sind in Schul- und Verwaltungsgesetzen der Länder kodifiziert. Sie sehen Vertretungen von Eltern in den meisten Bundesländern vor, ausgehend von den einzelnen Schulen über die Kommunalebene bis zur Landesebene hin. Eine darüberhinausgehende Organisation auf Bundesebene ist bisher nicht erfolgt (und der Kulturföderalismus sollte nicht als Argument herangezogen werden). Vielmehr besteht eine gesetzlich verfaßte und demokratisch legitimierte Elternvertretung nicht in allen Bundesländern. In Bayern und NRW besteht eine sogenannte Verbändelösung.

Eine Definition von Verbänden lautet, daß sie

> "feste organisatorische Zusammenschlüsse, die auf freier Initiative der Interessenten beruhen und die den verschiedensten ideellen und materiellen Gruppeninteressen Einfluß auf die staatlichen Entscheidungen, am Markt oder in sonstigen ökonomischen, sozialen oder kulturellen Prozessen verschaffen sollen" [119]

sind. Diese Definition des Verbandes ist für die Elternmitwirkung in Bayern und Nordrhein-Westfalen insofern nicht anwendbar, als daß die "freie Initiative" zur Verbandsgründung durch den indirekten Zwang eingeschränkt wird, Elternverbände gründen zu müssen, wenn Einfluß auf staatliche Entscheidungen angestrebt wird. Denn es gibt kein gesetzlich vorgesehenes Organ auf Kommunal- und/oder Landesebene zur Repräsentation von Elterninteressen. Dies bedeutet, daß zwar die Mitgliedschaft in diesen Verbänden freiwillig ist - und ausdrücklich als Individualmitgliedschaft ausgestaltet ist [120] - aber unter dem Aspekt der kollektiven Mitwirkungsmöglichkeit der Zwang zur Organisation besteht.

Die Organisationsstrukturen sind danach zu unterscheiden, ob sie sich auf die einzelne Schule beziehen, so daß in der Regel von den Aktivitäten das eigene Kind direkt "betroffen" ist, oder ob sie über die einzelne Schule hinausreicht. Kriterium für kollektive Mitwirkung soll dabei sein, ob es sich um eine Organisation handelt, die als Zusammenfassung von Eltern funktioniert und die Elternschaft insgesamt statt einzelne Elternmeinungen/ -interessen vertritt. Dabei könnte noch unterschieden werden in solche kollektiven Organisationen, die sich innerhalb eines schulgesetzlich vorgegebenen Rahmens bewegen, und solchen, die sich auf der Basis von Selbstorganisation bewegen. Hierbei wären die zeitlich überdauernden von den temporären Formen zu unterscheiden: Fördervereine, Kulturvereine stehen für erstere, Aktionsgruppen und Gesprächskreise als Beispiel für die zweite Form. Somit ergibt sich eine gesetzliche, in der Regel überdauernde Form und eine private, die überdauernd und/ oder temporär sein kann. Ob es sinnvoll ist, die organisierten Interessen dann noch einmal nach traditionellen Organisationsformen und denen der sogenannten Neuen Sozialen Bewegung zu unterscheiden, erscheint mir recht zweifelhaft.[121]

Die Freiwilligkeit als Kennzeichen eines Verbandes ist durch den Zwang zur Gründung materiell ausgehöhlt und somit die Adäquatheit der bestehenden "verbandlichen" Organisierung fraglich. Das zweite Kennzeichen besteht in der überdauernden Organisation. Diese läßt sich nicht mit Einzelmitgliedschaften von Eltern erreichen, sondern nur mit Gremienmitgliedschaften. Deshalb stehen diese beiden Kriterien für einen Verband bei den Elternverbänden in NRW in Widerspruch zueinander. Zugespitzt ließe sich sagen, daß eine Elternmitwirkung auf Landesebene in NRW zwar im SchMG erwähnt ist, das Zustandekommen von Vertretungsorganen jedoch nicht geregelt und daher zufällig ist. Die Rede von einer "Verbändelösung" erweist sich damit als euphemistisch: es gibt im strengen Sinn weder Verbände, noch kann diese Konstruktion als Lösung bezeichnet werden. Erschwerend kommt ein kompliziertes Zulassungsverfahren zur Teilnahme an der Willensbildung hinzu. Dessen Kriterien werden von der Ministerialbürokratie als der Stelle definiert, welche die "Anerkennung als Verband" ausspricht nach bestimmten Kriterien. In NRW werden drei Kriterien angewendet, die ein Verband erfüllen muss, um als Elternverband i. S. des SchMG anerkannt zu werden:

1. schwerpunktartige Tätigkeit im Bereich der Schule,
2. landesweite Präsenz (nicht ausreichend ist beispielsweise die Präsenz als Landesverband und in vier Städten),
3. Einzelmitgliedschaft im Verband.[122]

Diese Privatverbände, in der Form des eingetragenen, gemeinnützigen Vereins,[123] sind in Bayern und Nordrhein-Westfalen die einzige mögliche Organisationsform auf Landesebene, die über die Einzelschule hinausgeht. Die Verbände-/ Vereinslösung ist damit in diesen beiden Bundesländern die alleinige Form der kollektiven Mitwirkung. Diese besteht aus Anhörungsrechten und Mitwirkung beim Kultusminister. Diese Verbände/ Vereine können noch einmal unterschieden werden in:

- Ein-Punkt-Verband: die Organisation umfaßt Eltern, deren Kinder von einem für die Schule relevanten Symptom betroffen sind (Handicaps, wie Lern-, Körper- etc. "Behinderung" bzw. "special needs"),
- schulformabhängige Verbände,
- schulformübergreifende Verbände, deren Organisationsprogrammatik sich auf weltanschauliche Ausrichtung hin definiert.

Dies sind die bisher einzigen freiwilligen Zusammenschlüsse, die aufgrund des Kriteriums der landesweiten Arbeit anerkannt sind für die Mitwirkung beim Kultusministerium NRW. Ihm steht ein Arsenal zur Institutionalisierung der Verbände zur Verfügung, wie Geschäftsordnung, Hearings, Beiräte etc., die das Verhältnis der Verbände zur Bürokratie bis hin zu einem Klientelverhältnis sich entwickeln läßt.[124] Es dürfte einsichtig sein, daß bei einer solchen speziellen Ausgestaltung eines korporatistischen Organisationsverfahrens alle Schwächen von Verbänden besonders kraß blühen: [125]

- im Verhältnis der Verbände zueinander: Hierarchisierung durch Privilegierung gewisser Verbände,[126]
- Konkurrenz der Verbände untereinander,
- formalisierte Verhaltensweisen,

- gemäßigte Forderungen und Taktiken,
- Spannungen zwischen Basis und Verbandsführung.

Unter dem Gesichtspunkt der Demokratisierung und Partizipation der Mitglieder betrachtet sind dies sicherlich Schwächen. Andererseits beschreiben sie aber auch oder gerade die spezifischen und erfolgreichen Einflußwege und -verhaltensweisen, die die Durchsetzung von Interessen sicherstellen sollen.
Davon zu unterscheiden sind freiwillige Zusammenschlüsse:

- auf überregionaler Ebene (Stadt/ Kreis/ Region), wie Stadtelternpflegschaften, Kreiselternpflegschaften,
- freiwillige Zusammenschlüsse auf Schulebene, wie Fördervereine, kulturelle Foren, Vereine der Ehemaligen etc., d.h. mit einer auf die einzelne Schule bezogenen Programmatik,
- Ein-Punkt-Zusammenschlüsse, die sich als Aktionsforen, Arbeitsgemeinschaften, Aktionsbündnisse etc. gegen oder für bestimmte Schulthemen organisieren, wie beispielsweise eine "Anti-Kienbaum-Kampagne" in NRW oder die bundesweite "Aktion Humane Schule".

Insgesamt hat sich im Schulwesen und um das Schulwesen herum ein Geflecht von Organisationen gruppiert. In Bezug auf die Mitgliederrekrutierung dürften die Unterschiede nicht sehr groß sein zwischen den Organisationsformen traditioneller oder 'NSB'-Art. In der praktischen Arbeit differieren jedoch die Ansatzebenen und die Reichweite der Aktivitäten. NSB haben zusätzlich zu den sonstigen Schwierigkeiten mit der Anerkennung gegenüber der Administration/ dem politischen Bereich zu kämpfen, wohingegen in schulrechtlich normierten Verbänden dieser Gesichtspunkt - zumindest formal - entfällt. Allerdings ist damit noch nichts über den tatsächlichen Einfluß ausgesagt. Daß es Einflüsse gibt, ist unstrittig, nur verdeckt die überdauernde Diskussion um Übermacht oder Gegenmacht von Verbänden - und korrespondierend dazu die Forderung nach Begrenzung oder Aktivierung ihrer Arbeit - die Erforschung ihres tatsächlichen Einflusses.

3.3.2 Schwächen bei der Mitgliederbeteiligung

Eine Untersuchung des Verbandseinflusses im Bildungsbereich wird nicht zu völlig anderen Ergebnissen führen als in anderen Bereichen: es besteht der Zwang von Organisationen, zur Aufrechterhaltung ihrer Existenz auch positionelle Interessen zu vertreten, die quer zu inhaltlichen Interessen stehen können.[127] Ob dies allerdings ursächlich für eine derartige Erosion der Partizipationsbereitschaft in traditionellen Verbänden (Gewerkschaften, Parteien, Interessenverbänden) ist, daß kaum noch von der Funktionsfähigkeit der Demokratie gesprochen werden kann, scheint mir als Erklärung nicht ausreichend zu sein.

Gründe, die Mitglieder von Verbänden zur Apathie verleiten, können sich rational erklären lassen:

- nach M. OLSON [128] profitieren bei der Durchsetzung von Interessen auch diejenigen Mitglieder einer Gruppe von den Effekten, die sich nicht zur Erlangung dieses Gutes eingesetzt haben, die sogenannten Trittbrettfahrer. Aus dieser Perspektive heraus gibt es dann für die Mehrzahl keine rationalen Gründe, sich aktiv einzusetzen und damit Zeit, Geld, Kosten allgemein zu riskieren.[129]
- binnenstrukturelle Gründe, wie Verlagerung von Entscheidungen in kleine Gremien, Eigengewicht der Verbändebürokratie und Proporzprinzip erschweren die Mitwirkung von "einfachen" Mitgliedern,
- sozialpsychologische Erschwernisse kommen hinzu: bei der Herausbildung dieser Strukturen entwickelt sich eine sachliche und rhetorische Überlegenheit von "Führungsmitgliedern", die dem "einfachen Mitglied" die Mitwirkung erschweren.

Diese für die Verbandsebene zu beobachtenden Prozesse sind - etwas abgemildert, aber auch bereits wirksam - auf der Ebene der einzelnen Schule zu beobachten: der Kommunikationsprozeß der in Schulgremien sich relativ konstant treffenden Mitglieder, ihr Zugang zu Informationen anderer Gremien und der Schulleitung, ihr Kontakt zu kommunalen Stellen etc. lassen einen Zuwachs von Information und möglicherweise Kompetenz entstehen. Die Vermittlung zwischen Gremienmitgliedern und anderen Eltern beispielsweise in Form einer geregelten und dauerhaften Kommunikation ist erforderlich. Nur so kann eine Voraussetzung für die Aktivierung geschaffen werden, denn in der einzelnen Schule lebt die Beteiligung nur durch die von möglichst Vielen. So ist eine dichte und möglichst symmetrische Kommunikation unverzichtbar. Somit kann die Elternmitwirkung auf der Schulebene sich eigentlich eine Professionalisierung (positiv ausgedrückt) bzw. ein Funktionärstum (negativ ausgedrückt) nur dann leisten, wenn sie die "Quadratur des Kreises" leistet, parallel dazu die Aktivierung der Mitglieder nicht zu behindern. Die sowieso schon schwierige Rekrutierung von Mitgliedern wird zusätzlich nicht erleichtert durch das "Trittbrettfahrersyndrom". Die Überzeugung, sich für ein kollektives Gut einsetzen zu sollen, korreliert mit dem Bildungsniveau (S. VERBA), so daß hiermit sowohl das gesteigerte Interesse an Partizipation als auch der höhere Organisationsgrad speziell im Gymnasialbereich erklärbar ist – und der bereits oben erwähnte "Ober-Mittelschichtsakzent". Allerdings sollte dieses Argument nicht dazu benutzt werden, um Elternvertretung als organisierte Interessenvertretung insgesamt zu diskreditieren, indem eine soziale Unausgewogenheit in den Vertretungen ausgemacht wird. Hier wird vom Lager der Gegenspieler ein Basispopulismus vertreten, der etwas eigenartig anmutet: schließlich dürfte dort, in der Kultusadministration und den Schulämtern, kaum eine starke proletarische Herkunftsfraktion sich finden lassen ...[130]

3.3.3 Schwächen bei der Mitgliederrekrutierung

Was aber deutlich schwerer wiegt, sind Überlegungen zur Rekrutierung von Mitgliedern sozialen Protestes/ sozialer Protestbewegungen.[131] Danach stammen die Mitglieder aus solchen sozialen Milieus und Kohorten, in denen die Individualisierung weit vorangeschritten ist. Die mit dem Aufkommen Neuer Sozialer Bewegungen verbundenen Hoffnungen auf Demokratisierung und Öffentlichkeit als "Versuche der kollektiven Steigerung von Souveränität über die sozialen Rahmenbedingungen von Individualisierung", indem "[...] dem institutionellen Arrangement der Lebensverhältnisse Alternativentwürfe entgegenzusetzen versucht" wird,[132] scheinen jedoch inzwischen durch die alles überlappende Frage nach den "Wohlfahrtsverlusten", insbesondere dem Verlust der Erwerbsarbeit von immer größer werdenden Bevölkerungsteilen, verdrängt zu werden.[133] Trotzdem geht es nicht einfach um das Zurückdrängen gesellschaftlicher Differenzierung, sondern der Konflikt darüber soll wieder führbar gemacht werden. Die Individualisierung ist also ein fördernder Faktor für diese Auseinandersetzungsprozesse – und der Hinweis auf das angeblich nicht "ausgewogene" sozialstrukturelle Moment in den Vertretungen verdeckt gerade diese Intention. Es ergibt sich die Frage, ob und mit welchem Interesse dieses "Argument" verwendet wird: sollte ein Zurückdrängen möglichen/ erwartbaren Protestes intendiert sein?

Wenn nun Bildungsniveau und Partizipationsbedürfnisse und -erwartungen positiv korrelieren, so führt dies auch zu entsprechenden Bereitschaften der Eltern, sich bei Mitwirkungsprozessen zu beteiligen, wenn diese nur nicht behindert, verhindert und abgeblockt werden, insbesondere durch Verfahrensfragen und unverständliche rechtliche Regelungen.[134] Wenn Partizipationsbereitschaften kooperativ in die Schule eingebunden werden, dann ist Elternmitwirkung mehr als der "verzweifelte Versuch, Abdichtungen zu durchbrechen."[135] Vielmehr ist sie Träger von Öffentlichkeit im Schulwesen, die der Entpolitisierung durch Entscheidungen in undurchschaubar gewordenen formellen und speziell informellen Gremien entgegenwirken kann. Eine entsprechende Neubestimmung der Verfahren könnte beispielsweise den Zwang zum Aushandeln nicht länger als Blockierung von Öffentlichkeit hinstellen; Interventionen im Bildungsbereich nicht permanent mit dem "Ruf nach dem Staat", d.h. einer wachsenden Staatstätigkeit beantwortet werden.[136] Vielmehr trägt eine Neubestimmung von Elternmitwirkung zur Demokratisierung des Bildungswesens bei.

Die schulübergreifende Vertretung von Elterninteressen in NRW ist ein schönes Beispiel klassischer korporatistischer Strukturen: Eltern sind gezwungen, sich in Elternverbänden zu organisieren, um ihre Interessen gegenüber staatlichen Akteuren in einem gesetzlich geregelten Verfahren zu artikulieren. Dieses beinhaltet sowohl Anhörungsrecht als auch -pflicht, d.h., durch das Arrangement werden beide Seiten in einer solchen Weise in eine Interaktion eingebunden, die sich auch als Zwangskommunikation beschreiben läßt. Daß es sich hier aber nicht um gleichberechtigte Partner handelt, wird daran deutlich, daß staatliche Akteure darüber befinden, mit welchen gesellschaftlichen Akteuren sie in den Austausch treten: zu diesem Zweck werden die Vielzahl der organisierten Interessen durch das Raster "wesentlich" selektiert. Oder anders ausgedrückt: die staatliche Anerkennung des Verbandes ist Voraussetzung für (in diesem Fall sehr eingeschränkte) Wirksamkeit und begründet gleichzeitig ein Repräsentationsmonopol. Die notwendige Folge, daß sich Beschränkungen in der Interessenartikulation ergeben, wird ergänzt durch den Wettbewerb zwischen den Verbänden sowie funktionalen Abgrenzungen.[137]

Betrachtet man allein die Zahl der Verbände, so ist sie im Prinzip unbegrenzt, wenn das staatliche Kriterium des "Wesentlichen" erfüllt ist. De facto läßt sich an der Konstanz der Zahl der Verbände, die beteiligt sind, jedoch zumindest von einer vereinbarten Begrenzung sprechen, wenn nicht sogar von der Verwaltung allein verfügten Begrenzung. Die Mitgliedschaft in den Verbänden ist de jure freiwillig, wenn aber eine Mitwirkung angestrebt wird, ist sie auf Landesebene nur über Verbandshandeln möglich – so daß sich im Ergebnis ein Zwang zur Mitgliedschaft ergibt. Durch die Konstruktion der "freiwilligen Vereinigung" als Verein ist allerdings die Mitgliedschaft, und folgerichtig die Zahlung von Mitgliedschaftsbeiträgen, freiwillig, doch wird dadurch die wirtschaftliche Basis der Verbandstätigkeit auf einen äußerst schwankenden Boden gestellt, mit dem erwartbaren Effekt der Schwächung der Verbandstätigkeit. Der Wettbewerb zwischen den Verbänden findet statt, doch dürfte infolge der korporatistischen Verflechtung eine stillschweigende Übereinkunft bestehen, ihn zu beschränken.

Die Durchsetzung der Interessen erfolgt beiderseitig in hierarchischen Strukturen, die der weit entwickelten Bürokratisierung der staatlichen Verwaltung geschuldet sind (im Sinne der Systemtheorie ein notwendiges Strukturmerkmal: Homogenisierung von System-/ Umweltstrukturen). Die gesetzlichen Regelungen zur Mitwirkung definieren den Regelungsraum, so daß man von funktionaler Abgrenzung der Aufgaben der staatlichen und gesellschaftlichen Akteure ausgehen kann. Die staatliche Anerkennung ist - wie oben dargelegt - Voraussetzung und Folge zugleich und begründet ein Repräsentationsmonopol, welches sowohl durch den Staat gewährt wird als auch durch den Verband erobert worden ist. Dies beschränkt die Interessenartikulation; ob durch staatliche Vorgaben oder durch stillschweigende Übereinkunft, ist relativ uninteressant.

Insgesamt ergibt sich in Bezug auf das Verbändewesen von Eltern in NRW das Bild einer Melange von liberal-autoritärem Korporatismus (mit deutlichem Übergewicht auf den autoritären Korporatismus) auf der die Einzelschule übergreifenden Ebene. Kennzeichen für den autoritären Korporatismus sind: die Zahl der Verbände ist begrenzt, der Wettbewerb zwischen den Verbänden ist durch staatliche Eingriffe beschränkt, die staatliche Zentralisierung erzeugt hierarchische Strukturen, die funktionale Abgrenzung erfolgt durch staatliche Festlegung, die Interessenartikulation ist durch staatliche Vorgaben beschränkt. Kennzeichen für einen liberalen Korporatismus liegen in der lediglich de facto Zwangsmitgliedschaft. Mischformen zwischen autoritärem und liberalem Korporatismus liegen im Fall der Elternverbände in NRW bei der staatlichen Anerkennung sowie beim Repräsentationsmonopol vor. Dieses autoritär-liberale Korporatismusmodell für die Vertretung auf Landesebene kontrastiert mit dem direktdemokratischen Beteiligungsverfahren auf der Ebene der Einzelschule.[138]

Die funktionale Reichweite von korporatistischen Arrangements liegt in der Erwartung von Kompensationen (i.d.R. bei Verteilungskonflikten) und beschränkt sich durchaus nicht darauf, eine "Aufklärungsveranstaltung" zu sein.[139] Der immer wieder gestartete Versuch, sie darauf zu beschränken, erzeugt bei den Verhandlungspartnern in der Regel Frustrationen, die in Apathie oder auch in verstärkte, radikalere Mobilisierung und Artikulation umschlagen können.

Der Bildungsbereich ist aufgrund der etatistischen Organisation und seiner überragenden Rolle auf der Basis des Berechtigungswesens eine hart umkämpfte Bastion. Wenn in Bezug auf die Mitwirkung von Eltern uneinheitliche Formen der Steuerung bzw. Einbeziehung gewählt werden, die zudem keine soziale Symmetrie herstellen, entstehen Folgeprobleme: erstens eine Verschärfung in den Auseinandersetzungen über das Schulwesen und zweitens eine Minimierung der Regelungskompetenz und -ergebnisse insgesamt. Harmonisierende Vorstellungen von Interesseninterdependenz, Verschränkung unterschiedlicher Steuerungsmechanismen sowie ihre autoritär-liberale Ausrichtung wären demnach Ursache vieler Probleme im Schulbereich. Der durch staatliche und gesellschaftliche Akteure, hier Eltern, gebildete Regelungsraum wird dadurch (unnötig) belastet und ideologisiert.

Fazit: Die spezifische Form der Einbeziehung von Elterninteressen in den staatlichen Regelungsbereich anhand eines autoritär-liberalen Korporatismusmodells, das sich als etatistisch und zentralisiert beschreiben läßt,[140] ist dysfunktional – und mit einem Reformmodell des dezentralisierten, verhandelnden Staates sowieso nicht kompatibel.

Gibt es Auswege? Wenn man in dem Korporatismus-Modell verbleibt, so läge eine Möglichkeit in der Anerkenntnis, daß es nur dann funktioniert, wenn es tatsächlich etwas zu verhandeln und zu verteilen gibt, d.h. es müßten relevante Themen behandelt und Entscheidungen getroffen werden. Solange es um randständige Fragen geht oder zentrale Probleme infolge politischer Vorgaben und Schwächen nicht angegangen werden, sind der Basis für korporatistisches Handeln eigentlich die Grundlagen entzogen.

In Bezug auf das Schulwesen besteht ein zentrales Thema in der "Qualität von Schule". Dazu gehört dann auch Mitbestimmung von Eltern. Die restriktiven finanziellen Spielräume werden Veränderungen im Schulwesen notwendig machen, die in den herausgebildeten traditionellen Arrangements nicht durchsetzbar sind. Diese sind defizitär und dysfunktional, weil es kaum etwas gibt, was zu verhandeln wäre und die 'Partner' Eltern auch kaum etwas anzubieten haben. Es handelt sich demnach bei Elternmitwirkung in den bisherigen Formen mehr um folgenlose Kooperationen bzw. Rituale (C. OFFE), statt auch denkbarer institutionalisierter und gleichberechtigter Einbindung in die Formulierung und Ausführung von Politik. Eltern(verbände) sind mehr oder weniger ungebetene Berater.

3.4 Zusammenfassung: Elternmitwirkung als System der diskursiven Öffentlichkeit

Die Organisation von Elterninteressen ist abhängig von den Interessenarten, die Eltern bezüglich der Schule haben. Aus ihnen folgt auch die Wahl von Konfliktlösungsmodi. Die Analyse hat in Bezug auf NRW ergeben, daß die kaum erwartbare Organisation von Elterninteressen (infolge der Inklusivität der Bildungsgüter sowie ihrer nicht direkten Marktgängigkeit und zusätzlich fehlender bis schwacher selektiver Anreize zur Organisation) darüberhinaus durch die rechtliche Regulierung geschwächt wird. Sie stützt sich auf heterogene Mitgliederinteressen, und nicht auf die homogenere soziale Lage 'Elternschaft', deren organisatorischer Ausdruck die Elterngremien einer Schule sind. Damit ist ihnen eine mögliche aktive Rolle der Interessenvermittlung verwehrt.

Die Konfliktlösungsmodi bei den gemeinsamen Interessen von Lehrern und Eltern an den Ausbildungsbedingungen der Schule und dem komplementären Interesse an den Prinzipien des Kindeswohls legen eine konsensuelle Verhandlungsstrategie nahe. Bei den Verteilungskonflikten um die Bildungsgüter - und damit letzlich um das 'Produkt' der Schule - sind mit entscheidungsorientierten Konfliktlösungsmodi Ergebnisse zu erzielen, weil es sich hier um konkurrierende bzw. antagonistische Interessen handelt. Indifferenz gegenüber den Interessen der jeweils anderen Gruppe ist im Fall der Eltern nicht erwartbar, weil sie über ihre Kinder an der Schule direkt interessiert sind. Wie jedoch an der Nichtbeteiligung von Eltern an den Personalangelegenheiten gezeigt werden kann, setzen die rechtlichen Regulierungen Elterninteressen in diesem Bereich als indifferent an, indem sie sie schlicht ausschliessen. Auch in diesem Punkt - einem entscheidenden potentiellen Mitwirkungsinhalt - erweisen sich die Bestimmungen des SchMG als unzulänglich; ist die Auswahl des Personals doch eine der wichtigsten Bestimmungsgröße für die Ausbildungsbedingungen und -möglichkeiten jeder Schule.

Für die Anpassung bzw. Erneuerung des Systems der Elternmitwirkung, als Teilsystem des sich verändernden Schulsystems gedacht, bedeutete das "Geschäft" der Koexistenz, Kompatibilität und Koordination die Entwicklung eines Konsens, der über formelhafte Kompromisse hinausreicht.[115] Auch organisatorisch ist über eine Aggregierung von bereits vorhandenen Elternorganisationen hinauszugehen, um zu der Ausbildung eines neuen Emergenzniveaus durch neue selektive Verknüpfungen von Verknüpfungen zu gelangen.[116] Soweit ein systemtheoretisch formuliertes Ziel.

Daß sich Eltern allerdings überhaupt organisieren, ist nicht unbedingt erwartbar, sondern eher unwahrscheinlich. Wenn man das OLSON-Modell zugrunde legt, so muß die auf rationaler Überlegung beruhende Nicht-Organisierbarkeit der BürgerInnen bei nicht-teilbaren Gütern durchbrochen werden. Eltern sind jedoch aus psychologischen Gründen dann organisierbar,[117] wenn die Beteiligungsmodelle hinreichend genau und attraktiv sind und deshalb als 'Anreize' zur Beteiligung fungieren. Dann müßte dafür gesorgt werden, daß Interessenartikulation nicht be- und verhindert wird, Gremiensitzungen mit endlosen Formalitäten zugebracht werden, Mißtrauen und Abwehr das Klima vergiften bis hin zu Einschüchterungsversuchen, die über das eigene Kind laufen. Es ist kein Naturgesetz, sondern selbstgeschaffene Unzulänglichkeit und Zumutung, daß Mitbestimmung - auch in anderen Bereichen - [118] mit pathologischer Gruppendynamik einschließlich individueller Konkurrenz und Selbstdarstellung, fehlender Planung und Kontinuität einhergeht. Sie beruht in der Regel auf fehlender Klärung unterschiedlicher Interessenlagen und massiven Überforderungen. (Hochschule: Lehrende - Studenten - Schule: Verkomplizierung durch den dritten Faktor: Eltern) H. GIESECKE plädiert :

> "Hier hätte das 'gewerkschaftliche' Modell der von vornherein partikularen Interessenvertretung die Widersprüche deutlicher und die Positionen klarer gemacht und wäre somit sicher auch dem Gemeinwohl eher zugute gekommen." [119]

Klare, abgrenzbare Interessenvertretung ist dann auch der Versuch des Zurückdrängens unteilbarer Güter mit ihrer ideologisches Aufladung des entweder-oder hin zu einer Entscheidungsfindung über teilbare Güter (mehr-weniger). Statt einer abstrakten Kindes- und Gemeinwohlorientierung zusammen mit der simplen Voraussetzung, daß die verbandliche Mitarbeit für die Aktiven attraktiv ist, sind dies Grundlagen für eine Politikkonzeption, welche "die Durchdringung aller gesellschaftlichen Teilbereiche mit diskursiven Öffentlichkeitsstrukturen einfordert." [120]

Voraussetzungen sind Bewußtwerdung [121] und Machtbildung, die in politische Organisation münden. Bei Lehrern sind dies u.a. Bildung von Fachverbänden, Verbesserung der eigenen Arbeitsbedingungen und der Anspruch auf Emanzipation der Schüler – das heißt, eine organisierte Interessenvertretung mit gewerkschaftlicher und Gemeinwohlorientierung.

- Anmerkungen zum 5. Kapitel:

1 so die veröffentliche Meinung eines Regierungsvizepräsidenten (Münster) im Jahre 1993: WIRTZ, A. (1993), 38 – es ist bemerkenswert, wie öffentliche Anliegen als "Staatsziele" definiert werden, und BürgerInnen dann vereinnahmt werden bzw. ihre "Kompetenz- und Konsenspotentiale" moblisiert werden sollen: wer sind die Träger der "Staatsklugheit", die (dadurch?) Zuweisungsmacht für "Entscheidungspartizipation" haben?

2 GREVEN, M.T. (1993), 403

3 zit. nach BEYER, L./ BRINCKMANN, H. (1990), 75 in der Eigendarstellung des Vereinszwecks

4 BROVOT, G. in WDR 3, Karnevals-Session 1993/94 - in derselben Sendung wird auch der Gemeinplatz: "alles ehrenamtlich" strapaziert.

5 vgl. zur Entwicklung eines nicht-psychologischen, quasi natürlichen Bedürfnisbegriffes NULLMEIER, F./ RÜB, F.W. (1991)

6 siehe dazu: GAGEL, W. (1983)

7 vgl. PANKOKE, E. (1986-1992), I, 97

8 Dieser Gedanke ist zentral für neuere Systemtheorien, vgl. WILLKE, H. (1991) / (1993), und hat nichts gemein mit einem Verständnis von "Kollektivierung" als "Alles-über-einen-Kamm-Scheren" und "Vereinheitlichen" als Gegenbewegung zur Individualisierung.

9 siehe KÜPPER, W./ ORTMANN, G. (1986), 593

10 KÜPPER, W./ ORTMANN, G. (1986), 594

11 KÜPPER, W./ ORTMANN, G. (1986), 596

12 vgl. CROZIER, M./ FRIEDBERG, E. (1993), 73

13 vgl. HIRSCHMAN, A.O. (1989), 142 -149

14 siehe dazu u.a. WILLKE, H. (1991), 131: "Entgegen naiven Vorstellungen von Kommunikation und Handeln kommt es für die Inhalte der systemischen Interaktion nicht auf die Intentionen oder Interessen der beteiligten Individuen an, sondern auf die Gesetzmäßigkeiten der Operationsweise der betroffenen Sozialsysteme." - vgl. dagegen: GREVEN, T.M. (1993), 404, der die "kontingente Praxis handelnder Individuen" gegen "die apersonale Logik ausdifferenzierter Systeme" hervorhebt.

15 siehe WILLKE, H. (1991), 7, der damit auf Macht und Herrschaft hinweist, die bei der Steuerung komplexer Sozialsysteme entscheidend sind.

16 siehe MOHRHARDT, D. (1979), 11/12, der diesen Fragen in seiner Arbeit über den Bundeselternrat ausdrücklich nicht nachgegangen ist.

17 vgl. MAYNTZ, Renate (1980), zit. nach SCHUBERT, K. (1989), 96 - siehe auch 1. Kapitel und 9. Kapitel

18 siehe BOIS-REYMOND, Manuela du/ BÜCHNER, P./ KRÜGER, H.-H. (1994), 274

19 HABERMAS, J. (1976), 289

20 siehe THRÄNHARDT, D. (1990), 187 - vgl. empirischen Teil dieser Arbeit

21 vgl. HOPF, W. (1984) - wobei es von theoretischem Interesse ist, ob man den zugrundeliegenden Prozeß der Reproduktion der Sozialstruktur mit der "massenhaften Vertei-

lung der Individuen auf ungleiche Positionen" beschreibt, oder "Sozialisation erzeugt Konformität gegenüber der Struktur der sozialen Ungleichheit" - siehe auch POULANTZAS, N. (1976)

22 so ROSENBERGER, P.W. (1993), 35, der diese Effekte von Elternmitwirkung darüberhinaus zurückführt auf persönliche oder parteipolitische [!] Gründe. Inwieweit hier ein konfliktfreies Konsensmodell Pate gestanden hat, soll nicht weiter untersucht werden, nur scheint mir der Hinweis auf parteipolitsche Gründe naheliegend.

23 HELSPER, W. (1993)

24 vgl. auch das monströse Familienbild, welches von BÖHNISCH, L. (1994), 239 entworfen wird: "Umgeben von Elternerwartung und Elternfurcht und den darin geschürten Aufstiegs- und Plazierungshoffnungen und -ängsten sind ihre Möglichkeiten blockiert, eigenständige Kinderwelten zuzulassen und zu gestalten. [...] Orte der häuslichen Medien- und Konsumkindheit [...]" - vgl. COLEMAN, J.S. (1995)

25 vgl. FÖLLING-ALBERS, Maria (1995), 62 mit Daten von LehrerInnen zur Ausweitung dieses Bereiches

26 FÖLLING-ALBERS, Maria (1995), 68

27 hier leisten die Landesinstitute der Länder Hervorragendes, z.B. das Landesinstitut in Soest mit den Schriften zu: Öffnung von Schule, oder das Hessische Institut für Bildungsplanung und Schulentwicklung mit der Veröffentlichungsreihe: Qualität von Schule.

28 BAETHGE, M. (1984), 47 ff.

29 HEITMEYER ,W. (1994), 391 - mit den Folgen instrumentalistischer Arbeitsorientierung, Selbstdurchsetzung und bei Diskrepanzwahrnehmung zwischen Zielen und Realisierungsmöglichkeiten entweder eine 'macchiavellistische' oder delinquente Verarbeitung (= Verletzung von Normen/ Werten bzw. physische Verletzung)

30 vgl. auch zum folgenden: KLEINFEID, R. (1993), dem ich auch für seine Bereitschaft zur Diskussion danken möchte.

31 vgl. SCHIMANK, U. (1988), 620

32 MIEDEMA, S. (1994), 199

33 GIESEN, B. (1991), 541

34 GIESEN, B. (1991), 540

35 SCHIMANK, U. (1988), 631

36 SCHIMANK, U. (1988), 634

37 vgl. in diesem Zusammenhang auch Kapitel 7 dieser Arbeit, insbesondere die sozialisationstheoretische Diskussion bei H. ABELS und Manuela du BOIS-REYMOND et al.

38 BÖHRET, C./ JANN, W./ KRONENWETT, Eva (3.1988), 261

39 siehe WILLKE, H. (3.1991), 70

40 LUHMANN, N. (1975), 73 zit. nach WILLKE, H. (3.1991), 73 - auch zum Folgenden

41 WILLKE, H. (3.1991), 180 - diese Abstimmung ergibt sich zwingend aus dreierlei Gründen: a) Steigerung der Eigenkomplexität von Teilsystemen mit der Folge, daß nicht absehbare, kontrollierbare Wirkung von Handlungen eines Teilsystems auf andere Teilsysteme ausgehen b) der Herausbildung lateraler Weltsysteme, welche die Staa-

ten zu semisouveränen Akteuren machen und c) Verlagerung des Zeithorizonts (182/183). – GREVEN, M. Th. (1993), 409 spricht in Bezug auf politische Entscheidungen von der "immensen Ausweitung der qualitativen und quantitativen Eindringtiefe und zeitlichen Folgenentgrenzung"

42 WILLKE, H. (3.1991), 190

43 SCHARPF, F.W. (1993a), 43 - auch zum Folgenden

44 vgl. 7. und 8. Kapitel

45 siehe BLUMENTHAL, V. v./ BUTTLAR, Annemarie (1984), 406

46 NEVERMANN, K. (1984a), 184 siehe ausführlich u.a. ROLFF, H.G. (1991), der neuere Ansätze der Organisationssoziologie [TÜRK (1989), WEICK (1985)] auf Schule zu übertragen versucht, und damit die Fragen nach der Steuerungs- und Problemlösungskomplexität in systemischer Perspektive auf Schule anwendet.

47 siehe ausführlich u.a. ROLFF, H.G. (1991), der neuere Ansätze der Organisationssoziologie [TÜRK (1989), WEICK (1985)] auf Schule zu übertragen versucht, und damit die Fragen nach der Steuerungs- und Problemlösungskomplexität in systemischer Perspektive auf Schule anwendet.

48 vgl. genauer: 7. Kapitel

49 vgl. analog dazu das vorhergehende Kapitel dieser Arbeit: die elterliche Erziehung ist auch als Recht und Pflicht ausgestaltet mit dem übergeordneten Bezugspunkt des 'Kindeswohls'.

50 vgl. ROLFF, H.G. (1991), 883, der neben der Schulaufsicht Supervisoren, pädagogische Institute und Schulentwicklungsmoderatoren als Elemente eines externen Unterstützungssystems für Schule nennt.

51 SOEFFNER, H.-G. (1993)

52 SCHIMANK, U. (1988) - auch zum Folgenden; vgl auch: ders., (1985)

53 5. Familienbericht (1994), 68 und 318

54 WILLKE, H. (3.1991), 148

55 der Versuch, "reformorientierte Elternverbände" zu vernetzen, wird seit Ende 1993 unter Federführung des Elternbundes Hessen und Mitgliedern des Progressiven Elternverbandes NW unternommen. Derzeitig (Stand Dezember 1997) läuft diese Vernetzung über den Bund Neue Erziehung - Bereich Familienerziehung

56 siehe WILLKE, H. (3.1991), 180: "Ein Ausweg scheint mir hier in der Erhöhung der Reflexionsleistungen der gesellschaftlichen Subsysteme zu liegen [...]. Aus der Einsicht über die gegebenen Interdependenzen und die wachsende Notwendigkeit einer übergreifenden Abstimmung müssen die Teile zu einer Selbstbegrenzung ihrer spezialisierten Möglichkeiten kommen. Dies ist nicht nur eine fromme Formel."

57 EDER, K. (1990) - auch zum Folgenden

58 so GAGEL, W. (1983), 86

59 siehe ausführlich: GERHARDS, J./ NEIDHARDT, J. (1990), 39 ff: Fokussierung und Problematisierung durch: Konkretisierung zur Herstellung von Betroffenheit/ Abstraktion: Problem am Werte anbinden/ Behauptung der Verschärfung des Problems in der Zukunft/ Kausalattribuierung und Intentionalisierung (= Verursacher, schuldhafte

Absichtsunterstellung und Zuweisung von Verantwortlichkeit für das Problem)/ Selbstlegitimation.

60 vgl. PFETSCH, Barbara (1994), 20

61 PFETSCH, Barbara (1994), 17

62 vgl. dazu DAHL, R.A. (1961), zit. nach MEYER, Th. (1994), 198: "Es würde die Luft von einem guten Maß an Geschwätz reinigen, wenn wir, statt anzunehmen, daß Politik eine normale Sorge der Menschen ist, von der gegenteiligen Annahme ausgingen, daß nämlich Politik eine abgelegene, fremde und wenig lohnenswerte Tätigkeit ist, welchen Lippendienst die Bürger auch immer den üblichen Gepflogenheiten leisten mögen. Statt des Versuchs zu erklären, warum Bürger nicht interessiert, betroffen und aktiv sind, besteht die Aufgabe darin, zu erklären, warum einige Bürger es sind."

63 so KÖHLER-WEISKER, Angela (1993), 246

64 vgl. - auch für die folgende Argumentation - DÖRRE, K. / NEUBERT, J. (1994), 2

65 mit der Folge, daß nicht länger "Vertrauensbeziehungen" oder deren kritische Umkehrung "manipulative Stillstellung gegensätzlicher Interessen", sondern "eher eine Potenzierung von Konfliktstoff und eine Pluralisierung betriebspolitischer Konstellationen" bestimmend werden

66 FICKERMANN, D. (1995): Er sieht "die Gefahr, wenn - wie zur Zeit viel diskutiert - die Schulselbstverwaltung in den Bundesländern immer mehr umgesetzt wird, daß die Eltern und ihre Verbände dabei an Einfluß verlieren." zit. aus einem Einladungsschreiben des Elternbundes Hessen vom 19.1.1995

67 so DÖRRE, K. / NEUBERT, F. (1994), 5

68 vgl. WEßELS, B. (1994), 333

69 PAPCKE, S. (1994), 313 – K. EDER (1990), mit der Differenzierung von 'Rationalität' in 'individueller Vorteil' oder 'kollektiv akzeptierte Gründe' (utilitaristische oder prinzipalistische Motivation)

70 Der Zwang zur Mitgliedschaft ist zu unterscheiden vom Zwang zur Gründung eines Vereins, wie er indirekt bei der Verbändelösung in NRW besteht.

71 siehe WOLF, H.G. (1991), 48, der die Theorie der Rationalen Wahl in Bezug auf Arbeitslosenprojekte untersucht

72 vgl. BREYER, F. (1993), KE III, Kapitel 7, 5

73 BREYER, F. (1993), KE II, Kapitel 4, 5

74 BREYER, F. (1993), KE III, Kapitel 7, 14/15

75 damit wäre die höhere Organisationsrate der Gymnasialeltern erklärbar im Gegensatz zu der von Hauptschülern: wer macht sich schon für die "Rest"- Schule stark?

76 zur Diskussion vgl. BLANKERTZ, S. (1989)

77 vgl. dazu die Diskussion um 'vouchers of education' u.a. bei VOGEL, J.P. (1991) und KRUMM, V. (1987), als ersten Ansatz zu marktlichen Regulierungen im Bildungswesen

78 vgl. BLANKERTZ, S. (1989), 207 ff., der "Scheinkostenlosigkeit, Schulpflicht und Berechtigungswesen" als Ursache für eine "totalitäre Schulwelt" analysiert, in welcher der "Wunsch des Staates nach Monopolisierung, Kontrollgewalt, Anpassung und schichtspezifischer Selektion durch die Schule" triumphiert.

79 Dies ist eigentlich nur im internationalen Vergleich zwischen öffentlichen und privaten Schulsystemen festzustellen.

80 vgl. beispielsweise die Diskussion um 'vouchers of education' als eine veränderte Form staatlicher Regulierung und die Kritik u.a. bei LESCHINSKY, A. (1984), 487

81 siehe MÄDING, H. (1984)/ MATTERN, Cornelia (1979)

82 siehe GRÜSKE, K.-D. (1993), zit. nach BUDDE, H./ KLEMM, K. (1994), 123

83 BUDDE, H./ KLEMM, K. (1994), 123 - Diskussionen um das positionale Gut Bildung würden wieder aktuell, wie bei HIRSCH, F. (1980) und FETSCHER, I. (1992)

84 siehe dazu GAGEL, W. (1983), 85, der diesen Prozeß der Interessenartikulation als Umwandlungsprozeß von persönlichen Sorgen zu den schulischen Problemen hin bezeichnet.

85 Als Folge der Unorganisiertheit beklagt z.B. MARTINY, Anke (1986), 152, daß Lehrerorganisationen, Schulverwaltungen und Kultusbürokratie nicht "verstärkt zur Kenntnis nehmen oder berücksichtigen, was ihnen Mütter [...] mit der Bitte um Berücksichtigung mitteilen."

86 vgl. LEHMBRUCH, G. (1986), 140

87 siehe OLSON, M. (3.1992)

88 OLSON, M. (3.1992), 36/37

89 vgl. CATTACIN, S./ PASSY, Florence (1993), 420

90 siehe auch HOPF, W. (1984c), 606, der Bildung definiert als "Gewähren und Versagen von knappen, zeitlich und inhaltlich privilegierten Lernchancen".

91 siehe OLSON, M. (3.1992), 156 ff.: 'Nicht-wirtschaftliche Lobbies'

92 OLSON, M. (3.1992), 60

93 siehe WILLKE, H. (3.1991), 112: "In der Gruppentheorie gibt es das bekannte Problem, ob Gruppen entstehen, weil zunächst isolierte Individuen gemeinsame Eigenschaften und Interessen haben, oder ob diese gemeinsamen Eigenschaften und Interessen sich entwickeln, wenn Mitglieder durch einen Gruppenzusammenhang verbunden sind. Ganz parallel dazu ist es auf der Ebene von Gesellschaften die Frage, ob Individuen durch gemeinsame Normen und Werte sich zu einer Gesellschaft verbinden, oder ob Gesellschaften erst solche gemeinsamen Orientierungsmuster erzeugen – bis hin zur Institutionalisierung des Individualismus, d.h. bis zur Ermöglichung des Handelns im Sinne bewußter Selektion zwischen Optionen."

94 vgl. SOFSKI, W. /PARIS, R. (1994), 215

95 vgl. BÄCKER, G. (1993), 32, der dies anhand der Interessenverbände von Alten herausarbeitet – Parallelen zu Elternverbänden sind offensichtlich.

96 JORDAN, E./ SCHONE, R. (1992), 39, die diese Beteiligungsformen anhand der Jugendhilfeplanung diskutieren – ein weiterer Bereich, in dem Partizipationsformen entwickelt werden, die ein Modell für den Schulbereich abgeben könnten.

97 siehe ausführlich: KLANDERMANS, B./OEGEMA, D.(1987), deren Untersuchung sich auf Partizipationsprozesse in der Friedensbewegung bezieht.

98 vgl. 6. Kapitel , Exkurs

99 vgl. als ein Beispiel: Mitteilungen Aktion Humane Schule, Mai 1996, S. 23-25, wo die "Interessengemeinschaft schulverwaltungsgeschädigter Lehrer" und die "Bundesarbeitsgemeinschaft Lehrer gegen Mobbing" vorgestellt werden, wobei erstere "unter dem Dach der Aktion Humane Schule Baden-Württenberg e.V." gegründet wurde.

100 für die Frage, unter welchen Bedingungen die Bereitschaft für kollektives Handeln hervorgerufen wird, gibt es eine Fülle von Literatur, vgl. mit weiteren Literaturangaben: McADAM, D./ PAULSEN, R. (1993)

101 siehe TARROW, S. (1991), 653, der zusätzlich zu diesem Ansatz über Ressourcen eine "politische Gelegenheitsstruktur" beschreibt, die sich für die Gewinnung und Mobilisierung einer Anhängerschaft als günstig erweist: sie umfaßt offenen Zugang zum politischen System, Stabilität von politischen Bindungen, einflußreiche Verbündete und Gespaltensein von Eliten. Ein Zusammentreffen gruppeninterner- und externer Ressourcen führt nach TARROW zu einem zyklischen Prozeß der Diffusion kollektiven Handelns. (648)

102 In der Politikwissenschaft wird zwischen repräsentativen und identitären Demokratietheorien unterschieden - die Gegenüberstellung von Basisentscheidungen/ direktdemokratische Entscheidungen und repräsentativen Entscheidungen ist meines Erachtens eine (unverzichtbare) Polemik, die an Verselbständigungstendenzen repräsentativer Vertreter (-organe) gemahnt, aber kein alternatives Verfahrensmodell. Weder von der Anzahl der potentiell zu Beteiligten, noch im Sinne der Optimierung der Entscheidungen gibt es Alternativen zu repräsentativen Modellen. - vgl. GUGGENBERGER, B. (1990); LUTHARDT, W. (1997)

103 Diese Interessenpole erscheinen in der pädagogisch ausgerichteten Literatur als die Qualifikations- und Sozialisationsfunktion von Schule.

104 siehe GAGEL, W. (1983), 79, der die Passivierung zum Klienten, und damit als Bezieher von Dienstleistungen, als entscheidende Voraussetzung für die Verhinderung von gemeinsamer Interessendurchsetzung von Eltern ansieht.

105 vgl. dazu insbesondere die Diskussionen um die public-choice-Theorien (M. OLSON, 3.1992), beispielsweise bei WOLF, H.G. (1991) am Beispiel von Arbeitslosenprojekten: dieses ist zwanglos zu übertragen auf Elternmitwirkung, weil es hier wie dort um die Logik kollektiven Handelns geht bei der Produktion von sozialen Gütern.

106 vgl. zur Diskussion u.a.: HIRSCHMAN, A.O. (1988), 46 ff.

107 siehe zur Diskussion HONDRICH, K.O. (1977), 277 ff.

108 siehe WIDMAIER, H.P. (1978), 458

109 siehe ZIMMER, Annette (1994)

110 bei Schülern und Eltern grundsätzlich eine Interessenkoalition zu unterstellen, dürfte gewagt sein. Andererseits bieten sich Koalitionen von Schülerschaft und Elternschaft zur Durchsetzung innerschulischer Interessen natürlich an - siehe DIETZE, L. (1984), 581

111 vgl. BENZ, A. (1992), 159, der diese Konfliktkonstellationen für die Kooperation zwischen Bundesländern herausarbeitet: es spricht meines Erachtens nichts dagegen, diesen Ansatz auf andere Systeme anzuwenden.

112 vgl. NEVERMANN, K. (1984d), 535

113 BENZ, A. (1992), 159/160: "Konkurrierende Interessen sind prinzipiell kompromißfähig, d.h. die Konfliktparteien können eine Einigung erzielen, wenn alle auf eine maximale Interessenrealisierung verzichten. Antagonistische Interessen sind nicht kompromißfähig [...], sie erfordern eine Entscheidung zwischen alternativen Handlungsoptionen."

114 HIRSCHMANN, A.O. (1994), 303 mit seiner Unterscheidung in teilbare und unteilbare Konflikte: es geht dabei um mehr/ weniger bei den teilbaren Konflikten und entweder/ oder bei den unteilbaren Konflikten – bei Verteilungskonflikten handelt es sich demnach um teilbare Konflikte, weil es um die quantitative Auf- und Verteilung von Gütern geht.

115 siehe dazu BOIS-REYMOND, Manuela du (1977), die dieses gemeinsame Interesse unter dem Aspekt des alltäglichen Umgangs von Eltern und Lehrern herausarbeitet, speziell, welche Chancen Unterschichteltern haben, mit der Schule in Kontakt zu treten und ihre Interessen zu vertreten.

116 ESSER, J. (1990), 215

117 KLEINFELD, R. (1993), 16 - siehe auch zum Folgenden

118 es würde zu weit führen in diesem Zusammenhang, die unterschiedlichen Ausrichtungen und Verästelungen dieses Theorieansatzes zu verfolgen – mir kommt es auf die Hauptlinie an: die institutionalisierte Kommunikation zwischen gesellschaftlichen und staatlichen Akteuren, die sich deutlich vom Wettbewerbsmodell/ Gleichgewichtsmodell der Interessenartikulation unterscheidet.

119 ALBRECHT, A., "Verbände", in: Staatslexikon: Recht, Wirtschaft, Gesellschaft. Hg. von der GÖRRES-Gesellschaft, 7. völlig neubearb. Aufl. 1985 , Freiburg u.a.

120 siehe VVzSchMG (= Verwaltungsvorschriften zum Schulmitwirkungsgesetz) von 1994 zum § 10,3 , in der ausdrücklich die kollektive Mitgliedschaft, z.B. einer Schulpflegschaft, untersagt wird.

121 Das Interesse an den Neuen Sozialen Bewegungen, die einherging mit der Annahme von völlig andersartigen Qualitäten in Form und Inhalt der Politikvertretung dürfte mit der Etablierung der Partei 'Bündnis 90/Die Grünen' hinfällig sein. - vgl. weitergehend FUCHS, D. (1990): das bisher vorherrschende Links-Rechts-Schema der Parteienpolitik sieht er ersetzt durch eine "trialistische" Konflikt- und Politikstruktur, die sich auf Wertefragen stützt (materialistische Rechte/ Linke und postmaterialistische Linke). Inwieweit eine veränderte Regierungskoalition z.B. SPD/ Grüne den Trend zu einem binären System (materialistischeRechte/ postmaterialistische Linke) restitutiert, dürfte sich im Laufe der nächsten Jahre entscheiden. - vgl. dazu auch die Vorschläge zur Veränderung des Wahlrechts in Richtung Mehrheitswahlrecht.

122 Quelle: Aktennotiz vom 22.3.1982, Progressiver Elternverband NRW, Vorstandsreferat

123 zum Vereinswesen vgl. umfassend: ZIMMER, Annette (1994)

124 siehe MAYNTZ, Renate (1985), 2o5 ff.: sie unterscheidet drei Formen der Kontakte Verbände/ Ministerialbürokratie: 1. Anhörungen 2. bilaterale Kontakte 3. Beiräte, die größtenteils auf einer unteren Ebene der Hierarchie (Abteilungsleiter, [Unter-] Refe-

renten) stattfindet. Infolge der eingeschränkten politischen Durchsetzungsmacht sowie der Handlungsspielräume auf dieser Ebene haben diese Kontakte den Charakter von "Verhandlungen und gegenseitigem Überzeugungsversuch." (205)

125 vgl. dazu die Auswertung des Fragebogens

126 siehe zum Folgenden: ALEMANN, U. von/ HEINZE, R.G. (2.1981)

127 siehe LEITMANN, S. (1993) - für subtile Beschreibung: SOFSKI W./ PARIS, R. (1994)

128 OLSON, M. (3.1992)

129 siehe auch zum Folgenden u.a. RUDZIO, W. (1983)

130 Nachweise vgl. u.a. MAYNTZ, Renate (3.1985), 156 ff. und BEYME, K. v. (1993a), 225-254, insbes. Tabelle S. 236: danach haben Staatssekretäre, Abteilungsleiter und Beamte insgesamt (der politischen Elite bis 1984) zu unter 5 % Arbeiter und einfache Angestellte als soziale Herkunft angegeben.

131 siehe beispielsweise RASCHKE, J. (1993), insbes. Kapitel 9: Mobilisierung

132 siehe HALFMANN, J. (1993), 210, der "die Erosionserscheinungen an den Kerninstitutionen und -interessen des Produktivitätspaktes" (HONDRICH, K.O., 1990) sowie den damit verbundenen "materiellen und immateriellen Wohlfahrtsverlusten" als Auslöser für die Neuen Sozialen Bewegungen diskutiert

133 siehe dazu: Dt. Bischofskonferenz(1993) - KOCH, C. (1993) - POMPEY, H. (1993), der die psychosozialen Folgen von Armut aufführt

134 WEHNES, F.-J. (1976), 31 und 38

135 ADORNO, T.W. (1971), 89

136 vgl. für diese Überlegungen WEBER, J. (1977), 194 ff.

137 vgl. BÖHRET, C. et al. (3.1988), 184, wo ein Schema zur Einordnung von Merkmalen liberalen, autoritären und pluralistischem Korporatismus erstellt ist, welches ich in der folgenden Argumentation benutze.

138 wobei allerdings genauer zu untersuchen wäre, ob nicht auch hier de facto 'korporatistische' Arrangements informeller Art zu finden sind. Dazu müßten beispielsweise personelle Verflechtungen zwischen den Mitgliedern der Verbände und den Gremien in den einzelnen Schulen untersucht werden - vgl. den empirischen Teil dieser Arbeit.

139 siehe LEHMBRUCH, G. (1981), 65 ff.

140 ESSER, J. (1990), 241

6. Kapitel: Staatliche Bildungspolitik als sozialpolitische Steuerungspolitik

1. Akteursgruppen im Schulsystem

"Wem gehört die Schule?" - dieser von katholischer Seite aufgebrachte Kampfruf in der Weimarer Republik um die Frage der Bekenntnisschule verdichtet Befürchtungen um machtvolle Interessen an Schule.[1] Sie sind nicht lediglich historische Phänomene, sondern bestimmen auch in der Gegenwart die Schulpolitik. [2]

Zu behaupten, daß sich gerade im Schulwesen die Prinzipien modernen Verwaltungshandelns Bahn geschaffen hätten, wäre zur Zeit sicherlich vermessen. [3] Allerdings erfassen Veränderungen im öffentlichen Verwaltungsbereich auch die Schule, so daß auch dieser Bereich staatlichen Handelns sich nicht an der Verwaltungsmodernisierung wird vorbeimogeln können. Sie wird vor allem durch eine nicht steigerbare Staatsquote begründet und bedeutet im Effekt die Abkehr vom Hoheits- zum Leistungsstaat. Prozesse der "Mobilisierung interner Reserven - d.h. die Erhöhung der Effizienz und die Ausschöpfung von Sparpotentialen sowie mehr "Selbstverantwortlichkeit" des Personals und "Kundennähe" der staatlichen Leistungserbringung - werden als Mittel der Wahl angesehen.

Im Schulwesen werden bei diesen organisationsinternen Rationalisierungen und Ökonomisierungen vor allem Lehrer in der Rolle der Reformer gesehen. Dieses besondere Schwergewicht auf die personalwirtschaftliche Seite zu legen, ist die Folgerung aus solchen "Manangementansätzen",[4] die nur in der Verbindung mit der Berücksichtigung des Personals Strukturen und Verfahrensweisen als veränderbar ansehen. Für den Schulbereich heisst dies, daß die "four 'I's of school reform",[5] (verstanden als Interessen, Ideologie, Informationsstand und Institution) die Berücksichtigung und institutionelle Unterstützung der Lehrerinteressen, -werte und -fähigkeiten als individuelle Faktoren der Entscheidung (hier: zu Schulreformen) mit "time, money, training, and symbolic endorsement" verlangen. [6]

Eine Alternative zu dieser organisationsinternen Entwicklungsstrategie ist die Verlagerung der institutionellen Entscheidungsebene durch externe Rahmensetzungen wie Vereinheitlichung von Abiturnormen, Verbindlichmachen eines nationalen Curriculum etc..[7]

Ein durchgängiger Zug bei Verwaltungsmodernisierungen ist die Betrachtungsweise öffentlicher Dienstleistungen unter betriebswirtschaftlichen Gesichtspunkten. [8] Unter zukünftigen Entwicklungen werden rechtliche Veränderungen in Bezug auf Kommunalverfassung und Haushalts- und Kassenrecht aufgeführt.

Die Schule wird - diesen Ansätzen entsprechend - als "Dienstleistungsinstitution" [9] oder "Serviceeinrichtung" [10] gefaßt. Wenn die Berücksichtigung des Personals nun für Veränderungen als besonders wichtig angesehen wird, so ergeben sich im Schulbereich besonders gute Ansatzpunkte für Modernisierungen, weil hier mit den relativ hohen Qualifikationen der MitarbeiterInnen gerechnet werden kann als auch der Produktionsprozeß Bildung in sich anspruchsvoll ist. Ihr Qualifikationsniveau liegt so hoch, daß es darauf ankäme, z.B. die Reserven an Qualifikationen, die LehrerInnen haben, abzurufen.[11] Außerdem besteht kaum ein Zweifel, daß auf niedrigerer Hierarchieebene ein größeres Potential für Innovationen vorhanden ist als auf höherer Hierarchieebene. Eine weitere institutionelle Voraussetzung liegt in den Arbeitsbedingungen der LehrerInnen selbst, die Voraussetzungen für Innovations- und Kreativitätsleistungen bieten: ihre Arbeitszeit läßt sich nicht in Arbeits- und Privatleben strikt trennen. [12]

Im industriellen Bereich sind dies bei der Diskussion um Voraussetzungen und Ziele von Reformen Merkmale, die man erreichen möchte. Bei Lehrpersonen im öffentlichen Bereich ist festzustellen, daß die Voraussetzungen, wie hohes Qualifikationsniveau und flexible Arbeitsorganisation, im Prinzip bereits vorhanden sind,[13] es also 'nur' auf ihre Freisetzung ankäme. Aus einer Verlagerung von Entscheidungskompetenzen auf die Einzelschule kann auf die Anerkenntnis von Innovationspotential auf unterer Hierarchieebene geschlossen werden. Schließlich kann mit dem relativ gestiegenen Bildungsniveau auch der Eltern gerechnet werden. [14]

Somit sprechen objektive Gründe, wie die Spezifität des 'Produkts', die Arbeitsbedingungen und die Qualität des Personals, für den verstärkten Einsatz von Beteiligungsverfahren, hier - neben der von LehrerInnen und SchülerInnen - der von Eltern, die als Teil des Gesamtzusammenhanges Sozialisation nicht ausgeklammert werden können. Auch unter dem Gesichtspunkt der Legitimierung schulischer Prozesse und der Durchsetzung von Reformen ist die Mitwirkung von Eltern auf allen Ebenen de facto und de jure notwendig. Dabei kommt einer kollektiven Interessenvertretung infolge der Differenziertheit der Aufgaben, die auf eine Entscheidungsdezentralisierung hinauslaufen, besondere Bedeutung zu. Differenzierte Verfahren und Strategien konsensueller und außerkonsensueller Art zur Konfliktlösung können angewendet werden. Als Träger von solchen Verhandlungsverfahren sollen hier beispielsweise Lehrer und Eltern betrachtet werden. Andere Akteure, wie politische Parteien, Verbände von Arbeitgebern usw. spielen natürlich auch eine Rolle, und sind auch im SchMG aufgeführt.

Eine herausragende Akteursgruppe ist die Bildungsbürokratie, die sich zu einem "quasi-föderalistisch-unitaristischen Zusammenhang" [15] entwickelt hat, in welchem "die Entparlamentarisierung des Entscheidungsprozesses, die Unklarheit über die politische Verantwortlichkeit für getroffene Entscheidungen und die Verwischung der politischen Fronten und Alternativen" kennzeichnend sind

– mit gleichzeitig parteipolitischen Auseinandersetzungsmöglichkeiten. "Die ideologische Aufladung macht die Bildungspolitik bei symbolischen Zuspitzungen, auch solchen, die von anderen Politikfeldern ausgehen, zu einem explosiven Austragungsort." (188)

Dies geht bis zu Blockierung und Stillstand bei kontroversen Standpunkten regierungsfähiger Parteien oder Koalitionen, wenn es um "zentrale Fragen der Organisation und des Inhalts von Lehren, Lernen und Erziehen" geht. (258)

Dabei bleiben die Mitwirkungsmöglichkeiten der Eltern beschränkt auf örtliche Entscheidungen, "die sich im Rahmen der zentralen Vorgaben abspielen" [16] - sprich: landespolitisch vorgegebener Handlungsrahmen - lokale Versorgungsstörungen. [17]

1.1 Lehrerzentrierung der Organisationsentwicklung im Schulbereich

Betrachtet man das Politikfeld Schulwesen von den beteiligten Akteuren her, so sind die Lehrer die stärkste Fraktion, verbunden mit den faktisch größten Machtpotentialen. Sie bilden letztlich diejenige Gruppe, die von Elternmitwirkung in der Ausübung ihrer Profession am stärksten betroffen ist. Entsprechend ist von Seiten der Lehrer damit zu rechnen, daß sie "konsequent Gegenstrategien [entwickeln], um Veränderungen zu verhindern," [18] wenn sie ihre Position bedroht sehen.

"Einheitlichkeit, zentrale Verantwortung und hierarchische Aufsicht sind allgemeingültige Maßstäbe der deutschen Bildungspolitik geblieben." [19] Das öffentliche Dienstrecht, und dabei speziell das Beamtensystem mit seiner Unkündbarkeit sowie dem Anciennitätsprinzip beim beruflichen Aufstieg garantiert den Lehrern - bisher noch - eine weitgehende Unabhängigkeit vom "Druck", den politische und ökonomische Auseinandersetzungen - und auch Einfluß von Eltern - auf sie ausüben könnten.

> "Durch die Beziehung zum Staat ist die Beamtenschaft und in ihrem Schatten die Lehrerschaft zunehmend dieser Konkurrenz des Marktes entzogen, so daß der Klassenbegriff die in dieser Sonderstellung sich konservierende Tradition der ‚Berufsstände' eher verdeckt. Die Lehrerschaft ist eine typische Gruppe zwischen dieser alten Tradition der Stände und den sich neu bildenden Klassen. In ihr überlagert sich als allgemeines, bis heute aber wirksames Kennzeichen die alte Tradition von Ansehen, Standesehre, Machtdelegation und Privilegierung durch unabhängige Besoldung mit dem auf die Klassengesellschaft weisenden Prinzip von normierter Ausbildung, Fachwissen und Leistung." [20]

Mit dem Grenzgängertum zwischen Stand und Klasse ist ein ausgeprägtes Expertenbewußtsein verbunden: [21] diese Professionalität der Lehrerschaft ist "erkauft" durch die Staatsnähe. Sein Verwaltungshandeln vollzieht sich nach bürokratischen Regelmechanismen, die wiederum Voraussetzungen sind für Professionalisierung. "Erst die Bürokratisierung schafft zugleich die Voraussetzungen für eine Pädagogisierung im Sinne einer fachlichen Qualifizierung von Schule und Unterricht." [22] Durch die Auslagerung der Erziehung in die Schule sowie ihre Definition als eine staatliche Aufgabe ergibt sich die Professionalisierung von Lehrern. Sie bringt für den Erziehungsprozeß insofern einen Gewinn, als daß eine Distanzierung von der Familienerziehung innerhalb der Schule geleistet werden kann. Durch die Spezialisierung und Professionalisierung ergibt sich auch eine gewisse individuelle berufliche Autonomie von Lehrern - trotz der Staatsnähe - sowie eine Leistungsorientierung und Kontrolle der Qualifikationen.

In Kombination mit dem Berechtigungswesen räumt die Professionalisierung der Lehrerschaft einen entscheidenden Machtvorsprung vor allen anderen Gruppen im Schulwesen ein. Die Mischung von bürokratischem und professionellem Charakter der Dienstleistung macht die Lehrerarbeit so unangreifbar.

Die Kehrseite von Professionalisierunsprozessen bei der Lehrerarbeit liegt, wie bei anderen personenbezogenen Dienstleistungen, in der Divergenz von Professionserwartungen und Klienteninteressen. In ihrer negativsten Ausprägung pendelt sie zwischen entindividualisiertem Vollzug gesellschaftlicher Funktionen und pädagogischer Omnipotenz. [23]

Die Erwartungen der Klienten spitzen sich im Fall der Schule in der Regel vor allem auf das Berechtigungswesen mit seiner existentiellen Bedeutung für die Lebenschancen der SchülerInnen. So ist erklärbar, daß "das Bildungssystem und jede Entscheidung über seine Veränderung zu einem Thema von hoher gesellschaftlicher Empfindlichkeit" gerät, in deren Folge eine "hohe politische Mobilisierbarkeit entsteht." [24]

Spielen Eltern bei der Reform der Schule über Organisationsentwicklung überhaupt eine Rolle? Der Stoßseufzer, daß das Schulprogramm "auch noch mit Eltern" [25] zu entwickeln sei, ist zwar nachvollziehbar, weil zusätzliche Akteure zumindest die Transaktionskosten in die Höhe treiben. Allerdings dürfte die Reduktion von Eltern auf eine "gewichtige Stimme" (44) im Rahmen der Schulkonferenz/ Stärkung der Selbstverwaltungsgremien neben Schülern und Schulträger verdeutlichen, daß die "Gestaltungsautonomie" doch (noch) sehr lehrerzentriert gedacht wird.

Vorschläge, welche die LehrerInnen "als Hauptbetroffene" von Autonomisierungsprozessen in der Schule darstellen und demnach auch die Kollegiumsentwicklung als wichtigstes Verfahren zur Entwicklung eines Schulprogramms darstellen, sind zwar verständlich:

> "In den Nischen zwischen pädagogischen Kanons und dem offiziellen Curriculum finden sich gewisse Ermessensspielräume. So streben aktivistische Lehrer nach mehr Prestige und Autonomie, indem sie Prinzipien der fortschrittlichen Pädagogik gegen die Forderungen des staatlichen Lehrplans ins Feld führen." [26]

Sie greifen in ihrer Lehrerzentriertheit jedoch zu kurz und führen erneut eine Hierarchisierung der Gruppen an der Schule durch die Hintertür ein, welche die wechselseitige Anerkenntnis der Legitimität der Aufgaben unterläuft. Die Berücksichtigung von Klienteninteressen ist bei dieser Mischung aus Managementansätzen und Professionserwartungen von Lehrern (Professionalisierungsstreben und pädagogische Omnipotenz) nicht gesichert.

Als eine weitere Möglichkeit der Organisationsentwicklung wird auf den Zeitfaktor gesetzt:

> "Selbst ein Zeitraum von einem Jahrzehnt muß angesichts der Zeitperspektiven, die in der Literatur für 'normale' systembezogenen Innovationen berichtet werden, als kurz angesehen werden. [...] Bis alle in Frage kommenden Einheiten die Innovation voll integriert haben, werden in der einschlägigen Literatur Zeiträume genannt, die auf einige Jahrzehnte veranschlagt werden. [...] Eine deutliche Verbesserung, d.h. Verkürzung des Zeithorizontes für Veränderungen kann offensichtlich dann möglich werden, wenn bezogen auf die Einzelschule konkrete Interventionen Platz greifen. Die Literatur zur Organisationsentwicklung spricht hier von 3 bis 5 Jahren bei intensiver Betreuung, mit einem Aufwand von maximal 10 Tagen im Jahr für jede Lehrkraft." [27]

Die Neigung, angesichts dieser Zahlen auf das Entwerfen großformatiger Veränderungsstrategien zurückzugreifen, ist nur noch psychologisch nachvollziehbar. [28] Bereits hier wird deutlich, daß die Propagierung von Innovationsstrategien, seien sie nun auf das Gesamtsystem bezogen ("Makropolitik"), auf die einzelne Lehrperson ("Mikropolitik"), oder auf die Einzelschule ("Organisationsentwicklung", verstanden als erweiterte Mikropolitik), sich dann nicht seriös umsetzen lassen, wenn nicht wenigstens für die finanziellen und personellen Voraussetzungen der Implementierung einer Innovationsstrategie Sorge getragen wird. [29] Dabei verbleiben diese zwei Varianten einer Mikropolitik immer noch im engeren Bereich des Schulsystems selbst.

1.2 Eltern und Schüler als konfliktunfähige Gruppe

In diesem "finsteren Ränkespiel" (= Politikfeld) aus verbeamteten Lehrern, etatistischen Ministerialen und parteipolitischen Konfliktsuchern die Elternrolle zu bestimmen (und zu besetzen!) dürfte solange nicht gelingen, als

- Eltern sich über dieses Feld nicht Klarheit verschaffen, indem sie z.B. weiter dem Glauben an dessen autonomen Beitrag zur Statusdistribution anhängen, und damit der Verleugnung seiner Reproduktionsfunktion Vorschub leisten,
- sich dafür nicht interessieren, oder alles oder zuvieles mit sich und ihren Kindern geschehen lassen ("Kuschen"),
- bei unausbleiblichen Konflikten eine individualistische und konsensualistische Strategie einschlagen und schliesslich
- sich verzetteln, indem sie Unwichtiges bearbeiten und/ oder Zuvieles erreichen wollen.

Diese Verleugnung, Ignorierung, Individualisierung und Verzettelung tritt neben die strukturelle Konfliktunfähigkeit, denn Eltern können kollektive Leistungsverweigerung bzw. systemrelevante Leistungsverweigerung nicht glaubhaft androhen. [30] Die Position als Besitzer eines knappen Gutes (= Schüler) ist dadurch geschwächt, weil lediglich die symbolische Form als Verweigerung der Entgegennahme einer Leistung möglich ist; dies wird zudem durch die Annahmeverpflichtung der Leistung (= Schulzwang) geschmälert. Außerdem sind die Kommunikations- und Informationswege durch den Dienstweg monopolisiert.

Die Machtpotentiale innerhalb der Schule sind also eindeutig zugunsten des lehrenden und verwaltenden Personals festgelegt, zuungunsten der Eltern und Schüler. Können Eltern überhaupt durch konstruktive Mitarbeit eine gewisse Machtverlagerung erreichen? Sind sie als Teil eines externen Expertensystems/ Unterstützungssystems für die Schule zu entwickeln? Sind sie zur Unterstützung zumindest von politisch beschlossenen Reformen (Administrationsunterstützung) zu gebrauchen?

Entwicklung der Voraussetzungen bei kollektiven Elternakteuren

Wenn bei den Eltern ein relativ gestiegenes Bildungsniveau feststellbar ist, so ist dies jedoch noch keine hinreichende Voraussetzung dafür, daß sie als potente Akteure in einer legalistisch abgesicherten Mitwirkung angesehen werden können. Dies berührt Fragen nicht nur nach ihrer Qualifikation, sondern auch der Organisation sowie der Wahl von Konfliktlösungsstrategien. Die Voraussetzungen inhaltlicher Art für Beteiligung erschöpfen sich nicht in der Demonstration, daß man einen anderen Standpunkt hat (als beispielsweise die Administration), sondern besteht in dem Ausweis eines zwingenden Interesses und in dem Nachweis, daß man zu den anstehenden Problemen einen wesentlichen Beitrag leisten kann. Dazu muß die Fähigkeit kommen, Vertrauen zu schaffen, etwa durch beispielhaftes Verhalten. Die Qualifikation der MitarbeiterInnen ist entscheidend, u.a. auch deshalb, weil damit die notwendige Konzentration auf gezielte Schwerpunkte erfolgen kann. [31] Schließlich sind Fragen einer sicheren Finanzierung ausschlaggebend, wobei die Fragen der finanziellen Entschädigung von MitarbeiterInnen, oder allgemeiner: ihrer Gratifikation insbesondere bei non-profit-Organisationen - und Elternmitarbeit gehört dazu - weitgehend ungeklärt sind. [32] Die qualifikatorischen Fähigkeiten könnten unterteilt werden in Expertenwissen, technische Fähigkeiten und kommunikative Fähigkeiten und umfassen dann auch die Fragen nach den zeitlichen Möglichkeiten und ihren Interpunktionen (fortlaufende Bestätigung vs. punktuelle Etablierung), genauso wie die der Offenheit für die Einbeziehung von neuen Personen. [33]

Die Vorausetzungen und der Kontext von Schule bieten also teilweise günstige Voraussetzungen für partizipatorische Prozesse: das staatliche Verwaltungshandeln steht unter Modernisierungsdruck – und damit ist eine gewisse Veränderungsmentalität, wenn nicht bei den MitarbeiterInnen vorhanden, so doch zumindest als latente Erwartung vorausgesetzt. Die qualifikatorischen Voraussetzungen sind bei Lehrern und Eltern zumindest potentiell gegeben. Sie können jedoch auch zu Blockaden gegen Modernisierungen genutzt werden.

2. Organisationsentwicklung im Schulbereich als Überwindung mikro- und makropolitischer Strategien

Zusätzlich zu den Schwierigkeiten der Anwendung komplexerer staatlicher Steuerungsformen im Bildungsbereich besteht ihr Nachteil tendenziell darin, daß sie in vielen Bereichen nicht das bewirken, was eigentlich intendiert ist. Beispiel: wenn Beamte ihren Dienst nach Vorschrift versehen, bricht dieser als Dienst zusammen, d.h.. was eigentlich als Regelmechanismus installiert worden ist, verkehrt sich zum Mittel der Mißregulierung oder vergrößert das zu regelnde Problem (= kontraproduktive Funktion, Iatrogenität). Die Mängel der beiden bisher bevorzugten Steuerungsmodi - entweder Zentralisierung mit Entdifferenzierung, Vereinheitlichung und Homogenisierung von Subsystemen oder wildwüchsige Differenzierung von Teilsystemen [34] - könnten demnach überwunden werden mit einem selbstregulativen Modell. Für die beiden anderen Steuerungsmodi, Zentralisierung und Differenzierung, gibt es im Schulsystem reichliche - und fehlgelaufende - Beispiele:

> "Die in Verbindung mit wechselnden politischen Mehrheiten häufig geänderten bildungspolitischen Konzeptionen sind aber selten über programmatische Aktionen hinaus bis zu den einzelnen Schulen vorgedrungen." [35]

> "Diese auch als makropolitisch bezeichneten Pläne werden deshalb abgelöst von Mikropolitiken, bei denen die 'Qualität von Schule' und 'innere Schulreform' als Stichworte dienen." [36]

Die Hoffnung, einen Ausweg aus Mängeln eines mikro- und makropolitischen Ansatzes zu gewinnen, und damit sowohl die Klippen von Zentralisierung als auch "wildwüchsiger" Differenzierung zu umschiffen, wird einmal in einer Zuschreibung der Reformerrolle nicht nur an den einzelnen Lehrer, sondern an das Kollegium insgesamt gesehen:

> "Es ist nicht zu erwarten, daß eine einzige Person oder eine kleine Gruppe der Leitung in der Lage ist, auf einen solchen Metaindikator [=Problemlöseschule, ders., 882] hinzuarbeiten. Es muß vielmehr dafür Sorge getragen werden, daß alle Betroffenen Zeit und Gelegenheit erhalten, die dazu nötigen Zusatzqualifikationen zu erwerben. Das bedeutet im Kern eine Weiterentwicklung des Qualifikationspotentials des ganzen Kollegiums." [37]

Das kann aber zum anderen nur mit Hilfe von außen gelingen:

> "Dieses kann eine Schule häufig nicht aus sich heraus erreichen; deshalb muß sie durch Externe unterstützt werden, vor allem durch die Schulaufsicht. Kommt die Unterstützung durch Supervisoren, pädagogische Institute und Schulentwicklungsmoderatoren hinzu, entsteht ein umfassendes Unterstützungssystem." [38]

Der Ansatz stellt sich als Mittelweg zwischen externen Reformvorgaben für das gesamte Schulsystem (einer Landes) und Reform über einzelne individuelle Lehrpersonen da, indem diese in den Organisationszusammenhang ihrer Schule gestellt und die "unterrichtsbezogene Zusammenarbeit" (875) zum Zentrum möglicher Reformstrategien gemacht wird. Der Arbeitsplatz und das 'Unternehmensziel' , also eine spezielle Schule sowie deren Unterricht, sind der Fokus von Reformbemühungen, wobei Unterstützungssysteme von außen eingeplant werden. Die über Organisationsentwicklung intendierte Reform verlangt nach umfangreichen Kooperationsprozessen innerhalb der Schule als auch mit den Unterstützungssystemen außerhalb der Schule, so daß sie nicht leichter umzusetzen sein wird.

Fraglich ist, wo solche Unterstützungssysteme gesucht werden. Wenn sie nicht auf den Kreis von Professionellen beschränkt bleiben, die sich auch bisher schon mit der Schule befassen, wie Schulaufsicht, Moderatoren und pädagogische Institute, sondern Ressourcen auch außerhalb gesucht werden, so könnten die Reformen umfassender ausfallen. In diesem Zusammenhang ist zu prüfen, ob das Elternsystem ein Unterstützungssystem für Organisationsenwicklung sein kann. Dazu muß ihnen im Schulsystem überhaupt ein "Existenzrecht" zugestanden werden bzw. die Anerkenntnis einer legitimen Interessenverfolgung.

2.1 Veränderung von Akteurskonstellationen

In einer solchen Situation, in der die Notwendigkeit von Veränderungen nicht mehr in Frage gestellt wird, sondern lediglich noch nicht klar ist, wie diese durchzuführen sind, werden auch die alten Machtverhältnisse in Frage gestellt. Konkret: wer möchte behaupten, daß Schule eine Veranstaltung von Ministerialbürokratie und Lehrerschaft, durchzogen von parteipolitischen Interessen, bleibt? Wer möchte behaupten, daß sich Demokratisierungs- und Partizipationsansprüche von Eltern am allgemeinbildenden Schulwesen nicht wieder neu artikulieren? Und wer möchte behaupten, daß Elterninteressen sich länger so kanalisierend organisieren lassen wie bisher, anstatt auf realem Einfluß in der Schule zu bestehen und ihn durchzusetzen, auch gegen Status- und Einflußängste? [39]

> "Schulaufsicht, Lehrer und Eltern werden umlernen müssen: Mit der Verselbständigung wird eine weitgehend gleichberechtigte Partnerschaft der Beteiligten einhergehen müssen, in der die Schule als werbende Einrichtung, der Lehrer mit einer Prise Unternehmergeist, die Eltern und Schüler mit erhöhter Verantwortung und die Schulaufsicht mit einer qualifizierten Beratung auftreten." [40]

Elternmitwirkung könnte man in einem solchen Zusammenhang als Teil von "Wettbewerbssurrogaten" [41] zur Effizienz- und Effektivitätskontrolle verstehen. Bei solchen Denkmodellen der internen Ökonomisierung ließen sich mit Elternmitwirkung ähnliche Effekte erzielen wie mit Marktwettbewerb.

> "Jedoch auch in anderer Weise werden die Eltern in die Belange der Schule eng eingebunden. So entscheiden die Eltern in den gewählten Gremien mit über die Neueinstellung von Lehrern und Schulleitern, über die Verwendung finanzieller Mittel, über Aufsichtsfragen, über Unterrichtsinhalte; sie werden schriftlich oder mündlich über Unterrichtsinhalte und besondere Vorhaben informiert, wer-

den mehrmals im Jahr zu Elterngesprächen in gemütlicher Runde eingeladen. So haben die Eltern entscheidenden Einfluß bei der Profilierung und Ausgestaltung einer Schule." [42]

Zusammenfassung: Der Versuch zur Reform der öffentlichen Verwaltung arbeitet mit betriebswirtschaftlichen Mitteln. Die Übertragung dieser Mittel in den schulischen Teilbereich der öffentliche Verwaltung stößt auf Gegenwehr u.a. der auch dienstrechtlich und professionspolitisch mächtigen Lehrerschaft. Elternmitwirkung könnte in diesem Zusammenhang funktionalisiert werden als Instrument zur Schaffung eines künstlichen Wettbewerbs, indem sie sich als Teil einer an Effizienz und Effektivität interessierten Öffentlichkeit organisiert.

Mitwirkung von Eltern ist weitergehend in den Zusammenhang mit staatlicher Steuerung gestellt worden am Beispiel des Bildungssystems: Zentralisierung und wildwüchsige Differenzierung von Teilsystemen hat sich als Ausdruck makro- und mikropolitischer Strategien als wenig effektiv erwiesen. Mit dem Ansatz der Organisationsentwicklung liegt zwar ein Ansatz vor, der die Selbstregulierung von Teilsystemen als ein mögliches Instrument des "verhandelnden Staates" vorsieht. In den bislang vorliegenden Überlegungen zur Organisationsentwicklung in der Schule werden die Eltern jedoch (noch) weitgehend ausgeklammert. Dies ist ein eklatanter Verstoß gegen die Grundprinzipien der Selbstorganisation, welche die Anerkenntnis der jeweiligen anderen Akteure zur Voraussetzung hat. Weitere Voraussetzungen sind einmal eine strukturelle Machtsymmetrie zwischen den Verhandlungspartnern, zum anderen deren Ergänzung um effektive Mittel zur Implementierung der Verhandlungsergebnisse.

2.2 Schulentwicklung als Lernprozeß über kognitive Dissonanzen

In diesem Zusammenhang ist die Hypothese von A. O. HIRSCHMAN weiterführend, daß sich Personen mit nichtmodernen Einstellungen in moderne Verhaltensweisen einbezogen sehen, u.a. weil sie von Modernität umgeben sind – und die daraus erwachsenen kognitiven Dissonanzen zu 'ungeordneten' Verhaltensänderungen führen. Dies bedeutet, daß kein geradliniger Verlauf - erst Einstellungs-, dann Verhaltensänderung - stattfindet.[43] Der mit dieser Hypothese behauptete Lernprozeß aufgrund kognitiver Dissonanzen verlegt den 'Auslöser' für Lernprozesse demnach als Möglichkeit in die 'Umgebung' von Individuen. Damit bekommen institutionelle und strukturelle Gegebenheiten ursächliche Bedeutung für veränderte Verhaltensweisen. HIRSCHMAN geht nun noch einen Schritt weiter, und fragt, wie die (schon immer knappen) Mittel für eine Unterstützung von Wandlungsprozessen angesetzt werden können. Der Gedanke, daß der aufgrund kognitiver Dissonanzen erfolgende Wandlungsprozeß nicht so umfassend ausfällt wie er könnte, wenn (Entwicklungs-) Hilfe als Belohnung für Reformen gegeben wird (bzw. Hilfe von diesen Reformen abhängig gemacht wird), führt zu der Schlußfolgerung, daß nur solche Reformen unterstützt werden, die bereits politisch beschlossen sind. So können Akteure nicht nur mit Hinweis auf Hilfeleistungen ihr verändertes Verhalten begründen. Angewendet auf Wandlungsprozesse im Bildungsbereich ergeben sich offenkundige Parallelen. Auch hier kommt es aufgrund u.a. finanzieller Restriktionen auf die "Kunst der Entwicklungsförderung" (HIRSCHMAN) an, die darin besteht, "für mehr Gelegenheiten zu Dissonanz erzeugenden Handlungen zu sorgen und sich darauf zu konzentrieren und beschränken, [...] politisch bereits beschlossene Reformen zu unterstützen." [44] Dies bedeutet dann, daß Mittel für eigene Reformanstrengungen gewollt sein müssen, indem sie beispielsweise explizit beantragt werden müssen. Die Mittel können so nicht als Ersatz für eigene Anstrengungen angesehen werden, oder diese werden nur gemacht, weil man Mittel dafür bekommt.

Ein Prozeß, der Reformen letzlich blockiert, kann so verhindert werden:

> "Der Tatbestand unklarer Ziele in komplexen Handlungssituationen zwingt die Akteure dazu, eigene Handlungszwecke zu formulieren, und verschafft ihnen die Möglichkeit, sich den Schein universeller Verantwortung, gepaart mit hoher Selbstsicherheit, in ihrem eigenen Tun zu geben und sich im Laufe der Zeit eine eigene Realität zu schaffen, in der die Maßnahmen nicht nur eine unrealistisch große Bedeutung erlangen, sondern sich auch verselbständigen. Dabei werden verschachtelte Rückkoppelungen über den geschaffenen und betrachteten Realitätsausschnitt hinaus nicht selten bewußt oder unbewußt ausgeblendet." [45]

Kann Elternmitwirkung als kollektive Interessenvertretung einer der strukturellen Auslöser für Modernisierungsprozesse in der "Umgebung" sein? Dies kann nur dann funktionieren, wenn die kollektive Interessenvertretung von Eltern institutionell eingebunden und strukturell so ausgestaltet ist, daß sie überhaupt eine 'Auslöserrolle' spielen kann. Verfolgt man die HIRSCHMAN'sche Argumentation weiter, so ist die Konzentration auf politisch beschlossene Reformen zur Vermeidung von Durcheinander sinnvoll. Die Einbeziehung von kollektiven Elternakteuren von politischer Seite liegt dann in deren ureigenstem Interesse. (Administrationsunterstützung) Im Gegenzug kann sie jedoch nur dann erfolgen, wenn diese kollektiven Akteure hinreichend qualifiziert und legitimiert sind für das Reformgeschehen.

Die teilweise hochspezialisierten Fragen im Bereich des Schulwesens sind dabei nicht immer "hausgemacht" zu beantworten, so daß die Einbeziehung von Expertenwissen notwendig ist. Da bei diesen Meinungspolarisierungen zu erwarten sind,[46] kommt es entscheidend auf die Auswahl von Experten an und auf die Aggregationsmethode, nach der ihre Stellungnahmen zusammengefaßt werden. Hierbei hat es sich nach S.O. HANSSON als wenig sinnvoll erwiesen, einfache Durchschnittswerte ("kleinster gemeinsamer Nenner") oder Minoritätswerte anzugeben, um Vermittlung und Kompromiß anzustreben.[47] Ein anderer Vorschlag besteht darin, die "Methode der durchschnittlichen vorsichtigen Schätzung" anzuwenden. Dabei wird der höchste und der niedrigste Wert angegeben und daraus dann der wahrscheinlichste Wert abgeleitet. Den Vorteil dieses Verfahrens sieht er in der Möglichkeit, daß Alternativen rational diskutierbar werden - und damit Vermittlung und Kompromiß - und vor allem, daß keine Glaubenskämpfe und -entscheidungen ausgetragen werden.

Alternativlos gültige kognitive, emotionale und praktische Muster der Alltagsbewältigung [48] sind nicht mehr vorfindbar und funktionieren dann auch nicht länger – nur ist die Frage, was an deren Stelle tritt. Auch die an die Stelle von Ökonomie, Politik und herkömmliche Modi der Sozialintegration tretenden Expertensysteme, beispielsweise in Schule und Hochschule und damit in Verbindung stehenden Organisationen, sind von den Modernisierungfolgen nicht ausgeklammert und können exklusiven Anspruch auf Rationalität zwar anmelden – aber ob sie eingelöst bzw. zuerkannt wird, steht auf einem anderen Blatt.

Zusammenfassung: Die Betrachtung der Schule als modernisierungsbedürftige Dienstleistungsinstitution macht auch Konzepte der Personalwirtschaft in diesem öffentlichen Bereich notwendig, wie sie im privatwirtschaftlichen Bereichen angewendet werden. Bei der Betrachtung von Eltern und Lehrern hat sich ein in Prinzip vorhandenes Qualifikationsniveau für Beteiligungsmodelle ergeben. Für die Enwicklung von Beteiligungen kollektiver Elternakteure spricht darüberhinaus, daß sie als Teil von institutionellen und strukturellen Gegebenheiten in der 'Umwelt' des Schulsystems Auslöser für Reformen sein könnten, gesteigert dann, wenn sie sich außerdem noch für klare politisch beschlossene Reformen einsetzen. Die Entwicklung einer kollektiven Interessenvertretung von Eltern als Expertensystem kann politisch sinnvoll sein zur Unterstützung von Reformen. Da sich in der Schule zwei "Expertensysteme" - Lehrer und Eltern - verständigen müssen, ist eine mögliche Aggregationsmethode zur Kompromißbildung und Vermittlung inhaltlicher Positionen zu suchen. Eine solche, die hochaufgeladene Glaubenskämpfe verhindern soll, ist die, welche unterschiedliche Stellungnahmen nicht zum 'kleinsten gemeinamen Nenner' zusammenfaßt, sondern aus Alternativen Wahrscheinlichkeiten abzuleiten versucht.

3. Staatliche Bildungspolitik als familienpolitisches Verteilungsproblem

Die staatliche Regulation großer Bereiche des Bildungswesens kann man volkswirtschaftlich mit den Verteilungswirkungen der öffentlichen Bildungsfinanzierung begründen.[49] Dabei geht es um Verteilungskämpfe der gesellschaftlichen Gruppen/ Klassen, und die dazu quer verlaufenden intergenerativen Verteilungskämpfe. [50]

Diese Tatsache wird gerne geleugnet und gewinnt erst in letzter Zeit eine gewisse Bedeutung in der öffentlichen Diskussion. Statistische Zahlen belegen, daß "das Armutsrisiko 'Alter' langsam an Bedeutung [verliert], während die Armut von Familien mit Kindern zunimmt." [51] Dies führt dazu, daß die Belastungsgewichte im Verteilungskampf eindeutig zuungunsten der jugendlichen Unproduktiven verlagert sind. Da die Lebenssituation von Kindern in weiten Teilen in Abhängigkeit von den Verteilungsstrukturen zu sehen ist, bedeutet der nicht funktionierende "Generationenvertrag" auch für den Bereich der Schule und Erziehung eine Einschränkung ihrer Lebenschancen. Die in Teilen der jungen Generation anzutreffende Wut, Aggression und Gewalt sowie der oftmals tiefe Dissens zwischen den Generationen haben hierin ihre Ursache. [52]

Kinder stellen einen hohen materiellen Wert für die Gesellschaft dar: sie sind "wichtigste Voraussetzung fast aller Politikbereiche, vor allem der Wirtschafts- und Sozialpolitik". [53] Dementsprechend kann die Politik für die Familie nicht als "Aufgabe eines einzelnen Ressorts verstanden und betrieben werden", [54] sondern muß als "Teil einer gesellschaftlichen Strukturpolitik, welche alle politischen Ebenen mit einschließt" konzipiert werden. [55] Die dementsprechende begriffliche Annäherung betrachtet Kinder als Humankapital oder -vermögen. Diese volkswirtschaftliche Sicht ist ein radikaler Bruch mit einer privatistischen Sichtweise, wonach Kinder (-kosten) der individuellen Familie zugeschlagen werden. Familienpolitik kann dementsprechend nicht länger als nachrangige Wohlfahrtspolitik angesehen werden. Vielmehr ist eine als Sozialpolitik verstandene Familienpolitik im Kern darauf ausgerichtet, daß die mit der Übernahme von Pflege-, Förder- und Erziehungsleistungen an Kindern verbundenen Tätigkeiten gesellschaftlich anerkannt werden. Indikator für eine solche Anerkennung ist, daß die damit Beschäftigten zumindest nicht eine Verschlechterung ihrer sozialen Situation zu beklagen haben, wenn nicht sogar ihre gesellschaftliche Besserstellung gegenüber denjenigen, die diese Aufgabe nicht übernehmen wollen/ können, angestrebt wird.

> "Das Kernproblem moderner Gesellschaften mit Bezug auf die Familie besteht in dem Umstand, daß die meisten Gesellschaftsbereiche sich gegenüber der Tatsache gleichgültig verhalten, ob Menschen die familialen Aufgaben wahrnehmen oder nicht. Die Erfüllung familialer Aufgaben genießt weder politische noch sonstige gesellschaftliche Anerkennung. Damit werden sie in einem falschen Sinne zur 'Privatsache' erklärt und trotz ihrer allgemeinen Bedeutsamkeit allein von moralischen Motiven und privat verfügbaren Ressourcen abhängig gemacht." [56]

Ein Ausfluß ist die heute noch vorfindliche Familienpolitik in Bezug auf die finanziellen Entlastungen, die sich nicht auf Familien mit Kindern bezieht, sondern Eheförderung ist. Dies führt dazu, daß zusätzlich zu den Steuern und Beitragszahlungen rund zwei Drittel der Kosten für Kinder von den Familien selbst aufgebracht werden. [57] Folglich ist eine deutliche Benachteiligung von Erwachsenen mit Kindern, sowie - intergenerativ betrachtet - eine Benachteiligung der jüngeren Generation gegenüber der älteren Generation zu konstatieren. [58]

Kinder als Kostenfaktor für die Familie in Form von laufenden Kosten zum Lebensunterhalt, Opportunitätskosten, Steuern, Beiträgen – und eben auch der unentlohnten Pflichtaufgabe Schule: mit dieser Betrachtungsweise erklärt sich vielleicht klarer die 'Ansprüchlichkeit' von Eltern allgemein an den Staat, speziell an die Institution Schule. Der Hinweis auf die hohen immateriellen Werte von Kindern (Quelle und Objekte emotionaler Beziehungen, neuer Erfahrungen und Orientierungen) können nicht als Ersatz für eine staatliche Politik aufgerechnet werden, die den öffentlichen Nutzen auf der Kostenseite überwiegend privatisiert – und darüberhinaus eine Politik verfolgt, in der grundsätzlich der Sozialbereich als erste Quelle für Sparmaßnahmen herhält. Dies ergibt zwar insofern Sinn, als Budgetkürzungen im Sozialbereich attraktiv sind aufgrund des "Prinzips der großen Zahl" und die "Essentials der gesellschaftlichen Machtverteilung in erster Linie im Bereich sozialer Transferleistungen und Dienstleistungen" liegen. [59] Umso wichtiger ist eine wirkungsvolle Interessenvertretung der Betroffenen; ein Teil davon stellt eine solche im Bereich des allgemeinbildenden Schulwesens dar. Sie läßt sich auch als 'Konsumentensouveränität' darstellen durch Ausweitung des Einflusses von Eltern auf das Schulwesen als Teil von „parent empowerment". [60]

Weitergehend sind Vorschläge für ein Umstellen des Finanzierungsmodus für das Bildungswesen von der staatlichen Finanzierung mit ihrer Gebundenheit an Machtkämpfe zu einem freien Bildungsmarkt. [61] Dies ist mit der Hoffnung von der tendenziellen Optimierung sozialer Verhältnisse durch Marktregulierungen verbunden. [62] Marktangebote sind immer auf die Zustimmung der Betroffenen angewiesen. Bei staatlichen Leistungen, die an die unproduktiven Konsumenten (Alte und Kinder) aus der von der jeweiligen Erwerbsbevölkerung erbrachten Wertschöpfung bezahlt werden müssen, wird immer versucht werden, die Alimentationsrate möglichst niedrig zu halten. [63]

Bei beiden Modellen, sowohl der marktmäßigen als auch der staatlichen Finanzierung, ist es nur logisch, daß Eltern, d.h. in der Regel 'Produktive', über die Prozesse, die mit den von ihnen erbrachten Geldleistungen finanziert werden, mitbestimmen wollen. Diese bezieht sich aber nicht nur auf die Höhe und Verteilung der finanziellen Ausstattung, sondern ebenso auf die Überwindung der strukturellen Rücksichtslosigkeit - hier des Bildungswesens - gegenüber den Familien. [64] Die damit erstrebte "Familienbezogenheit des Schulsystems" bedarf dringend der "Elternteilhabe":

> "Gemäß dem grundgesetzlichen Erziehungsrecht der Eltern werden sie über eigene Vertretungen an den Schulen sowie auf den kommunalen und staatlichen Ebenen an der Beratung beteiligt. Die Beteiligungsrechte sind in den Ländern unterschiedlich geregelt. Sie werden allgemein als unzureichend und unbefriedigend empfunden. Dies steht im Gegensatz zum tatsächlichen Teilhabepotential der Eltern. Sie verfügen inzwischen über ein hohes Bildungsniveau und über vielfältige Berufs- und Lebenserfahrungen. Beides verleiht den Eltern allgemeine und spezielle Kompetenzen, die nach verantwortlicher Teilhabe an den öffentlichen Angelegenheiten drängen, insbesondere an jenen, die, wie die Schulen, die Lebenslage der Familien und die Lebensperspektive der Kinder bestimmen. Lebensqualität wird außerdem daran gemessen, in welchem Maß Eltern über ihre eigenen Angelegenheiten selbst bestimmen können." (232)

Ob das Ausmaß des Interesses an Mitbestimmung durch direkte Finanzierungsmodi gesteigert wird, könnte sich bei einem Vergleich von alternativen und

Privatschulen mit staatlichen Schulen zeigen: hier finanzieren die Eltern den Schulbesuch ihrer Kinder doppelt. Neben der materiellen Interessiertheit scheint mir die Transparenz über die Mittelverwendung ausschlaggebend zu sein, um Eltern an Entscheidungsverantwortung bei zentralen Fragen des Schulwesens zu interessieren. Letzlich geht es dabei um die Überwindung der strukturellen Rücksichtslosigkeit der Schule und um die Frage, welchen Beitrag die Schule selbst leistet, um diese zu überwinden. Dabei geht es um ihr Selbstverständnis, das sich auch darin äußert, in welcher Weise das Bildungssystem und das Familiensystem aufeinander bezogen werden.

▼ Exkurs: Zur sozialen Lage von Familien, Familienpolitikansätze und die Rolle von Verbänden

Bis hierher ist deutlich geworden, daß Elternmitwirkung in den Rahmen von Sozialpolitik, und enger: Familienpolitik gestellt werden muß. Deshalb möchte ich darauf etwas genauer eingehen, insbesondere zur sozioökonomischen Lage von Familien. Dabei ist 'Familie' auch hier zu verstehen als Gemeinschaft von Kindererziehenden und Kindern, d.h. also nicht beschränkt auf Ehe im bürgerlich-rechtlichen Sinn. [65]

Bei aller Wertschätzung der Familie, wie sie sich nicht zuletzt auch im GG niederschlägt bis hin zu der nicht-endenwollenden Idealisierung sei es nun für die Kinderaufzucht bis Altenpflege, so kann doch nicht daran vorbeigesehen werden, daß ihre sozioökonomische Stellung sich nicht in einer annähernd so hohen Reverenz befindet.

> "Der überragenden Bedeutung der Familie für die Sicherung der Humanität und Zukunft der Gesellschaft, für die ethische und kulturelle Qualität einer Gemeinschaft trägt die Politik trotz ständig wiederholter Beteuerung [!] des Wertes der Familie nur unzureichend Rechnung. [...] Das bestehende Mißverhältnis zwischen der gesellschaftlichen Bedeutung von Kindern für die Gesellschaft und den Umfang der Entlastung der Eltern von den Aufwendungen für Kinder durch staatliche Transfers stellt einen Verstoß gegen die soziale Gerechtigkeit dar." [66]

Dies deutet sich bereits in der Wortwahl an: der Familienlastenausgleich wurde umgewidmet zu einem Familienleistungsausgleich. [67] Damit ist bereits semantisch angedeutet, daß nicht mehr die Gesamtheit der Belastungen, die mit Familie verbunden sind, ins Visier rückt, sondern lediglich eng umgrenzte Teilleistungen.

Der Eindruck, daß das Hohelied der Familie umso höher gesungen wird, je mehr davon abgelenkt werden soll, daß ihre ökonomische Lage erodiert, ist zwingend. Zur Verdeutlichung möchte ich die Zahlen des durchschnittlichen Sozialhilfebedarfs eines Kindes anführen: ab Juli 1991 wird dieses Existenzminimum mit 548 DM angesetzt. [68] Die tatsächlich ermittelten Ausgaben für ein Kind belaufen sich bei einer unteren Einkommensgruppe bis 2.500 DM auf 630 DM, bei einer mittleren Einkommensgruppe bis 4.500 DM auf etwa 720 DM und bei über 4.500 DM monatlich auf ca. 1.200 DM. [69] Hieraus ergibt sich, daß der existentielle Mindestbedarf (= Wert für den notwendigen Lebensunterhalt) bereits bei den Sozialhilfeleistungen nicht gedeckt ist, sondern um 13 % unterschritten wird bei Zugrundelegung der niedrigsten Einkommensgruppe (bei der mittleren erhöht der Wert sich auf 24 %, um bei der dritten Einkommensgruppe auf 54 % zu klettern). Die Gegenüberstellung von tatsächlichen Ausgaben mit einem (diskussionswürdigen) existentiellen Mindestbedarf ergibt also eine deutliche Unterfinanzierung.

Es wäre nun zu erwarten, daß durch Transferleistungen (einkommenssteuerliche Kinderfreibeträge, Kindergeld) Familien zumindest in der Höhe des existentiellen Mindestbedarfs entlastet würden – so wie es auch ein Urteil des Bundesverfassungsgericht vom 29.05.1990 anmahnt. [70] Lt. Sozialbericht 1990 werden jedoch bei einem monatlichen Bruttoverdienst von 3.600 DM (= Durchschnittsverdienst beschäftigter Arbeitnehmer 1990) bzw. von 5.000 DM lediglich bei

1 Kind	2 Kinder	3 Kinder
14/*10*	21/*12*	31/*23*

(Angaben in %, bezogen auf 3.600/ *5.000* DM Durchschnittsverdienst)

der familialen Ausgaben für Kinder über den Familienleistungsausgleich ersetzt (verglichen jeweils mit kinderlosen Paaren gleichen Alters). Im Durchschnitt ergibt sich eine Familienentlastung für Kinder von weniger als einem Fünftel der durchschnittlich aufgewendeten Kosten. Oder anders ausgedrückt: zu vier Fünfteln werden die Aufwendungen für Kinder von den Familien selbst getragen. Dabei sind die Opportunitätskosten, beispielsweise in Form entgangener Einkommen und reduzierter Einkommen bei Wiederaufnahme der Erwerbstätigkeit, ('Karriereknick', falls überhaupt der Einstieg in eine beruflichen Tätigkeit nach der sogenannten Kinderpause gelingt, mehrheitlich von Frauen) noch nicht hinzuberechnet.

Insgesamt ergibt sich demnach das Bild, daß Kinderhaben in Deutschland eine Privatangelegenheit ist, die materiell negativ sanktioniert wird durch Steuerungerechtigkeiten zwischen kinderlosen Paaren und Familien mit Kindern sowie durch Ausgleichszahlungen, die bereits in der niedrigsten Einkommensgruppe das existentielle Minimum nicht decken.

Zusammenfaßt also sind : "[...] Kinder Ursache sozialer Ungleichheit ersten Ranges geworden." [71] F.X. KAUFMANN (1990) spricht deshalb von der "strukturellen Rücksichtslosigkeit gegenüber der Familie, die sich im Wirtschafts-, Rechts-, Politik- und Bildungssystem gleichermaßen nachweisen läßt." [72]

Die Ziele von Familienpolitik als Teil der Sozialpolitik beziehen sich auf eine Schutz- und Ausgleichsfunktion, wobei Mechanismen der Einkommensumverteilung durch staatlich garantierte Sicherungssysteme das klassische Instrumentarium darstellen. [73] Die Familienpolitik zu verkürzen auf die Überwindung der Gegensätze zwischen den "Anforderungen der Arbeitswelt" und den "Bedürfnissen aller Familienmitglieder" [74] bewirkt dabei eine Funktionalisierung von Familien für die Arbeitswelt. Schließlich erfassen die sich auf die wohlfahrtsrelevanten Lebensbereiche beziehenden Mittel lediglich die 'objektiven' Problemlagen, die sich mit den Indikatoren Einkommen, Wohnung, Bildung, Sozialbeziehungen und Gesundheit abbilden lassen, 'subjektive' Problemlagen wie Einsamkeit, Ängste und Sorgen bleiben dabei noch außen vor. [75] Die Verkürzung auf die Verträglichmachung von Arbeitswelt und Familie in Kombination mit der Ausblendung weiter Bereiche von subjektiven Problemlagen bedeutet einen sehr eingeschränkten Wirkungsbereich von Wohlfahrts-, Sozial- und Familienpolitik.

Somit sind die Effekte der deutschen Familienpolitik weit entfernt von den Zielen einer Sozialpolitik, die sich als Schutz- und Ausgleichsfunktion darstellen läßt. Deswegen ist es auch nicht verwunderlich, daß sich auch die 1992 für diesen Bereich verantwortliche Ministerin vehement für Selbsthilfe ausspricht: "Im Prinzip ist örtliche und regionale Familienpolitik eine Strategie der Selbsthilfe." [76] Noch deutlicher bei D. HEUWINKEL: "Initiativen von Familien für Familien sind gefordert; denn damit Politik für Familien gemacht wird, muß Familienpolitik Anliegen der Familien selbst sein." [77]

Familienpolitik also nach dem Münchhausenprinzip – ein überlastetes System zieht sich am eigenen Schopf aus dem Sumpf?

Die Frage der Organisation von (Familien-) Interessen u.a. in verbandlicher Form bekommt damit eine Bedeutung. Die Hochschätzung von Familienverbänden, denen die Perspektive nicht nur eines Aufgaben- und Arbeitszuwachses, sondern auch eines Gestaltungs- und Einflußzuwachses winkt, wird gleichzeitig begrenzt auf das örtliche und regionale Feld der Selbsthilfe. [78] Diese Funktionszuweisung deckt sich allerdings nicht mit der Einschätzung der Verbände selbst, die "[...] Einflußnahme auf die Gesetzgebung, Mitsprache bei der personellen Besetzung von familienpolitischen Stellen" anstreben. [79]

Die Unsicherheiten über die Funktion von Verbänden, der Versuch ihrer Einflußbeschränkung auf den örtlichen/ regionalen Nahbereich sowie der Einforderung staatlicher Finanzierungshilfen zum Aufbau verbandlicher Strukturen und gleichzeitiger Politikfestlegung auf Subsidiarität und Selbsthilfe weist Widersprüchlichkeiten auf. Fachwissen, Kooperation und Stärkung der Verbände nach innen und außen [80] sind dann zwar hehre Ziele, die sich aber lediglich in dem Bereich der "Selbsthilfe" und des Subsidiaritätsgedankens befinden.

Die verbandliche Elternmitwirkung findet in Form von Familienverbänden statt (vgl. Hess. Elternbund, PEV) Die Verkürzung auf Familienbildungspolitik (beispielsweise in Form von Seminaren für Eltern), gibt exakt die Probleme der oben geschilderten Verbändepolitik wider als deren Beschränkung auf Selbsthilfe statt einer institutionalisierten Mitwirkung an Politikformulierung und -durchführung. ▲

4. Grundzüge staatlicher Sozial-/ Bildungspolitik als Steuerungspolitik

Politische Beteiligung als 'pädagogisches' Programm

Partizipationsprozesse werden bei der Selbsthilfe und politischen Beteiligung von Verbänden vorausgesetzt. Ob allerdings der bei Partizipation erzielte Konsens die Rationalität von Ergebnissen garantiere und somit eine partizipatorische Steigerung das geeignete Mittel für eine bessere Politik sei, wird skeptisch eingeschätzt. [81] Liegt dem Partizipationsmodell ein systematischer Denkfehler zugrunde?

> "Entgegen naiven Vorstellungen von Kommunikation und Handeln kommt es für die Inhalte der systemischen Interaktion nicht nur auf die Intentionen oder Interessen der beteiligten Individuen an, sondern ebenso auf die Gesetzmäßigkeiten der Operationsweise der betroffenen Sozialsysteme." [82]

Ist unter dem Ergebnisgesichtspunkt der Wunsch und das Interesse, an den politischen Entscheidungen, die einen selbst betreffen, beteiligt zu sein, Ausdruck politischen Hobbybastelns - die Schattenwirtschaft des Politischen - zwar normativ zu befürworten, da aktivierend, aber unter professionellen Gesichtspunkten auch ein wenig lächerlich, weil immer wieder soziale Systeme und Menschen durcheinandergeworfen bzw. auf sie reduziert werden? [83]

Gleich, welcher Auffassung von den Folgen von Partizipation man zuneigt (begrüßend, skeptisch, vereinnahmend): fest steht, daß sich Eltern bei der Artikulierung ihres Interesses auch an die Schuladministration als Adressaten wenden. Dabei ist impliziert, daß Bildung und ihre Inhalte als Teil und Gegenstand von sozialen Konflikten um das Staatshandeln lokalisiert werden. Dazu müßten die Staatsfunktionen genauer bestimmt werden. Die (Schul-) Administration als Teil des Staates in ihrer spezifischen Funktionsweise zu bestimmen, kann hier nur kursorisch erfolgen. [84]

> "In der gegenwärtigen pädagogischen Literatur taucht der Staat meist als 'deus ex machina' aus der 'Geschichte' auf, um als demokratischer an Allgemeinwohl, Rechtsstaatlichkeit und Legitimitätsüberlegungen gebunden nur Gutes zu tun." (187)

Dann kann es schon passieren, daß "Wünsche und Forderungen von Eltern" zurückzuweisen sind, weil sie als Einzelinteressen (auch in kollektiver Form vorgetragen) gegen den angeblich "am Gemeinwohl orientierten Bildungs- und Erziehungsauftrag des Staates [...] mehr, als den Schulen und häufig auch ihren Kindern guttut" vertreten werden. [85]

Staatsfunktionen - oder: wie das Gewaltmonopol durchgesetzt wird

Demokratietheoretische Begründung: (Re-) Präsentation von Eigennutz und Gemeinwohl

Die demokratietheoretische Argumentation nimmt ihren Ausgang von der Überlegung, daß Herrschaft, Macht und Interessen als Sphäre des Politischen und die Prozesse ihrer Verteidigung und Legitimation [86] in demokratischen Gesellschaften gebunden sind an regelmäßige Wahlen der Repräsentanten und Mitwirkung an den Programmen. Wie u.a. U. BECK (1989) deutlich macht, ist die Durchsetzung von Politiken von oben nach unten,

> "auch gegen den Willen und die 'irrationalen Widerstände' untergeordneter Instanzen, Interessen- und Bürgergruppen" nicht mehr oder nicht mehr so stringent möglich. Vielmehr ist "sowohl die Programmformulierung und Entscheidungsfindung als auch ihre Durchsetzung [...] ein Prozeß [...] , der quer zur formalen, vertikalen und horizontalen Gliederung von Befugnissen und Kompetenzen Netzwerke der Ab- und Mitsprache, des Aushandelns, Uminterpretierens und möglichen Widerstands" entstehen läßt. [87]

Repräsentation und Interessenvermittlung in einem so verstandenen demokratischen Prozeß sind politische Prozesse, die demnach - auf die Schule angewendet - nicht länger mit pädagogischen, interaktionstheoretischen und rechtlichen Theorien allein zu fassen sind, die Kompetenzen und formale Befugnisse umschreiben. Vielmehr geraten - gleichsam als Kehrseite der Demokratisierungsdebatte - gerade auch die 'schmutzigen' Aspekte des Politikmachens - Stichworte: Legitimationsdefizit, Machtmißbrauch, selektive Problemwahrnehmung, Profilierungssucht, Konkurrenz etc. - in den Blickpunkt.

"Jenseits von Markt und Hierarchie" – die Krise, die mit dem Versagen beider Steuerungsmechanismen beschrieben wird, ist offenkundig. Die Ausschau nach auch theoretischen Überwindungsstrategien könnte in einer Demokratietheorie liegen, die nach der Legitimität für Entscheidungen fragt.

Legitimität beruht auf Gründen und darf nicht auf Gewalt ruhen, so S. BLANKERTZ. [88] Dies erfordert "Praxisbeschränkung auf zustimmende Personen" (191) - so daß der friedliche Weg zur Herstellung von Legitimität darin besteht, intersubjektive Gültigkeit durch Dialog und Argumentation herauszuarbeiten. (168) Die zwangsweise Verbindlichmachung besteht dagegen im Einsatz von Gewaltmitteln. Die Begrenzung staatlicher Eingriffe und eine Stärkung von Öffentlichkeit/ Gesellschaft bedeutet in dieser Perspektive eine Demokratisierung der Schule, die mit einer verstärkten Legitimität arbeiten kann, wenn Eltern - und deren Mitwirkung - als Teil der Öffentlichkeit angesehen werden, deren Rolle nicht auf nachvollziehende Zustimmung beschränkt ist. Mehrheitsprinzip, Beteiligungsquoten, diskursive und offensive Öffentlichkeit verstanden als Verständigung und Vereinbarung gehören zur Mitwirkung dazu.

Zusammenfassung: Geldmacht, verstanden als Teil einer marktlichen Steuerung, braucht keine Begründung, sondern sie entscheidet sich am Mehr- oder Weniger-Haben. Anders bei Begründungen: erst wenn Zustimmung erfolgt, "funktionieren" sie, zeigen Wirkung. In einer solchen Perspektive ist Elternmitwirkung Teil eines umfassenden Legitimationszusammenhangs für das Bildungswesen. Öffentlichkeit wird nicht als externe Kontrolle, sondern als Konstitutionsbedingung für die Systemprozesse selbst aufgefaßt. Die Organisation von Eltern wäre nach diesem Theorieansatz eine notwendige Voraussetzung für das Funktionieren der Legitimitätsproduktion für die Schule (und darüberhinaus für das gesamte gesellschaftliche Leben). Die kollektive Mitwirkung von Eltern ist nach diesem Ansatz ebenso notwendig, weil nur über repräsentative Strukturen in Verbindung mit basisdemokratischen Verfahren ein Demokratisierungsprozeß zu erwarten ist.

Legalität und Legitimität

Wenn Demokratie und Gemeinwohlorientierung fraglos vorausgesetzt werden, so werden weder die "Grenzen der Wirksamkeit des Staates" noch sachliche Rechtfertigungen für bestehende Strukturen, ihrer Veränderung oder ihres Beharrens, diskutiert. [89] Es wird allgemein so getan, als sei der Hinweis auf 'Demokratie' das Legitimitätskriterium schlechthin, [90] so daß Legitimität und Legalität ineins fallen. Die Legalität des Staates ist durch die Grund- und Menschenrechte begrenzt, Wahlen sichern die periodische Überprüfung der Regierung, die Pressefreiheit als öffentliche Meinung soll ebenfalls Kontrollfunktionen erfüllen und schließlich die Gewaltenteilung - Gesetzgebung (Legislative), Verwaltung (Exekutive) und Rechtsprechung (Juridikative) - eine Begrenzung und

Kontrolle gewährleisten. Dies kann nur funktionieren, indem der Staat ein Gewaltmonopol beansprucht.

Bereits M. WEBER definiert den Staat nicht aus Inhalten dessen, was er tut, sondern "aus einem spezifischen Mittel [...] der physischen Gewaltsamkeit", [91] so daß seine Staatsdefinition als "ein auf das Mittel der legitimen Gewaltsamkeit gestützten Herrschaftsverhältnisses von Menschen über Menschen" [92] lautet. Dies erfordert Legitimität, die nur auf Gründen beruhen, und nicht auf Gewalt sich berufen kann. "Oder anders: Legitimität fordert Praxisbeschränkung auf zustimmende Personen." [93]

Diese Sichtweise diskutiert die Rolle des Staates unter dem Gesichtspunkt der Begrenzung seiner Aufgaben, eine andere sieht mehr die Steuerungsaufgaben, und kommt zu dem Fazit: "Die gesellschaftliche Führungsrolle des Staates ist zwar keineswegs unangefochten, aber sie ist bislang ohne praktische Alternative." [94]

Jedoch sind die Steuerungsleistungen des Staates infolge seiner eigenen Leistungen "zunehmend unterminiert worden" (178), weil diese darin bestanden/bestehen, eine Ausdifferenzierung der gesellschaftlichen Teilsysteme zugestehen zu müssen (gegen Zwang des Staates) oder auch fördern zu helfen, die "zu ernsthaften Konkurrenten um die Macht in der Gesellschaft herangewachsen" sind (178). Als Folge kann angenommen werden:

> "Die Schwächung des Staates geht einher mit einer Stärkung anderer gesellschaftlicher Akteure: z.B. der Massenmedien, aber auch der Verbände, der Berufsgruppen, Bürgerinitiativen usw. Die Entstaatlichung des Staates bedeutet zweierlei: zum einen eine 'Subpolitisierung' der Gesellschaft, zum anderen *kann* sie im günstigsten Fall die Erfindung des Verhandlungsstaates bedeuten, des *Staates der runden Tische*, an denen innenpolitische und zwischenstaatliche Konflikte beredet werden." [95]

Mit der zusätzlichen "Herausbildung der Person als individueller Akteur" (178) ergeben sich "komplexe Gesellschaften, [die] trotz der formalen Umhüllung durch den Staat hochgradig dissipative und konfliktträchtige Systeme [sind]" (179), so daß die "Balance zwischen relativer Autonomie und hoher Interdependenz" [96] Integrationsleistungen des Staates erforderlich macht. Diese stoßen allerdings oftmals an ihre Grenzen.

Modell des Steuerungsstaates

Eine staatlich verordnete Schulpflicht herrscht im allgemeinbildenden Schulwesen sowie eine umfassende staatliche Regulierung. Überlegungen zu veränderten Staatsfunktionen machen vor diesem Bereich des staatlichen Handelns nicht Halt. Diese bewegen sich - auch wenn man S. BLANKERTZ in seiner Polemik gegen das Ineinssetzen von Verfassungsgebot und -wirklichkeit nicht folgen mag - vom Zentral- zum Steuerungsstaat. F.X. KAUFMANN hat die unterschiedlichen Sichtweisen über die Funktionen des Staates zusammengefasst aus der Sicht "eines die kontinental-europäische Staatsentwicklung rekonstruierenden Sequenzmodells" [97]: die jüngste staatstheoretische Entwicklung eines modernen Staates bewegt sich auf seine Rolle als Steuerungsstaat hin. (Polizei-, Rechts-, Sozialstaat als theoretische [!] Verarbeitung vorheriger Entwicklungsstufen). Dessen Charakteristika lassen sich beschreiben:

- neue, nicht-hoheitliche Steuerungsmöglichkeiten (21),
- Veränderung und Neuformulierung der Aufgaben: Schutz der natürlichen Ressourcen und präventives Eingreifen (20),
- Souveränitätsverlust durch inter- und supranationales Eingebundensein (21).

Dieses Verständnis eines systemischen Zusammenhangs - was etwas Anderes ist als das im Alltagsverständnis vorhandene Allgemeingut, daß alles mit allem zusammenhängt und sich wechselseitig bewirkt und beeinflußt - definiert die Rolle des Staates neu:

> "Gewährleistung des unschädlichen Zusammenspiels der Eigendynamik verschiedener sozialer Systeme", "Herstellung von institutionellen Bedingungen der Handlungskoordination" als "reflexiv stets erneut durch politische Entscheidung zu Gestaltendes." (24)

Die beteiligten Akteure befinden sich damit in entsprechenden Aushandlungs- und Willensbildungsprozessen, die "neue, lernfähigere Formen politischer Willensbildung voraus[-setzen]" (25). Im günstigsten Fall könnten damit verbunden sein, daß der

> "Zeit- und Sachhorizont politischer Entscheidungen nach Maßgabe unseres möglichen Wissens zu erweitern" [und] "die Lern- und Anpassungsfähigkeit des politischen Systems durch entsprechende institutionelle Vorkehrungen zu erhöhen" [ist]. (30)
>
> "Dies aber setzt ein sozialwissenschaftliches Wissen über die Entwicklungsbedingungen und die Funktionsweise jener zwischen Staat und gesellschaftlichen Akteuren entstandenen Netzwerke voraus." (30)

Diesem veränderten Verständnis der Staatsfunktionen, die sich in Verhandlungssystemen, verstanden als komplexe Netzwerke, [98]

> "bestehend aus privaten und staatlichen Akteuren, [die] in gemeinsamer, sei es formeller oder informeller Kooperation, Politikinhalte, -strategien und -instrumente [aushandeln] und auch gemeinsam arbeitsteilig [durchführen würden]" [99]

entfalten, ist komplementär zur Emanzipation des Individuums. Als Folgewirkung entwickelt es als Bürger "Ansprüche auf Partizipation, Mitsprache, Mitbestimmung und Mitgestaltung." [100] Sie richten sich nicht nur gegen den Staat, sondern auch gegen gesellschaftliche Organisationen, Verbände, Institutionen und Subsysteme (180). Damit werden mehr als einfache Steuerungsformen nötig.

"Da hoheitliches Handeln auf der Basis von Geboten und Verboten notwendigerweise durch eine hohe Inflexibilität charakterisiert ist und daher zu Abwehr- und Vermeidungsstrategien unliebsam betroffener Akteure besonders einlädt, da also regulative Politik in bestimmten Gegenstandsbereichen wie den sozialen Diensten, dem Umweltschutz oder der Wirtschaftsförderung häufig kontraproduktive Wirkungen zeitigt, werden dem Staat 'weichere' Strategien, wie Anreizprogramme, Überzeugungsprogramme (vgl. MAYNTZ, Hg.1983), die Konstituierung von Verhandlungssytemen, 'prozedurales' bzw. 'reflexives Recht' oder 'Kontextsteuerung' (vgl. TEUBNER/ WILLKE 1984) empfohlen." [101]

Zusammengefaßt: "In hochgradig arbeitsteiligen und differenzierten Gesellschaften könne kein politischer Akteur wissen, welches der rechte Entwicklungsgang einer Gesellschaft sei. Nur wenn alle wichtigen politischen und sozialen Interessen miteinander in einem permanenten Austausch stünden und permanente Aushandlungsprozesse zwischen ihnen institutionalisiert seien, seien Demokratien innovativ und lernfähig und käme sozialer Fortschritt zustande. Jede Form der politischen Planung oder Gestaltung von oben müsse scheitern, weil der Staat zwar über einen starken Daumen verfüge (Autorität), aber nicht über die Finger, Programme umzusetzen. Dazu seien das Wissen und die Bereitschaft der tangierten Interessen vonnöten." [102]

Steuerungsformen

a) Modifikation und Ergänzung zur etatistischen und marktlichen Steuerung

Trotz aller insbesondere wissenschaftlicher Expertise und politischer Deklarationen wird immer noch der Versuch unternommen, staatliche Politik zwanghaft durchzusetzen. Dies ist Anlaß ständigen Ärgers mit den BürgerInnen. Die dann nachgeschobenen Aufklärungen über Hintergründe, Motive und angebliche Sachzwänge der Verwaltung/ der Politik sollen zur Konfliktreduzierung dienen, enden aber oftmals bei Mißverständnissen, Uneinsichtigkeiten etc. – und zwar auf beiden Seiten. Das Politikmodell, daß Experten Regeln anwenden und durchsetzen, ohne daß vorher bei den von dieser Politik Betroffenen wenigstens aufklärende Information stattfindet mit dem Ziel des Herstellens von Interessenkonvergenzen, scheint immer weniger zu funktionieren.

Auch die rein verfahrensmäßige Abfederung von Entscheidungen durch unverbindliche 'Gesprächsrunden', 'Runde Tische', die angesichts der Inflationierung der Teilnehmerzahl sowieso dazu tendieren, die Entscheidungsfunktion zunichte zu machen,[103] wird den Erwartungen der BürgerInnen (inzwischen) nur sehr begrenzt gerecht. Das Verhältnis der BürgerInnen zu Politik und Verwaltung bleibt prekär. Lösungsvorschläge zur Aufhebung der "Selbstblockade" der Exekutive durch Tradition, der Politik durch "situativen Pragmatismus" [104] liegen allerdings vor:

- Aufbau von Netzwerken aus Gremien [!] mit hoher organisatorischer Konzentration,
- Schlichter-/ Mediatorenmodelle,
- Verhandlungsmodelle.

Diese Modelle werden als Ablösungen von Steuerung über etatistische Politik (und auch Markt) vorgestellt, zumindest aber als Ergänzungen dazu. Das Übergehen auf "verfestigte kooperationsorientierte Interaktionen zu ausgehandelten, konsensgebundenen Steuerungsformen" [105] soll eine ausreichende Legitimation, Effizienz und Effektivität sicherstellen. Damit verbunden ist nicht die völlige Abkehr von hierarchisch-autoritärer und marktförmiger Steuerung, weil die Reichweite jeder Steuerungsform grundsätzlich begrenzt ist durch "Differenzierungs- und Interdependenzprozesse kapitalistisch geprägter Gesellschaften", so daß "weniger autonome Gestaltungsfreiheit, sondern vor allem Modifikation, Stabilisierung und Sicherung externer, historisch geprägter, damit aber auch veränderbarer Gegebenheiten" anliegen. Diese - gemessen an einem gesellschaftsverändernden Modell - bescheidenen Zuwächse an Beratung, Konsultation, Konzertierung, Mitbestimmung, gemeinsamer Verhandlung und Mitentscheidung haben gleichwohl konkurrierende als auch komplementäre Funktionen zu etatistischen und marktförmigen Steuerungsformen.

Welche der Steuerungsformen durchsetzbar ist, hängt damit wiederum entscheidend von den Potenzen der einzelnen Verhandlungspartner ab, d.h. von der simplen Frage: was haben sie anzubieten?

Die Verortung von Mitwirkung als einem Mosaiksteinchen im Gesamtbild von Steuerungsformen, die in Abkehr von reiner Staatlichkeit und Marktförmigkeit gedacht werden, nimmt der oftmals schrillen Autonomisierungsdiskussion im Schulbereich die Spitze: nicht Staatsrückzüge, Ausliefern an Interessengruppen und platte Einsparmethoden stehen an, sondern lediglich "Modifikationen" von Politikstilen statt "autonomer Gestaltungsfreiheit".

Dabei sind deren Kosten ein weiterer Faktor, der beachtet werden muß: der bürokratisch-formalistische Stil fördert "anomische Partizipation".[106] Da Investitionen in ein Politikfeld - hier Bildungswesen - ebenso ausscheiden wie autoritative Regelungen, versprechen Verhandlungsstrategien demnach den größten Erfolg. Dieses Verhandlungsmodell sollte nicht verwechselt werden mit konsensualen Modellen einer "idealen Sprechsituation" (J. HABERMAS), wie sie insbesondere im sozialpsychologischen Feldern - wie Beratung und Therapie - als Leitidee entwickelt worden sind. Vielmehr geht es bei diesen Verhandlungsmodellen um die Integration von Partialinteressen und -rationalitäten,[107] und nicht um (gegenseitige) Hilfe und Unterstützung.[108] Mit allen "pluralistischen Parteitaktiken" (wie Durchwurschteln, Schachern um anfallende Kosten und erwarteten Nutzen, Vorrang politischer Winkelzüge vor sachlichen Gesichtspunkten, alles um den Preis beliebiger Ergebnisse) ist daher zu rechnen.[109]

Gleichwohl: die übergeordnete Orientierung bzw. die Einsicht, daß eine pareto-optimale Nutzensteigerung oder auch nur ein erhöhter "aggregierter Netto-Nutzen aller Beteiligten gegenüber dem status quo" [110] erzielt wird, dürfte ausreichen, Verhandlungssystemen den Vorzug zu geben. Dabei ist zu erwarten, daß die schrankenlose Beliebigkeit von Ergebnissen durch die Kontrolle der anderen Kooperationspartner reduziert wird. Ob damit auch eventuell eine "Zurückgewinnung staatlicher Konfliktstrategie" [111] einhergeht, müßte sich für den Bildungsbereich noch herausstellen.

b) Verhandlungssysteme

Als politische Akteure gelten nicht nur Personen, sondern z.B. auch Verbände als organisierte Interessenvertretungen. Für deren Austauschprozesse mit dem Staat hat F.W. SCHARPF drei typische Konstellationen von Verhandlungssystemen herausgearbeitet:

- Selbstregulierung: "Fälle also, in denen eine abgrenzbare Gruppe das Rechtssetzungs- und Gewaltmonopol des Staates in Anspruch nimmt, um damit ein allein durch freiwilliges Handeln nicht zu lösendes internes Problem zu regeln," [112] durch "freiwillige Vereinbarungen" und "informelle Sanktionen" (37).

"In allen diesen Fällen sind die Gruppenmitglieder gemeinsam daran interessiert, daß alle (oder wenigstens alle anderen) bestimmte Regeln einhalten", so daß vermutlich "eine von den Betroffenen selbst vorgeschlagene und von den staatlichen Akteuren lediglich akzeptierte und sanktionierte Regelung problemgerechter, interessensensibler und im Ergebnis effektiver und effizienter sein wird als ein staatlicher Oktroi," (37)

- bi- und trilaterale Konstellationen: hier ist die staatliche Willensbildung mit der von "zentralisierten Monopol-Organisationen der Anbieter und Nachfrager" (38) in Verhandlungssystemen verknüpft,
- pluralistische Politiknetzwerke: "fragmentierte Repräsentation der unterschiedlichen Interessen und korporativen Akteure in einem Politiksektor (Wirtschafts-, Arbeitgeber- und Berufsverbände, Gewerkschaften, Verbraucher- und Umweltverbände, Forschungseinrichtungen, Medien etc.) und die ähnlich differenzierte Beteiligung von spezialisierten politisch-administrativen Akteuren (Parteigremien, Parlamentsausschüssen, Ressorts und nachgeordneten Behörden in Bund, Ländern und Gemeinden." (39/40)

Die in der schulpolitischen Diskussion erhobene Forderung nach "Autonomisierung" erweist sich in dieser Perspektive weniger als Zielvorstellung, sondern mehr als Instrumentarium eines modernen Staatshandelns, das nicht länger 'verfügt' und 'anordnet', sondern durch unterschiedliche Verhandlungssysteme steuert. Wenn von "Autonomisierung" gesprochen wird, ist also eine spezifische Variante von staatlichem Steuerungsinstrumentarium antendiert, die zur Selbstregulierung von Teilbereichen führen soll. Dabei verbleibt die monopolisierte Rechtsetzung und Gewalt durchaus beim Staat. Die Produktion von Regulierungen verläuft allerdings nicht (länger) im Zuge eines staatlichen Oktroi, sondern die Regulierungsregeln und -leistungen werden von den Beteiligten selber hervorgebracht, um dann staatlicherseits wiederum akzeptiert und sanktioniert zu werden. Wenn dieses Verfahren tatsächlich im Schulbereich angewendet wird, ist die Mitwirkung von Eltern im Interesse von effektiver und effizienter Regulierung unverzichtbar.

Selbstregulierung und Dispositionsfreiheit

Allerdings warnt C. OFFE vor den "Fallen" der prozeduralen Steuerung: da ein faktischer Beratungs- und Einigungszwang herrscht, wird die "privatautonome Dispositionsfreiheit" eingeschränkt. Dies ist nur dann nicht negativ, wenn der Zwangsverbund im Interesse aller liegt, oder

> "der zweite Fall ist die materiell relativ folgenlose Kooperation, bei der die realen Entscheidungsvorbehalte der einen Seite gewahrt, allerdings hinter Ritualen von repräsentativer Beteiligung und einvernehmlicher Entscheidung versteckt werden." [113]

Man könnte argumentieren, daß die Dispositionsfreiheit von Eltern im staatlichen Schulsystem durch die Erziehungsrechte umschrieben werden. Diese könnten bei prozeduraler Steuerung absichtsvoll dann eingeschränkt werden, wenn es im gemeinsamen Interesse der Akteure läge. Andernfalls könnte lediglich von "relativ folgenloser Kooperation" und "Ritualen von repräsentativer Beteiligung und einvernehmlicher Entscheidung" gesprochen werden. Erst wenn alle "Teilnehmer" davon überzeugt sind, daß sie ohne Kooperation und Verhandeln nicht ihre Interessen durchsetzen können, werden sie bereit sein, Teile ihrer Verfügungsmacht aufzugeben. Dies setzt dann strukturell annähernd gleichstarke Partner voraus.

Diese Verhandlungsmodelle der Selbstregulierung sind allerdings grundlegend eingeschränkt durch "die alte marxistische Einsicht" (E. LINDBLOM) "gegenüber dem abstrakt-allgemeinen systemtheoretischen und postmodernen Geraune" [114], die darin besteht, daß in liberaldemokratischen Gesellschaften

> "keine Politik gegen die Interessen der privaten Wirtschaft durchgesetzt werden könne. Dort wird der ökonomische Reichtum der Nation erzeugt, der erst die Voraussetzung für gestaltende Politik und soziale Wohlfahrt ist. Folglich kann Politik immer nur funktionieren, wenn sie das Vertrauen der privaten Wirtschaft genießt. Und dieses Privileg der Wirtschaft sei nicht in erster Linie Ergebnis ihres Lobbyismus, obwohl es den auch gebe, sondern er sei strukturell gegeben, und zwar solange, solange man das Privateigentum an den Produktionsmitteln als das effizienteste System der Wirtschaftsorganisation nicht in Frage stellen wolle." (427)

Diese grundlegende gesellschaftliche Machtasymmetrie definiert jede Form von Mitwirkung auch in Verhandlungssystemen – und dementsprechende Grenzen. Für den Bildungsbereich verkompliziert sich die Sachlage dadurch, daß es bei seiner "Produktion" nicht um Sachgüter, sondern um Dienstleistungen geht. Bei einer Dienstleistung gewinnt man nicht das Verfügungsrecht über eine Sache, sondern über die Arbeitskraft einer Person. [115] Außerdem wird die

Nutzung nicht über den Markt vermittelt, weil man im allgemeinbildenden Schulwesen die Dienstleistung Unterricht nicht direkt kauft, sondern sie über das staatliche Steuersystem vermittelt zur Verfügung gestellt wird.

Zusammenfassung: Was würde für das Schulsystem der Steuerungsstaat bedeuten, der sich in Verhandlungssystemen mit unterschiedlichen Akteuren seiner Effizienz noch (halbwegs) versichern kann? Die unterschiedlichen Konstellationen von Verhandlungssystemen in diesem Politikfeld lassen sich am ehesten dem 'pluralistischem Politiknetzwerk' zuordnen. Es ist aufschlußreich, daß innerhalb der schul- und pädagogikbezogenen Literatur die Wandlungen im Staatsverständnis hin zu einem Steuerungsstaat im Ergebnis für das Schulwesen recht umstandslos mit dem Begriff "Autonomie" äußerst hoch angesetzt werden. Dabei geht es vorerst lediglich um eine verstärkte Selbstregulierung als Verhandlungstyp, der sich herausbilden müßte (z.B. Pädagogische Profilbildung). Die dabei erforderliche gemeinsame Interessenregelung und -durchsetzung müßte neben ihren Legitimitätsvorteilen auch ihre Effizienz noch beweisen. Selbstregulierung als neu zu installierender Verhandlungstyp im Schulbereich sowie dessen Ergebnisevaluation sind damit nicht geradlinig mit "Autonomisierung" der Schule ineins zu setzen.

Dabei müssen Elternrechte, betrachtet als Dispositionsfreiheit, bei prozeduraler Steuerung im Schulsystem so ausgestaltet und eingebunden werden, daß es zu folgenreicher Kooperation kommen kann. Diese setzt gemeinsame Interessen am Schulsystem voraus, die es erforderlich machen können, aus Gründen der Durchsetzung Elternrechte (aber auch die Rechte anderer beteiligter Akteure, wie z.B. Lehrer) zu modifizieren, eventuell auch einzuschränken. Grundlegend würde dieses Modell bedeuten, daß sich die Eltern zu "strukturell gleichstarken Partnern" entwickeln müßten, um überhaupt in diesem (theoretischen) Verhandlungsmodell eine andere als ritualisierte Kooperationsrolle übernehmen zu können.

5. Bildungspolitik als Sozialpolitik

Mit Hilfe dieser Überlegungen kann die Funktion und Rationalität von Bildungspolitik genauer erläutert werden. Sie ist als ein staatliches Teilsystem der Sozialpolitik ein Mittel für die Disziplinierung, Umverteilung und Hilfe. "Aktive Sozialpolitik" kann darüberhinaus ein Mittel zur Abschaffung schädlicher Arbeiten und Arbeitsverhältnisse sein und ein Ansatz zur Entkoppelung von Lohnarbeit und sozialer Sicherung sein. [116] So verstandene Sozialpolitik ist ihrer Funktion nach auch eine Definition, Regelung und Verschiebung von Schnittstellen zwischen den gesellschaftlichen Sphären geschlechtsspezifisch männlich/ weiblich, privat/ öffentlich, bezahlt/ unbezahlt. [117] Die weitergehenden Funktionen bezieht Sozialpolitik/ Bildungspolitik aus der Verbindung mit Modernisierungsprozessen: sie schafft die Voraussetzungen für ökonomische und demokratiepolitische Erfordernisse, indem sie die "Wahrnehmung politischer Partizipationsrechte" selbst politisch herstellt und mit dem "Ruf nach (Aus-) Bildung" konvergieren läßt. [118] Somit wird Sozialpolitik - und damit Bildungspolitik als Teilbereich - Voraussetzung für Modernisierungsprozesse. Die spezielle Aufgabe von Sozialpolitik ist es nun (oder besser: wäre es), unter "der Bedingung ökonomischer Knappheit relative Autonomie gegenüber ökonomischen Zwängen zu stiften." [119] Sozial-, Bildungspolitik hätte damit die spezielle Funktion, daß sie - obwohl im besonderen Maße den ökonomischen Zwängen unterworfen - gleichzeitig materiell Unabhängigkeiten/ Distanzierungen/ Balancierungen von und zwischen diesen herstellen soll.

Prinzipien für einen Umbau/ Abbau des Sozialstaates

Bei Betrachtung des Schulsystems als Teil der staatlichen Sozialpolitik sind Reformdiskussionen im Schulwesen dann auch Teil von Vorschlägen für einen Um-/ Abbau des Sozialstaates. Aus unterschiedlichen politischen Lagern liegen dafür Vorschläge vor:

- politische *Beschränkung von Marktmacht* aus sozialen und ökologischen Gründen, [120]
- innerhalb des Sozialetats *Prioritätsverlagerung und Umschichtungen*, um Spielräume für eine Reform zu gewinnen, [121]
- am Beispiel der Renten- und Krankenversicherung: *Differenzierung* in eine Kernversorgung, die um betriebliche bzw. private Vorsorge ergänzt wird, [122]
- *Ergänzung* der monetären und rechtlichen Ausrichtung der sozialstaatlichen Versorgung [!] um genossenschaftliche u.ä. Selbsthilfenetze. [123]

Ich möchte den Ansatz von F. NULLMEIER/ F.W. RÜB anführen für eine prototypische sozialpolitische Argumentation, [124] der Prinzipien herausarbeitet für notwendige Veränderungen des bundesrepublikanischen Wohlfahrtsstaates. [125] Diese Prinzipien, die sich auf die bildungspolitische Sparte des Sozialstaates, das Bildungssystem, übertragen lassen, setzen sich ab von rein marktlichen Konzepten als auch einer auf Selbsthilfe und solidarische Netzwerke setzenden Sozialpolitik. [126]

Das Grundproblem der Sozialpolitik besteht in der Umverteilungsfunktion. Für diese muß nun eine neue Koalition gefunden werden, die Verbesserungen für die Mittelschichten mit Maßnahmen für die Marginalisierten verbindet. Diese Koalition kann nicht in der Weise zustandekommen, daß staatlicherseits lediglich neue Lasten auf den Mittelstand gelegt werden, die sich - wie die Entwicklungen speziell der letzten acht Jahre zeigen - auch psychologisch verheerend auswirken. Sozialpolitische Alternativen müßten sich sowohl auf die nationalen Traditionen stützen [127] als auch Klassen und soziale Gruppen zusammenführen.(11) Für dieses Programm sind fünf Prinzipien grundlegend:

• Verteilungspolitische Transparenz

"Das erste Element einer alternativen sozialpolitischen Strategie zielt darauf, die Höhe der Sozialausgaben für ein bestimmtes Problem explizit an die Höhe des gesamtgesellschaftlichen Reichtums im Sinne des Bruttosozialprodukts zu binden. Die Gesellschaft müßte also klären, welche Ansprüche an das Sozialprodukt anerkannt werden, welchen Personen(gruppen) daran überhaupt und unter welchen Bedingungen teilhaben sollen und welchen Stellenwert diese Ansprüche gegenüber anderen sozialen Teilhaberechten und anderen staatlichen Ausgaben haben sollen. Dazu müssen Verteilungsrelationen und die hinter ihnen stehenden Gerechtigkeitsvorstellungen, Bedürfniskonstruktionen und Statusmodelle zunächst transparent gemacht werden [...], mit anderen Worten: die Schaffung von Transparenz selbst als sozialpolitisches Prinzip anzuerkennen." (12)

• Kalkulierbarkeit

Das Beispiel der Rentenberechnung zeigt, daß es für den einzelnen Bürger unmöglich ist, die eigenen Rentenansprüche zu berechnen. Diese individuelle Unkalkulierbarkeit und die verteilungspolitische Undurchschaubarkeit ist genau das, was für Bildungsabschlüsse auch gilt: bei Eintritt in einen Bildungsprozeß mit den Ziel der Erlangung eines Bildungsabschlusses ist nicht abschätzbar, welcher Abschluß zu welcher Zeit einen Wert in welcher Höhe haben wird.

• Optionssteigerung

Auf der Basis individueller Kalkulierbarkeit könnten Wege zur Optionssteigerung realisiert werden. Diese bewegen sich sowohl auf der marktliche Ebene, und schaffen damit die Möglichkeit der individuellen Wählbarkeit, als sie auch die bisherigen Träger [im Beispiel: Alterssicherungsmarkt, im übertragenen Sinn: Träger von Bildungseinrichtungen] in Konkurrenz zueinander setzen. Damit können umverteilende und optionale Elemente miteinander verbunden werden.

• Individualisierung

"Der Individualisierung und der Pluralisierung der Lebensstile muß eine Individualisierung der Sicherungssysteme folgen, die mit einer Vielzahl von konkreten Lebensweisen kompatibel sein müssen." (15)

Weiter oben habe ich zu zeigen versucht, daß die einseitige Lastenverteilung der Kinderaufzucht auf die Familie nicht länger haltbar ist, so daß "die Schaffung eines eigenen Finanzierungssystems für den Lebensunterhalt der Kinder, das ein altersgemäßes Einkommen bereitstellt" (altersgemäßer Grundunterhalt) vorgeschlagen wird. Analog könnte man für das Bildungswesen formulieren, daß es eine Grundversorgung sicherstellt, die optional erweitert werden kann.

• Minimumstrategie

Die sozialen Alterssicherungssysteme in der BRD sind bisher verkoppelt mit der Erwerbstätigkeit (Lohnarbeitszentrierung). Der Wandel auch in den Erwerbsbiographien, beruhend auf Einstellungswandel zur Erwerbsarbeit, letztlich aber stärker bestimmt durch Arbeitsmarktfriktionen, läßt in vielen Fällen den Aufbau einer ausreichenden Alterssicherung nicht mehr zu. Eine steuerfinanzierte Grundrente als Alternative zu einer beitragsbezogenen Mindestrente ist in der BRD - anders als beispielsweise in den Niederlanden - politisch bisher nicht durchsetzbar. [128]

Daher könnte eine allgemeine Mindestbeitragspflicht, die durch verschiedene Elemente ergänzt werden könnte (Kindererziehungsjahre, ehrenamtliche Tätigkeiten, Pflegezeiten etc., die durch Beitragszahlungen des Bundes abgesichert werden könnten, freiwillige Zahlungen und natürlich Zahlungen aus Erwerbsarbeit/ Teilerwerbsarbeit) ein Ausweg sein, der gleichzeitig zur Individualisierung und Optionensteigerung beiträgt.

Angewendet auf das Bildungswesen sind diese fünf Kriterien einer 'Neuen Staatlichkeit' schon allein deshalb interessant, weil es illusorisch ist, den Bildungsbereich aus der allgemeinen Diskussion über umverteilende Sozialpolitik heraushalten zu wollen. Wenn es richtig ist, daß beispielsweise in NRW im Jahre 2000 fünfzig Prozent des Landeshaushaltes für Personalaufwendungen, einschließlich der Pensionszahlungen, unter Zugrundelegung der bisherigen Regelungen aufgewendet werden müßten, [129] so ist einsehbar, daß damit die Fragen nach "Angemessenheit und Bedürfnisadäquatheit der Ausgangsverteilung" (8) nicht länger als unabweisbares Systembedürfnis, sondern als Verteilungskonflikt formuliert werden wird. Dabei ist es dann wirklich entscheidend, ob aus dem Bereich der Sozialpolitik insbesondere Bildungspolitik, Familienpolitik oder spezieller Kinderpolitik länger noch als "politische Restgrößen" behandelt werden. Oder ob die Einsicht, daß "die wichtigste Voraussetzung fast aller Politikbereiche, vor allem aber der Wirtschafts- und Sozialpolitik, nachhaltig verändert" ist, weil der schlichte Satz von Konrad ADENAUER ("Kinder haben die Menschen immer.") bezogen auf Deutschland so nicht mehr stimmt. [130] Damit wird schon aus demographischen Gründen die Grundlage des gesamten Systems sozialer Sicherheit brüchig. Deshalb:

> "Erst wenn die einsichtigen materiellen und immateriellen Bedürfnisse von Kindern innerhalb und außerhalb [!] des Familienbandes befriedigt sind, können durch die Gesellschaft weitere sozialpolitische Aufgaben erfüllt werden." (32)

Mit dieser Prioritätenfestlegung könnte eine Orientierung im verteilungspolitischen Spektakel erfolgen. Grundlegend ist dabei auf jeden Fall "ein stabiles Erwerbssystem", d.h. also die Überwindung der Massenarbeitslosigkeit, wenn nicht durch Schaffung neuer Arbeitsplätze, dann durch die Umproportionierung der Erwerbsarbeit. Dazu gehört - neben anderen Maßnahmen, wie öffentliche und private Investitionsverstärkung, regionale Strukturpolitiken, aktive Beschäftigungspolitik ("Bündnis für Arbeit") u.a.m. - auch die "Neubewertung der Reproduktionsarbeit in der Familie". [131]

Zusammenfassung: Bildungspolitik als Teil der Sozialpolitik hat mehrere Funktionen: Disziplinierung der Bevölkerung, Umverteilung von Finanzmitteln, Hilfe in Notlagen und schließlich als sogenannte aktive Sozialpolitik Herstellung von Voraussetzungen für Modernisierungsprozesse. Bildungspolitik kann als ein Teilbereich einer so definierten Sozialpolitik verstanden werden, die ökonomische Zwänge abmildert und balanciert. Eine wohlfahrtsstaatliche Aufgabenerfüllung von Sozialpolitik stößt aufgrund ökonomischer und ökologischer Zwänge an Grenzen. Die dadurch erforderlichen Veränderungen von Sozialpolitik werden anhand von fünf Prinzipien diskutiert: Transparenz, Kalkulierbarkeit, Optionensteigerung, Individualisierung und Minimumstrategie. Auch Bildungspolitik als Teil der Sozialpolitik kann diese Prinzipien benutzen, um eine Prioritätenfestlegung für Kinder im verteilungspolitischen Kampf zu begründen.

6. Entscheidung und Einfluß – oder: auf welcher Ebene "Qualität von Schule" hergestellt wird

Wenn "sowohl die Gegenstände von Politik als auch die Eigenständigkeit oder Selbstreferenz gesellschaftlicher Teilsysteme das traditionelle Staats- und Verwaltungshandeln nachhaltig verändern", [132] so daß neben die Steuerung durch den Staat "die Organisation der Selbststeuerung der gesellschaftlichen Akteure" (18) tritt, dann müssen sich auch Eltern als gesellschaftliche Akteure konstitutieren. Wie können sie zu der Rolle eines sich selbst steuernden gesellschaftlichen Akteurs finden? Welche Voraussetzungen sind vonnöten, welche Schwächen stehen der eigenständigen Steuerung entgegen? Eine solche setzt gut organisierte gesellschaftliche Akteure mit hochentwickelter Reaktions-, Handlungs- und Problemlösefähigkeit voraus: hier das Teilsystem Eltern im allgemeinbildenden Schulwesen.

Wenn es richtig ist, daß die "Struktur des Systems organisierter Interessen in aller Regel der des politisch-administrativen Systems [entspricht]", [133] so gilt dies nicht für Eltern. Ihre organisierte Interessenvertretung ist nicht entsprechend dem föderalen Aufbau in der BRD ebenfalls mehrstufig organisiert auf kommunaler Ebene, Landes- und Bundesebene. Tatsächlich ist eine entscheidende Ebene der Mitwirkung - die Kommune - für die organisierte Interessenvertretung von Eltern gesetzlich nicht vorgesehen. Fragt man nun danach, auf welcher Bühne Eltern agieren können, so gilt zwar: "In der Kommune wird im Rahmen der Schulträgerschaft auch Schulpolitik gemacht." [134] Die Einschränkung "auch" verweist auf die kommunalen Einflußmöglichkeiten, die sich jedoch bisher beschränken auf die sächliche Ausstattung für die Schulen, das Personal für den laufenden Betrieb der Schule (wie Hausmeister und Reinigungspersonal) sowie Besetzungsrechte bei nunmehr (in NRW ab Schuljahr 97/98 25 %) der Lehrerstellen. [135] Bei diesen kommunalen Besetzungsrechten hat die Schulkonferenz bisher lediglich ein Anregungsrecht. Schulpolitik spielt sich also erst einmal nur im Rahmen der Schulträgerschaft im kommunalen Bereich ab. Dieser wird durch landespolitische Vorgaben als Handlungsrahmen begrenzt, [136] so daß Fragen zu Unterrichtsinhalten, Personaleinsatz, Unterrichtsorganisation etc. nur vermittelt über den Mitteleinsatz kommunal mitentschieden werden. Dies ist allerdings nicht mehr als eine formale Konstruktion für Entscheidungen. Im alltäglichen Schulleben ist der Einfluß regionaler Größen weitaus gewichtiger.

Beispiel: Die Schülerbeförderung in einem Landkreis ist von der Kommune einem privaten Busunternehmer übertragen worden. Dieser ist an der ökonomischen Auslastung seiner Kapazitäten natürlich interessiert. Das führt dazu, daß die Schülerfahrten zeitlich gekoppelt sind an weitere Beförderungsaufträge des Busunternehmers. Die Schüler kommen deshalb bereits eine halbe Stunde vor Unterrichtsbeginn in die Schule, und können diese auch nur zu einer bestimmten Zeit wieder verlassen. Folge ist, daß die Anfangs- und Endzeiten des Unterrichts sowie notwendige Aufwendungen für Betreuung/ Beaufsichtigung der Schüler zur Überbrückung letztlich nicht von der Schule, sondern vom Busunternehmer bestimmt werden. Damit wird - vermittelt über die kommunale Politik und Marktgesetzlichkeiten - in die Organisation des Unterrichts eingegriffen.

Das komplizierte Politikgeflecht, welches sich zwischen Bund, Ländern und Gemeinden entwickelt hat, und ursprünglich mit der föderalen Idee die Betonung einer starken regionalen Basis vertritt, steht in der Beziehung der Länder zum Bund unter Druck, so wie die der Länder zu den Kommunen. Durch die Entwicklung zum "kooperativen Föderalismus" sind auch die aus der Kulturhoheit der Länder erwachsenden Rahmenbedingungen immer in der Gefahr, zurückgedrängt zu werden. [137] Dies macht wiederum komplizierte Abstimmungsprozesse sowohl zwischen den Ländern als auch innerhalb der Länder selbst erforderlich.

Kommune/ Region als Ansatzpunkt für Elternmitwirkung

Auch Elternmitwirkung müßte sich in diesem Politikgeflecht bewähren. Sie hat erst einmal einen starken Ansatzpunkt in der Kommune, sind es doch die Probleme im "Nahbereich", die drängen (Schulausstattung, Gebäudesanierung, Hausmeister, Pausenhofgestaltung, Besetzung der Leitungsstelle etc.). Wie H. DICHANZ [138] am Beispiel der USA zeigt, gibt es einen Zusammenhang zwischen Schule und der sie tragenden Gemeinde – u.a. in der Form der Elternmitwirkung: die "Qualität von Schule" ist direkt abhängig von den entsprechenden Unterstützungsleistungen und Austauschbeziehungen. Diese sind durchaus als wechselseitige Beziehung zwischen Schule und Gemeinde zu betrachten: der Nutzen der einen ist nicht der Schaden der anderen. Dabei verweist die Rede vom "weichen Standortfaktor" Bildungsangebot nur auf eine der vielen Möglichkeiten.

Die kommunalen Einflußmöglichkeiten werden in der Regel von den Gremien der Eltern einer Schule hauptsächlich im Interesse für Verbesserungen oder Abwehr von Verschlechterungen ihrer Einzelschule wahrgenommen. Darüber hinausreichende Themenorientierungen finden sich bei weitergefaßten Organisationsformen, z.B. auf Stadtebene. Diese sind in der Regel in schulformbezogener Weise organisiert (z.B. Arbeitskreis der Kölner Gymnasien). Da sie in NRW nicht gesetzlich abgesichert sind, sondern Zusammenschlüsse auf privater Basis, haben sie keine formellen Einflußmöglichkeiten, z.B. in den kommunalen Schulausschüssen. Dies gilt in gleicher Weise für die auf Landesebene organisierten Verbände. Auf kommunaler Ebene haben Elternvertretungen von Schulen keine gesetzlich abgesicherten Mitwirkungsmöglichkeiten.

Somit kranken die organisierten Elterninteressen in NRW an zwei strukturellen Mängeln: ihre Organisationsstruktur entspricht nicht der ihres "Gegenspielers" (der des politisch-administrativen Systems). Die zweite entscheidende Schwäche liegt in der schulformbezogenen bzw. weltanschaulich ausgerichteten Organisation. Zusammengenommen ergeben sich damit Restriktionen in der potentiellen Ansprechbarkeit von Mitgliedern, der programmatischen Ausrichtung und damit der Politikfähigkeit überhaupt. Diese Mängel in der Organisationsstruktur im Aufbau und der inhaltlichen Ausrichtung verhindern eine (wirkungsvolle) Vertretung von Elterninteressen auf allen Ebenen.

Distanz der BürgerInnen zum Politikprozeß

Die Auseinandersetzung mit den politischen Repräsentanten gewinnt ihre Schärfe dadurch, daß der "Gesellschaftsvertrag" eingefordert wird, wonach durch das Schulsystem überindividuelle politische Anerkennungs-, Ausgleichs- und Versorgungsregelungen sicherzustellen sind. Da dies nicht mehr den Regelfall darstellt und gleichzeitig die Bereitschaft der BürgerInnen, dies hinzunehmen und/ oder auf die ihr zugrundeliegenden Entscheidungen weiterhin keinen Einfluß zu haben, abnimmt, ist das Verhältnis zu den politischen Instanzen gestört. Die zudem auf kommunaler Ebene direkt erfahrbare parteipolitische Durchsetzung/ Knebelung der Verwaltung läßt diese nicht als eigenständigen Bereich erscheinen, so daß aus der Sicht der Bürger der Verwaltung keine höhere Rationalität als die des Machterhaltes und des Sich-Durchwurschtelns unterstellt wird.

Diese "inkrementalistische Politik" [139] kleidet sich in jüngster Zeit in das neuere Gewand der Legitimation durch Effizienz: durch Enthierarchisierung und Dezentralisierung soll der Charakter der gemeinwesenbezogenen Dienstleistung hergestellt werden. Das kann angesichts enger gewordener finanzieller Spielräume nur mit gezielter Ressourceneinsetzung passieren: Aufgabenstraffung und enge Aufgabendefinition sowie der Abbau einer Monopolstellung durch Aufbau marktlicher Konkurrenzstrukturen zur Erhöhung der Produktqualität sind die gängigen Rezepte. [140]

Angesichts einer solchen Politikproduktion bilden sich bei den BürgerInnen Haltungen gegenüber den Politikproduzenten heraus, die vom völligen Ignorieren bis hin zu permanenten Forderungen reichen. Für eine effektive Interessenvertretung müßten allerdings die Ebene des reinen Forderns verlassen werden zugunsten einer Strategie, die sich letztlich auf die Teilnahme an der Politikformulierung und an den Entscheidungsebenen orientiert, d.h. an den Steuerungs- und Regulierungsmechanismen.

7. Elternmitwirkung als Teil einer gesellschaftspolitischen Debatte über die Öffentlichkeit des Schulwesens

Nachdem ich in den vorigen Kapiteln zu begründen versucht habe, warum Elternmitwirkung im allgemeinbildenden Schulwesen unverzichtbar ist, möchte ich hier zusammenfassend auf weiterführende Planungsansätze eingehen, die es erlauben könnten, Elternmitwirkung und Reformprozesse im Schulwesen zu koppeln.

Es geht mir um individuelles und gruppenspezifisches Handeln, in dem ein sozialer Zusammenhang hergestellt wird, der sich durch Gleichheits-, Integritäts- und Freiheitspostulate auszeichnet, [141] um Verantwortung und freie Entscheidung zu ermöglichen. Dies geschieht mit Zielsetzungen, wie sie die Herausgeber der Enzyklopädie Erziehungswissenschaften in ihrem Vorwort beschrieben haben: Mängel, Zwänge, Inhumanitäten, Versagen, Verhaltensrituale, Konkurrenz und Selektion als Folge der Institutionalisierung von Erziehungsprozessen abzumildern, wenn nicht abzuschaffen. [142] Welchen Beitrag könnte Elternmitwirkung dazu leisten?

Beteiligungsverfahren, die von Verwaltungen in Form von Ausschüssen, Hearings etc. eingerichtet werden und bei denen sich die Behörde selbst ihre Kommunikationspartner aussucht, fallen heraus. Entstehen doch damit hochselektive Kommunikationssituationen und Problemsichten, mit denen die Entscheidungen vorformuliert sind. [143] Auch Mediatorenmodelle und Planungszellenmethoden [144] erscheinen mir als Methoden ohne inhaltliche Zielrichtung: vielmehr wird ein Ausgewogenheitsmodell unterstellt, wonach allein das "breite" Formulieren von unterschiedlichen Meinungen den Weg zu ihrer Lösung angeben soll. Es handelt sich um beliebig einsetzbare Methoden für beliebig zu formulierende Interessen. Dagegen möchte ich bei der weiteren Diskussion um Elternmitwirkung an dem Gedanken festhalten, daß sich diese nicht (länger) als Büttel staatlicher Politik entwickelt, sondern Auswege aus "bürokratischer Vergesellschaftung" (W. D. NARR) aufweisen sollte. Eine normativ-ideologische Beliebigkeit hinsichtlich der Auswahl von Methoden, Organisation und Institutionalisierung von Elternmitwirkung ist dadurch ausgeschlossen. Sie bedürfen vielmehr einer klaren theoretischen und normativen Analyse. [145] Ziel ist es, Folgeprobleme der Institutionalisierung von Schule abzubauen, wie auf Schülerseite u.a. Desinteresse, Schwierigkeiten bei der Leistungs- und Lernmotivierung, Disziplinprobleme, aggressives Verhalten, auf Lehrerseite Interessenkonflikte, Statuskonkurrenzen und Legitimationsdefizite, kurz: "institutionelle Entmündigung".[146]

Eine Möglichkeit ist, die Schulorganisation als einen Mittelweg zwischen Staatsanstalt und privater Unternehmung, nämlich als öffentliches Eigentum zu konzipieren. [147] Dazu bedarf es einer kompetenten Öffentlichkeit, die auch die Voraussetzung für eine wirksame Kontrolle ist. Es ist mehr als fraglich, ob juristische Beschränkungen und Reglementierungen von oben nach unten nicht nur nicht greifen, sondern sich auch nicht zu wirksamen Hindernissen entwikkelt haben. Der Ersatz der staatlichen Aufsicht bzw. ihre Rückführung auf die Schaffung von Rahmenbedingungen ist zu begleiten von einer politischen Auseinandersetzung der Schule mit der Öffentlichkeit. Angesichts wirtschaftlicher, demographischer, sozialer und kultureller Veränderungen ist dies ein gesellschaftlicher Diskurs über den Bedarf als "Suche nach dem wirklich Vordringlichen", [148] in dessen Verlauf auch eine Neukonstituierung und Neukonstruktion von Elternmitwirkung nötig wird.

In einer solchen Debatte haben Beteiligungsrechte von Eltern ihren Platz, vertreten u.a. durch organisierte Elterninteressen. Denn auch für die Schule gilt, daß nur eine solche "konsenssuchende Debatte" Akzeptanzen für mögliche Umverteilungen zum Vorteil des Bildungsbereichs einschließlich möglicher Steuern und Zusatzfinanzierungen legitimieren kann. Außerdem kommt es darauf an, daß diese Debatte eben nicht allein unter ExpertInnen ausgetragen werden kann. [149]

Selbstregulierung — der Königsweg zwischen Markt und Staat?

Beim allgemeinbildenden Schulsystem ist eine Diskussion über zielgenauere Steuerungsmodi als die quasi egalitäre Verteilung von Bildungschancen, gedacht als Minimumstrategie, die wohlfahrtsstaatliche Existenzminima und nach Leistungsfähigkeit frei handelbare Bildung kombiniert, [150] nicht angebracht, [151] weil die egalitäre Verteilung von Bildungschancen im allgemeinbildenden Schulwesen zu ihrem Wesenskern gehört. Jedoch ist einem Vorschlag wie dem von v. HENTIG, daß unter dem Einspardiktat "weniger Schule, nicht höhere Deputate für die Lehrer und unter keinen Umständen größere Klassen" vielleicht Durchsetzungsqualität beschieden. [152] Dazu gehörte dann auch die Frage nach dem Ausmaß staatlicher Steuerung und Intervention im Schulsystem. Modelle, nach denen Selbstregulierung der Schule favorisiert wird, scheinen mir diskussionswürdig. Allerdings verfehlen sie m.E. systematisch in ihrer starren Entgegensetzung zum Bestehen der Staatlichkeit des Schulsystems die sicher notwendigen Zwischenschritte/ Vermittlungen zwischen Markt, Staat und Selbstorganisation, indem beispielsweise die Fähigkeit zur Selbstregelung schlichtweg unterstellt wird. Die notwendigen Differenzierungen nach tatsächlicher, potentieller und besser ausgeschlossener Selbstbearbeitung von regelungsbedürftigen Problemen bleibt dabei auf der Strecke. [153]

Elternmitwirkung kann ein Faktor sein, daß Probleme im Schulwesen von diesem selbst bearbeitet werden können. Dies setzt eine ausreichend hohe Organisationsfähigkeit der beteiligten Akteure voraus, wobei Anstöße zu einer verstärkten bzw. anderen Mitwirkung von Eltern mehr von den "Betroffenen" ausgehen oder durch "politische Forcierung" befördert werden können. Als Voraussetzungen sind notwendig:

- "Öffnung von Schule" ist mehr als ein Schlagwort,
- Partizipation muß sinnvoll sein, d.h. für das System Schule und die Akteure selbst in dem Sinne "lohnend", daß sie von ihren Ergebnissen und ihren Verfahren her attraktiv ist,
- Partizipation muß machbar und nicht-überfordernd sein (damit sie nicht wiederum selektiv ist). [154]

Spieltheoretisch ausgedrückt: es müßten Situationen geschaffen werden, die sich als 'win-win-' statt als 'loose-loose-'Situationen beschreiben lassen, [155] um die Attraktivität der Beteiligung und Konsensmöglichkeiten herzustellen. Solange Machtasymmetrien bei den an Schule Beteiligten bestehen, ist dies allerdings nicht mehr als ein frommer Wunsch. Da kaum mit einer freiwilligen Macht- und Herrschaftsabgabe zu rechnen ist, bedarf es der "Gegenmacht", hier vonseiten der Eltern.

Pluralisierung von Einflußebenen elterlicher Mitwirkung

Wie ist eine solche Gegenmacht herzustellen? Zuerst bedarf es der Bestimmung des Ortes bzw. des Funktionssystems, in welchem sich Elternmitwirkung ansiedeln will: ist es der Markt, das politisch-administrative System oder ein Teilbereich der autonomen Öffentlichkeit? [156] Bisherige Organisationsformen bewegen sich in allen drei Bereichen, z.B. könnte man die bestehenden Fördervereine an Schulen dem marktlichen Bereich zuordnen, die gesetzlich verfaßten Mitwirkungsregelungen und -prozesse richten sich insbesondere an das politisch-administrative System, und der weite Bereich von Aktionsgruppen, Diskussionsforen etc. ist ein Beispiel für Aktivitäten im und für den öffentlichen Bereich.

Können Verbände in diesem triadischen Funktionssystem von Markt, Staat und Öffentlichkeit eine intermediäre Rollen spielen? Dann wird ihre Wirkungs- und Einflußweise nicht unbedingt gesteigert bei der Anlehnung an bestehende Strukturen organisierten Interesses, wie Verbände und Parteien.

Grundlegend ist immer die Frage, ob es sich um organisierbare und konfliktfähige Interessen handelt. In welchen Arrangements diese vertreten werden, ist in Hinblick auf die hohe Pluralisierung von Elterninteressen nur mit einer Verschränkung der drei Funktionssysteme sinnvoll.

Intraorganisatorische Pluralisierung

Auch intraorganisatorisch sind Arrangements zu finden, die es gestatten, die Pluralisierung von Elterninteressen auf ein Niveau zu bringen, die eine wirkungsmächtige Vertretung gestatten würde. F. NULLMEIER (1991) hat Pluralität, Individualisierung, Transparenz und Optionsvielfalt als die entgegengesetzten Merkmale zu bürokratischer Starrheit herausgestellt, die Kalkulationen und Wahlmöglichkeiten für den Bürger nicht vorsieht. Gerade entlang dieser Merkmale ist eine Organisierung der pluralen Elterninteressen möglich und "wirkungsmächtig". Hinzu kommt, daß Eltern insofern intermediäre Personen sind, als daß die Elternrolle in verschiedenen organisatorischen Zusammenhängen zum Tragen gebracht werden kann und in Mitwirkungsinstitutionen der Eltern diese intermediäre Rolle eingebracht werden kann. (Beispiel: Mitwirkungsgremien von Eltern sind auch von Lehrern als Eltern besetzt – es findet also ein intermediärer Prozeß zwischen Eltern- und Lehrerrolle statt. Dies kann zu Doppelstrategien führen, die steigernd oder begrenzend wirken können in Bezug auf die Formulierung von Elterninteressen.)

Auf jeden Fall ist es nicht ausreichend, Strategien zu propagieren, die sich darauf kaprizieren, daß Kooperation und symmetrische Beziehungen in institutionellen Zwangsstrukturen möglich sind, und dies mit einer Vielzahl von (gutgemeinten) methodischen Handreichungen erreichen wollen. [157]

Zusammenfassung: Bildungspolitik als Teil der staatlichen Sozialpolitik ist vorgestellt worden einmal als familienpolitisches Verteilungsproblem, dann als Steuerungsproblem. Es werden fünf Steuerungsprinzipien dargestellt, die einen Mittelweg zwischen rein marktlicher und staatlicher Steuerung darstellen. Die hier verfolgte Fragestellung lautet dann, was Elternmitwirkung als organisierte Interessenvertretung im Rahmen dieser Steuerung leisten kann. Anknüpfend an die 'Autonomisierungsdiskussion' werden Voraussetzungen und Leistungen von kollektiver Elternmitwirkung dargestellt, sowie das Modell der Selbstregulierung als Verhandlungstyp zwischen den drei Hauptakteuren im Schulsystem: Lehrer, Eltern /Schüler, Bürokratie. Die Organisierung der Elternmitwirkung selbst ist nur dann angemessen, wenn sie nicht hinter die Organisationsprinzipien des Zielsystems ihrer Einflußnahme zurückfällt; dies bedeutet vor allem eine Pluralisierung von Einflußebenen und eine intra-organisatorische Pluralisierung der Elternmitwirkung.

- Anmerkungen zum 6. Kapitel:

1 zit nach: FRIEDEBURG, L.v. (1992), 219

2 siehe: SCHMID, J. (1990) als Beispiel für die innerparteiliche bildungspolitische Willensbildung der CDU

3 siehe SPIES, W. (1984), der am Beispiel der Aufblähung der Ministerien durch Vergrößerung des Personalbestandes, Teilung von Ministerien und Schaffung von quasi-wissenschaftlichen Einrichtungen (z.B. Landesinstitute) zu dem Schluß kommt, daß eine Verbesserung der Regelung und der Dienstleistung mit einer solchen Vergrößerung der Apparatur nicht gleichgesetzt werden kann, weil Kooperationsprobleme, Machtkämpfe und eine zunehmende Regelungsdichte Folgeprobleme sind. - Die seit einiger Zeit laufende Diskussion um die Zurücknahme und "Beschneidung" , u.a. unter dem Stichwort "lean management" mit Enthierarchisierung, Selbstverantwortlichkeit, Budgetierung etc. zeigt die aktuelle Diskussionsrichtung an. – vgl. SEIBEL, W. (1987)

4 vgl. z.B. ausführlich KIßLER, L. / BOGUMIL, J. / WIEDEMANN, Elke (1994) am Beispiel der Umorganisation einer Stadtverwaltung

5 WEISS, Carol H. (1995)

6 WEISS, Carol H. (1995), 589

7 vgl. C.H. WEISS (1995), 588 für die USA: "nationalization of the curriculum, state-mandated testing, or school choice plans" - ich führe dies so ausführlich auf, weil US-amerikanische Diskussionen und Entscheidungen die Tendenz haben, auch hierzulande Wirkungen zu entfalten, indem sie zumindest als anzustrebende Ziele diskutiert werden, wie beispielsweise die im August 1996 beschlossene Reform des Sozialhilfebezugs.

8 Deutscher Städtetag (1993): Dienstleistungunternehmen Stadt - Herausforderung an Politik und Verwaltung, Köln

9 HENSEL, H. (1995), 12

10 DICHANZ, H. (1994), 8

11 so GAST, K. / LIESE, L. / MITTAG, Elfriede (1993), 11 - wiederabgedruckt in: Städtetag NW, Eildienst Heft 3/1995 [!], 42-48: Arbeitskreis der Leiterinnen und Leiter kommunaler Schulpsychologischer Dienste beim Städtetag NW: "Unstrittig ist jedenfalls die Qualifikation der Lehrer/innen der Sekundarstufe II, die auch noch anspruchsvollere Inhalte anzubieten haben als die der derzeitigen Leistungskurse." (47)

12 vgl. BERTH, R. (1992), der bei modernen Managern keine Aufteilung in Arbeits- und Privatleben unterstellt, u.a. deswegen, weil sich bei seinen Untersuchungen gezeigt hat, daß kreative Ideen nicht "am Schreibtisch", sondern außerhalb des Betriebes entstehen.

13 siehe HILLER, G.G. (1990), 199, der analog für das Schulsystem ebenfalls die Einbin dung professioneller Kompetenz und außerschulicher Interessen und Fähigkeiten als Voraussetzung für Reformen diskutiert.

14 Untersuchungen belegen, daß eine positive Korrelation zwischen Bildungshöhe und Bereitschaft zur Partizipation besteht, sowie mit ansteigender Bildungshöhe die Nachfrage nach Partizipation ebenfalls wächst. - siehe WOLF, H.-G. (1991), 52

15 FRIEDEBURG, L. v. / OEHLER, C. (1984), 184 - vgl. auch zum Folgenden

16 THRÄNHARDT, D. (1990), 180
17 siehe KLEMM, K./ TILLMANN, K.-J. (1984), 289
18 MÜLLER, U. (1995), 13
19 vgl.: THRÄNHARDT, D. (1990), der in Bezug auf Elternmitwirkung, Dezentralisierung und weitergehende Autonomisierung der Schulen, wie sie der Dt. Bildungsrat 1973 und 1974 gefordert hat, gerade darin entscheidende Angriffe auf die Ministerialbürokratie sieht und den Grund für die Auflösung des Bildungsrates 1974.
20 BREYVOGEL, W. (1985), 300
21 THRÄNHARDT, D. (1990), 178
22 MÜLLER, S.F./ TENORTH, H.-E. (1984), 455
23 siehe ENGELHARDT, M. v. (1984), 357 und 362
24 THRÄNHARDT, D. (1990), 179
25 so ROLFF, H.G. (1994), 43 – auch zum Folgenden
26 SWAAN, A. de (1993), 259 - vgl. in diese Richtung gehend die zu einem Gesamtprogramm zusammengestellten Vorschläge von HENSEL, H. (1995)
27 so HAENISCH, H. (1989), 17/18 - dies würde bedeuten, daß beispielsweise für ein durchschnittliches Gymnasium mit angenommen 60 Lehrkräften pro Jahr maximal 600 Std. Betreuung anfallen würden; das entspräche ca. 2 1/2 Vollzeitstellen, oder anders ausgedrückt: einem Fortbildungsanteil von rund 4,5 %. Z. Zt. liegt dieser Anteil deutlich niedriger bei rein finanzieller Betrachtung, nämlich in NRW rund einem Zehntel davon. (Mitteilung Dr. D. HAENISCH bei einem Telephonat mit der Autorin im November 1994). Dazu ein weiteres Beispiel: in NRW sind ab Mitte 1996 sämtliche Fortbildungsveranstaltungen für Lehrer unter die verhängte Haushaltssperre gefallen.
28 Eine kleine Rechnung zur Verdeutlichung: in NRW gibt es 160.000 Lehrpersonen (Stand: Schuljahr 1994), also einen jährlichen Bedarf von 1.6 Mio Tagen intensiver Betreuung zwecks Organisationsentwicklung. Wenn man durchschnittlich 220 Arbeitstage/Jahr zugrundelegt, ergäbe sich - rein rechnerisch - ein Stellensoll von rund 7.273 Stellen. Da diese höchstwahrscheinlich nicht zusätzlich geschaffen werden würden, könnte überlegt werden, ob sie nicht, zumindest teilweise, durch Abbau in der Schulverwaltungsbürokratie (Stichwort: flache Hierarchien)/ entsprechende Einsparungen bei Personalvertretungen zu besetzen wären. (vgl. dazu das Kienbaum-Gutachten zur Schulaufsicht, 1994, dpa-Meldung im KStA vom 22.11.94) Der Fortbildungsaufwand für diesen Personenkreis müßte noch dazugerechnet werden.
29 Es ist beispielsweise im Schuljahr 1997/98 für einen Modellversuch im Rahmen der "Öffnung von Schule" pro Schule ein Mitteleinsatz von 6.000.- DM vorgesehen.
30 vgl. auch zu der folgenden Argumentation: OFFE, C. (1969), 145 ff.
31 siehe LEITMANN, S. (1993), 278, der diesen Anforderungskatalog entwickelt für eine nichtstaatliche umweltpolitische Organisation in den USA - ich habe keinerlei Bedenken, in anderen Bereichen entwickelte Überlegungen zur Partizipation diskussionshalber auf das Schulwesen zu übertragen. - Modifikationen bei der Umsetzung sind erwartbar, wie bei den Umsetzungen von Neuen Steuerungsmodellen im öffentlichen Bereich zu beobachten ist.

32 siehe zu den Fragen von non-profit-Organisationen, Gemeinsinn und Selbsthilfe: RITTNER, V. (1993), der in Bezug auf Sportverbände die damit zusammenhängenden Fragen von Kommerzialisierung vs. Selbsthilfe und deren Beziehung zur Professionalisierung diskutiert.

33 vgl. REY, M. (1993), 190/191, der diese Fähigkeiten unter dem Gesichtspunkt der Machtabgabe gegen konstruktive Mitarbeit diskutiert.

34 siehe WILLKE, H. (1989), 168: "in hochentwickelten (!) Gesellschaften gibt es kein Teilsystem, das nicht nach seinen beschränkten Rationalitätskriterien wildwüchsig drauflos produzierte; [...] – und im Grunde weiß kein Mensch, warum. Die hochgezüchteten Technologien, Fertigkeiten, Spezialisierungen und Wissensbestände der Teilsysteme summieren sich zu einer beispiellosen kollektiven Ignoranz; die ungesteuerten Rationalitäten der Teile zementieren die Irrationalität des Ganzen."

35 DICHANZ, H./ SCHWITTMANN, D. (1986), 327, die auch einen gewissen 'blinden Fleck' der schulpädagogischen Forschung konstatieren: "Es ist erstaunlich, mit welch geringem Umfang sich die schulpädagogische Forschung bisher mit der Frage befaßt hat, was durch didaktisch, psychologisch oder bildungspolitisch begründete Reformen im Schulalltag tatsächlich verändert wurde." (ebd.) In ihrer Untersuchung kommen sie zu dem Ergebnis, daß "die Lehrperson in einem bisher nicht erkannten oder akzeptierten Maße das Zentrum unserer Schulen [ist], mögen Reformansätze ansetzen, wo immer sie wollen." (336)

36 siehe ROLFF, H.G. (1991), 866

37 ROLFF, H.G. (1991), 883

38 ROLFF, H.G. (1991), 883, wobei die Schulaufsicht als Steuerungs- und Unterstützungssystem definiert wird.

39 vgl. HAMMELRATH, A./ NIMPTSCH, J. (2.1993), die fordern, daß Schule von pädagogischen Profis zu gestalten und zu verantworten ist, und vom Eingriff pädagogischer Laien frei bleiben sollte. Sind Eltern pädagogische Laien? Der Vergleich mit der Professionalisierung von Ärzten ist ungenau, weil eine medizinische Behandlung freiwillig ist und sich in gewissen Grenzen nach Marktgesetzlichkeiten vollzieht.

40 VOGEL, J. P. (1995), 47

41 MÜLLER, U. (1995), 19

42 dies ist nicht Utopia, sondern ein Absatz (6. Nichts geht ohne die Eltern) bei der Schilderung von KLITGAARD, J. C. (1996) über die Verhältnisse in Dänemark. Dieser Schulleiter beendet sein Referat mit der Anregung: "Ein klein wenig sollte man bei der eigenen Arbeit auch einmal über den Zaun der 'kleinen' Nachbarn schauen. Manches funktioniert dann vielleicht besser."

43 HIRSCHMAN, A.O. (1989), 24/25

44 STOCKHAUSEN, J. v. (1994), 5

45 STOCKHAUSEN, J. v. (1994), 8

46 vgl. zum folgenden: HANSSON, S.O. (1993), der die Methoden der Entscheidungsfindung untersucht, wobei er von der Grundannahme ausgeht, daß Expertenmeinungen polarisieren

47 siehe dazu das Fazit von MOHRHARDT, D. (1979), 12 über die "unscharfen Meinungsbilder"des Bundeselternrates
48 vgl. KÖHLER-WEISKER, Angela (1993), 56/57
49 vgl. ENGELBERT, Angelika (1992)
50 zugespitzt und polemisch vgl. dazu: GRONEMEYER, R. (1989)
51 im einzelnen: DIENEL, Christiane (1994), 24 - vgl. Exkurs: Zur sozialen Lage von Familien
52 vgl. GRONEMEYER, R. (1993)
53 DÖNHOFF, Marion et al. (1992), 32
54 5. Familienbericht, (1994), 62
55 5. Familienbericht, (1994), 320
56 5. Familienbericht, (1994), 320
57 siehe die detaillierte Argumentation im 5. Familienbericht, insbesonder S. 290ff., sowie speziell S. 294 mit einem reduzierten Staatsanteil von rund 16 - 24 % an den Humanvermögensaufwendungen von Eltern - vgl. auch den Exkurs: Zur sozialen Lage von Familien.
58 ENGELBERT, Angelika (1992)
59 SEIBEL, W. (1987), 210
60 vgl. WEISS, H. (1993), 71
61 vgl. BLANKERTZ, S. (1989), 134 ff.
62 BLANKERTZ, S. (1989), 162
63 vgl. RÜRUP, B./ SESSELMEIER, W. (1993), 13. - Die Vorstellung, daß "nur das Geld für soziale Aufgaben verteilt werden kann, das nicht nur vorhanden, sondern über [!] ist" kann zwar von einem Bundestagsabgeordneten im Plenum Ende 1993 geäußert werden (MILDNER, Klaus, MdB-CDU, Magdeburg in der 199. Sitzung des Bundestages am 9.12.1993, zit. nach: Das Parlament, 24./31.12.1993, S. 8) – der dieser Argumentation zugrundeliegende Gedanke von staatlicher Sozialpolitik als Almosenpflege dürfte sich kaum gesellschaftlich durchhalten lassen. Aber auch die Diskussionen um die "Grenzen des Sozialstaates", seiner "Rückführung auf das Wesentliche" u.ä. weisen tendenziell in die gleiche Richtung.
64 siehe 5. Familienbericht (1994), 67 - auch zum Folgenden
65 vgl. DÖRING, D. (1993), 403
66 Kirchenamt der Evangelischen Kirche/Sekretariat der Deutschen Bischofskonferenz (1994), 28
67 RÖNSCH, Hannelore (1992), 27
68 BERTSCH, F. (1992), 69 - der Mindestbedarf = Existenzminimum, lt. Bundesverfassungsgericht von der Steuer freizustellen - beträgt für ein Kind jährlich 6.288 DM (1996), für einen Erwachsenen 11.874 DM, und für zwei Erwachsene 20.118 DM. Das aktuelle Existenzminimum (April 1997) liegt bei 12.095 DM/ Jahr.
69 CORNELIUS, I. (1992), 82. Diese Zahlen sind Fortschreibungen von Zahlen aus dem Jahre 1983 auf 1990, d.h. die aktuellen Werte dürften noch einmal höher liegen.

70 Der Sozialhilfebedarf wird darin als Ausdruck des Existenzminimus und als Meßgröße der steuerlichen Freistellung angesehen, wobei auf die Notwendigkeit der regelmäßigen Anpassung der Höhe des steuerfreien Existenzminimums an sich verändernde Lebensverhältnisse hingewiesen wird. Damit sind auch Senkungen möglich, unabhängig von politischen Entscheidungen zu Kürzungen.

71 SCHWEITZER, Rosemarie (1994), 103

72 zit. nach NAUCK, B. et al. (1996), 31

73 vgl. LANDUA, D./ HABICH, R. (1994), die über diese reine Daseinsvorsorge hinausgehend eine auf die Lebenslage und -qualität eingehende aktive Sozialpolitik fordern.

74 LOHKAMP-HIMMIGHOFEN, Marlene (1994), 3

75 Diese Indikatoren für subjektive und objektive Problemlagen zusammen werden im "Wohlfahrtssurvey" erhoben seit 1978. siehe LANDUA, G./ HABICH, R. (1994)

76 RÖNSCH, Hannelore (1992), 26

77 HEUWINKEL, D. (1992), 106

78 RÖNSCH, Hannelore (1992), 36

79 BISCHOFF, N. (1992), 150/151

80 so FELL, K.H. (1992), 167

81 vgl. GREVEN, Th. (1993), 407 und 409, der sich gleichwohl zu dem "erwünschten und funktional notwendigen Verhaltenskodex" (403) der Demokratie bekennt.

82 WILLKE, H. (1994), 160

83 WILLKE, H. (1994), 161 - vgl. seine Anmerkungen zu dem professionellen Blick auf eine Schulklasse: "Jedenfalls ist die Schulklasse zum Schnittpunkt verwickelter Prozesse der Identitätsbildung, Sozialisation, Schulung, Bildung, Gruppendynamik, Organisationserfahrung, Demokratieschulung und Herstellung von Gesellschaftstauglichkeit geworden, so daß es nicht verwundern kann, daß alle Beteiligten - und die Unbeteiligten erst recht - vermuten, daß die Schule dies nicht mehr oder noch nicht leisten könne. Erziehung ist ein klassischer Fall von Intervention. Alle Vorurteile, Mißverständnisse und Unklarheiten über die Möglichkeiten und Grenzen der Intervention in fremde Systeme, aber auch alle Weisheit, Erfahrung und Reflexion schlagen sich hier unverhüllt nieder. Jeweils 'herrschende' Erziehungskonzeptionen sind gewissermaßen Makroindikatoren dafür, wie zu einer gegebenen Zeit in einer bestimmten Gesellschaft das Problem der Intervention behandelt und gehandelt wird."

84 vgl. dazu z.B.: BLANKERTZ, S. (1989), 184 ff.

85 BÖHM, Th. (1994), 55 - der aber auch herausarbeitet, daß weder Einzeleltern auf "bildungspolitische und pädagogische Grundentscheidungen des Staates" (54) Mitentscheidungsmöglichkeiten haben noch Elterngremien

86 vgl. BECK, U. (1989), 311 ff. und SCHARPF, F.W. (1992), 51

87 BECK, U. (1988), 321/313

88 BLANKERTZ, S. (1989), 191 auch zum Folgenden

89 BLANKERTZ, S. (1989), 188 und 189

90 vgl. Präambeln u.a. zu Lehrplänen. Kritisiert wird hier nicht, daß auf demokratische Verfahren hin erzogen werden soll, sondern daß so getan wird, als sei die Legitimation für

die Demokratie unzweifelhaft vorhanden, so daß bei der Zielbestimmung und -erreichung ein fragloser Konsens vorausgesetzt werden könnte, der nur noch mehr oder weniger sozialtechnisch durchzusetzen wäre.

91 WEBER, M. (5.1988), 506

92 WEBER, M. (5.1988), 507

93 BLANKERTZ, S. (1989), 191

94 so WILLKE, H. (1991), 178, der die Staatstätigkeit nicht unter dem Gesichtspunkt der Begrenzung - wie S. BLANKERTZ - sondern unter dem des Steuerungsmechanismus diskutiert — siehe auch zum Folgenden

95 BECK, U. (1993),122

96 BECK, U. (1993), 181

97 KAUFMANN, F.-X. (1991), 9 - ich referiere diesen Ansatz als prototypisch für die neuere Staatsdiskussion. Hinweise auf andere Autoren im Text.

98 Ich werde eine spezielle Variante von "Netzwerk" in Kapitel 8 vorstellen; hier ist der Terminus erst einmal als Beziehungsgefüge zu verstehen.

99 ESSER, J. (1993), 424 - neoliberaler Marktansatz (418), institutionelle Ökonomie (423), Systemtheorie (425) und "muddling-through" (Ch. E. LINDBLOM) bezeichnen die gängigsten anderen politiktheoretischen Ansätze.

100 WILLKE, H. (1989), 180

101 KAUFMANN, F.-X. (1991), 23 - gleichzeitig sei aber einschränkend darauf aufmerksam gemacht: "Weniger in der politischen Praxis als in den rechts- und staatstheoretischen Diskursen werden neue Formen staatlichen Handelns erörtert und zum Teil gefordert." (21)

102 ESSER, J. (1993), 426 - vgl. FLAM, Helena (1990), 4. Kap. dieser Arbeit, Anmerkung 20

103 so LEHMBRUCH, G. (1981), 58. Die Entstehung von "Runden Tischen" hat zwar eine Fülle von Hoffnungen (mit entsprechender Literatur) hervorgebracht, ist aber einer gründlichen Ernüchterung gewichen. vgl. Stiftung Mitarbeit (1991) / THAYSEN, U. (1990)

104 so WIRTZ, A. (1993), 37

105 KLEINFELD, R. (1989), auch folgende Zitate

106 BEYME, M. v. (1990), auch zum Folgenden

107 vgl. ZILLEßEN, T. et al. (1993), 28

108 es gibt allerdings auch in diesen sozialpsychologischen Arbeitsfeldern den Versuch, von den konsensualistischen und altruistischen Begründungen wegzukommen, vgl. zusammenfassend: KÖHLER-WEISKER, Angela et al. (1993)

109 vgl. DRUMMER, H. et al. (1990), 379

110 zur Erläuterung siehe SCHARPF, F.W. (1993), 57: "Vorhaben sind normativ akzeptabel, wenn dadurch keiner der Beteiligten gegenüber dem Status quo schlechter und mindestens einer besser gestellt wird." — zum Zweiten: KALDOR-Kriterium

111 wie sie MANOW-BORGWARDT, P. (1991), 35 ff. für den Bereich des Gesundheitswesens ausmacht

112 SCHARPF, F.W. (1993a), 36 - auch zum Folgenden

113 OFFE, C. (1975), 208. OFFE bezieht sich hier auf Verhandlungen zwischen Kapital-(-eigentümern) und Staat über die Verwendung von Geldkapital. "Alle prozeduralen Konstruktionen aber, die über diese beiden 'harmlosen' Fälle hinausgehen und insbesondere die 'private' Dispositionsgewalt der Träger des Akkumulationsprozesses einschränken und dementsprechend die Konfliktfähigkeit bisher ausgeschlossener Gruppen steigern, müssen als sachfremde Einmischung, als 'Politisierung' gesellschaftlicher Prozesse erfahren und bekämpft werden (vgl. COHEN, 1969)".

114 ESSER, J. (1993), 427

115 ROHWER, G. (1991), 12

116 STEINERT, H. (1990), 22

117 vgl. SACHSE, Carola (1990), 29

118 VOBRUBA, G. (1991), 24

119 VOBRUBA, G. (1991), 26

120 AFHELD, H. (1995), 3-12

121 BÄCKER, G. (1995), 13-25

122 vgl. STEFFEN, A. (1995), 26-33

123 KLUG, W. (1995), 34-43

124 NULLMEIER, F./ RÜB, F.W. (1991) haben diese Prinzipien für eine rentenpolitische Diskussion entwickelt - siehe auch für die folgende Argumentation (wenn nicht anders vermerkt, beziehen sie Seitenangaben im Text sich auf diese beiden Autoren).

125 Die Charakterisierung des bundesrepublikanischen Staates als Wohlfahrtsstaat, der sich über diese Funktion legitimierte, wird zunehmend als Auslaufmodell betrachtet: siehe dazu GREVEN, Th. (1993), 406, der aus ökologischen und Knappheitsgründen dieses Umverteilungsmodell für nicht länger auch national durchsetzungsfähig hält.

126 vgl. zur Kritik der Selbsthilfe und ihrer Ausnutzung für enger werdende finanzielle Ausstattungen: GRONEMEYER, R. (1989)

127 vgl. den Hinweis von SCHMIDT, M.G. (1990), 30, daß für die BRD diese nationale Tradition in einem großen Sicherheitsbedarf besteht, der die entscheidende Legitimation verschafft angesichts von mehreren Kontinuitätsbrüchen seit 1918.

128 NULLMEIER, F./ RÜB, F.W. (1991), 16: "So absurd es unter rein ökonomischen Gesichtspunkten auch scheinen mag: die staatliche Subvention von Mindestbeiträgen zur Alterssicherung paßt eher zu den deutschen Gerechtigkeitsvorstellungen als eine steuerfinanzierte Grundrente."

129 vgl. u.a. die Angaben in DER SPIEGEL, 3/1995, S. 26-28

130 siehe DÖNHOFF, Marion et al. (1992), 32

131 NICKEL, Hildegard Maria (1995), 33

132 so ZILLEßEN, H. (1993), 17

133 HEINZE, R.G./ VOELZKOW, H. (1993), 245

134 KLEMM, K./ TILLMANN, K.-J. (1984), 287

135 dies soll in den nächsten Jahren in NRW auf 50% erweitert werden.

136 KLEMM, K./ TILLMANN, K.-J. (1984), 289

137 vgl. RICHTER, I. (1984), 493

138 DICHANZ, H. (1994) - vgl. in die gleiche Richtung: COLEMAN, J. (1995)

139 vgl. LINDBLOM, Ch. E. (1959/1975) beschreibt sie als "Politik der kleinen Schritte" (162), die mit der "iterativen Methode der begrenzten Vergleiche arbeitet" (163), d.h. die Verwaltungen entscheiden durch Vergleich von begrenzten Alternativprogrammen, die nur marginal vom status quo abweichen.

140 vgl. als Beispiel dieses für fast jeden öffentlichen Verwaltungsbereich anzuwendenden und deshalb stets wiederkehrenden Argumentationsmuster: FELTES, Th. (1994) – dort für Polizeiaufgaben.

141 siehe NARR, W.D. (1990), 107, der den Gegensatz asozialer Organisationsformen und -techniken in Form der Bürokratie zu sozial konstruierten sinnhaften sozialen Bezügen herausarbeitet; ich möchte Elternmitwirkung hier in dieser Form verstehen.

142 BAETHGE, M./ NEVERMANN, K. (1984)

143 BARBIAN, Th.W.J. (1993), 302 spricht in diesem Zusammenhang von "sattsam bekannten partizipatorischen Verzierungen traditionell getroffener Verwaltungsentscheidungen", die sich u.a. durch die mehrheitliche Wahl von Befürwortern der Verwaltungsentscheidung und dem Fehlen eines substantiellen Mitspracherechts bei Entscheidungen auszeichnen.

144 siehe z.B. FISCHER-OHLEMACHER, Anne/ KÖRBER, S. (1993), 202 ff., die explizit bei der Vorstellung eines Falles von Planungszellenarbeit davon sprechen, daß durch diese Methode Systemvertrauen ermöglicht und verbreitet worden sei (219) - vgl. auch GESSENHARTER, W. (1996), 11/12 mit weiterführender Literatur

145 siehe dazu: MURSWIECK, A. (1990), der dies in Bezug auf das Gesundheitswesen diskutiert

146 HERRLITZ, H.-G./ HOPF, W./ TITZE, H. (1984), 66

147 vgl. DAXNER, M. (1994), 268 - auch zum Folgenden, dort formuliert für den Hochschulbereich

148 siehe WINTER, G. (1994), 17

149 DAXNER, M. (1994), 274/275

150 vgl. NULLMEIER, F. (1991)

151 MATTERN, Cornelia (1979) – vgl. Anmerkung 135

152 HENTIG, H. v. (1993), 237 - ähnlich: GRONEMEYER, Marianne (1996), 204 mit ihrem allerdings prinzipiell gemeinten Vorschlag: "Schließlich wäre der Schule womöglich sogar eine Mäßigung des Finanzbedarfs bekömmlicher als eine Expansion ihrer Ansprüche. Nicht um der Askese willen, sondern um ihrer Unabhängigkeit willen."

153 Ein guter Einblick in diese Komplexität findet sich bei MAYNTZ, Renate / SCHARPF, F.W. (Hrsg.) (1995)

154 vgl. VOGEL, P. (1991), der Autonomie der Einzelschule und Partizipation der Eltern aus dem Pluralismusgebot des GG und darüberhinausgehend marktförmige Organisationselemente (wie Finanzierung des Schülers statt Institutionenfinanzierung) befürwortet. – vgl. auch MATTERN, Cornelia (1979),101 ff., die allerdings wesentliche Einschränkungen setzt, indem sie die 'voucher' differenziert nach Ausbildungsgang und Bedürftigkeit der Bildungsnachfrager sowie auf Hochschulausbildung und Weiterbildung beschränken möchte.

155 so GLASBERGER, P. (1993), 222 und FISCHER-OHLEMACHER, Anne/ KÖRBER, S. (1993), 202

156 siehe - auch zum Folgenden - NULLMEIER, F. (1991), der diese Dreiteilung - Markt, Staat, Öffentlichkeit - entwickelt. — In der Realität sind natürlich gerade die Verschränkungen dieser drei Bereiche vorzufinden und interessant.

157 Ein Blick über die Grenzen der fachwissenschaftlichen pädagogischen und psychologischen Debatte könnte fruchtbare Ansätze entdecken helfen, z.B. im Bereich der internationalen Politik. Dort wird ein Instrumentarium für friedliche Streitbeilegung diskutiert, das fünf unterschiedliche Stufen umfaßt:
◊ *good offices* - einen Dialog in Gang setzen, informelle Ebene,
consultation/ conciliation - ein Dritter bahnt Wege zur Problemlösung; Abbau von Wahrnehmungsverzerrungen durch Beratung und Versöhnung,
◊ *mediation* - direktive Vermittlung, wobei ein Dritter direkte Vorschläge macht, die eventuell auch mit Sanktionen verbunden sind ("sticks and carrots"),
◊ *fact-finding* - eine unabhängige Untersuchungskommission macht Vermittlungsvorschläge ohne bindende Wirkung, die auf Untersuchung und Vergleich beruhen,
◊ *arbitration* - die streitenden Parteien unterwerfen sich dem Schiedsspruch einer unabhängigen Schiedsgerichtsbarkeit. - siehe DEBIEL, Th. (1994), 5-7

7. Kapitel: Verbindung theoretischer Ansätze mit Elternmitwirkung

1. Elternmitwirkung als Modernisierungspotential bei sozialem Wandel

1.1 Mitwirkung als Modernisierungsfaktor oder Störung institutioneller Erziehung

Schon die Frage: reinlassen oder ausschließen? - und damit nach grundsätzlichen Mitwirkungsmöglichkeiten von Eltern an der Institution Schule - ist strittig. Fragen, deren Beantwortung zu polarisierenden Stellungnahmen einladen, scheinen Interessen zu berühren – erst einmal der an Schule direkt Beteiligten. Impressionistisch könnte man sich ihr - von den Schulgesetzen gefordertes - Miteinanderumgehen denken als komplementäres Nebeneinander, konflikthaftes Gegeneinander, unklares Durcheinander, friedvolles Miteinander (Substitution oder Komplementarität) – oder wäre klares Auseinander sinnvoller?

Eine (frühe) Stimme zu einem zivilgesellschaftlichen Ansatz liest sich so:

> "Auch die Vertreter des Elternrechts fordern nicht, daß von heute auf morgen nur mehr die Eltern über die Schule zu bestimmen hätten. Es erscheint auch zweifelhaft, ob es sinnvoll ist, das Schicksal der Schule den Lehrern allein in die Hand zu geben. Wohl müßte es, und zwar sehr bald, zu einem ***Zusammenwirken*** von Eltern, Lehrern, Staatsverwaltung und freien und unabhängigen pädagogisch beratenden Körperschaften kommen. Die moderne Welt ist zu differenziert, als daß man die Bildungsinstitutionen einfach bedingungslos jedem lokalem Klüngel überlassen könnte. Ebensowenig dürfte aber die Schule weiterhin eine von der Zentrale bestimmte untere Verwaltungsinstanz bleiben." [1]

Dagegen steht eine ausschließende Position aus den siebziger Jahren:

> "Eine Beteiligung der Eltern an Beratungen und Entscheidungen einer Schule ist auszuschließen. [...] Gegen eine Beteiligung der Eltern sprechen in erster Linie zwei Gründe, nämlich daß die Eltern im Unterschied zu den Schülern und Lehrern ihr Tätigkeitsfeld nicht in der Schule haben und daß sie in dem Bestreben, ihren Kindern eine möglichst erfolgreiche Schullaufbahn als Voraussetzung für höhere Berufsqualifikationen zu sichern, keine Neigung zeigen, Demokratisierungstendenzen zu fördern." [2]

Zumindest für LehrerInnen scheint die Antwort auf die Frage der Inklusion oder Exklusion von Erziehungsberechtigten klar zu sein: lediglich sechs Prozent der SekundarschullehrerInnen und zehn Prozent der GrundschullehrerInnen stimmen einer Ausweitung elterlicher Mitbestimmung uneingeschränkt zu. [3]

Auch für die (Vertretung von) SchülerInnen sind Eltern ungebetene Mitwirker: "Eltern sollten in der 'Schuko' [= Schulkonferenz, ebenso Fachkonferenzen] nur noch eine beratende Stimme haben, denn die SchülerInnen sollen ja lernen, eigenständig zu entscheiden." [4]

Für die Gruppe der Schüler und Lehrer haben Eltern danach eigentlich in der Schule nichts bis wenig zu suchen. Sollten sie die trojanischen Pferde einer vor allem administrativen und wissenschaftlichen Reformdebatte sein? "Autonomie von Schule wird [...] zum Synonym für die Instrumentalisierung der Schule durch gesellschaftliche Subgruppen." [5]

Die hohe Aufladung dieser Frage für den Schulbereich ist ein wenig verwunderlich. In anderen kulturellen, sozialen und wirtschaftlichen Bereichen entwickelter Industriegesellschaften werden die durch Mitwirkung ermöglichten Freiheiten, Kontrollmechanismen und Wahlmöglichkeiten erfolgreich angewendet und erprobt. [6] Sie gelten als Modernisierungspotential, welches mit Individualisierungsprozessen verbunden ist. Beispiele, vielleicht sogar Vorbilder, gibt es in vergleichbaren Bereichen:

- Jugendhilfebereich, [7]
- Stadtplanung, [8]
- Mitbestimmung in betrieblichen Bereichen. [9]

Die sich auch im Bildungswesen artikulierenden Forderungen nach Mitwirkungs- und Beteiligungsrechten, [10] arbeiten dann auch mit demokratietheoretischen, gesellschaftstheoretischen, sozialisationstheoretischen, organisationstheoretischen und schließlich pädagogischen Begründungen.

Ich möchte im Folgenden einen gesellschaftstheoretischen Ansatz zum Sozialen Wandel anführen, da er mir grundlegend zu sein scheint für alle weiteren Begründungen. Die Merkmale dieses Wandels bestehen in: Konkurrenzdemokratie, Marktwirtschaft, Massenkonsum und Wohlfahrtsstaat. [11] Sie erfordern eine Flexibilisierung des Verhaltens in Richtung auf Kooperation. Mitwirkung bzw. Mitwirkungsangebote werden damit zu einer Durchsetzungsmethode zur Implementation von sozialem Wandel. Traditionelle Instrumente der Interessenvertretung, die lediglich als Reaktion auf diese Veränderungen angelegt sind, verlieren an Wirksamkeit. [12]

Elternmitwirkung im allgemeinbildenden Schulwesen kann danach als ein Ausdruck allgemeinerer gesellschaftlicher Entwicklungstendenzen, die unter dem Stichwort 'Sozialer Wandel' gefaßt werden, verstanden werden. In diesem Denkmodell werden Schulprozesse mit flexiblem und kooperativem elterlichen Verhalten unterstützt. Sie begreifen sich als Modernisierungsunterstützer; ihre Mitwirkung ist antizipativ ausgerichtet, erschöpft sich nicht auf den Nachvollzug oder auf Blockaden.

1.2 Elternmitwirkung als (mögliches) Modernisierungspotential

Im Bereich der staatlichen Verwaltung (und des Schulwesens als Teil dieser staatlichen Verwaltung) sollen unter dem Stichwort 'Flexibilisierung' Prozesse der 'Entbürokratisierung', 'Entstaatlichung', 'Deregulierung' implementiert werden. Ziele sind sowohl die Verbesserung des Verhältnisses zwischen Bürger und Verwaltung ('Bürgernähe') als auch die Durchsetzung von Einsparungen. Durch Aufgabenkritik, Subsidiarisierung und Privatisierung wird das übergeordnete Ziel der Zurückgewinnung von Gestaltungsspielräumen angestrebt. [13]

Partizipation wird in dieser Perspektive für das Problemmanagement funktionalisiert; eine Folge ist die Akzeptanz von sozialer Ordnung als auf Kompetenzunterschieden beruhendes Abhängigkeitsverhältnis. Der auch mögliche Gehalt von Partizipation an 'autonomer' Interessenartikulation bleibt reduziert. [14]

Der Einwand, daß unter den Flaggen von Partizipation, Selbstverwaltung und Dezentralisierung angesichts 'leerer Kassen' und damit einhergehender lediglicher Mängelverwaltung Akzeptanzerhöhungen und Legitimierungen für Mängelverwaltungen und Streichungen etc. eingeführt werden, ist nicht von der Hand zu weisen.; zumindest sind die finanziellen Restriktionen Auslöser für die Versuche, auch in den öffentlichen Verwaltungen betriebswirtschaftliche Rationalitäten durchzusetzen.

Andererseits können mit den Verfahren von Partizipation, Selbstverwaltung und Dezentralisierung Politisierungsprozesse verbunden sein. Diese entstehen mit dem Zwang zur Legitimierung von Entscheidungen, die damit der routineartigen Bearbeitung entzogen werden und überhaupt öffentlich diskursfähig gemacht werden (müssen). Sie werden "zum Gegenstand von Aushandlungsprozessen gemacht und dadurch als interessen- und machtabhängige soziale Konstrukte besser erkennbar." [15] Diese Prozesse der Legitimierung, der Anzweiflung von Leistungs- und Verhaltenssnormen, der Aushandlung von Zielen, Mitteln, Bewertung von Ergebnissen sowie von Dezentralisierung und Repersonalisierung ergeben Managementkonzepte, die Mitwirkung erfordern. Dabei ist es außerordentlich hilfreich, einen genauen Begriff von Partizipation zu gewinnen, als "Teilnahme der Mitglieder einer Organisation an Organisationsentscheidungen." [16] Sie ist eine Form der Interessenvertretung und bedeutet Mitwirkung an Entscheidungen, jedoch nicht eine Form der Selbstverwaltung.

> "Partizipation kann auf unterschiedlichen Niveaus erfolgen; sie hebt jedoch in der Regel Herrschaftsverhältnisse und Letztentscheidungsrechte nicht auf, sondern ermöglicht es Organisationsmitgliedern, sich in Entscheidungsprozesse einzuarbeiten, ohne selbst Herrschaftspositionen auszuüben." (6)

Um Partizipationsprozesse sinnvoll einsetzen zu können, sind bestimmte Voraussetzungen wie flexible Arbeitsorganisation und komplexe Aufgaben sowie angemessenes Ausbildungsniveau der Beschäftigten nötig. [17] Damit sind die Dimensionen benannt, die bei einer Förderung von Partizipation betroffen sind: die sozialpolitische Debatte um Formen der Arbeitsorganisation und Verteilung von Arbeit ist ebenso angesprochen wie die Strukturierung der Arbeitsprozesse und natürlich die Frage der Produkt- bzw. Dienstleistungsqualität. Für den Bildungsbereich werden diese Probleme unter dem Stichworten 'Qualität von Schule', 'Öffnung von Schule' und 'Autonomie von Schule' diskutiert. [18]

Der Doppelcharakter des Schulsystems als Behörde und pädagogisch-sozialer Interaktionszusammenhang erzeugt Spannungen, deren Ursprung in der wechselseitigen Dysfunktionalität einmal der verwaltenden, zum anderen der lehrenden Tätigkeit gesehen wird. Dabei wird eine starke Betonung der Inkompatibilität von Sozialisationsprozessen und Verwaltungsprozessen unterstellt; das Mitnehmen von 'Gewinnen', die sich gerade aus diesem Charakter ergeben, z.B. in dienstrechtlicher Hinsicht der Beamtenstatus der meisten Lehrpersonen, bleibt gerne etwas unterbelichtet.

Die in der Autonomisierungsdiskussion verlangte Reduzierung der staatlichen Einflußnahme, mit mehr Mitwirkung insbesondere von Lehrern und Schülern verbunden, wird als probates Mittel zur Motivierung dieser beiden Gruppen angesehen, indem eine Stärkung der unterrichtlichen Seite erfolgt durch ein Zurücknehmen von verwaltendender Tätigkeit, wie beispielsweise der fachlichen Schulaufsicht:

> "Sollen Verselbständigung und Partizipation mehr sein als rechtsunerhebliche Beschäftigungstherapie für unzugänglich motivierte Schüler und verunsichert-desinteressierte Lehrer, sollen sie den funktionswidrigen Behördencharakter von Schule und den nicht minder funktionswidrigen passiven Status der schulischen Amtswalter und der Schulbenutzer aufheben, so sind die bestehenden Befugnisse der fachaufsichtlich wirkenden staatlichen Schulhoheit einzuschränken." [19]

Eine solche Argumentation gegen fachaufsichtliche Funktionen des Staates und für die Rückführung auf rechtsaufsichtliche Funktionen bedeutet eine Verlagerung der Sichtweise: sowohl bei den Aufgaben des Unterrichts als auch bei Konflikten könnte daraus resultieren, daß nicht das Verhältnis Staat zu Schule-Lehrer, sondern Lehrer zu Schüler den Bezugspunkt bilden. Daraus könnte dann erwachsen:

> "rechtsaufsichtlich nachprüfbare und rechtsstreitfähige Wahrnehmungszuständigkeit von im Lehrer-Schüler-Verhältnis (und nicht Staat- beziehungsweise Schule-Lehrer-Verhältnis) zu begründenden, klar ausgegrenzten Planungs- , Gestaltungs- und Durchführungsmöglichkeiten für den Unterricht." [20]

Die Einschränkung und Verlagerung von fachaufsichtlichen Befugnissen stellen Rahmenbedingungen zur Disposition, die auch für die Organisation des Unterrichts als hoheitlicher Akt (in Form von Zensurengebung und Versetzung) Veränderungen schaffen werden. Überlegungen dazu sind z.Zt. insbesondere in Hessen vorangeschritten:

> "Die Frage ist vielmehr, ob alles das, was wir im Augenblick juristisch im Wahlpflichtunterricht unterbringen, dort untergebracht werden muß, ob man es nicht auch im Wahlbereich machen kann, wo andere Rahmenbedingungen gelten." [21]

Damit wird auch in die inhaltliche Organisation des Unterrichts eingegriffen. Insgesamt ergeben sich daraus, zusammen mit den Veränderungen in der Finanzierung von Schulen und dem Personaleinsatz (Budgetierung und Kontingentierung) Veränderungen in der Schulverfassung. Und dies tangiert auch die Eltern.

1.3 Elternmitwirkung bei (veränderten) staatlichen Planungsprozessen

Auch bezogen auf Schule ist damit die Rolle des Staates angesprochen. Bei Modernisierungsprozessen, verstanden als Nutzbarmachung von internen Entwicklungspotentialen, wird seine Rolle zwischen den Polen Abwehr von und Garant für Modernisierung beschrieben; in beiden Perspektiven erscheint er nicht länger als omnipotente Regelungsmacht. Auch das allgemeinbildende Schulwesen als Staatsschulwesen gerät so unter den Druck von Modernisierungsprozessen:

> "Die eigensinnige Funktionslogik gesellschaftlicher Teilsysteme, von der Wirtschaft bis zur Verwaltung, der Bildung und dem Sozialwesen, dem Gesundheitsbereich und der Forschung, den Medien und der Technik, entzieht sich hierarchischen Regelungssystemen weitgehend [...]. Eine zentralstaatliche Regulierung der Detailentscheidungen von Wirtschaft oder Technologie, Gesundheits- oder Bildungswesen, Medien oder Kultur ist beim erreichten Stand der Arbeitsteilung nur noch um den Preis der Lähmung der internen Entwicklungschancen der Teilsysteme möglich." [22]

Die Mitwirkung von Eltern an der Schule kann als Teil des Modernisierungsprozesses begriffen werden, der hier als Ablösungsprozeß zentralstaatlicher Regulierung und hierarchischer Steuerung gefaßt wird. Dazu ist eine gesellschaftstheoretische Fundierung nötig, die als Kritik an Steuerungsprozessen konzipiert ist, welche den Funktionslogiken gesellschaftlicher Teilsysteme nicht angepaßt ist. Sie umfaßt die Perspektiven einer sowohl solidarischen als auch gemeinwohlorientierten Politik.

Diese beiden Perspektiven der Modernisierung und Gemeinwohlorientierung für folgenreiche Elternmitwirkung erschöpfen sich nicht in reinen Abwehrstrategien gegen Modernisierungen oder laufen mit emphatisch vorgetragenen vagen und nebulösen Emanzipationsstrategien leer.

Vielmehr wird ein vertragstheoretisches Modell, bei dem gemeinsame Interessen und das öffentliche Wohl zwischen den Mühlsteinen entschlossener Eigennutzstrategien und ihrer Spielart hierarchisch-bürokratisch-autoritärer Verfügungsstrategie durchsetzbar gemacht werden müssen, hier unterlegt.

Ich möchte noch einmal auf eine sozialpsychologisch-pädagogische Argumentation zurückkommen, um das Spezifische einer sozialen Dienstleistung als wechselseitige Interaktion zu verdeutlichen.

Im Schulwesen ist Mitwirkung ein Bestandteil der Tätigkeit selbst, weil es sich bei Ausbildungsprozessen um interaktive und individuelle Prozesse handelt, bei denen - wie bei medizinischer und psychologischer Therapie - das "Mitgehen" des Klienten unverzichtbar ist, so daß Mitwirkungsprozesse schon als Notwendigkeit aus der Tätigkeit selbst zu bestimmen sind. Dazu kommt, daß Mitwirkung als Bedürfnis und Wertorientierung der 'Klienten' selbst verstanden werden kann, welche die Trennung zwischen Öffentlichkeit und Privatheit überwindet, sowie die Spaltung von Orientierungs- und Handlungsmustern zwischen instrumentellem und expressivem Handeln. Das bedeutet, daß sich Gefühle und Überzeugungen für oder gegen eine (politische) Streitfrage nicht länger mit institutionellen Vorkehrungen werden "abkühlen" lassen. Somit ist danach zu fragen, "welche anderen politischen Einrichtungen der Darstellung von Intensität Raum geben" können. [23] Mitbestimmungsforderungen lassen sich also bis hierher als Notwendigkeit aus der Tätigkeit selbst und als Bedürfnis und Wertorientierung beteiligter BürgerInnen bestimmen.

Eine solche sozialpsychologische Begründung für Mitwirkung kann mit einer sozialisationstheoretischen ergänzt werden. Danach ist eine Kooperation zwischen Elternhaus und Schule (oder: Primär- und Sekundärsozialisationsagenturen) unverzichtbar, allein schon um des Effektes der wechselseitigen Entlastung und Unterstützung beim Sozialisationsprozeß in der Funktion des "Dritten", der unterstützt, kommentiert, kritisiert, Rückmeldung gibt und einfach vorhanden ist. [24]

Dabei ist das Muster von kindlichen Aushandlungsprozessen als Lösungsmodell hilfreich: Autonomie und Beteiligung eröffnet die Chance zu Lösungen mit egalitären Gegenleistungen. [25] Dieses ideale Modell von Aushandlungsprozessen ist allerdings insbesondere in staatlichen Sozialisationsagenturen mit der Schwierigkeit konfrontiert, daß zwischen Personal und Klientel keine verallgemeinerbaren Mittel des Austausches (=Geld) zur Verfügung stehen und zusätzlich die Ziele zwischen ihnen unterschiedlich sind: die Klienten erwarten eine Dienstleistung, das Personal sieht darin seine Beruflichkeit. Eine gemeinsame Motivationsgrundlage muß gefunden werden, die über Mitwirkung, beispielsweise bei den Sozialisationsinhalten herstellbar ist. [26]

Diese Mitwirkung geschieht im Gruppenzusammenhang, so daß die sozialpsychologischen Prozesse, wie Motive der Beteiligten und der Gruppenprozeß selbst, ins Spiel kommen. Ich habe oben auf die eigensinnigen Funktionslogiken gesellschaftlicher Teilsysteme (U. BECK) hingewiesen, die Prozesse des Aushandeln, Uminterpretierens sowie scheinbar irrationale Widerstände hervorbringen. Diese beruhen auf Handlungsmustern und Wertorientierungen der handelnden Personen, die das Bedürfnis nach Darstellung von Intensität haben.

Bei einem als Aushandlungsprozeß verstandenem Modell werden diese sozialpsychologischen Aspekte zu einem gewichtigen Faktor sowohl auf motivationaler Ebene als auch auf der Ebene von Gruppenprozessen. Die "Abhängigkeit des Verhandlungserfolgs von gegensätzlichen Motiven und Verhaltensstilen der Beteiligten" [27] verkompliziert den Prozeß enorm. Die als Zielvorstellung gern benutzte Unterstellung von solidarischen und kooperativen Handlungsorientierungen erweist sich in der Realität nur allzuoft als Ideologie, welche Konflikt(-lösungen) auf friktionslose Informationsverarbeitung eines Teams reduziert. [28] Daß jedes Problem als Kommunikationsproblem gefaßt wird, setzt sich in dem Wertemuster der Therapeutisierung von gesellschaftlichen Prozessen fort. [29] Entsprechend sind dann Problemlösevorschläge auf (sozial-) pädagogischer Ebene angesiedelt.

Dies bedeutet jedoch nicht, daß sich aus dem Erziehungsprozeß selbst keine pädagogische Begründung für Elternmitwirkung finden ließe. Erziehung ist ein widerspenstiges Programm: es läßt sich als normenvermittelnder Prozeß beschreiben, für den die gleichzeitige und selbständige Anwendung der Normen konstitutiv ist. Die Übernahme und der potentielle Widerspruch des zu Erziehenden gegen die vermittelte Norm ist damit dem Erziehungsprozeß inhärent.

Deshalb kann eine staatliche Steuerung und Kontrolle über das Schulwesen mit Hilfe politischer und ökonomischer Maßnahmen [30] aufgrund dieser Eigenstruktur der Erziehung keine totale Abhängigkeit der Schule von politischer Instrumentalisierung schaffen.

Eine Umformulierung dieses pädagogischen Argumentationsmusters in eine z.T. politologische Argumentation [31] macht die Sache vielleicht noch klarer. Unterricht wird verstanden als eine interaktionsorientierte Dienstleistung, in welcher das Produkt als Verhaltensänderung durch Lernen gefaßt wird. Lehrer und Schüler befinden sich, bedingt durch die Interaktionsorientierung, in komplementären Produzentenrollen; sie verhalten sich zueinander als Produzent und Koproduzent. Das Produkt kann nur erbracht werden, wenn diejenige Person, an der die Leistung erbracht wird, dieser zum einen zustimmt, zum anderen (und darüber hinaus) auch kooperiert. Summarisch formuliert: der Programmadressat wird für Programmanbieter die wichtigste Programmressource.

Auch wenn die staatliche Schule eine Pflichtschule ist und deshalb als "Zwangsvereinigung" [32] bezeichnet werden kann, so ist sie dennoch notwendig auf Mitwirkung der "Klienten", also der SchülerInnen, angewiesen. Mitwirkungsprozesse sind also interaktionsorientierten Dienstleistungen inhärent. Dies gilt für Unterricht in der Schule, kann aber erweitert werden auf jegliche erzieherische Einwirkung. Die Interaktionsorientierung und demgemäß die komplementäre Rollenbestimmung beim Erziehungsprozeß gilt auch zwischen Eltern und Kind: der familiale Erziehungsprozeß wird als wechselseitiger Prozeß von Eltern und Kind(ern) aufgefaßt, die sich in der Rolle von Produzent und Koproduzent befinden. Für die Schule als Programmanbieter ist die Kenntnis über diesen Prozeß und dessen Nutzung Teil ihrer Ressourcen für das gesamte Schulprogramm. Oder anders ausgedrückt: der Programmanbieter Schule ist notwendig auf die von den Eltern erbrachten Leistungen bei dem Programmadressaten angewiesen, weil dieser zugleich wichtigste Programmressource ist. [33]

Die Mitwirkung der Eltern vollzieht sich im Rahmen einer Institution mit Organisationsmitgliedern, für die der Erziehungsprozeß nicht nur ein Interaktionsprozeß, sondern (vor allem) ihr Beruf ist. Aus der Differenz von einem als Aushandlungsmodell gedachten Interaktionsprozeß und seiner Beruflichkeit ergeben sich Schwierigkeiten. Lehrer sind in ihrer Berufsrolle auch bürokratisierte Experten, die ihre Arbeit als Technik ansehen. Die daraus entstehenden Situationsdeutungen sind spezifisch und bewegen sich auf den Dimensionen Professionalismus und Paternalismus. [34] Diese berufliche Orientierung geht einher mit der Handlungsorientierung, das Erziehungsgeschehen unter Kontrolle zu haben. Eltern haben ein Interesse daran, diese Deutungen zumindest zu verstehen als Voraussetzung für eine eventuelle Mitbestimmung. [35]

Wenn nun Eltern bei diesem Erziehungsprozeß mitwirken, so wirken sie auch mit an der sozialen Kontrolle. Kontrolle wirkt demnach zu beiden Seiten hin: zur Lehrerseite als Kontrolle und Legitimierung bürokratisierten Expertentums, zur Elternseite als Mitwirkung an der Kontrolle des Sozialisationsprozesses von Kindern und Jugendlichen mit abgestuften Pflichten.

Diese Adressaten- und Klientenkontrolle - neben der Kontrolle durch Parlament und Experten [36] - kann nun in ihren Auswirkungen mehr in ihren kontrollierend-nachprüfenden Anteilen wahrgenommen werden oder als Lernchance für alle Seiten. Es ist sehr verkürzt, diese Mitwirkung der Klienten, also SchülerInnen sowie vermittelt ihrer Eltern, in ihren Auswirkungen geradewegs als emanzipatorischen Akt zu feiern. Vielmehr werden Mitwirkungsprozesse von Eltern oftmals infolge der herrschenden Schulorganisation mehr als störende Kontrolle wahrgenommen (und das ist sicher auch nicht zu leugnen). Hieran erweist sich die Janusköpfigkeit von Partizipation in der erwartbaren Ausweitung, und mitnichten in der Begrenzung der sozialen Kontrollmöglichkeiten.

Ob sie bis hin zur Mitwirkungsnötigung gehen können? [37] Dies steht dann quer zu dem "emanzipatorisch-partizipatorischen Gedanken" [38], wenn die Partizipation [hier der Eltern] sich dazu weiterentwickeln kann, daß es zu einem Zwang zum Einbezogensein und zum Mitmachen kommt, dem die Freiwilligkeit des Partizipierens entgegensteht. Gibt es Möglichkeiten, den kontrollierenden Aspekt von Mitwirkungsprozessen nicht gegensätzlich zu Kooperation und gegenseitigem Lernen auszugestalten?

Die bisherigen Äußerungen zur Elternmitwirkung sind zumeist mit Hoffnungen auf eine Verbesserung der Schulwirklichkeit verknüpft. Dabei fällt eine wesentliche Beschränkung auf: die rechtliche Seite der Schulmitwirkung wird in ihrer Bedeutung relativiert. Umso mehr wird auf die Bereitschaft und Initiative der handelnden Personen abgestellt. [39] Der Bezug auf die rechtlichen Regelungen wird sogar als Tiefpunkt im Schulleben angesehen ("komplizierte und zeitaufwendige Einigungs- und Entscheidungsinstrumente, die allenfalls als letzte Mittel taugen."). [40]

Damit korrespondiert die Einschätzung: "[....] das 'Bildungswesen' als Vorhof der Produktion erlaubt Einrichtung von Spielformen. Man kann sie schnell abgewöhnen, falls sie jemand zu ernst nimmt." Die Qualifizierung dieser "Spielformen" von Mitbestimmung und Mitwirkung als "geregelte Formen des Sprechens und Schimpfens" [41] steht in einem eklatanten Mißverhältnis zu den Bibliotheken füllenden rechtlichen Regelungen, Erlassen und wiederum deren Kommentierungen. Erschwerend kommt hinzu, daß diese rechtlichen Regelungen abgehoben und unverständlich sind:

"Nach landläufiger Meinung sind Pädagogen ohne weiteres dazu in der Lage, selbständig in ein Fachgebiet eindringen zu können, das im Normalfall jedoch nur durch ein akademisches Studium erschlossen werden kann. Übersehen wird geflissentlich oder erst gar nicht zur Kenntnis genommen, daß der Bereich des Schulrechts aufs engste mit dem Verfassungsrecht verknüpft ist und als Teil des besonderen Verwaltungsrechts von den Kategorien des allgemeinen Verwaltungsrechts bestimmt wird. Vor dem Hintergrund dieser Tatsache erscheint die Verweisung auf das Selbststudium bzw. auf die eine schulrechtliche Veranstaltung, die während der zweiten Phase der Ausbildung angeboten wird, als nicht länger tragbar. Es stellt sich außerdem die Frage, ob durch eine solche Verwaltungspraxis nicht sogar die Fürsorgepflicht des Dienstherren seinen Lehrern gegenüber verletzt wird." [42]

Wenn dies schon für immerhin hochschulmäßig, zwar in der Regel in anderen als der Jurisprudenz vorgebildete Lehrpersonen gilt – um wieviel aussichtsloser stellt sich dann die Lage für eine Mehrzahl der Eltern dar?!

Sollte sich diese ganze Fülle lediglich auf Sandkastenspiele beziehen? Da hier (ehemalige) Ministerialbeamte sprechen, verwundert diese nonchalante Haltung – professionelle Deformation oder ein Schachzug zur Aufrechterhaltung machtgeschützten Wissens? [43]

Worin werden die Vorteile von Elternmitwirkung gesehen? Hier werden benannt: Vertrauen in die Schule setzt einen Konsensus in der Bevölkerung voraus über Veränderungen in der Schule,[44] gegen Ohnmacht und Wirkungslosigkeit helfe Mitwirkung und Beteiligung, so daß "Zwecke erkennbar, Prozesse durchschaubar, Situationen erlebbar werden," [45] "Identifikationen [werden] durch aktive Mitgestaltung bereitgestellt" [46] bis hin zu der Feststellung: "Verantwortliche Beteiligungen schaffen gegenseitige Empathie." [47] Konsens, Einsicht, Identifikation und sogar einfühlsames Verstehen der "inner world of private personal meaning" [48] (wessen emotionale Erlebnisinhalte werden verbalisiert? Wer gilt als Klient, wer als Therapeut? [49]) – Mitwirkung als gesellschaftliche Integrationskraft?

Welche Nachteile von Elternmitwirkung werden gesehen? R. BROCKMEYER spricht von "Elementen eines Eigengestaltungsanspruches" [50], gespeist aus starkem pädagogischem Engagement und Furcht vor Mittelmäßigkeit. Das von ihm beschriebene "Erwartungsbild" von Eltern, welches zu einem "Befragungsinstrument für die Schulformen und Einzelschulen werden" [51] wird, weniger in Hinsicht auf ihre Organisationsstruktur als vielmehr auf die vom Kollegium getragene "Schulphilosophie", dürfte nunmehr zum Handlungsset von fast allen Eltern gehören. Fairerweise muß auf die Zeitbedingtheit dieser Darstellungen hingewiesen werden: fünfzehn Jahre sind sie alt.

Ob jedoch mit aktuellen Äußerungen die Praxis weitergekommen ist, daß Schulreformen weder von oben verordnet werden können, noch von unten mit Ansprüchlichkeiten (pädagogischer, politischer oder weltanschaulicher Argumentation) eingefordert werden müssen? So daß weder "Arbeits- und Kompetenzausgleich zwischen Administration, Schulpraxis und Wissenschaft" hergestellt werden müssen noch, nach erfolgter Planung, Akzeptanzen in der Bevölkerung für "kostengünstige, zugleich pädagogisch tragfähige und von der Bevölkerung annehmbare Modelle?" [52]

> "Nicht mehr möglich ist ein Planungsverständnis, das von der Steuerungskraft, von der Steuerungsfähigkeit und vom Steuerungssinn zentraler Detailvorgaben ausgeht, also vom Prinzip einer exekutiven Ausdifferenzierung von oben nach unten. Zentrale Planung wird abgelöst werden durch zentrale Orientierung, möglicherweise in Alternativen. Zu sichern ist Gleichwertigkeit in der Varianz und ein hohes Maß an Gestaltungsoffenheit vor Ort. Entsprechend wird sich die Steuerungspraxis der Verwaltung wie in anderen europäischen Ländern verändern in Richtung auf eine Zunahme von Impulsgebung, Beratung und Befähigung der Einzeleinrichtung zur Selbststeuerung und Selbstevaluation. Hinzu kommt für die 'Zentralen' eine Sicherung der Grundressourcen, auf deren Basis Eigengestaltung stattfinden kann. Einheitlichkeit des Bildungswesens stellt sich unter diesen Prämissen her in der Gleichwertigkeit, in der Vielzahl der Varianten, nicht in der Reproduktion eines einzigen Musters." [53]

Zusammenfassung: Es ergeben sich aus sozialpsychologischen, pädagogischen und sozialisationstheoretischen Argumentationen Ansatzpunkte für Elternmitwirkung. Eine Reduzierung der Elternmitwirkung auf die interaktionelle Ebene sowie die Aussparung bzw. Abschottung der Ebene der rechtlichen Regulierung verhindert allerdings, daß sie als politischer Prozeß aufgefaßt wird, der sich auf die Planung und Organisation von Interaktionsprozessen ebenso bezieht wie auf diese Interaktionsprozesse selbst.

Elternmitwirkung im Zusammenhang mit sozialem Wandel kann als Durchsetzungsmethode dafür bei staatlicher Steuerung angesehen werden. Mitwirkungsprozesse können für das Problemmanagement funktionalisiert werden; dann kann Mitwirkung nur als Erweiterung der sozialen Kontrolle verstanden werden.

Es eröffnen sich aber auch Chancen für Politisierungsprozesse, indem Entscheidungen überhaupt öffentlich diskutiert und nachprüfbar gemacht werden; dann ergeben sich aus Mitwirkungsprozessen auch Lernchancen für alle Beteiligten. Staatliche Planungsprozesse im Bereich des Bildungswesens werden antendiert nach Steuerungsmodellen, die nicht länger ausdifferenzierte 'top-down'-Entscheidungen beinhalten, sondern Raum geben für Selbststeuerung und -evaluation.

Eine mögliche Übersetzung für den Schulbereich lautet: Alternativen in den zentralen Orientierungen. Der Unterschied zwischen den beiden Denkmodellen ist groß; einmal geht es um die Steuerung als zentralen Bezugspunkt, im anderen Fall ist es die inhaltliche Orientierung selbst. Die Steuerung von Alternativen bedeutet etwas anderes als die Alternativen bei zentralen Orientierungen. Im letzteren Fall kann es eigentlich nur um die in Alternativen gedachte prozedurale Umsetzung von "zentralen Orientierungen" gehen, nicht jedoch um Alternativen der Orientierungen selbst. – Der Staat: immer noch zentrale Ausgabestelle für "Werte" für das allgemeinbildende Schulwesen?

1.4 Elternmitwirkung und Selbstorganisation - Steuerungsstaat

Wie kann bei einem solchen Planungs- und Steuerungsverständnis, welches explizit Selbststeuerung und -evaluation von Organisationen vorsieht, die Partizipation von Eltern eingebaut werden? ('Eigengestaltung' erscheint als Schlüsselbegriff in beiden Texten, jedoch hat sich im Verlaufe von fünfzehn Jahren die Ablehnung in eine eingeschränkte Zustimmung gewandelt.) Sicherlich kann sie nicht unter den gleichen Rahmenbedingungen erfolgen, wie sie das 1977 erlassene - und zuletzt 1994 in einigen Punkten geänderte - Schulmitwirkungsgesetz NRW setzt.

Wenn Elternmitwirkung in den Zusammenhang der Selbststeuerung und -evaluation der Schule eingebunden wird, ist die Parlamentarisierung und damit Politisierung, sowie die damit einhergehende Interessenorganisation nötig. Sie ist weniger Gefahr als vielmehr eine Chance, weil die autonome Organisation und Artikulation von Interessen - d.h. nicht von staatlicher oder kirchlicher Seite gesteuerte - Kennzeichen einer Zivilgesellschaft ist. Diese zeichnet sich durch ein säkulares und liberales Konzept von Selbstorganisation aus. [54] Eine der Formen dieser Selbstorganisation sind verbandliche Organisationen als Ausdruck kollektiven Handelns. Sie sind Teil der institutionalisierten Öffentlichkeit, deren Arbeit sich vor allem in Gremien abspielt. Bei der Entgegensetzung von "Lebenswelt" und Gremien/ Institutionen [55] wird verdeckt, daß Gremienarbeit gerade institutionelle Voraussetzung für erfolgreiche Elternmitwirkung sein kann. Daß dieser Erfolg in seiner Richtung unbestimmt sein kann, d.h. nicht unbedingt zur "fortschrittlichen" Reform genutzt wird, sei unbestritten. [56]

> "Kommunikationstheorien der Politik geben dem Volk gern jede Möglichkeit der Mitwirkung, scheuen aber nichts mehr, als auch die Möglichkeit zuzugeben, daß das Volk sich in höchst konservativer und wenig aufgeklärter Weise entscheidet." [57]

Daß sich Elternpartizipation als eine nicht zu unterschätzende "Triebkraft der Schulreform" herauskristallisiert, [58] ist demnach eine nicht aus ihr selbst zu begründende Hoffnung.

Zusammenfassung: Ein verändertes staatliches Planungsverständnis, welches Rahmenbedingungen setzt, die ein möglichst hohes Maß für Selbstorganisation - hier des Schulwesens - beläßt, macht bezüglich der Eltern ein institutionell geregeltes Verfahren von Mitwirkung nötig. Dabei sind Organisationsformen nötig, die zum einen Selbstorganisation ermöglichen und zum anderen hinreichend repräsentativ verfaßt sind, um die Mitarbeit in Gremien als Interessenvertretung leisten zu können.

Dies ist ein politischer Prozeß mit entsprechenden Interaktionsorientierungen, wie sie in der politischen Praxis bedeutsam sind. [59] Hier kann man unterscheiden zwischen der

- individualistischen/ egozentrierten Orientierung: sie kümmert sich ausschließlich um die eigenen Vor- und Nachteile;
- kooperativen Orientierung: sie betrachtet den gemeinsamen Nutzen als handlungsleitend;
- kompetitiven Orientierung: sie versucht, den Vorsprung vor dem Partner zu maximieren.

Diese Unterscheidung nach Orientierungen wird ergänzt durch eine zweite, die nach der Stellung zur Institution erfolgt: Beteiligte und Betroffene von Schule und deren unterschiedliche Interessenvertretung. [60] Beteiligte vertreten ihre Interessen im/ am Schulsystem, Betroffene/ Interessierte vertreten ihre Interessen gegenüber einem System. Diese Unterscheidung erlaubt, sowohl die Formen der Mitwirkung - direkt/ repräsentativ - als auch die Mittel - konsensuell/ kompetitiv - zu bestimmen; Beteiligte werden eine direkte Mitwirkung mit konsensuellen Mitteln und Betroffene eine kompetitive Strategie mit repräsentativen Strukturen wählen. Eine verbandliche Organisation von Eltern ist demnach eine Interessenvertretung, die mit repräsentativen Strukturen und kompetitiven Strategien arbeitet. Die direkte Mitwirkung von Eltern bei einer Einzelschule kann mit konsensuellen Mitteln auszukommen versuchen. Diese Annahmen müssen ergänzt werden durch die Bestimmung von Interessenarten, weil sich aus ihnen rationale Verhaltensweisen bei Konflikten ergeben.

1.5 Formen und Mittel rationaler Entscheidung bei entgegengesetzten und gemeinsamen Interessen - Neue Politische Ökonomie

Eine ökonomische Theorie der Politik stellt, in Anlehnung an die Spieltheorie, Modelle für Formen und Mittel der rationalen Entscheidung bei Interessenübereinstimmung und Interessenkonflikten bereit. Sie unterstellen den Wunsch der Akteure nach größtmöglichem Nutzen. Dieser wird in der Theorie - und in weiten Bereichen der politischen Praxis, aber auch im Bereich individueller Entscheidungen - als nutzenmaximierendes, egozentriertes Verhalten unterstellt. Jedoch können kooperative und konsensuelle Interaktionsorientierungen erfolgreicher sein unter der Annahme, daß Entscheidungen zwischen zwei Aktionspartnern in ihren Folgen nicht auf diese beiden beschränkt bleiben. Bei 'folgenreichen' Handlungen und gemeinsamen Interessen sind nicht-egozentrische Verhaltensweisen erfolgreicher, bis hin zum Aufgeben von Dispositionsfreiheiten. [61] Wenn die Frage nach der Rationalität von Handlungen im Sinne der Maximierung des individuellen Ertrages beantwortet wird, kann es nämlich dazu kommen, daß "die Gesamtsumme der individuell rationalen Entscheidungen ein für alle Beteiligte übles Ergebnis hat." [62]

Allerdings kommt es auf die Konfliktstruktur an: bei gemeinsamen Interessen ist eine individuelle Nutzenmaximierung schädlich. Bei diametral entgegengesetzte Interessen ist egozentrische Nutzenmaximierung rational, weil der Vorteil des einen der Nachteil des anderen ist (Nullsummen-Spiel). Bei einem gemeinsamen Interesse kommt man weiter, wenn bei Konflikten anstelle des individuellen Interesses das kollektive Interesse, und damit die kollektive Rationalität angewendet wird. Dies setzt die Einsicht voraus, daß die Summe der Erträge (von Handlungen) ungleich Null ist, oder anders ausgedrückt: ein gemeinsamer möglicher Verlust für beide Spieler ist höher als Gewinn/ Verlust bei individueller Maximierung. (Nicht-Nullsummen-Spiel).

Sind nun mehr als zwei Spieler beteiligt, so eröffnet sich die Möglichkeit von Koalitionen, "mittels derer einige Spieler ihre Interessen und Strategien vereinen können, um dadurch einen gemeinsamen Vorteil zu erzielen. Sie stehen dann vor dem Problem, den gemeinsamen Ertrag unter sich aufzuteilen." (196) Dies setzt voraus, daß u.a. Prinzipien des Vertrauens, der Akzeptanz der Mitspieler, des Einhaltens von Vereinbarungen über eine gewisse Zeitspanne anstelle eines reinen Machtkampfes im Sinne des Niederringens eines Gegners stattfindet. Dazu sind Koordinationsleistungen erforderlich, welche die 'Spieler' überhaupt erst einmal zusammenbringen. In der ökonomischen Theorie werden diese als Transaktionskosten oder Interdependenzkosten geführt: sie umfassen die externen Nachteile (der überstimmten Gruppenmitglieder), die Entscheidungskosten selbst (wie Aufwendungen an Beratungszeit, Informationsmaterial, Kosten für Räume etc.) sowie schließlich die Aufwendungen für den Unterhalt der (staatlichen) Institutionen selbst. Diese drei Kostenfaktoren zusammengenommen müssen im Ergebnis geringer ausfallen als die Mängel aus nicht-koordiniertem Handeln, um politische Entscheidungsverfahren, und damit das Eingreifen der öffentlichen Hand, sinnvoll zu machen. [63]

Oder anders ausgedrückt; erst wenn die Mängel größer sind als die Transaktionskosten und der Unterhalt der staatlichen Institutionen, ist demnach ein staatlicher Eingriff gerechtfertigt. Die Kostenhöhe bei der Koordination bestimmt somit die Notwendigkeit eines staatlichen Eingriffs.

Zusammenfassung: Die Stellung von Interessenvertretungen zur Institution Schule als Beteiligte oder Betroffene, ihre Form der Mitwirkung in direkter oder repräsentativer Art sowie die entsprechend ausgewählten Mittel konsensueller und kompetitiver Weise machen Handlungsstrategien deutlich: die direkte Mitwirkung von Beteiligten eröffnet die Chance für konsensuelle Handlungsstrategien: die repräsentative Mitwirkung von Betroffenen erfolgt mit kompetitiven Mitteln.

Wenn Mitwirkung von Eltern zur Problemlösung beitragen soll, so ist nach der Interessenart als der Frage nach gemeinsamen oder entgegengesetzten Interessen zu fragen: bei gemeinsamen Interessen ist eine kollektive Strategie der kooperativen und konsensuellen Art erfolgversprechend, die auf individuelle Nutzenmaximierung verzichtet. Eine solche Handlungsstrategie verlangt nach Koordinationsleistungen, die dann (im ökonomischen Sinne) rational sind, wenn deren Kosten geringer sind als die Kosten, die anfallen mit den Mängeln aus unkoordiniertem Handeln.

Wenn man diese entscheidungstheoretischen Gedankengänge auf die Ebene von Mitwirkung von Eltern in Schulfragen anwendet, so müßte geklärt werden,

- welche Position Eltern zur Schule haben, ob sie Beteiligte oder Betroffene sind.
- Aus dieser Positionsbestimmung folgt, welche Formen der Mitwirkung gewählt werden: direkte oder repräsentative Mitwirkung.
- Die Mittel der Mitwirkung lassen sich dann bestimmen: rational ist bei Beteiligten direkte Mitwirkung mit konsensuellen Mitteln, bei Betroffenen repräsentative Mitwirkung mit kompetitiven Mitteln.
- Wenn man die im engeren Sinne an Schule Beteiligten - Lehrer, Schüler und Eltern - betrachtet, so ist nach deren Interessen zu fragen: gibt es übereinstimmende Interessen, können diese hergestellt werden, gibt es entgegengesetzte Interessen?
- Falls die Frage nach gemeinsamen Interessen bejaht wird, können Koalitionen geschlossen werden, da es sich bei Schulprozessen um folgenreiche Handlungen handelt.
- Wenn Koalitionen geschlossen werden, so ist das Aufgeben individueller Nutzenmaximierung und kompetitiver Mittel zugunsten kooperativen Verhaltens rational.

1.6 Reduzierung staatlicher Koordination im Bildungswesen - Transaktionskostenansatz

Angewendet auf die Fragestellung dieser Arbeit: die staatlichen Koordinationsleistungen im Schulwesen sind dann kostenmäßig zu rechtfertigen, wenn die Transaktionskosten geringer ausfallen als die Kosten, die bei Nicht-Koordination entstehen. Macht man allgemein eine Reduktion von staatlicher Koordination zum Problem, wie sie bei dem oben beschriebenen Planungsverständnis der Selbststeuerung und -evaluation von Organisationen angestrebt wird, müßten demnach die Kosten der staatlichen Koordination denen der Selbstorganisation gegenübergestellt werden. Die Selbstorganisation wäre gegenüber staatlicher Koordination dann rational, wenn geringere Transaktionskosten anfallen. Allerdings ist auch die Möglichkeit der schlichten Verlagerung von Transaktionskosten von staatliche auf nichtstaatliche Koordination zu bedenken.

Dies ist jedoch nur der erste Schritt. Der zweite geht auch vom Ziel der Reduktion von Transaktionskosten aus, will aber Einsparungen nicht nur bei staatlicher, sondern insgesamt bei Koordination erzielen. Die Frage ist dann, wo sich Transaktionskosten so reduzieren lassen, daß die Kosten für die Nachteile geringer ausfallen? So ließe sich noch konkreter bestimmen, ob und welche andere als staatliche Koordinationsleistungen innerhalb des Schulwesens denkbar sind. Ob Eltern (-vertretungen) Teile von solchen Koordinationsleistungen übernehmen können, ist dann in zweierlei Richtungen interessant: bewirken sie tatsächliche Reduktion von Transaktionskosten, oder handelt es sich um schlichte Verlagerung von Kosten auf die Beteiligten?

Die bei Koordination anfallenden Kosten - so die These - könnten auf jeden Fall reduziert werden, wenn Koordinationsleistungen auf andere und diejenigen Ebenen verlagert würden, wo die Entscheidungen auch umgesetzt werden müssen (beispielsweise vom Land auf die Kommune, von der Kommune auf die Einzelschule). Dies würde einen Wegfall von zweifach anfallenden Entscheidungskosten bedeuten. Ein weiterer Schritt liegt darin, Transaktionskosten durch Rückzug staatlicher Institutionen aus den Koordinationsleistungen zu verlagern, indem diese auf direkt beteiligte Akteure übertragen werden. Eine tatsächliche Kostenreduktion bei privater statt öffentlicher Koordination wird zwar regelmäßig behauptet, müßte sich allerdings auf längere Sicht auch erst einmal nachweisen lassen. Auf jeden Fall ist der Wegfall von mehrfachen Koordinationskosten dann möglich, wenn Entscheidungs- und Umsetzungsebene nicht länger getrennt sind.

1.7 Soziale Verbände als Teilhaber an staatlichen Entscheidungen

Hier geht es um Interessenvertretung von Eltern als kollektive Akteure, die sich in Vereinen/ Verbänden zusammengeschlossen haben; von ihrer Zielrichtung her sind sie soziale Verbände (im Gegensatz beispielsweise zu wirtschaftlichen Verbänden). Deren Funktionen beschreibt E.W. BOCKENFÖRDE in Richtung und gegenüber staatlichen Entscheidungsträgern als Beeinflussungs-, Vereinheitlichungs- und Informationsfunktion sowie Integrations- undEntlastungsfunktion.[64]

Als überschulische Organe und Organisationen werden die Funktionen von Elternverbänden insbesondere darin gesehen,

- den Informationsfluß zwischen Eltern und Schulaufsichtsbehörde sicherzustellen,
- das Interesse der Eltern an der Schule zu verstärken und
- die bildungspolitische Diskussion in die Gesamtelternschaft zu tragen.[65]

Ein Vergleich dieser beiden Funktionsbestimmungen bei GOLDSCHMIDT und BOCKENFÖRDE erbringt keine großen Unterschiede, wenn man von einer schärferen sprachlichen Akzentuierung und erweiterten Differenzierung bei BOCKENFÖRDE absieht: Kommunikations- und Konsensfunktionen nach innen und Informationsfunktionen nach außen sind bei beiden zu finden. Interessant ist der Unterschied bei der Adressierung von Beeinflussung und Pression: Informationsfluß Eltern-Behörde/ Beeinflussung öffentlicher Meinung und parlamentarischer Instanzen – hier ist eine Erweiterung bei BOCKENFÖRDE insoweit festzustellen, als daß nicht nur die Schulbehörde, wie bei GOLDSCHMIDT, sondern die öffentliche Meinung und parlamentarische Instanzen Zielsysteme sind. Dies spricht für eine Politisierung des Verbandseinflusses, der sich nicht länger auf Diskussion, Information und Motivierung der Mitglieder beschränkt, sondern eine Beteiligung an den Entscheidungsprozessen anstrebt. Damit wird über die Willensbildungsfunktion hinausgegangen in Richtung Teilnahme an Entscheidungsgewalt.

> "Hierfür muß vielmehr auf das Kriterium einer notwendigen und nicht abtrennbaren funktionalen Zusammengehörigkeit abgestellt werden. Geht man hiervon aus, liegt eine Teilnahme an der politischen Entscheidungsgewalt immer dann vor, wenn Verbände/Interessenträger oder sonstige Rechtssubjekte *Entscheidungsfunktionen als Recht innehaben, die für die Erfüllung der dem politischen System (Staat) als notwendig zukommenden Aufgaben einen unerläßlichen Bestandteil bilden.*" 66 (kursiv gesetzter Text im Original unterstrichen)

Im hier interessierenden Zusammenhang lautet die Frage also, ob Eltern als kollektive Akteure rechtlich ausgestaltete Entscheidungsrechte haben, die von der Aufgabenerfüllung beispielsweise staatlicher Instanzen nicht abgetrennt werden können, also z.B. nicht zu beachtet werden brauchen, aufgehoben werden können etc.. Die Mitwirkungsrechte begründen einen politischen Handlungszwang für diese Instanzen, weil gesamtgesellschaftliche Auswirkungen zu erwarten sind. (465) In welcher Art und Intensität die Teilnahme an der politischen Entscheidung erfolgt, steht auf einem anderen Blatt, wichtig ist hier, daß die Entscheidungen der Eltern - sogar grundrechtsmäßig abgesichert - "aus sich heraus Positionen der Teilnahme an der politischen Entscheidungsgewalt darstellen." (466) Damit ergibt sich ein

> "Zustand, daß bestimmte außerstaatliche Kräfte (Verbände, Interessenträger), obwohl ihnen keine Teilhabe an der verfassungsrechtlich organisierten politischen Entscheidungsgewalt zukommt, an der Ausübung politischer Entscheidungsgewalt gleichwohl, und zwar in rechtlich abgesicherter Weise, tatsächlich teilnehmen." (466)

Dies geschieht aus doppeltem Grund: einmal muß die Politik der

> "demokratisch-legitimierten Entscheidungsorgane" [...] von vornherein so angelegt sein, daß deren 'Flankierung' durch die Inhaber der sektoralen politischen Entscheidungspositionen [= Eltern] erwartet werden, d.h. auf die ausdrückliche oder konkludente 'Verständigung' mit ihnen gerechnet werden kann; das schließt, wenn nicht ausdrückliche, so doch informelle Absprachen ein. Zum anderen können in keinem Fall politische Entscheidungen ins Auge gefaßt werden, durch die diese Entscheidungsträger in ihrer eigenen Rechtsbasis oder in ihrer sektoralen Machtbasis ernsthaft betroffen werden. Loyalität ist nur bei Ausschluß der Existenzbedrohung erwartbar." (482)

Diese Kompromißnotwendigkeit besteht für beide Seiten: einerseits sind die

> "sektoralen Entscheidungsbefugnisse in einer Weise auszuüben, daß die Ergebnisse von den Trägern der übergeordneten allgemein-politischen Entscheidungsgewalt aus ihrer eigenen Handlungssituation heraus hingenommen und verarbeitet werden können"; "[...] sie erstreckt sich auch darauf, daß nicht eine wesentliche Veränderung der Rechts- oder sektoralen Machtbasis des anderen, konkurrie-

renden Entscheidungsträgers, die die Gleichgewichtslage oder dessen Eigenständigkeit aufheben, von den Inhabern der allgemein-politischen Entscheidungsgewalt gefordert wird." (482) [67]

Bis hierher ergibt sich demnach die Perspektive einer rechtlich abgesicherten kooperativen Verhandlungslösung, deren Ziele letztlich in der Balancierung unterschiedlicher Interessen, verstanden als Rechts- und Machtbasis, sowie der Herstellung von Loyalität gegenüber gefundenen Lösungen gesehen werden.

Gewendet auf Elternmitwirkung im allgemeinbildenden Schulwesen ist eine solche Perspektive auch deshalb notwendig, weil Verhandlungspartner/ Gegenspieler im Schulbereich hoch organisierte LehrerInnen und eine nicht weniger organisierte Bürokratie sind. Es besteht deshalb für Eltern die Notwendigkeit einer entsprechenden Organisierung, wenn sie überhaupt als 'Spieler' in kooperativen Verhandlungslösungen wahrgenommen und anerkannt werden wollen. Die z.Z. vorfindlichen Organisationsformen sind auf diesem Hintergrund auf ihre Fähigkeiten zu befragen.

Elternmitwirkung als "Instrument im Schulkampf" [52] oder als "Instrument einer bildungspolitischen Opposition" (300) zu sehen, ist damit obsolet geworden, ebenso wie ihre inhaltliche Bestimmung für/ gegen eine wie immer definierte Schulreform. Spätestens mit der Gleichordnung von Elternrecht und Staatsauftrag zur Bildung und Erziehung der Kinder lt. Bundesverfassungsgericht 1978 ist diese Sichtweise überholt, weil es nicht um Frontstellungen zwischen Eltern und Staat geht, sondern um regulatorische Abgrenzungen für Kompromißlösungen über Verantwortlichkeiten.

Zusammenfassung: Mitwirkungsprozesse ergeben sich demnach als Notwendigkeit, den sozialen Wandel mit entsprechenden Steuerungsprozessen zu begleiten, welche die Selbstorganisation der Teilsysteme ermöglichen. Dadurch wird es zum einen möglich, staatliche Steuerungsleistungen zu reduzieren, indem z.B. Entscheidungs- und Durchsetzungsebene zumindest besser verzahnt werden, wenn nicht sogar ineins gesetzt werden.

Die Frage, ob Eltern Teil dieser Koordinationsleistungen (mit-) übernehmen können, ist anhand eines entscheidungstheoretischen Modells diskutiert worden: wenn Eltern Beteiligte am Schulsystem sind, ihnen das Instrument der direkten Mitwirkung zur Verfügung steht, so können konsensuelle Strategien - einschließlich Koalitionsbildung - verfolgt werden bei der Lösung von Problemen. Bei einer staatlichen Steuerung des Schulsystems sind Eltern Betroffene des Schulsystems, so daß die Notwendigkeit repräsentativer Mitwirkung mit entsprechenden kompetitiven Mitteln besteht. Diese erfüllen Legitimitäts- und Loyalitätsfunktionen nur dann, wenn sie rechtlich abgesichert sind und auch tatsächlich stattfinden (also nicht nur 'symbolische Politik' sind). Dabei geht es um Verteilungsfragen und Prioritätenfestlegungen auf der politischen Agenda bezüglich der Durchsetzung von Kinderrechten - im allgemeinbildenden Schulwesen demnach als einem Teilbereich der Kinderrechte, dem Recht auf Bildung. Verbände von Eltern haben dabei Entscheidungsrechte infolge des funktionalen Zusammenhanges von staatlicher Aufgabenerfüllung mit elterlichen Rechten und Pflichten sowie der Notwendigkeit, gegenüber den staatlichen Entscheidungen selbst als auch insbesondere ihrer Durchführung Loyalität herzustellen.

2. Elternmitwirkung als Teil des Sozialisationsprozesses von Kindern/ Jugendlichen

2.1 Begriffsklärung: "Verantwortung für Kinder" statt Familie (-nform)

Die Rede von "Elternhaus" und "Familie" weckt Assoziationen an eine stabile Lebensform. Wenn ich im Folgenden von 'Familie' spreche, so geschieht dies nicht in dem Sinne von ehelichem Zusammenleben (mit entsprechender staatlicher Legitimation und - allerdings unzureichender - Unterstützung im Falle des Kinderhabens), sondern von intergenerativer Lebensform mit Verantwortung für Kinder. (F.X. KAUFMANN) Was hier also interessiert, ist die Elternrolle, und nicht die unterschiedlichen Formen, in denen sie wahrgenommen werden kann. Ob diese als "natürlich" oder "gesellschaftlich konstruiert" betrachtet wird, hängt auch von der theoretischen Ausrichtung ab – und konstruiert damit entsprechende Leitbilder. [68] Beispielsweise ist für das Leitbild von Familie als grundlegende Aufbauform für die Gesellschaft die (mangelnde) Stabilität ein zentrales Problem:

> "Wird Familie als Wert an sich aufgefaßt, ist es einfach, einen Zusammenhang zwischen dem 'Zerfall der Familie' und einem allgemeinen gesellschaftlichen Werteverlust herzustellen, ohne zu erklären, wie es dazu gekommen ist. Dann wiederum liegt es nahe, sich von einer Rückkehr zu traditionellen Familienformen das Verschwinden gesellschaftlicher Übel wie Drogenkonsum und Gewalt zu versprechen. Umgekehrt sind Schuldzuschreibungen an die Eltern, wie sie notorisch in den Leserbriefseiten [und nicht nur da!] auftauchen, rasch zur Hand." [69]

Ich möchte hier der Umschreibung von "intergenerativer Lebensform" folgen und dabei den Schwerpunkt auf "Verantwortung für Kinder" legen. Bei dieser Sichtweise ist die Frage, welche Instanzen im Verlauf des Sozialisationsprozesses Verantwortung für Kinder übernehmen. Wenn zwei Instanzen, Familie und Schule, als die wichtigsten im Verlauf des Sozialisationsprozesses gelten, so ist dies erstmal eine Zuschreibung. Ob und wie diese beiden Sozialisationsinstanzen die Verantwortung tatsächlich übernehmen, ist dann das eigentliche Problem, wobei die Frage der Dauer und Stabilität der Verantwortungsübernahme wichtige Aspekte der Qualität und der Zuverlässigkeit ausmachen.

Die Forderung nach Mitwirkung von Eltern in der Schule und die Forderung von Eltern, an den Prozessen der Schule beteiligt zu werden, könnte auch als Ausdruck von Erwartungen angesehen werden, daß die 'Familie' und die Schule ihre Aufgaben mit wechselseitiger Unterstützung erfüllen. Wie können die Verschränkungen von privaten Haushalten und öffentlichen Erziehungseinrichtungen ausgestaltet werden, um stabile Verantwortungsübernahme für die Sozialisation von Kindern sicherzustellen? Dies ist die Frage nach der Verantwortlichkeit und Zuverlässigkeit für die Bildung von Sozialkapital, die hier in der Verbindung aller Sozialisationsinstanzen gesehen wird. Dazu sind variable Regulierungen zwischen ihnen erforderlich, die eine Selbststeuerung ermöglichen. Die bisherige Steuerung durch staatliche Macht zementiert die Trennung zwischen 'öffentlich' und 'privat' und ist deshalb den veränderten Funktionslogiken nicht länger angepaßt.

2.2 Wertorientierungen in "Elternhaus" und "Schulhaus"

J.S. COLEMAN beschreibt die unterschiedlichen Wertemuster von Familie und Schule als "inputs" für den Sozialisationsprozeß, [70] der entsprechend umfassend als die Herausbildung von Sozialkapital verstanden wird. [71]

T. PARSONS unterscheidet die Wertorientierungen der beiden Sozialisationsinstanzen Familie und Schule als partikularistische und universalistische Wertorientierung. [72] Sie bilden - als ein analytisches Instrument - Wertemuster ('pattern variables'), "um Rollensysteme in modernen Gesellschaften nach ihren prinzipiellen Verhaltensanforderungen zu klassifizieren." [73] Für die Familie gelten als Wertorientierungen Affektivität, Diffusität, Partikularismus, Zuschreibung und Gemeinschaftsorientierung, für die Schule affektive Neutralität, Spezifität, Universalismus, Erringen und Selbstorientierung. [74]

Letztendlich geht es bei jedem Sozialisationsprozeß im Ergebnis um die Besetzung von gesellschaftlichen Positionen, für deren Erringen, Halten und Ausbauen bestimmte Qualifikationen (bei PARSONS: zum Rollenhandeln) notwendig sind. Familiäre Sozialisation ist dabei nach den partikularistische Wertorientierungen ausgerichtet, die gleichzeitig unter dem Aspekt der "erblichen Zuweisung" [75] funktioniert, als auch den Druck mitbeinhaltet, zumindest den Statuserhalt zu sichern. Schulische Sozialisation ist ihrem Kern nach ein Wettbewerbssystem, welches nach dem Konkurrenzprinzip des Marktes funktioniert. Die Leistungen des Schülers, verstanden als Erfüllung der vom Lehrer gestellten Aufgaben, sind die gehandelten Güter. Die Qualifikationsfunktion der Schule wird ergänzt durch die Allokationsfunktion, [76] wobei je nach theoretischer Orientierung diese beiden Funktionen unterschiedlich gewichtet werden. [77]

Die universalistischen Orientierungen, die von Institutionen vermittelt werden, können mit "opportunities", "demands" und "rewards" umschrieben werden, die partikularistischen Orientierungen vom "social environment of the household" (oder Substituten derselben) vermittelten als "attitudes", "effort" und "conception of self". [78] Primäre Sozialisationsinstanzen und sekundäre Sozialisationsinstitutionen bringen unterschiedlichen Leistungen und Orientierungen bei Sozialisationsprozessen hervor. Sie lassen sich beschreiben als eine Ressource "Sozialkapital", die gebildet wird aus den Beziehungsnetzen, dem kulturellen

Kapital und dem Bildungskapital. Diese Produktion von Sozialkapital wird durch eine strikte Entgegensetzung von Privatsphäre und öffentlicher Sphäre behindert; vielmehr kommt es auf Abgrenzungen zwischen diesen beiden Sphären an, hier bezogen auf das Familien- und Bildungssystem, um Überforderungen zu vermeiden und Selbststeuerung zu ermöglichen.

Die Position von Kindern in den beiden Sozialisationsinstanzen kann entscheidungstheoretisch so ausgedrückt werden: Kinder sind bei universalistischer Orientierung Betroffene, bei partikularistischer Orientierung Beteiligte. Dies führt zu unterschiedlichen Positionen in den Sozialisationsinstanzen Familie und Schule: innerhalb der Familie haben sie - im Unterschied zur Schule - große Anteile von Mitgestaltungs- und Mitbestimmungsmöglichkeiten. [79] Diese laufen über Regelungen, die sich in der Regel nicht über Hierarchie, Mehrheitsentscheidungen, externe Schlichter oder Segregation konstitutieren, sondern über Konsens. Die Gründe dafür liegen in der speziellen Art der Familiengründung und -aufrechterhaltung: sie läuft weitgehend über Emotionen ('Liebe'). Bei Konflikten ist die Familie deshalb, und auch aufgrund ihrer Größe als Kleingruppe, auf Konsens als Ordnungs- und Entscheidungsmodell angewiesen. [80]

Zusammen mit der weitgehenden materiellen Abhängigkeit der Kinder von ihren Eltern ergibt sich eine Emotion voraussetzende und auf sie gründende Struktur. Sie muß immer wieder neu hergestellt werden, um nicht zu zerfallen. Materiell abhängig, emotional gleichberechtigt, wenn nicht sogar bestimmend, so läßt sich inzwischen die Stellung der Kinder in der Familiendynamik beschreiben. Als Beteiligte müssen sie an der Aufrechterhaltung der Familienstruktur mitwirken, weil sie sich andernfalls ausschließen und dann den Zugang zu den Familienressourcen verlieren. [81] Die damit entstehenden Bindungen innerhalb der Familie konstruieren ein äußerst enges Beziehungsgeflecht, das sich im Laufe der Entwicklung des Kindes in das soziale Umfeld hinein erweitert. Dazu gehört dann auch die Schule.

Aus anderen gesellschaftlichen Bereichen wie Politik, Öffentlichkeit, Produktion sind Kinder/ Jugendliche größtenteils ausgeschlossen. In der Schule, dem einzigen gesellschaftlichen Bereich, dem sie zwangsweise angehören, sind sie lediglich der Theorie oder der Idee nach Subjekte (dazu soll der Erziehungsprozeß sie machen). [82]

Wie kann ein regulatives Modell zwischen zwei Systemen beschaffen sein, in denen Kinder/ Jugendliche einmal eine stark bestimmende Position einnehmen wie in der Familie, und dann dem anderen System zwangsweise angehören in einer wenig mitbestimmenden Position? Und welche Rolle können Eltern als Sachwalter kindlicher/ jugendlicher Interessen bei der Regulierung der Beziehungen spielen?

2.3 Verhaltensorientierungen bei Elternmitwirkung

Wenn sich Eltern in die Schule hineinbegeben, so trifft ihre partikularistische Wertorientierung auf die universalistische der Schule. Daraus ergeben sich Verhaltenserwartungen und -anforderungen, die sich aus den unterschiedlichen Rollen in der Schule und in der Familie ergeben. Elternmitwirkung - hier als legitim erachtete Verhaltensweisen, d.h. als Rollenhandeln - kann unterschiedlich aufgefaßt werden als Versuch der

- Vermittlung: zwischen den beiden vorherrschenden Wertesystemen in Familie und Schule zu vermitteln, indem beispielsweise Übergänge und Verschränkungen zwischen den beiden Systemen geschaffen werden,
- Balancierung: beide Systeme aus dem Interesse eines optimalen Sozialisationsergebnisses heraus aufeinander zu beziehen,
- Abgrenzung: wozu auch die Abgrenzung der Systeme gehören kann ("Wie schütze ich mein Kind vor der Schule?"),
- Instrumentalisierung: die Durchsetzung von Interessen nach Statuserhalt und -erhöhung, da die Schule der Ort ist, an dem sich "die ungleiche Auseinandersetzung zwischen den sozialen Schichten um die beste Ausgangsposition auf dem Ausbildungs- und Arbeitsmarkt [abspielt]." [83]
- Passive Hinnahme/ Ignorierung/ Verschleierung des Sich-Abfindens: 'Schulkram' interessiert die Eltern nicht, wobei ein gewisser Aktivismus bezüglich Marginalien und Durchsetzungsversuche von regelmäßig scheiternden Forderungen, wie Kontrolle des Eßverhaltens auch in weiterführenden Schulen u.ä. ("Keine Süßigkeiten in der Pause!") eine weitere Facette der Ignoranz gegenüber der Schule sein kann.

Das Ziel von Elternmitwirkung wird bei einem wertorientierten und rollentheoretischen Zusammenhang so verstanden, daß partikularistische und universalistische Wertorientierungen kompatibel gemacht werden durch Vermittlung, Balancierung und Abgrenzung. Die Interessen der Kinder sollen über die Vertretung durch Eltern in die Schule transportiert werden, so daß Elternmitwirkung in diesem Sinne eine klassische, temporäre Stellvertreterpolitik ist. Wenn weithin an einem Elternbild 'gestrickt' wird, nach dem diese lediglich partikularistische Interessen zu vertreten vermögen im Sinne des Aufstiegs durch Schulabschlüsse und kurzfristigen Weiterkommens ihres Kindes, [84] so wird damit lediglich die spezifische Variante des Rollenhandelns unterstellt, daß Eltern Interessenvertretung nur im Sinne der Instrumentalisierung vornehmen könnten.

2.4 Erweiterung von "Elternhaus" auf soziales Netzwerk

Die Zusammenarbeit von Eltern mit den 'Sozialisationsagenten' der Schule kann zu einer verschärften sozialen Kontrolle über Jugendliche führen, um soziale Abweichungen durch Sanktionierungen möglichst gering zu halten. Diese können sich als Ansporn (positive Sanktionierung) oder Drohung (negative

Sanktionierung) äußern. Auch wenn Erziehungsvorstellungen intra- und intergruppenmäßig bei Lehrern und Eltern auseinanderdriften, so verkompliziert dies lediglich den grundlegenden Prozeß der sozialen Kontrolle. Jedoch ist mitzubedenken, welche 'Gewinne' Jugendliche aus diesen Konflikten ziehen können, so daß es zumindest einseitig erscheint, elterliche Mitwirkung allein als negative Sanktionierung zu fassen. Wollte man allerdings die Interessen von Kindern und Jugendlichen zum Kriterium der Mitwirkungsprozesse machen, so müßten andere Formen als elterliche Vertretung zumindest dazukommen. Neben der Begründung eigenständiger Vertretungen von Kindern/ Jugendlichen aus eigenen Rechten könnte man sozialisationstheoretisch argumentieren, um auch deren kollektive Interessenvertretung zu begründen. Dazu möchte ich auf die peer-groups als funktional notwendiges, vermittelndes soziales Feld verweisen, in welchem eine Erweiterung von partikularistisch orientierten familialen Rollen gelernt werden kann hin zu universalistischen Orientierungen. Gesellschaftliche Rollenanforderungen - und Interessenvertretung bedarf der universalistischen Perspektive - können so besser erfüllt werden. [85]

Gleichwohl stehen die peer-groups unter dem gleichen Anforderungs- und Wandlungsdruck wie beispielsweise die Familie. So ist mit massiven Identitätsproblemen bei Jugendlichen immer dann zu rechnen, wenn "der gesellschaftliche 'Einforderungsdruck' zu stark wird und gleichzeitig keine 'Rückenstärkung' aus dem sozialen Milieu und den Familienbeziehungen erwartet werden kann." [86] Hieraus ergeben sich Effekte zwischen Elternhaus und peer-group in zweierlei Richtung: [87] bei einem beschädigten Verhältnis zum Elternhaus kann die peer-group in gewissem Umfang Komplementärfunktionen im Sinne von Entlastung bieten. Denkbar und empirisch wahrscheinlicher sind aber aufgrund vorangegangener defizitär verlaufener familialer Sozialisation und damit einhergehenden Identitätsproblemen die Steigerung von negativen Effekten. Diese können sich zeigen anhand von Fixierungen auf eine Gruppe oder in der (starren) Übernahme konventioneller bis abweichender Rollen.

Allerdings ist mit der Übernahme abweichender Rollen prinzipiell auch die Chance für sozialen Wandel eröffnet, [88] gilt doch gerade 'Jugendlichkeit' mit ihren Merkmalen wie Offenheit, Risikobereitschaft, Experimentierlust etc. als der Motor für gesellschaftlichen Wandel. [89] Die Aufweitung partikularistischer Orientierungen der Familie durch 'peer-groups' in Richtung universalistischer Orientierungen ist demnach nicht unabhängig in seiner Richtung von familialen Ressourcen.

Schulstrukturelle, familiale und persönlichkeitsbedingte Faktoren beeinflussen den 'Erfolg' im Schulwesen:

- das Schulangebot einer Region kann zu unzureichend ausgebaut sein (z.B. schwere Erreichbarkeit und monopolartiger Charakter einer Schulform wirken sich negativ auf die Qualität aufgrund fehlender Wettbewerbssituation mit anderen Schulen aus),

- die Situation der Familie selbst bewirkt, in welchem Ausmaß die erforderlichen Vorleistungen familialer Art für den Schulbesuch erbracht werden und
- die Person des Schülers selbst entscheidet über Erfolg und Versagen im Schulwesen. [90]

Erweitert man die Argumentation mit J.S. COLEMAN, so ist mit der schulstrukturellen Argumentation - die Schule in der Region/ Gemeinde - der weite Bereich des sozialen Netzwerkes (verstanden als Beziehungsnetz) außerhalb der Familie angesprochen. Es umfaßt mehr als nur die Prozesse innerhalb der Schule, sondern gerade auch die Zusammenhänge und Einflüsse außerhalb der Schule, wie Einbindung der Schule in die Aktivitäten des Wohnviertels (Sportvereine, Jugendclubs etc.), kulturelle Einrichtungen (Theater, Bibliotheken etc.), Lage, Verkehrsanbindung, Status der umgebenden Gemeinde etc.. Theoretisch ist schon klar, daß Verschränkungen und Zusammenarbeit der Schule mit ihrem "sozialen Umfeld" stattfinden sollten – wie die Diskussionen um 'Öffnung von Schule' zeigen. Nur die Umsetzungen befinden sich noch weitgehend in den Kinderschuhen, also im Projektstadium.

Familien bzw. Eltern sind Teil und Träger dieses sozialen Netzwerkes und konstituieren es mit – wie auch die peer-groups. Wenn man nun die wechselseitige Abhängigkeit der schulischen Sozialisation und der Familien von diesen umgebenden Netzwerken annimmt, und auch die Abhängigkeit der familialen Sozialisation von der schulischen, so sind beide Sozialisationseinrichtungen auf geregelte Beziehungen zueinander angewiesen. Die Art und Weise, wie die Regelungen zwischen beiden Systemen gestaltet wird - sei es als Vermittlung, Aufeinander-Beziehen, Abgrenzung, Balancierung oder Instrumentalisierung von Schule und Familie und fatalistisch-passiver Hinnahme - bestimmt in weiten Bereichen ihr Verhältnis zueinander und damit letztlich auch die Qualität des Sozialisationsprozesses insgesamt.

2.5 Zielbindung von Elternmitwirkung an Adoleszenz und Ausbildung

Trotz erschreckender Befunde über Ergebnisse fehlgelaufener familialer Sozialisation [91] sollte nicht übersehen werden, daß für einen Großteil der Kinder/ Jugendlichen die Familie nach wie vor eine stabile soziale Kontrollstruktur darstellt. [92] Auch die Zahlen über die Familienstruktur in Deutschland belegen dies: 1993 stehen 1,35 Mio. Haushalten mit Alleinerziehenden mit insgesamt 1,82 Mio. Kindern unter 15 Jahren doch immerhin noch 6,9 Mio. "vollständige" Familien mit insgesamt 11,3 Mio. Kindern der entsprechenden Altersgruppe gegenüber. [93] Das bedeutet, daß rund 84 % aller Kinder unter 15 Jahren in, zumindest rechtlich gesehen, intakten Familienstrukturen aufwachsen. [94] Für 1996 lauten die Zahlen, daß von den Familien mit Kindern im Westen 91 % und im Osten 87 % in vollständigen Familien mit zwei Erwachsenen leben, so daß man auf 10 % Scheidungswaisen und Alleinerziehende kommt. [95]

Eine solche Stabilität von Familienerziehung ist erklärbar durch die Verlängerung des psycho-sozialen Moratoriums [96] infolge der Ausdehnung von Bildungsprozessen und der Entkoppelung vom Arbeitsmarkt. Die damit einhergehende Verbesserung von kognitiven Voraussetzungen erlaubt sowohl das Erproben alternativer und individueller Lebensformen als auch innerhalb der Familie einen Liberalisierungsschub, verstanden als subjektive Voraussetzungen zur besseren Konfliktdurchstehung. Ob die Ergebnisse von Sozialisationsprozessen, und speziell hier von Adoleszenzkrisen, mehr die Form der unkritischen Anpassung oder der kritischen Durchdringung annehmen, [97] ist damit noch nicht entschieden.

Für Elternmitwirkung bedeutet dies, daß ihre Ziele gebunden sind an die Formen und Ergebnisse von Adoleszenz (-krisen), auf Ausbildung angewendet ihre Ausrichtung auf die Ziele des Ausbildungsprozesses. Es geht - noch einmal sozialisationstheoretisch ausgedrückt - um den Versuch, eine Definition von Jugend und Erwachsensein im Interesse der Eltern und (idealerweise) der Jugendlichen durchzusetzen. Bei diesem Prozeß kann es zu einer Aktualisierung der eigenen Definition von Erwachsensein kommen (Lernprozeß) und damit im günstigsten Fall zu einer Aktualisierung und Verlängerung von jugendlichen Wertemustern, wie Autonomie, Authentizität, Offenheit, Vitalität etc.. Wenn man im Auge behält, daß es sich um "Zwei-Wege-Transaktionen" zwischen Kindern und Erwachsenen handelt, [98] so gibt es in dieser Perspektive keine "starre Rollenverteilung des Gebens (durch die Eltern) und des Nehmens (durch die Kinder)," [99] sondern eine wechselseitige Unterstützung. Das entstehende subjektive Selbstverständnis wird somit handlungsleitend auch für das, was man im Rahmen der Schule für das Kind und für sich selbst tut. Aus der Richtung dieses Selbstverständnisses ergibt sich, daß und ob Partizipationsmöglichkeiten eingefordert werden oder schlicht vorausgesetzt werden.

Zusammenfassung: Elterliche Mitbestimmungsforderungen ergeben sich auch aus den besonderen Qualitäten der Sozialisationsverläufe. Verlängerte Ausbildungszeiten mit entsprechender Qualifikationserhöhung lassen einen Liberalisierungsschub erwarten, der sich - zusammen mit Abwehr sozialer Zumutungen aufgrund von Elternschaft und Aktualisierung von jugendlichen Wertemustern - zur Forderung nach Mitbestimmung bzw. Selbststeuerung verdichtet.

Allerdings steht Elternmitwirkung als Sachwalterin für jugendliche Interessen in der Gefahr, sich mithilfe partikularistischer und konsensueller Orientierungen - und daraus entstehendem eventuellem Gleichklang mit dem Lehrpersonal - zur sozialen Kontrolle über jugendliches Verhalten zu entwickeln. Dem kann sie tendenziell entgehen, wenn sie in Zusammenhang mit jugendlichen peer-groups die Chancen jugendlichen Verhaltens nicht nur negativ als jugendliches abweichendes Verhalten wahrnimmt, sondern auch positiv als jugendliches konstruktives Verhalten für sozialen Wandel. Allerdings sind mögliche negative Verstärkungen bei belastenden Lebenssituationen mitzubedenken. Elternmitwirkung kann sich der positiven synergetischen Effekte zwischen Elternhaus und peer-group versichern (anstatt in Frontstellung zu ihnen zu gehen), wenn sie es fertigbringt, zu einer angemessenen kooperativen und gleichzeitig die unterschiedlichen Orientierungen nicht verwischenden Zusammenarbeit zu kommen. Insgesamt müssen dazu die "Chancenstrukturen" von Jugendlichen angemessen begriffen werden als Mix aus sozialer Herkunft, schulischen Bildungskarrieren und außerschulischen Freizeitaktivitäten. [100] Sie stecken den Rahmen ab für die Funktionsfähigkeit von peer-groups, und damit für das Ausmaß an 'inputs', die u.a. in eine eigenständige Interessenvertretung von Kindern/ Jugendlichen sowie deren Verschränkung mit elterlicher Interessenvertretung einfließen können.

2.6 Vermischung von universalistischer und partikularistischer Wertorientierung, Folgeprobleme und Alternativen

Ich habe oben mögliche Formen von Regelungsprozessen zwischen Elternhaus und Schule beschrieben, wie Vermittlung, Balancierung, Abgrenzung, Instrumentalisierung, passive Hinnahme, Ignorierung und Verschleierung. Eine weitere Form besteht darin, daß es zu einer Vermischung, wenn nicht sogar Übernahme von Wertorientierungen des jeweils anderen Systems kommt. Dies kann so aussehen, daß Familien Wertorientierungen der Schule übernehmen, soweit es um Qualifikationen geht. Wenn diese mit (bemessener) Schulleistung gleichgesetzt werden, bewirkt das einen starken Leistungsdruck auf die Kinder und Jugendliche, der nunmehr von der Schule und der Familie ausgeübt wird. Dazu kommt oftmals die Verknüpfung der von außen gesetzten Maßstäbe der Schule mit elterlicher Selbstwertstabilisierung, mit dem u.a. schulischer Erfolg mit gelungener Entwicklung fast ineins gesetzt wird. [101]

Mit der Übernahme universalistischer Orientierungen verschenkt die Familiensozialisation gerade die Qualitäten, - wie "Füreinanderdasein, Verläßlichkeit und Identifizierbarkeit", [102] - für deren Eintreten/ Erhalt es sich lohnen würde, ein familiales Sozialisationssystem aufrechtzuerhalten. Universalistische Wertorientierungen, die sich u.a. in einer "Ökonomisierung" i.S. der zweckrationalen Ausrichtung nun auch familialer Beziehungen ausdrückt, erodieren das Familiensystem. Es wird auf eine reine Konsumtionsfunktion degradiert. Komplementär dazu werden ihm psychische Entlastungsfunktionen zugeschrieben, die es auf längere Zeitspannen hin - und besonders in Konflikt- und Krisensituationen - dann nicht erbringen kann.

Auch die Schule reagiert auf diese Vermischung der Orientierungen bei Regelungs- und Vermittlungsprozessen. Sie tut es teilweise - zumeist in Abhängigkeit vom Alter der Kinder - mit dem Versuch der Übernahme von familialen Wertorientierungen. [103] Dies äußert sich beispielsweise in der räumlichen Gestaltung der Klassenzimmer in Richtung 'Wohnzimmer'. Die Schülerrolle wird auch nach diffusen, affektiven und partikularistischen Wertorientierungen definiert, so daß sie als Berufsrolle zu verschwimmen droht. Diese Vermischung führt zu einer Beliebigkeit der Wertorientierungen, die sich bis in die Methoden- und Stoffauswahl hinein ablesen läßt [104]: Prozesse des "muddling-through" werden handlungsleitend. Legitimatorisch wird von "Öffnung der Schule" im Sinne einer "sozialräumlichen Erweiterung" gesprochen, die notwendig werde, weil die Familie als Mittlerinstanz zwischen den sozialen und den funktionalen Aspekten des Systems Schule oftmals ausfällt. [105] Es solle sichergestellt werden, daß Lern- und Leistungsfähigkeit reproduziert werden kann, die die Schule verbraucht in Form von Erfahrung, sozialer Beziehung, Motivation für Leistung und Sozialverhalten. [106]

Den unterschiedlichen Wertorientierungen werden unterschiedliche Prozesse zugeordnet, den partikularistischen die sozialen Prozesse und den universalistischen die funktionalen. Eltern und Schule als gegenseitig aufeinander bezogene Systeme neigen dazu, infolge der hohen Wertigkeit, die Schulbildung besitzt, sich wechselseitig Defizite an sozialen und funktionalen Prozessen zu attestieren. Die Übernahme von Wertorientierungen des jeweils anderen Systems, als Unterstützung- oder Ausgleichsleistung gedacht, bringt keine Lösung, weil Diffusität und Entstrukturierung des Ursprungssystems die Folgeprobleme sind. [107] Ein möglicher Ausweg aus der Vermischung von sozialen und funktionalen Prozessen liegt in der eindeutigen Betonung jeweils eigener Wertorientierungen.

Die in der pädagogischen Diskussion zum Fixpunkt gewordene möglichst große Ausdehnung von funktionaler und sozialer Arbeit als Einheit schafft kaum handhabbare Komplexität. Eine solche doppelte Bestimmung der Schule äußert sich in immer neuen Aufgabenüberweisungen an die Schule, [108] ohne daß sie personell und strukturell darauf eingestellt wäre.

Ein analoger Prozeß findet bezüglich von Zuschreibungen an die Familie statt: wenn man zu traditionellen Formen zurückfände, könne das gesellschaftliche Übel geheilt werden. Ist die Rückkehr zu funktionalen Eindeutigkeiten der Schule und zu sozialen Eindeutigkeiten der Familie als Gegenbewegung zu Entstrukturierung/ Diffusion ein Ausweg?

Auf der Ebene der individuellen Lebensbiographie wird die Entstrukturierung als Spannung zwischen Individualisierung und Komplexitätserweiterung beschrieben:

> "In der Folge müssen immer mehr Menschen ihre Biographie selbst herstellen, inszenieren, zusammenbasteln – ohne den Kompaß fraglos vorgegebener Glaubenssätze, Werte und Regeln, dafür freilich im Netzwerk der institutionellen Kontrollen und Zwänge, die die Moderne kennzeichnen (Sozialstaat, Arbeitsmarkt, Bildungssystem usw.). Pointiert zusammengefaßt: Aus Normalbiographie wird Bastel-Biographie." [109]

Ob sich damit geradewegs "Kinder der Freiheit" [110] entwickeln werden?

> "Biographie ist die individuelle Konstruktion eines normalen und einzigartigen Lebens zugleich. Diese Konstruktion erfolgt in den wenigsten[s] Fällen bewußt und systematisch, sondern erfolgt unter der Hand. Deshalb kann man sie

aus der psychologischen Perspektive als Entwicklung und aus einer soziologischen als Sozialisation bezeichnen. Aus einer interaktionistischen Sicht aber ist sie Interpretation." [111]

Diese theoretische Differenzierung von Biographie nach einer psychologischen, soziologischen und interaktionistischen Sichtweise kann dazu dienen, daß die Behauptung prinzipieller Machbarkeit und Freiheit nicht verwechselt wird mit der alltäglichen Konstruktion von biographischen Verläufen. Die Freiheit der 'Bastelbiographen' ist wiederum ein Leitbild unter vielen.

Auf der Ebene von Schule und Unterricht ist infolge der Vermischung sozialer und funktionaler Prozesse eine bezüglich der Auswahl der Inhalte und der Vermittlungsmethoden weitgehende Beliebigkeit anzutreffen, [112] so daß hier kaum mehr von eindeutigen "institutionellen Kontrollen und Zwängen" gesprochen werden kann. Diese Beliebigkeit entspricht dem Trend zu verschwommenen und weichen Lösungen, die das Gegenteil von "so etwas wie ein Vertrag - gegenseitige Bindung und Bescheidung - zum Wohl des Ganzen" [113] sind.

Das Resultat ist eine Überforderung des Schulsystems, in dem angeblich das gesellschaftliche Leben abgebildet werden soll:

> "Das Kind macht normalerweise seine erste Bekanntschaft mit der Welt in der Schule. Nun ist die Schule zwar keineswegs die Welt und darf auch nicht vorgeben, sie zu sein; sie ist vielmehr die Institution, die wir speziell für die Heranwachsenden zwischen die Privatsphäre des Elternhauses und die wirkliche Welt schieben, um den Übergang von Familie zur Welt überhaupt möglich zu machen. Zu ihrem Besuch wird jedes Kind vom Staate, und nicht vom Elternhaus gezwungen, also von der Öffentlichkeit gezwungen, und so vertritt die Schule gegenüber dem Kinde in gewissem Sinne die Welt, wenn sie sie auch noch nicht selbst ist." [114]

Ließe sich eine Alternative beschreiben, welche die Dichotomisierung zwischen Elternhaus und Schule aufhebt, die aus der Überforderung mit Funktionen, einer ungelungenen Vermischung von sozialen und funktionalen Prozessen auftritt? Ein Ausweg könnte gerade die Betonung der Eigenart der Schule sein, so daß

> "kognitive Lernprozesse, die gerade dadurch anregend sind, daß sie erlauben, die Welt im Licht einer Verfremdung zu sehen" und "[...] Regeln des (partiellen) Zusammenlebens, die normativ nicht immer auf vermehrte Nähe, auf Quasi-Familie, auf dichte Gemeinschaft zielen [... sowie ein] Selbstverhältnis, das ebenfalls dezentrierte Momente beinhaltet [... wie] Erfahrungen mit und Freude an eigener Variabilität, an eigenen Perspektivwechseln, an innersubjektiven Übergangsfähigkeiten." [115]

im Vordergrund stehen. Hier wird nicht mit der Entgegensetzung von 'sozial' und 'funktional' gearbeitet, vielmehr geht es um eine selbstzuschaffende Distanzierung mit dem Ziel der Variabilität gegenüber funktionalen und sozialen Prozessen.

Die "einseitige Anpassung des Elternhauses an Erziehungsziele des Bildungssystems" [116] (und umgekehrt) ist demnach nicht die Lösung. Vielmehr ist nach

Vermittlungen zwischen Eltern- und Erziehungssystem zu suchen, die möglichst nicht (nur) Konflikte, sondern auch Lernchancen eröffnen, indem Impulse aus dem jeweils anderem System miteinbezogen werden.

Dabei ist das Festhalten an einem Bild von Familie als Prototyp, der gelingende Sozialisationsprozesse garantiert, dann reizvoll, wenn es Chancen gäbe für die Umsetzung solcher Familienformen und -beziehungen. Hier soll anders herum gefragt werden, aus welchen Gründen Familienfunktionen eben nicht mehr oder sehr anders erfüllt werden, und welchen Auswirkungen daraus für die nachwachsende Generation - aber auch für die Eltern selbst - entstehen. Denn nur mit einer solchen Frageperspektive kann das Interesse von Eltern an Mitwirkungsprozessen im allgemeinbildenden Schulwesen verstanden und die postulatorische Ebene verlassen werden. [117]

Aus diesen Überlegungen läßt sich ein Modell der Vermittlung zwischen den Wertorientierungen von Elternhaus und Schule gewinnen, wie auch dessen institutionelle Ausgestaltung, das dem Ziel der jeweiligen Selbststeuerung verpflichtet ist. Dazu ist die Entgegensetzung von Lebenswelt als Privatsphäre (vielleicht noch erweitert auf "sozialer Nahbereich") und entsprechend "moralischer Ordnung" zum System der Öffentlichkeit als politischer und sozialer Ordnung aufzuheben. [118]

Die Entgegensetzung von Lebenswelt und System, von Gemeinschaft und Gesellschaft - als Wertorientierung ausgedrückt: partikularistische und universalistische - kann damit nicht nur negativ als jeweilige Beeinträchtigung gesehen werden. Nicht nur Konflikte, sondern auch Lernprozesse an den Grenzen von Systemen/ Lebenswelt werden denkbar, [119] wenn die Lebenswelt, indem sie von Machtkalkülen und wirtschaftlichen Funktionen entlastet wird, zum "Kristallisationspunkt eines neuen normativen Verständnisses werden" kann. [120] Entsprechend kann auch die Entgegensetzung von Steuerungsmedien, hier Solidarität in der Lebenswelt, dort Macht und Geld in den Institutionen, durch ein Nebeneinander von Steuerungsmedien abgelöst werden, die dem Ziel der gesellschaftlichen Selbststeuerung verpflichtet sind. Beispiele dafür sind:

- "Die Schaffung parastaatlicher Einrichtungen.
- Die Delegation von Staatsaufgaben an gesellschaftliche Gruppen.
- Staatliches Handeln nach dem Subsidiaritätsprinzip. Handeln wird nur bei Versagen der Selbststeuerung der Untereinheiten erwogen.
- Aktive Steuerung durch liberalen Korporatismus.
- Lose Konzertierung.
- Kanalisierung durch Subventionierung (z.B. alternativer Ökonomien, anomischer Mieterverhältnisse.)." [121]

Zusammenfassung: Die Vermischung und/ oder Übernahme von Wertorientierungen des jeweils anderen Systems (Elternhaus und Schule) führt zur nicht handhabbaren Komplexität. Als Ausweg wird die Betonung der Eigenständigkeit beider Systeme angesehen, die eine Variabilität und Distanzierung voneinander erlauben, welche wiederum Chancen für Lernprozesse in beiden Systemen eröffnet. Dies setzt jedoch die Selbststeuerungsmöglichkeiten beider Systeme voraus. Dazu müßte die Beschränkung auf jeweils ein Steuerungsmedium durch deren Nebeneinander abgelöst werden. Konkret für die Schule bedeutete dies ein Ablösen bzw. eine Zurücknahme von Steuerung allein durch Macht, also ein Zurückdrängen staatlichen Einflusses zugunsten ihrer Selbststeuerung. Steuerungsmedien hierfür lassen sich nicht gewinnen aus der bloßen Übernahme und Vermischung derer aus anderen Systemen (wie z.B. Elternhaus), sondern es bedarf der Distanzierung, der Abgrenzung und Betonung von Eigenständigkeit und der Variabilität gegenüber den sozialen und funktionalen Prozessen des eigenen und des 'fremden' Systems, um Selbststeuerung zu ermöglichen.

3. Gelenkfunktion der Schule bei der Konstruktion von Kindheit/ Jugend

3.1 Schule und soziale Positionierung

Die Diskussion über Leistung und Werte verweist grundsätzlich auf dahinter steckende Interessen nach gesellschaftlicher Positionierung mit Hilfe von Schulbildung. Allerdings ist ein Auseinanderdriften von Leistung (-sideologie) und Markt (-wettbewerb) feststellbar, der die sozialintegrativen und identitätsstiftenden Sozialisationsprozesse auch in der Schule einem rasanten Wandel unterwirft. Auf der sozialintegrativen Ebene sind mit der Verteilung von gesellschaftlichen Chancen und dem Aufbau bestandsverbürgender Werte die Zusammenhänge zwischen Leistung und Markterfolg in weiten Teilen nicht mehr gegeben, so daß sowohl die Leistungsideologie als auch die Legitimation des Wettbewerbs brüchig geworden sind. "Verstopfte Mobilitätspfade",[122] verstanden als Stellen- und Mobilitätschancen, bewirken, daß die Kovariation von Bildung und sozialer Position längst nicht mehr gegeben ist:

> "So verflüchtigen sich Bildungsabschlüsse zunehmend als hinreichendes Mittel gegen den Abstieg und garantieren kaum mehr als die Berechtigung zur Teilnahme am Konkurrenzkampf um knappe Positionen und Privilegien, der immer schärfer wird." [123]

Diesen fehlenden Ökonomisierungsmöglichkeiten von Bildungsanstrengungen steht eine Sicht von Bildung als Wert an sich gegenüber:

> "Denn man darf den Wert von Schulabschlüssen nicht allein am Berufschancen messen, er wird auch künftig einen Eigenwert haben. Vielleicht sogar einen größeren." [124]

Der Umgang mit der Schule von Eltern und Jugendlichen wird weiter verkompliziert mit einer Betonung auf einerseits Wertschätzung von Bildung bzw. Bildungsanstrengungen und andererseits einer Unterfinanzierung der primären bis tertiären Bildungseinrichtungen. Das

> "Recht auf Bildung ohne ökonomische Anschlußperspektive und die konservative Forderung nach einer 'wirklichen Elite', die überwiegend als naturwissen-

schaftlich-technisch gedacht wird und auf die Umlenkung der Ressourcen auf die Förderung einer extrem selektiven quartären Bildungsebene hinausläuft" [125]

kennzeichnen zwei Pole, zwischen denen sich insbesondere Jugendliche eingespannt sehen. Die individuelle Verarbeitung der fehlenden Ökonomisierungsmöglichkeiten von Bildungsanstrengungen zu deren Wert an sich kann allerdings nur in sozial wenigstens grundständig abgesicherten Verhältnissen erfolgen.

Auf der identitätsstiftenden Ebene sind die Daten für die Statuspassage zwischen jugendlich/ erwachsen - Familiengründung, Berufswahl, Aufbau eines Weltbildes - in ihrer Eindeutigkeit abgelöst worden zugunsten fließender Übergänge, die nicht länger nur altersnormiert definiert werden. [126] Entsprechend sind sie (als Weiterbildung, lebenslanges Lernen etc.) nicht nur auf die Schule als Institution festgelegt.

Die Hoffnung, über chancengleiche Bildung eine gesamtgesellschaftliche Änderung von Klassenstrukturen zu erreichen, dürfte sich inzwischen erledigt haben: vielmehr ist die These von der Reproduktion derselben erneut bestätigt worden. Dies wird unumwunden nicht gerne zugegeben,[127] ergibt sich jedoch als Ergebnis recht eindeutig.

> "Die differentielle Weitergabe kulturellen Kapitals funktioniert ungebrochen, und die Vererbung von Bildung ist eine der wichtigsten Komponenten zur Reproduktion sozialer Gruppen geblieben." [128]

Die Reaktionen von Eltern auf diesen Tatbestand reichen von resignativer Haltung über forcierte Bildungsanstrengungen bis hin zu kämpferischen Einsätzen zur Verteidigung bestehender Bildungsprivilegien. [129]

Zusammenfassung: Gesamtgesellschaftlich ist in Sozialisationsprozessen eine Reproduktion der Klassen zu beobachten. Dies äußert sich gesamtgesellschaftlich 'kostenträchtig', wenn es deshalb zu Desintegrationsprozessen kommt. Umso dringlicher ist eine Vermittlung und Kooperation der unterschiedlichen Sozialisationsinstanzen mit dem Ziel, ihre Funktionsfähigkeit sicherzustellen, wenn nicht zu steigern.

Dies bedeutet jedoch nicht, daß die Wettbewerbsprozesse um Statuserringung und -erhalt stillgestellt sind. Vielmehr ergeben sich zwischen den Sozialisationsinstanzen Auseinandersetzungen, die sich u.a. in unterschiedlichen Wertorientierungen der beiden Sozialisationsinstanzen Elternhaus und Schule äußern. Die jeweiligen Qualitäten des produzierten Sozialkapitals sind weder relativ festgelegt und eindeutig, noch sind sie unabhängig von weiteren Einflüssen, hier gefaßt als die Schule umgebende soziale Netzwerke. Da Eltern Teil und Mitträger dieser Netzwerke sind, bedarf es allein schon deshalb der Installierung von Vermittlungsprozessen zwischen Schule und Eltern. Die Qualität dieser Netzwerke ist wiederum für die Qualität des Sozialisationsprozesses mitentscheidend. Seine Ziele beziehen sich auf die zuverlässige Verantwortungsübernahme für Kinder/ Jugendliche mit abgrenzbaren Leistungen, welche die Nachteile rein partikularistischer und universalistischer Wertorientierungen verhindert. Lernprozesse an den 'Grenzen' beider Systeme lassen sich denken, die auch zu einer Zurückgewinnung von Funktionsfähigkeit beider Systeme beitragen können – und so einen entscheidenden Beitrag zur Einlösung des Generationenvertrages und schließlich des Gesellschaftsvertrages leisten können.

3.2 Schule als Substitut für lebensweltliche Prozesse

Wenn Schulbildung somit im geringeren Maße für Aufstiegswünsche und Abstiegsbedrohungen funktionalisiert werden kann, dürften Leistungsüberforderungen an Kinder/ Jugendliche nicht (länger) die richtige Antwort darauf sein. [130] Dann wird sich auch die Schule selbst ändern (müssen): wenn die "Destruktion inhaltlich-qualitativer Sinnbezüge" die Schule zu einem "alltäglichen Jugendtreffpunkt" [131] werden läßt, so wäre nach dem Wandel und den neuen Erfordernissen öffentlicher Erziehung zu fragen. Sie birgt ja für die Jugendlichen auch die Chance zur Emanzipation von der Familie und der Einbeziehung in das gesellschaftliche Leben. [132]

Sie kann sich nicht länger den Rückzug auf die überkommene Legitimierung durch Leistungsideologie/ Chancengleichheit leisten – zu offenkundig erfahren Jugendliche das Gegenteil nach der Beendigung ihrer Schulausbildung. Wenn sich allerdings die Schule in die lebensweltlichen Bereiche der Jugendlichen ausweitet, und damit einen "Ersatz der kommunikativen und praktischen Erfahrungen" [133] anbietet, so ergibt sich das Paradox, daß eine Institution, die gerade für die "kolonisierende Durchdringung der lebensweltlichen und biographischen Verläufe Jugendlicher durch systemische Leistungs- und Selektionsimperative" [134] verantwortlich zeichnet, eine neue Aufgabe zugewiesen bekommt, die genau den lebensweltlichen Bereich wiederherstellen soll. Das Ausmaß von tatsächlichen Verschiebungen und Umgewichtungen zwischen den Sozialisationsinstanzen Familie und Schule [135] ist generell kaum abschätzbar. Dabei hat die Schule eine zentrale Stellung:

> "Schule und Schulerfolg sind zentrale Filter, durch die Wünsche und Vorstellungen der Kinder im außerschulischen Betätigungsbereich hindurch müssen, bis daraus eine entsprechende kinderkulturelle Praxis werden kann." [136]

Der Satz "Schule ist nicht alles, aber ohne Schule ist alles nichts" faßt prägnant die "Gelenkfunktion" der Schule für die gesamte "kinderkulturelle Praxis" zusammen, [137] die schulische und außerschulische Aktivitäten zum Erwerb kulturellen und sozialen Kapitals umfaßt.

3.3 Sicherung der Sozialisationsziele durch Verschränkung öffentlicher und privater Handlungssphären

Die Deformalisierung der Lebensläufe sowie die Veränderung der Integrationsmechanismen in die Gesellschaft sind die wichtigsten Aufhänger für die Individualisierungsthese. [138] Bezogen auf zwei der Funktionssysteme zur Sozialisation/ Integration, Familie und Schule, sind diese demnach nicht länger als krisenunbelastet zu denken. Damit entfällt eine Sicht der Familie, die sie als Unterstützerin von Schule voraussetzt, und umgekehrt der Schule gestatten würde, sie umstandslos in Anspruch zu nehmen. [139]

> "Die Sozialisationsinstanz Schule ist nicht in der Lage, die Sozialisationsinstanz Familie und die Sozialisationsinstanzen Fernsehen, Arbeit u.s.w. - also den außerschulischen Lebenszusammenhang - zu konterkarieren. [...] Die Widersprüche zwischen Lebenswelt, Familie und Schule sind inzwischen so zerreißend, daß die Schule keinesfalls in der Lage ist, diese aufzuheben." [140]

Statt eines harmonischen Aufbaus und Einander-Zuarbeitens von Elternhaus und Schule ist hier von krassen Widersprüchen zwischen beiden Sozialisationsinstanzen die Rede. Dementsprechend fällt dann auch das Urteil zur Elternarbeit aus:

> "Mit der weitgehenden Verrechtlichung der Schularbeit und den zahlreichen Mitwirkungsrechten von Eltern, die nicht ohne Grund von den Lehrkräften oft nur als Belastung und negative Einflußnahme erfahren werden, und die vom Wasserkopf der Verwaltungsjuristen häufig gegen die Lehrkräfte und die Schule sanktioniert werden, muß dann eben taktisch geschickt umgegangen werden." [141]

Die Tendenz, wenn es nun gar nicht anders geht, die Eltern für die Arbeit der Schule zu funktionalisieren oder sie "taktisch geschickt" auflaufen zu lassen, begründet sehr reduzierte Zusammenarbeit zwischen Elternhaus und Schule.

Ein auf lange Sicht angelegtes Kooperationsverhältnis dürfte umso wichtiger werden, wenn die beiden Institutionen sozialer Kontrolle ihre Funktionen für den Sozialisationsprozeß mit einer Vielzahl von anderen Institutionen ausüben, wie peer-group, Medien, Expertensysteme für Freizeitgestaltung etc.. Es entstehen dann schnell Konkurrenzen. Keine dieser Instanzen kann das "soziale Kapital" alleine hervorbringen, so daß es darauf ankommt, wie diese Sozialisationsinstanzen ihr Verhältnis zueinander und den sonstigen Institutionen regeln: mit unterstellter Harmonie ist ebensowenig erreicht wie mit abgrenzendem Lamentieren über die angebliche Dysfunktionalität der Gegenseite. [142]

Eine strikte Trennung zwischen privat und öffentlich läßt sich mit der "Entgrenzung" von Lernprozessen und ihrer variablen institutionellen Zuordnung nicht länger durchhalten. Vielmehr ist auch bei der Kinder- und Jugendlichensozialisation eine Mixtur zwischen privaten und öffentlichen Formen anzutreffen. Deren Verschränkung ist das Ziel, und nicht länger eine künstliche Abschottung zwischen privater und öffentlicher - und damit politischer - Handlungssphäre, um die Komplementarität von privater und öffentlicher Sozialisation herzustellen bei der Hervorbringung von Sozialkapital.

J.S. COLEMAN verbleibt nicht in der anklägerischen Pose, wenn er die Ursache für "parental inattention" [143] auch in der negativen Korrelation zwischen Zahl von Haushaltsmitgliedern und Haushaltseinkommen lokalisiert (= Kinderarmut: vgl. den Exkurs im 6. Kapitel zu den deutschen Verhältnissen). Er folgert daraus, daß die Schule Aufgabenergänzung für nachlassende Familiensozialisationsleistungen leisten müßte. In seinem Modell verhalten sich Familie und Schule (und sonstige Sozialisationsinstanzen, er nennt die Nachbarschaft [144]) komplementär zueinander:

> "As we move towards a new structure of household and neighborhood, new investments to provide social capital for the next generation are both in demand and socially desirable." [145]

"New investments" bedeutet nicht unbedingt "mehr Geld", sondern für die Schule würde dies bedeuten, daß sie (wieder) einen abgrenzbaren Begriff ihrer Arbeit gewinnen würde:

> "Es muß doch irgendwo eine Stelle geben, wo Jugendliche noch eine gestaltete Lebenswelt erfahren mit Herausforderungen und Handlungsangeboten, die über das Lernen von Stoffen hinausgeht." [146]

Die Schule ist ständig in der Gefahr, sich in Konflikte zu SchülerInnen und Eltern zu begeben, weil die Erwartungen dieser Gruppen an die Schule disparat und teilweise einander widerstrebend sind. Dabei steht der Leistungs- und der Verhaltensbereich an oberster Stelle, so daß auch hier Ansatzpunkte für Konflikte liegen. Die permanenten Diskussionen um den Ausfall von Unterrichtsstunden sind ebenso ein Beispiel hierfür wie die nicht endenwollenden Klagen über 'Gewalt in der Schule' u.ä..

Auf der anderen Seite haben Schulen mit einem klaren Anforderungsprofil im Leistungs- und Verhaltensbereich keine Probleme bei der Schülerrekrutierung. [147] Wenn die Schule klare Prioritäten auf diese beiden Bereiche setzt, - geregelte Leistungserbringung und Umgangsformen von allen Beteiligten - können universalistische Orientierungen wieder verstärkt in den Vordergrund rücken. Dies bedeutet dann auch eine Aufwertung von professionellen Rollen, bei Lehrern und bei Schülern.

Im Gegenzug erhielte das Familiensystem wieder eine verstärkte Chance, sich weder als Opfer der Modernisierung noch als Hort gegen Modernisierungsfolgen ("Trutzburg Familie") zu begreifen, sondern seine realen Abwertungen und Diskrepanzen zwischen Individualisierung und realen individuellen Möglichkeiten neu zu bestimmen. [148]

Elternmitwirkung verstehe ich als Teil einer solchen Zurückgewinnung von Funktionsfähigkeit der Familie. Dazu ist es notwendig, daß die individuelle Handlungsebene - und damit die Vorteilserheischung für das eigene Kind in direkter und punktueller Kommunikation mit einzelnen Lehrern - ergänzt wird durch eine kollektive Handlungsebene. Die Verquickung individueller Interessen mit (zumeist) unerfreulichen Nebeneffekten der aus universalistischen Wertorientierungen erwachsenen Lehrer-Schüler-Interaktionen - welche dann mittels Elternmitwirkung mit partikularistischen Wertorientierungen versöhnt und abgemildert werden sollen - verfehlt systematisch die Formulierung von Elterninteressen und deren Vertretung gegenüber einer Schule, die in Gestalt der Lehrer als Funktionsträger des Systems Schule mit Sanktionsmacht an einem empfindlichen Punkt, dem Berechtigungswesen, ausgestattet sind. Lehrer sind zudem in der Regel innerbetrieblich hoch organisiert (Lehrerrat, Personalräte auf verschiedenen Ebenen), außerbetrieblich gewerkschaftlich und parteipolitisch organisiert und gebunden. Dazu kommen die aus dem Status des Beamten erwachsenden 'Fürsorgepflichten' vorgesetzter Behörden. Bei Konflikten mit Lehrern befinden sich diese in organisatorische Zusammenhänge eingebettet, denen Eltern und Schüler nichts Vergleichbares entgegenzusetzen haben.

Mitwirkungsprozesse von Eltern kann man auch als "investments" verstehen, die über eine Schulverfassung zu regeln sind. Sie enthält Regeln, förmliche Ordnungen und Instrumente, die das System der Entscheidungen vor unkontrollierten Einflüssen sichert, die gemeinsame Verantwortung regelt und das - aufgrund unterschiedlicher Interessen - repräsentativ ist. [149]

Eine Elternmitwirkung als ein solcher politischer Prozeß wäre eine Alternative zu den beiden oben beschriebenen harmonisierenden bzw. lamentierenden Umgangsweisen bzw. zu den vorherrschenden Machtasymmetrien. In diesem Zusammenhang ist es darüberhinaus sehr hilfreich, sich darüber klarzuwerden, daß alle Auseinandersetzungen über Sozialisation und Schulunterricht einen "politischen Konflikt zum Hintergrund" [150] haben, der mit den Worten DE SWAANs "ideologische Konflikte im Kontext eines Machtkampfes darum [sind], wer die wichtigste Institution der Kulturvermittlung kontrolliert: die Schule." [151]

Dieser Konflikt ist inhaltlich ambivalent und deshalb ist es nicht ausgeschlossen, daß er auch "vielleicht im Zusammenhang mit populistischen Strömungen interpretiert werden müßte." [152]

Grundsätzlich ist mit dem politischen Kern das Verhältnis von Familienpolitik und Sozialpolitik/ Bildungspolitik angesprochen. Beide Bereiche können nur im Sinne einer langfristigen, präventiven Politik gestaltet werden und als Zukunftsinvestitionen betrachtet werden: dazu gehörte in der Familienpolitik die "energische Verbesserung der Position der Kindererziehenden", sowie in der Bildungspolitik "ein energischer Ausbau der Bildungsstätten und Bildungsmaßnahmen" [153]

Wenn es richtig ist, daß infolge des Altersaufbaus der bundesrepublikanischen Gesellschaft eine Entlastung bei geldwerten und geldlichen Leistungen für Kinder und Jugendliche sowie bei den Bedarfen für das allgemeine Schulwesen eintritt bzw. sich fortsetzt, [154] so kann dieser Entlastungsbetrag nicht weggekürzt, sondern vielmehr als Investitionssumme eingesetzt werden, die den Ausbau des Bildungswesens sicherstellt. Damit ist "eine Umverteilungspolitik zu Lasten der Jungen und zum Vorteil der Alten" zu stoppen, sie "ist selbstzerstörerisch und unsozial. Verteilt werden kann auf Dauer nur das, was die nachwachsende Generation erwirtschaftet." Bezüglich des Gesellschaftsvertrages sollte gelten: "Der Generationenvertrag bindet nicht nur eine Seite, sondern beide." [155]

Eine solche Politik im Sinne von Kindern und Jugendlichen durchzusetzen, bedarf es u.a. auch Organisationen der Interessenvertretung, die sowohl politisch als auch fachlich tätig sind. Sie können zu Akteuren von Modernisierungspolitiken werden, die neben den klassischen Aufgaben der Risikoabsicherung dazu beitragen, die Voraussetzungen zur Wahrnehmung politischer Partizipationsrechte herzustellen. Die Bildungspolitik ist bei diesem Modernisierungsprojekt ein herausragender Bereich, weil "Anforderungen der Moderne und von Modernisierung - demokratietheoretische und ökonomische Erfordernisse - im Ruf nach (Aus-) Bildung konvergieren." [156]

Zusammenfassung: Die Qualität der Sozialisationsprozesse in Elternhaus und Schule sind in ihrer sozialintegrativen und sozialidentitären Funktion nicht länger umstandslos gewährleistet. Da sie sich beide gegenseitig bedingen, müßte es auch deshalb zu einer komplementären Kooperation kommen. Sie selbst kann nur erfolgreich sein, d.h. Entscheidungsprozesse selbststeuernd gestalten und Verantwortlichkeiten klar regeln, wenn die einzelnen Systeme selbst eindeutig geregelt sind. Somit müßte die Schule, genauso wie auch die Familie, (wieder) zu einem abgrenzbaren Begriff ihrer Leistungen kommen. Analoges gilt dann auch für die sonstigen Sozialisationsinstitutionen. Das Erreichen von Sozialisationszielen wird in einer Verschränkung von öffentlichen und privaten Handlungssphären erwartet. Elternmitwirkung ist deshalb (und nur dann) erfolgreich, wenn der politische Kern der Konflikte Inhalt der Kooperation mit der Schule ist. Dies bedeutet Entscheidungsteilnahme über eine langfristige und präventiv angelegte Bildungspolitik.

- Anmerkungen zum 7. Kapitel:

1 BECKER, Hellmut, 1954, (zit. nach 1993, S. 145)

2 BEUTLER, K. (1969), 219 - dies ein nach Diskussionen mit Schülern und Lehrern [!] modifizierter Vorschlag: eine paritätische Besetzung eines "Schulkonventes" als institutionelle Alternative zur Lehrerkonferenz wird danach verworfen.

3 KANDERS, M./ ROLFF, H.G./ RÖSNER, E. (1996) - siehe auch: diess. (1996), 38

4 Landesschülervertretung (LSV)-Kampagnereader, 1994, 27

5 Positionspapier Nordrhein-Westfälischer Lehrerverband (NWL) (1994); vgl. fast gleichlautend: SMULA, H.-J. (1994), 7. Interessant ist die Steigerung von einem vorsichtigen "könnte" bei SMULA zu einem konstatierenden "wird" im Positionspapier.

6 vgl. BLANKERTZ, S. (1989), 108

7 vgl. JORDAN, E./ SCHONE, R. (1992)

8 vgl. PFEIFFER, H. (1992), speziell 285

9 vgl. KIẞLER, L. (1988)

10 vgl. Arbeitsgruppe Bildungsbericht (1990), 29

11 ZAPF, W. (1990)

12 vgl. BARTÖLKE, K./ RIDDER, H.-G. (1988) für den Bereich der Arbeitnehmermitbestimmung

13 vgl. BEYER, L./ BRINCKMANN, H. (1990) für den Bereich der kommunalen Verwaltung

14 vgl. du BOIS-REYMOND, Manuela/ HÜBNER-FUNK, Sybille (1993) für den Bereich der Jugendforschung

15 WOLF, H. (1994), 254

16 siehe DÖRRE, K./ NEUBERT, J./ WOLF, H. (1993), 6, auch zum Folgenden

17 gl. GAUTRAT, J./ LAVILLE, J.L. (1988) für den Bereich industrieller Produktion

18 vgl. zusammenfassend, für viele: SCHEFFLER, B. (1994) - siehe ebenfalls 'Die Grünen' (1994)

19 FISCHER, W. (1976), 54, der "Minderung der Omnipotenz" und des "pädagogischen Weisheitsdünkels" des Staats anführt.

20 FISCHER, W. (1976), 57 - der Vollständigkeit halber sei noch aufgeführt, daß er diese Verantwortlichkeit des Lehrers oder besser: seine "kleine 'pädagogische Freiheit' " (56) so wenig an die Mehrheitsbeschlüsse von Konferenzen als an Lehrpläne abgeben will, weil beides den Lehrer zum "abhängigen Exekutivorgan eines vorgeordneten dritten Willens [macht, die ihn] als Agent und Sicherungsposten auf dessen Seite und nicht auf die Seite der zu bildenden Schüler [stellt]." (ebd.)

21 Interview H. HOLZAPFEL (1994), 48

22 MEYER, Th. (1994), 43

23 vgl. HIRSCHMAN, A.O. (1988), 114/115, der einen Phasenverlauf von politischer Einmischung und privatem Rückzug analysiert.

24 BRONFENBRENNER, U. (1992), 48

25 vgl. KRAPPMANN, L. (1992), 48

26 vgl. PLAKE, K. (1978), 290

27 SCHARPF, F.W. (1992), 21

28 SCHARPF, F.W. (1992), 16

29 vgl. KÖHLER-WEISKER, Angela et al. (1993)

30 BLANKERTZ, S. (1989), 36

31 nach KEVENHÖRSTER, P./ WINDHOFF-HÉRITIER, Adrienne (1981), 242

32 BLANKERTZ, S. (1989), 38

33 vgl. die Argumentation von COLEMAN, J. und BOIS-REYMOND, Manuela du in diesem Kapitel

34 vgl. HALFMANN, J. (1993), 211, der diese Orientierungen als "Säulen des deutschen Systems der sozialen Sicherung" beschreibt - das Schulsystem wird in dieser Arbeit als Teil dieses sozialen Sicherungssystems verstanden.

35 vgl. KÖHLER-WEISKER, Angela (1993), 48

36 so BEYME, K. v. (1993), 31 - der allerdings einschränkt, daß die Klientenkontrolle im Erziehungswesen schwer zu realisieren ist: "Wer ist hier das Volk?"

37 Die Eltern schulpflichtiger Kinder können ein Lied von den - teilweise wenig subtilen Mitteln - der Schule singen, wenn es um Geldbeschaffung für z.B. Kopierkosten und Renovierungsarbeiten, sächliche Spenden, sowie tatkräftige Arbeitsleistungen bei Ausflügen, Sport- und Schulfesten etc. geht. Dabei ist immer wieder frappierend, wie unterschiedlich die Zeitbegriffe von Lehrern zu denen in der Regel außerhalb derselben Beschäftigten sind. So kann es dazu kommen, daß z.B. in dem Pädagogischen Konzept eines Gymnasiums in Köln festgeschrieben werden muß, daß Termine von Fachkonferenzen so zu legen sind, daß sie auch von Berufstätigen wahrgenommen werden können!

38 BLANKERTZ, S. (1989), 106/107

39 JÜLICH, Ch. (1982), 37

40 HEINZ, W. (1982), 118

41 SPIES, W.E. (1982), 151

42 Landesinstitut für Schule und Weiterbildung (1980), 54

43 vgl. zur Entzauberung der juristischen Profession: WESEL, U. (1992): Fast Alles Was Recht Ist. Jura für Nichtjuristen, Frankfurt am Main. Für den hier interessierenden Zusammenhang von Pseudogenauigkeit zwischen Sprache und sozialer Wirklichkeit: "Je stärker der unsoziale Charakter einer Gesellschaft, desto präziser muß die äußere Form ihrer juristischen Sprache werden." (31) - ähnlich WEHNES, F.-J. (1976), 17/18, der beklagt, daß die Mitwirkungsregelungen durch die Verwaltungssprache zu Sandkastenspielen reduziert werden.

44 MUTIUS, A.v. (1982), 249

45 SAUBERZWEIG, D. (1982), 231

46 HEINZ, W. (1982), 116

47 FEND, H. (1982), 145 in dem Sinne, daß "gefährliche Polarisierungen in den Selbst- und Fremdwahrnehmungen [hier zwischen Wissenschaft und Verwaltung] abgebaut werden könnten."[!] Weiter oben schreibt er bescheidener: "[...] ich meine damit nur,

daß der gesellschaftliche Diskurs mit einer zusätzlichen Komponente der Sachlichkeit systematisch, d.h. nicht in Abhängigkeit vom guten Willen eines einzelnen, angereichert wird." (144) - Wesentlich skeptischer äußert sich HARTMANN, H. (1977) 341, der es "bestenfalls fromm, wenn nicht ridikül" findet, wenn Forscher meinten, ihre Forschungsergebnisse spielten in Willensbildungs- und Entscheidungsprozessen eine entscheidende oder wichtige Rolle: dazu seien die Interessen, die eigene Organisation unangetastet zu lassen, viel zu groß (348). Ergebnisse wissenschaftlicher Expertise sind demnach zur öffentlichen Legitimierung gut zu gebrauchen, wenn sie die Institution nicht zu sehr relativieren (344). Diese bedeutet dann wiederum, daß "die gernbeschworene Sachlichkeit und Objektivität wissenschaftlicher Arbeit nicht jenseits aller kollektiven Interessen steht, sondern ihren eigenen Interessenbezug trägt." (349) - vgl. dazu auch MANN, S. (1993)

48 ROGERS, C. (1960), zit. nach TAUSCH, R. (1973), 86

49 vgl. TAUSCH, R. (1973), 296

50 BROCKMEYER, R. (1982), 182

51 BROCKMEYER, R. (1982), 185

52 BROCKMEYER, R. (1982), 185

53 BROCKMEYER, R. (1993), 92. Da der Verfasser Geschäftsführer einer Reformkommission beim Ministerpräsidenten des Landes NW war, dürfte es sich hierbei um eine programmatische Äußerung handeln.

54 vgl. MERKEL, W. (1994), 4/5

55 vgl. MELZER, W. (1987), 150

56 vgl. bereits BELOW, P./ STUBENRAUCH, H. (1977) am Beispiel des Hess. Elternvereins

57 BEYME, K.v. (1993a), 17 - der dazu darauf hinweist, daß das Grundgesetz weder 1949 noch nach dem Beitritt der DDR 1990 dem Volk zur Entscheidung vorgelegt worden ist (51), so daß die "Bewahrung der Veto-Positionen der etablierten politischen Eliten" gegenüber einem Plebiszit durchgesetzt worden ist. "Die Erinnerung an die verfassungsgebende Gewalt des Volkes war verpönt." (53)

58 MELZER, W. (1987), 195

59 ich werde mich im Folgenden an der Argumentation von SCHARPF, F.W.(1992) orientieren, speziell S. 53ff.

60 siehe CALLIES, R.-P. (1976), 116 und 120

61 vgl. 6. Kapitel, 4. Grundzüge staatlicher....

62 RAPOPORT, A. (1972),196, der allerdings den Anwendungsbereich der Spieltheorie auf die "logische Struktur von Konflikten" (197) beschränkt, d.h. die sozialen und psychologischen Aspekte - und damit die Gegenstände des Konfliktes, das Wesen der 'Spieler' etc., also das, was den Konflikt eigentlich ausmacht - damit nicht erfaßt sieht. "Es ist wichtig, die in diesen formalen Zusammenhängen aufgeworfenen Probleme zu verstehen, bevor man sich anheischig macht, die Konflikte des tatsächlichen Lebens zu verstehen, die so ungeheuerlich durch Faktoren kompliziert werden, die nicht einmal eindeutig formuliert, geschweige denn mit logischer Strenge abgehandelt werden können." (197) - auch zum Folgenden; - vgl. ähnlich: ZINTL, R. (1995) mit einem

Differenzierungsvorschlag zur Anwendung der Spieltheorie nicht als Prognose für ein bestimmtes Verhalten, sondern als Identifikationstheorie für Probleme über "Evolutionsmöglichkeiten, bestenfalls über Evolutionswahrscheinlichkeiten" (10) - vgl. 6. Kapitel, Methode der Entscheidungsfindung

63 vgl. BREYER, F. (1993) I, 33

64 BOCKENFÖRDE, E.-W. (1976), 462: "Die *Beeinflussungs- oder Pressionsfunktion* richtet sich einmal auf die öffentliche Meinung, um sie für die eigenen Ziele zu gewinnen, zum andern auf die politischen Parteien, Regierungs- und parlamentarische Instanzen. Die *Vereinheitlichungs- und Informationsfunktion* betrifft zunächst die Vereinheitlichung und den Ausgleich divergierender Ziele und Forderungen im eigenen Interessenbereich, sodann die Beschaffung und Aufbereitung detaillierter Informationen aus und über den eigenen Bereich für die politischen Entscheidungsinstanzen. Die *Übermittlungs- bzw. Entlastungsfunktion* hat die Weitergabe der erreichten Lösungen in den eigenen Interessenbereich, verbunden mit der Erwirkung der Loyalität zu diesen Lösungen, einschließlich der dabei eingegangenen Kompromisse, zum Gegenstand."

(kursiv gesetzter Text im Original unterstrichen)

65 nach GOLDSCHMIDT, D. (1973), 43

66 BOCKENFÖRDE, E.-W. (1976), 463. Zur weiteren Verdeutlichung zitiere ich weiter: "Der Unterschied zur Teilnahme an der politischen Willensbildung ist deutlich: Dort ist es die Möglichkeit, auf Inhaber der politischen Entscheidungsgewalt einzuwirken und ihr Entscheidungsverhalten tatsächlich zu beeinflussen, wobei aber Ausgang und Erfolg ungewiß sind; hier ist es die Möglichkeit, bestimmte Entscheidungen, die unerläßlicher Bestandteil für die Erfüllung notwendiger staatlicher Aufgaben sind, selbst zu treffen mit der Folge, daß sie für die übrigen politischen Entscheidungsinstanzen unumgehbar, d.h. verbindlich sind."

67 BOCKENFÖRDE diskutiert weiter die Voraussetzungen für diesen (Klassen-) Kompromiß - weil am Verhältnis von Kapital und Arbeit entfaltet - : Sicherung vor einseitiger Systemveränderung, politische Bejahung des Kompromisses, Bestehen der Einheitsgewerkschaft sowie "Fortdauer des Ambiente. [...] Es hat aus einer - vielleicht gegebenen - Klassenlage keinen Klassenkampf entstehen lassen." (483)

68 vgl. LÜSCHER, K. (1995), 56/62

69 LÜSCHER, K. (1995), 58

70 COLEMAN, J.S. (1995), 369

71 COLEMAN, J.S. (1995), 371

72 vgl. TILLMANN, K.-J. (1993), 119

73 TILLMANN, K.-J. (1993), 119/120

74 TILLMANN, K.-J. (1993), 120

75 siehe PARSONS, T. (1985), 122, wobei allerdings die Aussage, daß "die Zuweisung keinerlei Rolle mehr spielt" zumindest abgeschwächt werden muß – falls sie nicht immer ein Ideal bezeichnet hat.

76 die zutreffender Selektionsfunktion genannt wird, weil dadurch deutlicher das dabei unvermeidliche Gewinner-Verlierer-Schema hervortritt - vgl. HUISKEN, F. (1991), 40

77 vgl. BLANKERTZ, S. (1989), dessen Analyse u.a. im Nachweis des bis in die Stoffauswahl hineingehenden Primats der Selektionsfunktion besteht. - vgl. 4. Kapitel dieser Arbeit

78 COLEMAN, J.S. (1995), 369

79 vgl. NIEPEL, Gabriele/ NESTMANN, F. (1994)

80 vgl. HOFFMANN-NOWOTNY, H.-J. (1995), 338/339

81 LUHMANN, N. (1996), 281

82 vgl. GAISER, W./ NISSEN, Ursula (1992), 3

83 PÄTZOLD, G. (1993), 398, der fortfährt: "Dabei gelingt es Jugendlichlichen aus den (höheren) sozialen Schichten, die sich günstig auf Regeln des schulischen Kommunikations- und Sanktionssystems einstellen können, am leichtesten, notwendige Bildungszertifikate zu erwerben."

84 so DANNE, W. (1976), 96 - auch wenn man mit P. BOURDIEU Bildung als Schlüssel zur kulturellen Teilhabe und Bedeutungsschwerpunkt für Lebensstil faßt, wird die Sache nicht differenzierter. Siehe zur Dis-kussion: BLASIUS, J. / WINKLER, J. (1989)

85 nach EISENSTADT, S.M., - vgl. TILLMANN, K.-J. (1993), 203 ff.

86 HEITMEYER, W. (1987), 81

87 vgl. zum folgenden: OSWALD, H. (1992), 319 ff.

88 siehe ausführlicher: TILLMANN, K.-J. (1993), speziell 204 und 248 - er diskutiert die Ansätze von ERIKSON, E.H., DÖBERT, R. / NUNNER-WINKLER, Gertrude und HABERMAS, J. u.a in Bezug auf ihren gesellschaftskritischen Gehalt.

89 vgl. BOIS-REYMOND, Manuela du/ HÜBNER-FUNK, Sybille (1993), die Jugend unter kulturellem Aspekt als "Modernisierungsfaktor und Wandlungsagenten"(66) fassen.

90 vgl. ROEDER, P.M. (1979), 17

91 siehe beispielsweise ROSENBERGER, P.W. (1993)

92 vgl. ZINNECKER, J./ FISCHER, A. (1992), 278

93 Statistisches Bundesamt Wiesbaden, zit. nach Kölner Stadt-Anzeiger vom 16./17.11.1994, 8 - wobei unter 'vollständigen' Familien hier gegengeschlechtliche Paarbeziehungen mit Kindern verstanden werden.

94 Die Rede und Gegenüberstellung von Haushalten von Elternteilen ohne Ehepartner = Alleinerziehende und vollständigen Familien = Haushalten mit beiden Elternteilen und Ableitung von Sozialisationsqualitäten aus diesen beiden Haushaltsformen ist völlig pauschalisierend. Beispielsweise ist eine vollständige Familie mit einem Ehepartner, der sich der beruflichen Karriere verschrieben hat, letztlich genauso 'alleinerziehend' wie ohne Ehepartner, oder: ein nicht-ehelicher Lebenspartner kann genauso 'sozialisierend' sein wie ein ehelicher etc.

95 zit. nach Kölner Stadt-Anzeiger vom 13.6.1996, nach einer Untersuchung von BEHENBERG, Gabriele/ KLEMM, K. (Universität Essen)

96 vgl. zum Folgenden: TILLMANN, K.-J. (1993), 247

97 TILLMANN, K.-J. (1993), 249

98 vgl. NIEPEL, Gabriele/ NESTMANN, F. (1994), 249 am Beispiel von "Einelternfamilien"

99 NIEPEL, Gabriele/ NESTMANN, F. (1994), 249

100 BÜCHNER, P. / KRÜGER, H.-H. (1996), 22

101 siehe dazu subtil psychologisch argumentierend: SPECHT, F. (1985), 345 - systemtheoretisch argumentiert: TYRELL, H. (1987), 119

102 LUCKE, Doris (1995), 13 - als eine andere Umschreibung für die oben genannten sozialkapitalbildenden inputs des Familiensystems wie "attitudes", "effort" und "conception of self"

103 vgl. auch KRUMM, V. (1987), der die Schule familienähnlich gestaltet sehen möchte.

104 HENTIG, H.v. (1993), 177 - er nennt dies eine Ästhetisierung und kritisiert sie drastisch: "Auf Hentig berufe sich nicht, wer Kindern der Eingangsstufe die Laute, die sie längst sprechen, beim Lernen der Buchstaben noch einmal ästhetisch verschleiert und verniedlicht: sie bunt malen und tanzen, krabbeln und kribbeln, hupfen und rupfen, schnalzen und walzen läßt. Die Buchstaben sind die Entdeckung der Abstraktion. Diese soll jetzt an den Zeichen in ihrer eindeutigsten Form erkannt, geübt, beherrscht werden." (177)

105 BÖHNISCH, L. (1993), 230

106 BÖHNISCH, L. (1993), 232

107 BÖHNISCH, L. (1993), 234/235

108 gegen Gewalt, für Gesundheitserziehung, für Medienkompetenz u.s.w., bei gleichzeitiger Konstatierung der mangelhaften Vermittlung des traditionellen Katalogs

109 BECK-GERNSHEIM, Elisabeth (1994), 6

110 so der Titel des Buches, herausgegeben von BECK, U. (1997)

111 ABELS, H. (1993), 26 - fast gleichlautend: 553

112 daß auch darin noch bestimmte Muster/ Methoden überwiegen, machen deutlich: DICHANZ, H. et al. (1986)

113 HENTIG, H. v. (1993),176

114 ARENDT, Hannah (1958), 18 - im Folgenden betont sie die Verantwortlichkeit der Erzieher/ Erwachsenen: "Die Qualifikation des Lehrers besteht darin, daß er die Welt kennt und über sie belehren kann, aber seine Autorität beruht darauf, daß er für diese Welt die Verantwortung übernimmt. Gegenüber dem Kinde nimmt er es gleichsam auf sich, die Erwachsenen zu repräsentieren, die ihm sagen und im Einzelnen zeigen: Dies ist unsere Welt." (18/19)

115 ZIEHE, Th. (1994), 264/265, der diese Überlegungen als Zweite Bildungsreform für den "zivilitären Gehalt von Fremdheit und Dezentrierung" vorschlägt. - vgl. weiterführend NEGT, O. (1994), 283 ff. mit der Benennung von fünf zentralen Kompetenzen, die angestrebt werden sollten: Umgang mit bedrohter und gebrochener Identität, gesellschaftliche Wirkungen begreifen und Entscheidunsvermögen entwickeln (technologische Kompetenz), ökologische Kompetenz als pfleglicher Umgang mit Menschen und Dingen, historische Kompetenz und Gerechtigkeitskompetenz.

116 NAVE-HERZ, Rosemarie (1994), 72

117 als ein Beispiel unter vielen: WALLRABENSTEIN, Wulf [Vorsitzender der Aktion Humane Schule] "Weg mit dem Korsett", in: 'Stern' 19/1994, 36, auf die Frage nach der Veränderung von Schulorganisation: "Auf die Dauer ja. Denn die überkommene Hierarchie bremst Eigeninitiative der Lehrer und eine Öffnung der Schule zum wirklichen

Leben. Lehrer brauchen mehr Entscheidungsfreiheit vor Ort, zum Beispiel, wie Etats verteilt oder welche pädagogischen Schwerpunkte gesetzt werden sollen. Lehrer brauchen mehr Einbindung der Eltern, denn Pädagogen allein können die Erziehungsprobleme, die unsere Gesellschaft produziert, nicht lösen."

118 vgl. GERHARDT, Ute (1996), 8 - die zeigt, daß die Trennung von Öffentlich und Privat gerade für Frauen bedeutet, daß ihre Ungleichheit als Voraussetzung für die Struktur und das Funktionieren auch des Wohlfahrtsstaates zementiert wird.

119 BEYME, K. v. (1991), 351

120 BEYME, K. v. (1991), 38 - auf der theoretischen Ebene werden Vermittlungen zwischen den autonomen Lebensbereichen gesucht beispielsweise durch die Theorie kommunikativen Handelns, Korporatismustheorien oder Kooperation von Funktionseliten.

121 BEYME, K. v. (1991), 352

122 so APPLE, M.W. (1994), 59

123 HANSEN, R./ ROLFF, H.-G. (1990), 79

124 HANSEN, R./ ROLFF, H.-G. (1990), 72 sowie 76 über die objektiv geschmälerten Chancen: "Mit demselben Bildungsniveau ist heute im Durchschnitt weniger Einkommen, eine niedrigere Berufsposition und weniger Prestige zu erwarten als noch vor einer Generation."

125 WILHARM, Irmgard (1993), 56

126 vgl. MEULEMANN, H. (1993), 39, der Sozialintegration und Identitätsfindung unter dem Gesichtspunkt der Verallgemeinerung von Jugend diskutiert in Richtung Beliebigkeit, so daß nur noch Älterwerden als verbindliche Definition von Erwachsensein taugt.

127 vgl. HRADIL, S. (1994), 109

128 KÖHLER, H. (1992), 124, wobei die Chancen der höheren Bildungsbeteiligung noch nichts über das Ausmaß der Verringerung der Chancenunterschiede aussagt - und gerade darum geht es hier. - vgl. auch MÜLLER, W./ HAUN, D. (1994), 40, die von den Unterschieden von Bildung als "Kanal sozialer Mobilität oder ein Instrument sozialer Reproduktion" sprechen.

129 so gibt es beispielsweise eine "Bundesgemeinschaft Gegliedertes Schulwesen e.V." mit Sitz in Göttingen

130 HOLTAPPELS, H.-G./ ZIMMERMANN, P. (1990), 166 - siehe auch die 'excellence'-Debatte bei FISCHER, F. / MANDELL, A. (1994) für das US-amerikanische Schulwesen.

131 so HELSPER, W. (1993), 367, der scharf zwischen "lebensweltlichen Milieus" und schulischen Prozessen der "kognitiven Instruktion" und "zweckrationalen Selektion" (376) trennt, um für eine Aufwertung lebensweltlicher Bereiche zu plädieren.

132 so SPECHT, F. (1985), 347, der die Schule als Beziehungsgefüge für Jugendliche beschreibt.

133 SPECHT, F. (1985), 375

134 und damit "Schule als Institution zur Erzeugung jugendlicher Sinnkrisen" (366) geraten kann

135 wobei der Hinweis von ROSENBERGER, P.W. (1993), 43, daß die Sozialwissenschaften gerne einer Neigung zur "Mystifizierung der Großfamilie" erliegen, eine der Schwächen beschreibt in der empirischen Erforschung tatsächlicher Wandlungsprozesse familialer Formen und Beziehungsmuster.

136 BOIS-REYMOND, Manuela du, et al. (1994), 116

137 siehe BOIS-REYMOND, Manuela du/ BÜCHNER, P./ KRÜGER, H.-H. (1994), 274

138 HAUSER, Kornelia (1996), 20

139 So – als Beispiel unter vielen – QUENSTEDT, F. (1994), der Elternarbeit bei schulleistungsfähigen und -willigen Schülern für unnötig hält, jedoch bei "bestimmten Schülergruppen" (285), wie sprach- und lernbehinderte, ausländische [!] Schüler, Elternarbeit für nötig hält und auch für die Schule funktionalisieren möchte: sie verbessert das soziale Klima, erleichtert die Arbeit der Lehrkraft, ist Korrektiv für die Schule und trägt zu ihrer Profilbildung bei. (287/288) – vgl. 8. Kapitel

140 HENSEL, H. (1993), 31

141 HENSEL, H. (1993), 67 – pikant ist, daß als Ausweg aus der Misere kurz vorher (47) die Demokratisierung, Subsidiarität und moderne Personalkonzeptionen benannt werden – und Mitbestimmung.

142 vgl. als ein Beispiel, Eltern als Störenfriede nun auch bei Reformprozessen: DUBS, R. (1995), 4: "[...] Fehlentwicklungen bei der umfassenden Lehrplanautonomie häufiger wären, gar wenn auch die Eltern, die für Modetrends sehr anfällig sind, auf die autonomen Schulen einwirkten."

143 COLEMAN, J.S. (1995), 365

144 COLEMAN, J.S. (1995), 370

145 COLEMAN, J.S. (1995), 374

146 RUMPF, H. (1994), Interview in: Herder-Korrespondenz 8, 404

147 Zumindest im städtischen Bereich ist es schon auffallend, daß die Gymnasien um Schüler konkurrieren, wobei als 'leistungsstark' angesehene Schulen mehrzügiger fahren können als diejenigen, die diesen Ruf nicht genießen.

148 vgl. KÖHLER-WEISKER, Angela u.a. (1993), 224/225

149 Argumentation entlang von KNAB, Doris (1979), 383 – sie entwickelt diese Gedankengänge für die Schüler.

150 NEVERMANN, K. (1979), 124

151 SWAAN, A. de (1993), 77

152 NEVERMANN, K. (1979), 124 – vgl. ein aktuelles Beispiel: "Wir organisieren unseren Konzern Bildung wie den Kulturverein einer Kleinstadt. Wir leisten uns Schulen, die Kinder ins Leben entlassen, ohne ihnen die Grundfertigkeiten des Rechnens, Schreibens und Lesens ordentlich mit auf den Weg zu geben." Jürgen RÜTTGERS, Bundesminister für Bildung, Forschung und Wissenschaft, gerne auch 'Zukunftsminister' genannt, zit. nach: Kölner Stadt-Anzeiger vom19.6.96, 8.

153 DÖRING, D. (1993), 403/404 – er entwickelt diese zwei Punkte als "Grundlinien einer zukunftsorientierten Konzeption" von Sozialpolitik, wozu 3. "der Ausbau des öffentlichen und betrieblichen Bildungswesens mit Blick auf Wiedereinsteiger (-innen) in den Arbeitsmarkt und die Notwendigkeit wiederholter oder kontinuierlicher Qualifikationsentwicklung *aller* Erwerbstätigen" und 4. Regelungen zum späteren Ausstieg aus dem Erwerbsleben zählen. (404)

154 DÖRING, D. (1993), 386

155 siehe ADAM, K. (1993), 104

156 VOBRUBA, G. (1991), 24

8. Kapitel: Schlußfolgerungen für Elternmitwirkung in der Schule

1. Elternmitwirkung als Beitrag zur Entstaatlichung von Schule

Ich werde im Folgenden versuchen, eine Verbindungslinie zu entwickeln zwischen der geforderten Umstrukturierung des Schulwesens, seiner Finanzierung sowie der Rolle von Eltern als Beteiligte.

Ausgangspunkt soll der Unterricht als zentrale Aufgabe der Schule sein – sozusagen das Unternehmensziel. [1] Dabei kommt es nicht nur auf die Herstellung von Qualifikationen als soziales und kulturelles Kapital an, verstanden als output-Orientierung in Form von AbsolventInnenqualifikationen, die an weiterführende Bildungseinrichtungen und den Arbeitsmarkt anschließbar sind. Diese Aufgabenerfüllung der Herstellung von Qualifikationen wird ergänzt um die Ziele, die sich aus der Aufgabenstruktur des allgemeinbildenden Schulwesens selbst ergeben als der Frage nach der Definition dessen, was mit diesen Qualifikationen passieren soll. (68) Dies erfordert eine kritische Distanziertheit gegenüber gesellschaftlichen Aufträgen, speziell gegenüber denen des Arbeitsprozesses: Schule ist/ sollte mehr sein als die Vorbereitung auf das Erwerbsleben. Nur mit einer Ergänzung und Verschränkung der output-Orientierung mit dem zweiten "Unternehmensziel", der Reflexion über die geforderte Kompatibilität von Qualifikationen, [2] kann ein gesellschaftlicher Konsens darüber entstehen, was Schule eigentlich zu sein hat/ sein soll. Und nur mit einem solchen Konsens, der sich sowohl auf die Herstellung der Qualifikationen selbst als auch ihrer Reflexion bezieht, sind Forderungen nach einer Veränderung von Schule legitimierbar.

1.1 Externe Steuerung und interne Evaluation

Im Kern beziehen sich alle Forderungen nach einer Veränderung von Schule auf eine Verbesserung ihrer Produktivität/ Qualität. Die Fülle von Überlegungen dazu lassen sich grob unterteilen in solche, die die Frage der staatlichen Steuerung ansprechen, und andere, die mehr evaluative Aspekte betonen. Zu ersteren gehören Fragen der Autonomisierung der Schule. Ein Beispiel hierfür ist die Übertragung von Handlungsspielräumen auf eine niedrigere Hierarchieebenen innerhalb der staatlichen Verwaltung von Schule. Ein Beispiel für die Veränderung arbeitsorganisatorischer Art ist die Regelung von Unterrichtsausfall durch die Einzelschule selbst durch Freigabe von "Bandbreiten" innerhalb eines Schuljahres. Ein anderes - eng begrenztes - Beispiel für die Übertragung von finanziellen Freiräumen liegt in der Budgetierung vor.

Die zweite - evaluative - Form versucht über die Veränderung von Unterrichtsmethoden, Kooperationsformen zwischen Kollegen, Einbezug von SchülerInnen in die Planung von Unterricht etc. interne Prozesse der Veränderung auf der Ebene der einzelnen Schule, und dort vor allem des Unterrichts, in Gang zu setzen. Vor allem die Qualifikationen und die Leistungsfähigkeit des Personals und der 'technologische' Standard sind Ansatzpunkte für evaluative Prozesse.

Im Idealfall müßten interne Evaluation und externe Steuerung für die Veränderung der Qualität von Schule miteinander verschränkt werden, so daß sich nicht eine inhaltliche Über-/ Unterordnung oder ein zeitliches Vor-/ Nacheinander ergeben.

Wenn nun Eltern eine Rolle bei der Steuerung und Evaluierung einnehmen, so ist sie in Bezug auf die externe Steuerung zu bestimmen als Frage der Ebene der Mitbestimmung (Einzelschule bis Landesebene), nach Paritäten in Gremien, ihrer rechtlichen Absicherung etc.. Bei der internen Steuerung darauf zu setzen, daß diese Fragen infolge der notwendigen konsensuellen Struktur im Sinne eines Beratungsprozesses, der Anregungen, Abstimmungen zwischen Erwartungen der verschiedenen Träger von Unterricht sowie der praktischen Durchführung beinhaltet, keine Rolle spielen, ist blauäugig. Bei (erwartbaren) Konflikten werden sie wieder ins Spiel gebracht werden. Entscheidend scheint mir die Frage der Öffentlichkeit des Schulwesens zu sein, verstanden in Absetzung von Schule sowohl als staatlicher Anstalt (oder auch: Veranstaltung des Staates) als auch privater Organisation. Dabei ist nichts gewonnen, wenn "Öffentlichkeit" gleichbedeutend gedacht wird als "möglichst Viele sind beteiligt." Es kann nur dann eine Bestimmung von Elternmitwirkung gewonnen werden, wenn dieser öffentliche Charakter der Schule, und damit ihr gesellschaftlicher Auftrag in externen und internen Regelungsbereichen verankert wird. Dabei geht es um nicht weniger als eine Entstaatlichung der Schule, d.h. einer Zurückdrängung der Regelungskompetenz des Staates in diesem gesellschaftlichen Bereich, um einen gesellschaftlichen Konsens über die Schule wiederherzustellen.

> "Daß auch Bildung und Wissenschaft einen solchen Entstaatlichungsprozeß durchlaufen müssen, wenn Unbeweglichkeit und Ineffektivität gegenüber einem zunehmenden Bildungsbedürfnis nicht wesentliches Merkmal der bundesdeutschen Bildungslandschaft werden sollen, ist zwar eine nicht überall gern gehörte, aber in der Logik der gegenwärtigen Entwicklungen liegende Forderung." [3]

Die Wertfrage (also Nutzen und Tauschwert, im Sinne der ökonomischen Theorie), und damit der "Warencharakter der Ausbildung" (223) ist Ausgangspunkt:

> "Die Wertfrage drückt sich innerhalb der staatlichen Organisation einer bestimmten Gesellschaftsform in der Delegation von Macht und in der Gewährung von finanziellen Mitteln, meistens Steuergeldern, für bestimmte Zwecke aus."

Allerdings gilt auch:

> "Langlebige Institutionen innerhalb dieses staatlichen Zusammenhangs reproduzieren sich auch dann in ihren Strukturen, wenn der gesellschaftliche Konsens über sie entweder schwindet oder gar nicht vorhanden ist." [4]

Wird die Schule als staatliche Institution noch von einem gesellschaftlichen Konsens getragen, der sich auf ihre Qualifikations- und Reflexionsleistungen bezieht? Und stimmen die Grundlagen einer solchen staatlichen Institution, verstanden als Ausstattung mit finanziellen Mitteln und Machtdelegation?

Eine Veränderung von Schule ist nur dann legitimierbar, wenn sich ein öffentlicher Konsens herstellen läßt, der die Finanzierung und Machtdelegation an die Schule verknüpft mit den beiden 'Unternehmenszielen', den Qualifikations- und Reflexionsprozessen der Schule. Der gesellschaftliche Auftrag wird über die Öffentlichkeit des Schulwesens bei der Steuerung eingebracht. Eltern als Teil der Öffentlichkeit sind deshalb an der externen und internen Steuerung zu beteiligen. Dazu müssen Festlegungen mit rechtlicher Absicherung erfolgen über die Ebenen der Mitwirkung, die Paritäten in Gremien, die Inhalte der Mitwirkung etc. als Voraussetzung für eine Beteiligung auch bei der internen Steuerung/ Evaluation.

1.2 Veränderungen des Finanzierungsmodus

Für den Bereich des allgemeinbildenden Schulwesens und in Bezug auf die Elternmitwirkung gibt es bei den drei Regulierungsmechanismen - Macht, Geld und Legitimation - keine annähernd sinnvolle Balance. Die Situation stellt sich für Eltern so dar: sie finanzieren über Steuern das Bildungssystem, so daß es keinen oder kaum einen über Marktprozesse vermittelten Wettbewerb gibt. Ihre Macht, verstanden als Entscheidungsrechte bei internen und externen Steuerungen, ist nicht vorhanden, weil Eltern bei keiner in einer entscheidungsrelevanten Form auch nur mitbeteiligt sind. Damit entfallen die Vorteile, die sich aus einer Verantwortlichkeit für das Bildungswesen ergeben könnten – und die kann man mit "Vertrauen" umschreiben oder mit Legitimation.

Um zu einem Vertrauensverhältnis zwischen Lehrenden und Lernenden zu kommen (letztere vertreten durch ihre Eltern, so daß diese in das Vertrauensverhältnis einbezogen sind), bedarf es einer klaren Regelung der "Gleichverteilung von Risiken und Verbindlichkeiten zwischen Lehrenden und Lernenden". [5] Der Schlüssel dazu liegt in der Finanzierung des Schulwesens, damit wenigstens teilweise ein "existentielles Angewiesensein" der Schule auf die Lernenden gegeben ist. Im allgemeinbildenden Schulwesen drückt sich dies bei Kindern und Jugendlichen lediglich über die Elternentscheidungen, z.B. bei der Schulwahl aus. Dies ist ein schwaches Wettbewerbsmittel, so daß es in sehr eingeschränktem Umfang dazu taugt, einen gewissen marktförmigen Wettbewerb zwischen den einzelnen Schulen und Schulformen zu installieren. Die wechselseitige Demotivation aus Mangel an Verbindlichkeit und Mißachtung des Unterrichtsprozesses ist eine der Folgen. (232)

"Ich erhoffe mir, daß gerade die realistische Einsicht in das Warenverhältnis und die Vertragsbeziehungen [...] und die gesellschaftliche Überbauung dieses Verhältnisses dazu führt, endlich die Illusionen zu zerstören, die den Weg zu einer sozialen Reform verbauen und zugleich der Öffentlichkeit jedes Verhältnis zum Geschehen [des Unterrichts in den Schulen] versperren." (232)

"Warenverhältnis" und "Vertragsbeziehungen" steuern einen Wettbewerb, der sich als Zuteilungsgerechtigkeit bei Bildungsleistungen darstellt (233). Damit sind u.a. Fragen der gerechten Besteuerung, der individualisierten Beiträge zur Finanzierung bzw. entsprechende Regelungen angesprochen. Im Kern entscheidend ist, daß nur solche externen und internen Regelungen angewendet werden, die eine Entstaatlichung der Institution Schule ermöglichen und ihre Überführung in öffentliche Einrichtungen sicherstellen. (279) Die Mitwirkung der Beteiligten an den Institutionen, die sich auf Entscheidungsrechte und Zuteilungsgerechtigkeit bei Bildungsleistungen stützt, läßt Verantwortlichkeiten entstehen und ist eine der notwendigen Voraussetzungen für ihren öffentlichen Charakter. In diesem Zusammenhang ist dann auch die Mitwirkung von Eltern, bzw. die Stärkung ihrer Mitwirkungsrechte in der Schule zu sehen.

Allerdings tangieren Mitwirkungsrechte von Eltern - wenn sie sich tatsächlich auf Entscheidungsprozesse beziehen - die Interessen anderer Beteiligter, wie z.B. Lehrer und Schüler, so daß es auf einen sinnvollen Machtausgleich ankommt. Dabei sind Entwicklungen zu einer autonomisierten Lehrerschule, wie sie in einer Reihe von Reformdiskussionen anklingen, mit der Idee der Öffentlichkeit der Schule genauso wenig zu vereinbaren wie die Idee eines rein staatlich oder marktlich gesteuerten Schulwesens.

Für die Öffentlichkeit des Schulwesens sind Überlegungen zur Subsidiarität weiterführend, wie sie insbesondere in der katholischen Soziallehre ausgeführt wird. Da die katholische Soziallehre die Sozialordnung der Bundesrepublik Deutschland nachhaltig geprägt hat, [6] möchte ich dieses Prinzip näher ausführen.

> "Wie dasjenige, was der Einzelmensch aus eigener Initiative und mit seinen eigenen Kräften leisten kann, ihm nicht entzogen und der Gesellschaftstätigkeit zugewiesen werden darf, so verstößt es gegen die Gerechtigkeit, das, was die kleineren und untergeordneten Gemeinwesen leisten und zum guten Ende führen können, für die weitere und übergeordnete Gemeinschaft in Anspruch zu nehmen. Zugleich ist es überaus nachteilig und verwirrt die gesamte Gesellschaftsordnung." [7]

Mit diesem Prinzip aus pragmatischer Interessenverfolgung und Moralität ("Gerechtigkeit") wird die gesellschaftlicher Selbsthilfe vor staatlichen Eingriffen verankert. Dieser hat "nur und insoweit zu intervenieren, um die Subsysteme der Gesellschaft in die Lage zu versetzen, die Gestaltungsaufgabe [des Sozialstaates] zu vollbringen." [8] Damit verbunden ist eine kritische Einschätzung wohlfahrtsstaatlicher Regulierung insgesamt: sie steht im Verdacht, "Substitut für Selbständigkeit und Verantwortlichkeit" zu sein, und zur "wohlfahrtsstaatlichen Betreuungs- und Versorgungsapparatur" sich aufzublähen. [9]

In Bezug auf die Schule bilden Elternrecht und staatliches Erziehungsmonopol die beiden Pole für die katholische (im eingeschränkten Maße auch sonstige konfessionelle) Argumentation, zwischen denen ihr Verhältnis zueinander durch die strikte Beachtung des Subsidiaritätsgedankens geregelt wird. [10] Danach ist das natürliche Recht der Eltern auf Erziehung ihrer Kinder dem positiven Recht des Staats vorgeordnet, so daß der elterliche Wille, formuliert u.a. in Erziehungszielen, als Grundlage der Schulorganisation gedacht wird. [11]

Entscheidend für die konfessionelle Argumentation ist die naturrechtliche Begründung des Elternrechtes, aus dem sich zusammen mit der Konstruktion des Subsidiaritätsgedankens die Relationen zum staatlichen Schulwesen ergeben. Das Elternrecht lediglich als Abwehr gegen (vermeintliche) Übergriffe des Staates zu verstehen, versperrt eine Auffassung, die aus dem Subsidiaritätsprinzip Gestaltungs- und Regulierungsmuster begründen kann, die "im bemerkenswerten Kontrast zu der Beliebigkeit und dem Übergangscharakter heutiger Reformvorschläge [liegen]." [12]

> "[...] die Behauptung gerechtfertigt, daß die Sozialethik bislang noch nicht die Chance und Notwendigkeit erkannt hat, hier sinnstiftend und anleitend zu wirken. Ihr muß es um eine Abkehr von Mythologisierungen und um die Verankerung eines Prinzips sozialer Verantwortung gehen, das den rationalen Grund der Verpflichtung (Stabilität des Sicherungssystems gewährleistet eigenen Schutz, d.h. Überwindung des Gefangenendilemmas) und den psychologischen Grund der praktischen Umsetzbarkeit (Mensch als soziales Wesen) zusammenführt. Es ist die Komplementarität von Vernunft und Gefühl stärker zu akzentuieren, was ein Hinterfragen der gesetzlichen Vorschriften einschließt. [...] So ist die offene Flanke der Moralität im bundesdeutschen Sozialstaat der Versuch einzelner Gruppen, mittels des Staates ihre gestalterischen Vorstellungen zu verwirklichen. [...] Es bedeutet jedoch immer auch einen Verlust an moralischer Kraft - und damit an Funktionsfähigkeit des Sozialstaats. Der Sozialstaat wäre demnach um so stärker und moralisch akzeptierter, je konsequenter er sich auf den kleinsten gemeinsamen Nenner der Risikoaversion beschränken würde. [...] Aufbauend auf einer Grundsicherung könnte mittels sozialer Kontrolle die Moralität - ganz im Sinne Adam SMITH' - zu einer Frage der Ehre werden und das Sicherungssystem stabilisieren." [13]

Die hier angedeuteten Verweisungen auf andere als lediglich abwehrende Politik gegen den Staat scheint mir bemerkenswert zu sein, eröffnen sich doch damit Anschlüsse an sonstige Begründungen für einen 'Umbau des Sozialstaates', in dessen Zusammenhang auch die Frage der elterlichen Mitwirkung am Schulsystem zu sehen ist. Ausgangspunkt ist auch hier eine Minimumstrategie (Grundsicherung). Der Verzicht auf darüberhinausgehende staatliche Politik beendet Verteilungskämpfe, die von partikularistischen Gruppen ausgehen und im Falle ihres Erfolges die Funktionsfähigkeit des Sozialstaates (hier: des Bildungssystems) insgesamt schwächen. Die Ergänzung der staatlich zu garantierenden Grundsicherung mit individuell und gemeinschaftlich zu erbringenden Leistungen ("Mensch als soziales Wesen") macht eine Arbeitsteilung zwischen den staatlichen, gemeinschaftlichen und individuellen Leistungserbringern nötig. Bei diesem 'welfare mix', der aus staatlichen, öffentlichen und privaten Leistungen erbracht wird, sind Mitwirkungsprozesse unabdingbar.

Die Ausgestaltung dieser Mitwirkung, bzw. die Folgeprozesse, die diese Mitwirkung auslösen (z.B. die gesamte Diskussion um Öffnung von Schule, Vernetzung mit anderen Jugendeinrichtungen etc.) und die auf Verantwortlichkeit auch von Eltern zielen, können nicht nur als "interpersonale Diskurse" organisiert werden. Es kommt auch auf "intersystemische Diskurse" an, [14] die eine Abstimmung und Koordination von Funktionssystemen erlauben.

> "Obwohl die Politik seit längerem die Erfahrungen und die Dienste von Unternehmensberatung und Organisationsentwicklung nutzt, verdeckt die maßgebliche Schicht politischer Akteure sorgfältig die Einsicht, daß für eine Veränderung politischer Prozesse (etwa in Richtung auf mehr Repräsentativität, Responsivität und Steuerungskompetenz) weniger eine Veränderung der Personen erforderlich ist als eine Veränderung der Organisations-, Struktur- und Kommunikationsmuster der zentralen politischen Sozialsysteme: der Parteien, Fraktionen und der politischen Stiftungen. Die jederzeit abrufbaren Forderungen nach einer Veränderung von Personen sind Placebos für eine irritierte, aber mäßig interessierte Öffentlichkeit. Eine Veränderung der Organisations- und Kommunikationsstrukturen würde wirklich etwas an den politischen Prozessen ändern - und wer will das schon?" [15]

Die Überlegungen über die Steuerungsformen des Staates, des sich daraus ergebenden Verhältnisses zu den BürgerInnen und ihren organisierten Interessenvertretungen ergeben die Möglichkeiten des Abdankens von "autoritativer Schlichtung" ebenso wie der "Konfliktregelung durch Mehrheitsentscheid". Versuche von Deregulierung, Dezentralisierung und Subsidiarität als alternative Steuerungsformen arbeiten mit den "Techniken der Kompromißbildung". [16] Dabei können Verbände (hier als organisiertes Interesse von Eltern) an der "Formulierung und Ausübung politischen Entscheidens teilhaben", indem staatliche Politik sie einbindet (Inkorporierung) oder auch sie zur Selbstregulierung einspannt. [17] Elternverbände werden dabei dann eine Rolle übernehmen können, wenn sie über hinreichende Organisations- und Kommunikationsstrukturen verfügen.

Die bisherige hierarchische Koordination für das Schulsystem läßt deren Schwächen überdeutlich hervortreten: taugt sie doch nur dann, wenn alle Problemursachen der staatlichen Kompetenz und alle Entscheidungswirkungen der staatlichen Verantwortung unterliegen. [18] Das ist bei keinem Problem inzwischen der Fall. Von daher gibt es gar keine anderen Möglichkeiten, als die Handlungsbereitschaft und Handlungsfähigkeit des (Schul-) Systems nicht als Aufgabe des Staates allein zu sehen, sondern zu institutionalisierten Kooperationsformen mit den Beteiligten des Schulsystems zu kommen, um die Handlungsbereitschaft und -fähigkeit (wieder-) herzustellen.

Die Folgen der von administrativer Seite angebotenen Alternativen in Form von Deregulierungs-, Dezentralisierungs- und Entbürokratisierungsmodellen sind durchaus zweischneidig: [19] sie sind oftmals nichts anderes als symbolische Politik. Sie verschleiern die Imperative der zentralstaatlichen Wirtschafts- und Finanzpolitik ebenso wie den Kern einer möglichen Folge der Modelle, nämlich

Privatisierung, Erhöhung von Leistungsnormen und Absenkung von Löhnen.[20] Es ist daher auf allen Ebenen bei den Beschäftigten mit Akzeptanzproblemen zu rechnen.

Diese sind nicht zum geringsten Teil auch mit der ungeheuren begrifflichen Aufladung zu erklären, die kleinste Veränderungen - hier in der Beziehung zwischen Staat und Schule - erfahren. Eine auch sozialpsychologisch verständliche Reaktion der Träger/ Betroffenen liegt dann darin, diese 'Maßnahmen' in den Kontext der finanzpolitischen Restriktionen zu stellen, um so Veränderungen abblocken zu können: sie werden zu simplen Einsparmaßnahmen erklärt.

Schließlich werden Autonomisierungstendenzen auch als Rückzugstendenzen staatlicher Verantwortung überhaupt deklariert, indem Verantwortung an untere Ebenen abgegeben wird. Da die Unzulänglichkeiten mit bisherigen Ergebnissen des politischen Handelns und Verwaltungshandelns den Systemmitgliedern natürlich bekannt sind, liegt der Verdacht nahe, daß die Autonomieforderung - geht sie von oberen Verwaltungshierarchien aus - so wahrgenommen wird, daß Folgeprobleme dieser Unzulänglichkeiten nunmehr von unteren Ebenen "ausgebügelt" werden sollen. Dieses sind dann, im Rahmen der Verwaltungshierarchie gedacht, hauptsächlich die Lehrer an den einzelnen Schulen. Entsprechend wird die Frage, wer eigentlich Träger von Reformen sein soll,[21] bisher weitestgehend mit "Lehrer" beantwortet. Auch die professionspolitische Besetzung des Reformthemas durch Lehrer (-organisationen) verdeckt, daß zwar ohne Lehrer keiner der von unterschiedlicher Seite (Wissenschaft, Planungskommissionen, Kultusadministration, Parteien) vorgelegten Reformansätze durchsetzbar ist — aber ohne Eltern auch nicht.

1.3 Koordinationsbedarfe aufgrund unterschiedlicher Verfahrensweisen und Konfliktlösungsmuster im Schulbereich

Wenn inhaltliche Probleme in dem Sinne unentscheidbar sind, daß es keine gültigen Kriterien gibt bzw. keine als allgemeingültig anerkannt werden, so ist auf der Ebene der Regulierungsmuster die Lage nicht übersichtlicher. Die Vorstellung wohlfahrtsmaximierender Verfahrensweisen, die in Verhandlungssystemen zwischen allen Beteiligten festgelegt und schließlich auch ausgeführt werden, beschreibt ein Ideal des Politik- und Verwaltungshandelns. Die Erfahrung, daß Amtsinhaber positionale und institutionelle Interessen mit parteipolitischen verknüpfen zu einem Interessennetz, in dem das Sachproblem eine zweitrangige Rolle einnimmt, ist weit verbreitet. Bei einem politisch so virulenten Problem wie Bildungspolitik zwingt zwar allein der föderative Aufbau der Bundesrepublik mit der Länderhoheit in Bereich des allgemeinbildenden Schulwesens die Parteien zur Rücksichtnahme. Jedoch ist eine der möglichen Konfliktursachen[22] - politische Richtungskämpfe - benannt, weitere, wie unterschiedliche Mentalitäten, Verteilungskonflikte und politische und administrative Strukturen, kommen hinzu.

Bei Konfliktlösungen ist die Organisationsform der beteiligten Systeme entscheidend. In hierarchischen Organisationen übt eine übergeordnete Organisationsleitung ihre Entscheidungskompetenz aus; in parlamentarischen Gremien wird nach dem Mehrheitsprinzip entschieden, und in

> "föderativen oder umstrukturierten Kontexten dienen Verhandlungsprozesse zwischen gleichberechtigten Partnern der Konfliktregelung, die in Tausch- und Kompensationslösungen, Kompromissen oder integrativen Problemlösungen enden können." (166)

Sieht man sich im Schulwesen die Organisationsformen an, so findet man bereits auf auf der Ebene der Einzelschule eine Kombination von diesen drei Konfliktlösungsmustern: die Entscheidung qua Entscheidungskompetenz liegt beim Leiter der Schule, wird flankiert durch Mehrheitsentscheidungen (beispielsweise in der Lehrerkonferenz), und im günstigsten Fall findet man Verhandlungslösungen als Vorbereitungsverfahren für die beiden anderen Lösungen.

Durch das Nebeneinander von Lösungen über Mehrheiten und Entscheidungskompetenz als zwar jeweils strukturierter, aber in ihrer Kombination im Ganzen gesehen unstrukturierter Kontext werden Verhandlungslösungen demnach allein dadurch zwingend notwendig. Sie lassen sich als Konfliktlösungen ohne gegenseitige Blockaden beschreiben. Aus der Verschränkung organisatorischer Strukturen und ihren jeweils unterschiedlichen Regelungsmustern ergeben sich Koordinationsbedarfe. Wenn diese nun zusätzlich rechtsförmig geregelt sind, erhöht sich der Druck auf die Beteiligten, sich zu einigen.[23] Die rechtsförmige Regelung ist im Bereich der Elternmitwirkung durch das Schulmitwirkungsgesetz - allerdings in sehr engen Grenzen - gegeben.

Wissenschaftliche Expertise ist ein zusätzlicher Einfluß- und Unsicherheitsfaktor, der besteht, weil Schul- und Unterrichtsfragen aus verschiedenen Expertensystemen heraus entschieden werden. Juristische, fachpädagogische und politische Expertensyteme beschäftigen sich mit dem Schulwesen und wirken auf dieses ein. Auch von daher verbieten sich eigentlich Konfrontationslösungen, weil sie im Gegensatz zu Verhandlungslösungen höhere Kosten bedeuten. Ob diese Verhandlungslösungen dann tatsächlich gewählt werden, entscheidet sich danach, ob der Entscheidungs- und Handlungsdruck hoch ist bzw. von allen Beteiligten auch so wahrgenommen wird und gegenseitige Abhängigkeiten bestehen oder entsprechende Gegenmachtpotentiale. (88) Schließlich ist auch die Frage des Interaktionsklimas, das hergestellt werden muß als Voraussetzung für Verhandlungslösungen, entscheidend.

Zusammenfassung: Inhaltlich nicht klar zu entscheidende Tatsachen, die Notwendigkeit des Zusammenwirkens mehrerer Expertensysteme, unterschiedliche Verfahrensweisen, die aus verschiedenen Organisationsstrukturen und Regelungsmustern herrühren, ergeben insgesamt einen umstrukturierten Kontext in Schulangelegenheiten. Für Konfliktlösungen ist deshalb nach Koordinierungen zu suchen, deren Kosten niedriger liegen als Konfrontationslösungen. Hier bieten sich Verhandlungslösungen an; eine rechtliche Ausgestaltung verstärkt den Nachdruck für Einigungen.

Allerdings kann bei kulturellen Konflikten trotz dieser Konstellation, die eigentlich eine Verhandlungslösung rational erwartbar macht, im Gegenteil eine Konfrontationsstrategie gewählt werden. Dies ist bei kulturellen Konflikten zwischen den Parteien nicht selten, (87) weil es sich hierbei um unteilbare Konflikte handelt. [24]

▼ Exkurs: Beispiel für unterschiedliche Steuerungen in Abhängigkeit von zentralen Akteuren — und ein Vorschlag zur Schulverfassung, speziell zur Schulkonferenz.

Ich möchte eine Untersuchung zur Kommunalverfassung NRW heranziehen, um drei typisierende Modelle der Entscheidungen, die an der Untersuchung der Amtsausübung von Gemeindedirektoren gewonnen worden sind, [25] versuchsweise auf SchulleiterInnen zu übertragen, und anschließend einen Vorschlag zur Steuerung der Schulkonferenz zu machen. Die damit verbundene Analogisierung von Gemeindeparlament und Schulkonferenz sowie Gemeindedirektor und SchulleiterIn weist auf die Möglichkeiten und Fallstricke einer Ausgestaltung der Schulkonferenz als Parlament einer Schulgemeinde hin.

Drei Varianten des Entscheidungssystems haben sich bei der Untersuchung in NRW ergeben: exekutive Führerschaft, gemäßigter Populismus und Partei- und Fraktionsherrschaft. Hierbei ist die Unterscheidung von formaler Entscheidungsstruktur, welche die rechtlichen Rahmenbedingungen umfaßt, und informeller Steuerungsstruktur unterlegt, [26] die Steuerung als "Netzwerk von zentralen Akteuren mit unterschiedlich großem Machtpotential", welche einen "Prozeß wechselseitiger Anpassung unterschiedlicher Interessen durch Integration und Koordination" managen. [27] Die Steuerungsstruktur wird im wesentlichen bestimmt durch die "lokalen Besonderheiten der politischen Kultur" (11), für die "institutionenbezogene wie personenbezogene Merkmale maßgebend" sind (11).

Übertragen auf Schulprozesse ergibt sich bezüglich der Typen des Entscheidungssystems zwischen Schulleitung und dem "Gemeinschaftsgremium" Schulkonferenz:

- exekutive Führerschaft: Führungsrolle des Schulleiters mit u.a. engen Verbindungen zu lokalen gesellschaftlichen Organisationen; Entscheidungen werden in der Schulkonferenz lediglich akklamiert,
- gemäßigter Populismus: Schulleiter in der Rolle des zentralen Steuerungspolitikers mit starken vertikalen Verbindungen auf der Verwaltungs- und Parteischiene sowie horizontalem Rückhalt im Kollegium und bei SchülerInnen und Eltern. Die meisten Initiativen gehen von ihr/ ihm aus, andere müssen mit dieser Person abgestimmt sein, wenn sie nicht in der Schulkonferenz scheitern sollen,
- Partei-/ Fraktionsherrschaft: hier ist nicht der Schulleiter zentraler Steuerungspolitiker, sondern der Repräsentant der stärksten Fraktion innerhalb einer stark fragmentierten Schule. Er hat in der Regel die unterschiedlichen Interessen auszubalancieren in der Schulkonferenz und vor allem dafür zu sorgen, daß es nicht zu Patt-Situationen kommt. Oftmals äußert sich in Schulen diese Trennung in pädagogischer sowie organisatorischer "Führerschaft", die von unter-

schiedlichen Personen repräsentiert wird. In den Schulkonferenzen gibt es ausgeprägte Fraktionen sowie damit zusammenhängend "Richtungskämpfe" um die anstehenden Entscheidungen.

Diese drei Varianten des Entscheidungssystems ließen sich auch übertragen auf weitere "Spitzenämter" in der Schule, wie die Rolle des Schulpflegschaftsvorsitzenden und des Vorsitzenden des Lehrerrates. Bei unterschiedlichen Entscheidungsmodi von und zwischen den SpitzenvertreterInnen sind Konflikte unausweichlich, so daß auch hier ohne Koordination nichts läuft.

Zurück zu der Rolle der Eltern in der Schulkonferenz: sie wird aussichtslos, wenn profilierte Vertreter fehlen. Die Machtkonzentration von zentralen Steuerungspolitikern (sei es nun der populäre Schulleiter oder der Mehrheitsfraktionsführer) ist gewaltig und erschwert eine Interessendurchsetzung von anderen Gruppen, wie z.B. Eltern. Ob diese Interessendurchsetzung nun mehr dem konkordanzdemokratischen (Verhandlung) oder konkurrenzdemokratischen Muster (Mehrheitsentscheidungen) folgt, bezeichnet nur unterschiedliche Regulierungsmuster von Interessen.

Ob man nun diesen beiden Regulierungsmustern - Verhandlung und Mehrheitsentscheidung - Steuerungsstrukturen eindeutig zuordnen kann, ist meines Erachtens fraglich. Allerdings besteht im Bereich der Schule zumindest die Erwartung, daß eine partei- und konfliktfreie Verhandlungslösung einer Durchsetzung von Mehrheitsentscheidungen vorzuziehen sei. Dies läßt sich mit der faktischen Patt-Situation erklären, wie sie bei Abstimmungen zwischen Lehrerschaft einerseits sowie Eltern und Kindern andererseits in der Schulkonferenz infolge der Mehrheitsverhältnisse gegeben ist. (Sie kann dann aufgehoben werden, wenn dem Schulleiter das ausschlaggebende Votum in einer Patt-Situation zugestanden wird. Diese Situation kann von allen Fraktionen herbeigeführt werden oder sich auch schlicht nur ergeben und bedeutet einen freiwilligen Machtverzicht zugunsten des Schulleiters – und damit in Richtung der Lehrerfraktion.)

Man trifft im Bereich der Schule auf unterschiedliche Steuerungsarten. Das bürokratisch-hierarchische Modell spielt nach wie vor eine entscheidende Rolle im Binnenverhältnis der Schule, zusätzlich zu dem Verhältnis der LehrerInnen untereinander (Funktionsstellen mit entsprechend unterschiedlicher Stellenbewertung) und vor allem zu übergeordneten Dienststellen. Die Außenbeziehungen der Schule sind teilweise nicht frei von Wettbewerbsbeziehungen, die sich über den lokalen "Bildungsmarkt" vollziehen. Schließlich ist im Verhältnis vor allem zu Eltern, des Kollegiums untereinander und zu Schülern das Verhandlungsmodell bestimmend, oder genauer: wird durch die Schulverfassung zumindest nahegelegt. Diese Mixtur macht zentrale Koordination undurchführbar.

Wenn man die in Grenzen sich selbstregulierende Schule - Stichwort: Autonomisierung - tatsächlich durchsetzen möchte, so ist die Schulkonferenz als Steuerungs- und Kontrollorgan für die wichtigsten Schulangelegenheiten und die allgemeinen Grundsätze der Verwaltungs- und Unterrichtstätigkeit zu konzipieren, weil hier alle drei Beteiligtengruppen einer Schule zusammentreffen. Für Elternvertreter gilt besonders, daß die Einmischung in jede Kleinigkeit zuverlässig eine Funktionsübernahme der Steuerung und Kontrolle verhindert, sie regelmäßig schon allein zeitlich überfordert und außerdem mit dem Anspruch kollidiert, daß sich nicht eine 'Funktionselite Eltern' herausbildet. Ein funktionsfähiges Modell geht eindeutig in Richtung Parlamentarisierung der Schulkonferenz, statt sie als ein Verwaltungsorgan anzusehen. Damit kommen die Entscheidungs- und Regulierungsmuster zum Zuge, deren Koordinierung über den Erfolg entscheidet. Machtverschiebungen zwischen Eltern, Lehrern, Schulleitung und Schul-

verwaltung sind damit verbunden. Auf jeden Fall erweisen sich bürokratisch-hierarchische Regulierungsmuster als exekutive Entscheidungsmuster allein nicht (länger) als tauglich.
▲

1.4 Strukturierung von Entscheidungsprozessen

Tausch

Ich möchte ein Regulierungsmuster diskutieren, das innerhalb von Verhandlungslösungen zum Einsatz kommen kann: das der "Generalisierung von Tausch", weil es mir in Bezug auf Elternmitwirkung fruchtbar zu sein scheint. [28] Tauschbeziehungen setzen voraus,

> "daß alle involvierten Akteure über tauschfähige Ressourcen verfügen, die gegeneinander aufgerechnet werden können. Zum Tausch kommt es nur, wenn jeder der Partner die Ressourcen des anderen höher bewertet als seine eigenen. [...] Tauschfähig sind insbesondere Ressourcen, die einen potentiellen Wert besitzen, der erst im Transaktionsprozeß realisiert werden kann, die Verfügbarkeit als solche für den Besitzer mithin wenig Nutzen bringt. Dazu gehören neben Geld auch Recht, Macht und Information." [29]

Verfügen Eltern über tauschfähige Ressourcen? Auf den ersten Blick scheint es so zu sein: sie verfügen über Geld, Elternrechte, daraus abgeleitete potentielle Machtansprüche über ihre Kinder und Informationen (beispielsweise über den Sozialisationsprozeß ihrer Kinder). Erweitert wird die Ressource Information dadurch, daß Eltern Mitglieder in anderen Organsiationszusammenhängen sind, in denen sie mehr oder weniger Einflußstärke haben. Im Falle der Interessenartikulation dieser Organisationen zu Fragen des Schulwesens kann also der Einfluß vermittelt verstärkt werden. Eltern sind potentielle "multilateral brokers",[30] die sehr gut "Machtpotentiale, die aus Mehrfachbeziehungen resultieren, ausnutzen" oder auch "fehlende Machtpotentiale durch Lernfähigkeit und Anpassungsflexibilität ersetzen" könn(t)en. (187)

Allerdings wird dieser Position geschwächt durch die Nichtverfügbarkeit über das Geld für Bildungsprozesse (sie werden zum größten Teil über staatliche Stellen finanziert) und durch die Zwangsverpflichtung zum - in seiner minimalen Ausdehnung festgelegten - Schulbesuch.

Die Berufung auf Elternrechte erfolgt bislang insbesondere appellativ und indem vor allem auf Restriktionen des Handelns für die Schule hingewiesen wird. Gegenüber dieser mehr punktuell abwehrenden Politik erfordert die Verfolgung und Durchsetzung von Elternrechten im Konfliktfall ein in der Regel zeitlich aufwendiges Verfahren über Dienst-/ Instanzenwege.

So gesehen bleibt als Tauschgut für Eltern lediglich die Ressource Information übrig, vor allem über den Sozialisationsprozeß ihrer Kinder, die allerdings im Transaktionsprozeß (= Erziehungsprozeß in der Schule) ihren Wert realisieren kann, wenn sie im Rahmen der Schule zur Förderung der schulischen Karriere eingesetzt wird.

Die Bedingungen, unter denen Schule (bisher) abgehalten wird, sind sowohl von ihrer inhaltlichen als auch der organisatorischen Seite her so strukturiert, daß die Mitwirkung von Eltern bis zu einem gewissen Grade völlig verzichtbar erscheinen. Erst wenn Konflikte auftauchen, welche die Schule mit eigenen Ressourcen nicht mehr oder nicht länger lösen kann oder will, kann eine Nachfrage nach Mitwirkung entstehen. Dann werden die Ressourcen der Eltern, insbesondere die Informationen über den Sozialisationsprozeß von der Schule nachgefragt. Problematisch ist in diesem Fall, daß sich in der Wahrnehmung von Eltern und Lehrern (und vermutlich auch der Schüler) die Probleme hauptsächlich zwischen Einzelpersonen abspielen, so daß meistens eine individuelle Konfliktlösung angestrebt wird. Das Bewußtsein, daß diese Probleme von ihrem Bedingungsgefüge her nicht individuell sind, und daher an den Ursachen der Konflikte nur etwas verändern werden könnte, wenn nicht lediglich interpersonelle Problemlösungen stattfinden, ist zwar weitverbreitet. Es wird jedoch durch den Wunsch und das Bemühen um pragmatische und rasche Konfliktlösung vielfach beiseite geschoben. Zum anderen eröffnet diese individuelle Konfliktlösung die Möglichkeit, die Verantwortung für die Entstehung von Konflikten zu verschieben im Sinne des Herumreichens des "Schwarzen Peters", sei es auf einzelne Personen (vom Schüler - zu den Eltern - zum Lehrer oder auch andersherum) oder andere Instanzen (Schulleiter - Schulamt - Landesregierung etc.). [31] Anders ausgedrückt: es handelt sich um die Auflösung einer Entscheidungsblockade durch opportunistisches Lavieren. [32]

Wie können Eltern ihre Tauschposition stärken? Denkbar sind folgende Alternativen bzw. auch Kombinationen daraus:

- Geld: Eltern könnten stärker über das Medium Geld einwirken. Angesichts 'leerer Kassen', gerade auch der Kommunen, bieten sich hier vielfältige Möglichkeiten der Unterstützung an (Fördervereine etc.). [33] Es ist abzusehen, daß Eltern sich mit dem Gedanken vertraut machen müssen, daß ohne ihre zusätzliche finanzielle Mitbeteiligung keine Veränderungen stattfinden werden, wie das Beispiel der Finanzierung der 'Geregelten Halbtagsschule' in NRW ab Schuljahr 1996/97 zeigt. Der Wunsch der Eltern danach wird vom Land beantwortet mit der Aufforderung, daß die Eltern Fördervereine gründen müssen, das Land selbst helfe lediglich mit Know-how. [34]
- Recht: die rechtliche Aufwertung der Stellung der Eltern im Bereich des Schulwesens ist verfassungsmäßig geboten,
- Interaktionsorientierung an Kindern/ Jugendlichen: wenn die Schule sich inhaltlich und organisatorisch stärker an den Interessen der Kinder/ Jugendlichen orientieren würde, käme es zu einer Aufwertung ihrer Stellung, und damit, vermittelt über die Kinder, auch der Eltern.

Verknüpfung von Entscheidungsmodi

Wenn man nun davon ausgeht, daß sowohl Elternhäuser als auch Schulwesen Entscheidungsarenen für Schul- und Sozialisationserfolg sind, so ist die Verbindung dieser Arenen zwingend. Zu verwirklichende Lösungen in *einer* Arena sind abhängig von der in der *anderen*, so daß die Schnittmenge den Lösungsraum (= Anzahl der zum Status quo bestehenden alternativen Handlungsoptionen) darstellt. [35] Die Anzahl der alternativen Handlungsoptionen bestimmt wiederum über Entscheidungsblockaden: je kleiner die Schnittmenge, umso größer die Gefahr von Entscheidungsblockaden. Oder anders ausgedrückt: eine Verengung der Anzahl von Handlungsoptionen erschwert Lösungen. Steuerungsmodelle, die Alternativen aufweisen, sind demnach die Lösung. [36]

Bei jeder Art von Kooperation/ Kombination von Entscheidungen ist der Satz: "Einigkeit macht stark!" insofern zu relativieren, als daß "bei der Kombination nicht-hierarchischer Entscheidungsstrukturen das Spektrum durchsetzbarer Lösungen grundsätzlich kleiner ist als in jeder der einzelnen Arenen." [37] Das könnte für einen Vorteil von hierarchischen Entscheidungsstrukturen sprechen – dies allerdings kollidiert mit demokratischen Entscheidungsmodi, wie Mehrheitsprinzip und (dezentraler) Selbstverwaltung. A. BENZ spricht deshalb von einem "strukturellen Dilemma". [38] Dem ist auch nicht zu entgehen: in der Familienarena ist inzwischen ein hierarchischer Entscheidungsmodus in der Mehrzahl der Familien obsolet. [39] Bei einem 'Verknüpfen' der Schul- und Familienarena kann allein schon deshalb kein hierarchischer (also: einseitiger) Modus angewendet werden.

Das strukturelle Dilemma ist nicht - wie im Schulbereich gerne betont - mit der Unterstellung einer kooperativen Partnerschaft zwischen allen Beteiligten behebbar, die womöglich mit gruppendynamischen "Spielchen" zu fördern ist.[40] So sehr die Verheißung des guten Willens aller Beteiligter attraktiv erscheint, so sehr verkennt sie auch, daß sich Mitwirkungsprozesse nicht an personalen Bereitschaften und Ressourcen allein festmachen lassen, sondern an die Schaffung eines institutionellen Kontextes gebunden ist. Dafür ist eine Organisation (-sentwicklung) kollektiver Interessenvertretung nötig, die mit Formalisierung, Professionalisierung und rechtsförmigen Strukturen einhergeht.[41] Nur dadurch ist es möglich,

- die punktuellen Einzelinitiativen zu bündeln,
- die gesunkene Bindungsfähigkeit an organisierte Interessen wie Vereine, Gewerkschaften, Parteien zu kompensieren, und vor allem
- die Vielfalt unterschiedlicher Interessen und Orientierungen innerhalb der Elternschaft sowie
- die gestiegenen Interdependenzen des Schulwesens mit anderen Bereichen zu managen.

1.5 Ziele der Legitimierung durch Verhandlung und Kompromißbildung

Ich möchte noch einmal auf die verfahrensmäßigen Methoden zurückkommen, mit denen in der Diskussion um Verwaltungshandeln versucht wird, Legimitität bei den BürgerInnen zu erzeugen. Das Modell von Befehl und Gehorsam [42] wird abgelöst vom Leitbild des kooperativen Staates, der Kompromißbildung durch Prozesse des Aushandelns und der Konsensbildung zu erreichen sucht. Das kann sich in der Form des Akzeptanzmanagements vollziehen und geht bis zu Formen von Partizipation an Entscheidungen. Auf Verwaltungsseite besteht das Interesse darin, Blockaden durch die BürgerInnen zu verhindern, die zu Verfahrensverzögerungen führen, beispielsweise durch die Inanspruchnahme gerichtlichen Rechtsschutzes. Auch die mehr sozialpsychologische Argumentation, nämlich Frustrationen und Ohnmachtsgefühle zu verhindern, die eventuell auch, wie im Fall von Atomkraftwerken, zu gewaltsamen Bürgerprotesten führen, spricht für den Einsatz von "weicheren" Verfahren.

Dazu gehören Vorschläge wie die Einsetzung von Ombudspersonen [43] mit dem Ziel, Bürgerinteressen zu stärken und zu institutionalisieren, die quer zur traditionellen Aufgabenstruktur der Verwaltung liegen. Die Einrichtung von "Runden Tischen" für die "Gallionsfiguren" des Protestes [44] sowie die unterschiedlichen Formen der Sozialplanung wie Gemeinwesenarbeit, Anwaltsplanung und Gruppendiskussionsverfahren [45] werden vorgeschlagen; Mediatorenmodelle,[46] die zwischen Verwaltung und Bürger Experten zur Legitimitätsbeschaffung zwischenschalten, werden propagiert. Schließlich ist die Forderung, die "Betroffenen zu Beteiligten machen" mit der Behauptung, daß "Betroffene Fachleute für ihre eigene Weiterentwicklung sind", gerade im Schulwesen anzutreffen.[47]

Die Fülle methodischer Handreichungen ist kaum mehr zu übersehen; das Kernproblem der Machtverlagerung bleibt allerdings konsequent ausgespart.[48] Wie äußerst sensibel auf die Forderung nach tatsächlicher Entscheidungspartizipation reagiert wird, hat sich in jüngster Zeit auch an der Arbeit der Gemeinsamen Verfassungskommission gezeigt: erweiterte Formen plebiszitärer Demokratie, wie Volksbegehren und Volksentscheid wurden zurückgewiesen.[49] Und da sollte gerade in einem Teilbereich der staatlichen Dienstleistung, dem Schulwesen, Entscheidungspartizipation eingeführt werden?

Die oben besprochenen Verhandlungslösungen haben meiner Ansicht nach den Vorteil, daß sie sich nicht auf eine Methode kaprizieren, sondern Modelle abgeben, die für die unterschiedlichen Methoden offen sind. Dadurch wird vermieden, daß eine gewisse "Beteiligungslyrik" vorherrscht, die zu konsequenter Mißachtung des Machtproblems führt, indem die unterschiedlichen Steuerungslogiken undurchschaubar bleiben. [50]

Auf jeden Fall müssen die Eltern als (Mit-) Träger des Schulsystems - wenn sie in diese Kooperationbeziehungen eingebunden werden - zu einer internen Organisation kommen, die insoweit komplex ist, daß sie die Komplexität des

Schulsystems überhaupt verarbeiten kann – und die Komplexität der Eltern ausreichend genau repräsentiert. Nur so kann es gelingen, mit den sonstigen organisierten Interessen, welche die anderen Träger des Schulsystems aufzubieten haben, in eine Kooperationsbeziehung einzutreten. Dies bedeutet dann die Anerkenntnis einer bipolaren Kompetenzordnung zwischen Elternhaus und Schule, sowie wechselseitige Rücksichtnahme und Verpflichtung zur Wahl gemeinverträglicher Mittel bei der Erfüllung der Aufgaben.

Das verlangt nach Koordination zwischen den beiden Systemen (wobei die Prinzipien, nach denen bestimmte Sachverhalte beurteilt und geregelt werden, mehr als Perspektiven erscheinen denn als reale Sachverhalte). Eine hierarchische Koordination zielt auf Vereinheitlichung. Geht man nun davon aus, daß sich infolge funktionaler Differenzierung eine solche Vereinheitlichung nicht länger durchsetzen läßt bzw. suboptimal bleibt, werden andere Koordinierungsformen nötig. Sie setzen voraus, daß offengelegt wird und zwischen den "Anbietern" vereinbart wird, was sie überhaupt erreichen wollen. Die Ergebnisse darüber können nur den Charakter von Empfehlungen haben, die sich nur dann durchsetzen können, wenn sie aus der Sicht der Adressaten vorteilhaft sind. Die daraus - im günstigsten Fall - entstehende Kompatibilisierung von Elternhaus und Schule ist demnach nur über den Weg eines weitgehenden Konsens zu erreichen, falls man von dem Wegfall starker hierarchischer Steuerungskapazität (z.B. über staatliche Administration) ausgeht. Als gemeinsamer Bezugspunkt für diese wechselseitige Rücksichtnahme könnte das "Kindeswohl" angesetzt werden, welches als "jeweils am wenigsten schädliche Alternative" bestimmt werden kann. [51]

In einer solchen Perspektive, die durch den Wegfall starker hierarchischer Koordination gekennzeichnet ist, werden die notwendigen Koordinationsleistungen über die Selbstkoordination der beteiligten Systeme erbracht. [52] "Autonomie der Schule" und "Qualität von Schule" sind so als Koordinationsleistung und (Minimum-) Standard beschrieben.

1.6 Elternmitwirkung als öffentliche Arbeit

Wenn man nach den Gründen für Nicht-Partizipation fragt, so müßten die Interaktionskosten für die Partizipierenden (wie Zeit, Anstrengung, Arbeitseinsatz, finanzielle Mittel u.s.w.) bei der Klage über die Nichtbereitschaft zum Engagement zumindest mitbedacht werden. Neben den unterschiedlichen Motivlagen sind auf der Kostenseite entscheidende Gründe zu finden, die bei der demokratischen Organisierung von Interessen dringend einer anderen Lösung bedürfen als der des Appells an den ständig sich in 'Bewegung' befindenden Staatsbürger sowie an seine 'Ehrenamtlichkeit'.

Für die Mitwirkungsbeteiligten in der Schule hat D. GOLDSCHMIDT [53] dazu bereits 1973 einen meines Erachtens praktikablen Vorschlag gemacht: analog zu Lehrern, für die Mitwirkung Teil ihres Dienstauftrages ist, müssen für

Eltern und Schüler noch Regelungen gefunden werden, die Mitwirkung nicht zur permanenten Selbstausbeutung macht. So kommt für SchülerInnen eine Befreiung durch sinnvolle Unterrichtsentlastung bzw. Befreiungen im Wahlpflichtbereich infrage. Eltern können für die Arbeit in Schulkonferenzen und Landesvertretungen eine Freistellung vom Arbeitgeber erwirken, wobei u.U. die Regelungen zum Bildungsurlaub heranzuziehen sind.

Weitergehend - und nicht an das Modell erwerbstätiger Eltern gebunden - ist ein Vorschlag von R. ZOLL:

> "die Schaffung eines zweiten Sektors der Gesellschaft, der nicht marktförmig organisiert wird, sondern auf der Wechselseitigkeit des Erhalts von - ausreichendem - Bürgereinkommen und der Leistung von sozialen, ökologischen und kulturellen Diensten beruht. Das Grundprinzip dieses Sektors sollte Reziprozität, sollte der Tausch - aber nicht der Warentausch, sondern der Gabentausch sein. [...] Während früher die Reproduktion der Arbeitskraft und indirekt der Gesellschaft durch die 'sozialen Dienste' der Frauen in der Kleinfamilie gewährleistet wurde, sollten sich künftig alle, Männer wie Frauen, durch soziale, kulturelle und ökologische Dienste im zweiten Sektor während eines Teils ihres Lebens direkt an der Reproduktion der Gesellschaft beteiligen." [54]

Dieser Vorschlag, der Eigenarbeit mit Erwerbsarbeit verbindet, verläßt die Ebene des Appells und der Pastoralität. Vielmehr eröffnet er strukturell Teilhabechancen und verbindet diese mit sinnvollen Anreizen.

> "Aktive Demokratie: Bürgerbeteiligung, Dezentralisierung - in der Verwaltung vieler Städte und Gemeinden ist eine kleine Kulturrevolution ausgebrochen. Sie verspricht nicht nur mehr Wirtschaftlichkeit, sondern auch einen Zugewinn an Demokratie. 'Durch diese Bürgerei bilden sich doch nur Nebenparlamente', schimpft ein Ratsherr. Das ist genau der Punkt: Der Appetit auf Demokratie kommt beim Essen. Freiheit schafft, stärkt, erweitert Freiheit." [55]

U. BECK stellt diese Überlegungen in den Zusammenhang, daß beispielsweise der öffentliche Arbeitgeber in dieser Funktion ausfällt. Als Alternative zu Arbeitslosigkeit bzw. Unterbeschäftigung wird "öffentliche Arbeit" beschrieben. Die Mitwirkung von Eltern in der Schule kann als ein Bereich dieser "aktiven Demokratie" konzipiert werden.

Sie äußert sich in Teilhabemotivation, Gemeinschaftspraxis und Gestaltungsmacht in lebenszentralen Politikfeldern. Von diesen vier Faktoren, die den "Kreislauf des Politischen" (Th. MEYER) ausmachen, sind, bis auf die Gestaltungsmacht, alle gegeben. [56] Die Schule in ihrer "Gelenkfunktion für die Konstruktion von Kindheit" (Manuela du BOIS-REYMOND) zeichnet sich durch eine sehr dichte Präsenz in der Lebenswirklichkeit von Kindern, Jugendlichen und ihrer Eltern aus. Die vorhandene Motivation, durch Mitwirkungsprozesse - die in sich als "Gemeinschaftspraxis" definiert sind - an der Qualität der Schule mitzuarbeiten, kann allerdings dann erlöschen, wenn die Partizipation von Eltern funktionalisiert wird als informatorisches Abschöpfen, Bereitstellung von Konsens sowie lediglich die bildende Funktion von Mitwirkungsprozessen als Gewinnung von Einsicht in Aussicht gestellt wird. 'Gestaltungsmacht' würde bedeuten, daß in zentralen politischen und pädagogischen Fragen des Schulsystems die Mitentscheidung von Eltern stattfindet und entsprechend anerkannt wird.

Die Vision: "Wahl zwischen Arbeitslosigkeit und Mitwirkung in der zivilen Gesellschaft" funktioniert dann, wenn das Engagement außerhalb der Erwerbsarbeit "gesellschaftlich aufgewertet, belohnt und mit Erwerbsarbeit vereinbart wird", d.h.: "Die unsichtbare Praxis der sozialen Selbsthilfe und politischen Selbstorganisation muß sichtbar gemacht werden. Ihr muß ökonomisches, organisatorisches und politisches Gewicht verliehen werden." [57]

Dies kann grundlegend nur geschehen mit einer strukturellen Veränderung des Verhältnisses von Produktions- und Reproduktionsbereich, weil unter den gegenwärtigen Arbeitsbedingungen eine Vereinbarung von Elternschaft und Beruf (-skarriere) in der Regel ohne weitere Unterstützungssysteme nicht möglich ist. Dem Unsinn, daß in einer von extremer Zeitnot geprägten Phase - infolge verlängerter Ausbildungszeiten und Aufbau einer beruflichen Position - gleichzeitig auch noch Elternschaft (einschließlich der Partizipationsprozesse in den Sozialisationsinstitutionen ab Krabbelgruppe aufwärts) stattfindet bzw. stattfinden sollte, kann nur mit einer strukturellen Änderung der Erwerbsarbeit entgegengetreten werden. Grundlage für die Aufhebung der starren Entgegensetzung von Arbeits- und Lebenswelt ist eine Verkürzung der Arbeitszeit, und nicht nur der Ausschluß aus dem Arbeitsmarkt. Ein Gedankenspiel sieht dann so aus:

> "Wenn jedoch die Arbeitszeit auf wenigstens 25 bis 30 Wochenstunden reduziert worden ist, dann *kann* die verfügbare Zeit von Tätigkeiten ausgefüllt werden, die man ohne ökonomische Zwecksetzung unternimmt und die das Leben des einzelnen sowie der Gemeinschaft bereichern: kulturelle und ästhetische Aktivitäten, die darauf abzielen, Freude zu empfinden und zu spenden, die Lebensumwelt zu verschönern und zu 'kultivieren'; unterstützende und pflegende Tätigkeiten gegenseitiger Hilfe, die im Stadtviertel oder in der Gemeinde ein Netz solidarischer Sozialbeziehungen knüpfen; Entwicklung von Beziehungen der Freundschaft und des affektiven Austausches; erzieherische und künstlerische Tätigkeiten; Reparaturarbeiten und Eigenproduktion von Nahrungsmitteln 'aus Freude am Selber-Tun' und daran, die Gegenstände, an denen man Gefallen findet, zu bewahren und weiterzugeben; Genossenschaften und Austauschbörsen für Dienstleistungen (u.s.w.)." [58]

Anders als im GORTZ-Zitat oben handelt es sich bei kollektiver Interessenvertretung von Eltern nicht um "lebensweltliche" Arbeit, sondern um unterstützende, konfrontierende und vermittelnde Tätigkeiten zwischen den Institutionen des Staates und der "Lebenswelt". Es wäre daher verfehlt, das Modell der autonomen Tätigkeiten für diesen intermediären Bereich zu propagieren. Erschwerend kommt zusätzlich die deutliche Benachteiligung auch finanzieller Art durch Elternschaft hinzu. [59] Sie macht Regelungen über materielle Kompensationen für Elternmitwirkung dringend. Da sie eine Tätigkeit ist, die sich in der öffentlichen Sphäre vollzieht, d.h. durch Rechtsnormen geregelt ist, entfällt bereits mit diesem Kriterium eine umstandslose Gleichsetzung mit bzw. deren appellative Einforderung von nicht-ökonomischer Rationalität. [60]

Auch auf Elternseite ist eine Mitwirkung nur dann sinnvoll zu realisieren - und das bedeutete auch die Abkehr von Elterninteressenvertretung mit "Oberschichtton" oder Mittelschichtorientierung [61] - wenn Gratifikationen für Beteilung eingeführt werden. Diese Gratifikationen können unterteilt werden in

- Schutznormen für Risiken,
- Ausgleichs- und Ersatzregelungen für Aufwendungen und Kosten,
- Fördernormen für Schulung und Bildungsmöglichkeiten sowie
- Anreizregelungen, wie Steuervergünstigungen und Sozialversicherung. [62]

Im Bereich der kommunalen Beteiligung (Rat, Bezirksvertretung etc.) wird u.a. mit Aufwandsentschädigungen gearbeitet. Die Anreizregelungen finden sich bei Pflegeleistungen, Kindererziehung, freiwilligem sozialem Jahr und sonstigen Diensten, deren Zeiten im Rentenrecht berücksichtigt werden (sollen). Ein weites Feld steht darüberhinaus zur Verfügung, wenn man die soziale Honorierung von ehrenamtlicher Tätigkeit mit gesellschaftlicher Aufwertung durch Status und Prestige ergänzt und auch vor Symbolen wie 'Orden' nicht zurückschreckt; Sonderurlaub, Vergünstigungen wie freier Eintritt bei Museen, Freifahrten bei Verkehrsmitteln etc. sind sonstige Möglichkeiten. [63]

Langfristig ist es makrosozial und mikrosozial sowieso sinnvoll, für gemeinwesenorientierte Arbeiten ein solches "Gratifikationssystem" als "Anreiz" zu installieren. [64] Die Erosion eines Normalarbeitsverhältnisses, die Flexibilisierungsnotwendigkeit des Arbeitslebens sowie die Zunahme neuer Formen von Erwerbsarbeit machen die lohnbezogene Alterssicherung dysfunktional, weil mit der Entwicklung von 'unordentlichen' Sozialversicherungsbiographien gesellschaftliche Polarisierungen erfolgen, die langfristig gesehen sich gegen den Bestand der Gesellschaft richten.

Wenn diese Gesellschaft jedoch als eine demokratische erhalten bleiben soll, ist die Beteiligung der BürgerInnen an den Angelegenheiten von Gesellschaft und Staat unverzichtbar. [65] Sie lediglich appellativ einzufordern, geht völlig an den Bereitschaften, Einstellungen und Verhaltensweisen vorbei, insbesondere zu kollektiven Handlungen. Im Interesse eines funktionierenden Gemeinwesens ist die Schaffung von Bedingungen, die eine Beteiligung nicht zur Selbstausbeutung machen, unverzichtbar. "Zur Übernahme eines Ehrenamtes ist Voraussetzung Fachwissen und finanzielle Unabhängigkeit." [66]

Die Veränderung der Anerkenntnis von Ehrenamtlichkeit wird auch in einem Dokument der beiden Kirchen Deutschlands ausgedrückt:

> "Bei einer Sozialstaatsreform verdient die Aktivierung und die gesellschaftliche Anerkennung ehrenamtlicher Tätigkeit besondere Berücksichtigung. [...] Diese Quellen könnten effektiver genutzt werden als bisher, wenn die Rahmenbedingun-

gen für ehrenamtliche Tätigkeiten entsprechend ausgestaltet wären, zum Beispiel durch die Übernahme von Sozialversicherungsbeiträgen und durch eine bescheidene Kostenerstattung." [67]

Ein Vorschlag von R. ZOLL (1994) verknüpft gemeinwesenbezogene Arbeit mit Bildungsprozessen: die Finanzierung von Bildung nach einer bestimmten Altersgrenze erfolgt im Tausch gegen soziale Dienste:

> "... die Möglichkeit, durch z.B. zwei, drei Jahre soziale Dienste den Anspruch auf weitere vier, fünf Jahre Bürgergeld zu erwerben und damit ein Studium oder eine Ausbildung zu finanzieren. Neben der Abschaffung des Bafög-Systems entfiele durch die Höhe des Bürgergeldes auch der Zwang, neben dem Studium zur Deckung des Lebensunterhalts noch etwas hinzuzuverdienen. Der zweite Sektor könnte so auf einem Bonus-System aufbauen: 'x' Jahre sozialer Dienste garantieren 'y' Jahre Bürgereinkommen ohne weitere Verpflichtung." [68]

Was spricht dagegen, Elternmitwirkung auf ein Konto "sozialer Dienst" zu buchen?

Eine engere Funktionsbestimmung von Elternmitwirkung im schulpolitischen Prozeß begreift kollektive Mitwirkung als funktionales Äquivalent zu Parteien/Verbänden. Alternativen zum bisherigen administrativen und politischen Regelungsmodus werden aus einem anderen Grund dringend: die Parteien stoßen an ihr Organisationspotential, so daß sie langfristig gesehen für die Aufgabenbewältigung in anwachsenden Bereichen ausfallen dürften bzw. bereits ausgefallen sind.

Die Frage nach funktionalen Äquivalenten, die diesen Ausfall im politischen und exekutiven Bereich kompensieren können, stellt sich auch für den schulpolitischen Bereich. Eine Stärkung der Elternmitwirkung könnte als Teil solchen funktionalen Äquivalentes in die traditionellen staatlichen Regulierungsbereiche nachrücken, und so zu einer "funktionalen Gegenmacht" werden, die Handlungsspielräume erweitert, alternative Lösungen protegiert und "extreme" Pfade verbaut. [69]

Dies kann nur dann funktionieren, wenn sich die Elternverbände von den 'Mutterorganisationen' emanzipieren, andernfalls werden sie in den gleichen Strudel des Legitimationsverlustes, der Kompetenzabsprechung etc. geraten wie Parteien, Gewerkschaften, Kirchen und sonstige traditionellen Organisationen.

Nun könnte man argumentieren, daß starke weltanschauliche und parteiverbundene Verbände von der Stärke ihres "Mutterverbandes" profitieren. Dies mag in der Vergangenheit der Fall gewesen sein, daß es abgeleitete Einflußmöglichkeiten für Eltern über diese Art von Verbänden gegeben hat. Für die Gegenwart ist allerdings festzustellen, daß der Einfluß von Parteien, Kirchen und Verbänden zwar immer noch stark ist, aber ihre Legitimationen sind so brüchig geworden, daß - am Beispiel der Parteien - ihre Bindungswirkung so schwach ist, daß eine Partei bei Wahlen keine Mehrheiten mobilisieren kann. (Die Nicht-Wähler-'Partei' ist zahlenmäßig am größten.) Von dieser Schwäche [70] werden dann natürlich auch die Untersysteme und Vorfeldorganisationen der

Parteien und Kirchen betroffen, so daß mit den traditionellen Elternverbänden weder eine Mobilisierung von Eltern noch eine effektive Kontrolle verbunden ist.

Auch für die traditionellen Elternverbände dürfte die Abnabelung von den bestehenden Organisationen günstiger sein, als in Verhandlungen mit staatlichen, partei- und weltanschaulichen Trägern über ihren Anteil an abnehmenden Finanzspielräumen zu treten. [71] Damit eröffnet sich die Chance, die Diskussion beispielsweise auf die neue Verbandsstrukturen und -ziele zu verlagern, anstatt in einer prinzipiellen Staats-, Partei-, oder Kirchenzentriertheit und -abhängigkeit zu verharren. "Im Zusammenfließen von Selbstreform und aktivem Bürgertum liegt der Schlüssel für einen *Neuanfang* des politischen Systems." [72] Dabei können

> "politische Clubs, Foren und Netzwerke, die sich in Eigenregie und Verantwortung engagierter Bürger selbst im sog. 'vorpolitischen Raum' bilden, in die Lücke zwischen gehemmter Aufbruchstimmung und stockender Partei- bzw. Parlamentsreform stoßen und für eine Zeit den geeigneten Rahmen für Mobilisierung und Intervention bieten. [...] Sie wären nicht Ersatz oder gar Gegenstück der 'Altparteien', wohl aber flexible Medien ihrer Erneuerung. [...] Mit ihrer Hilfe gelänge die Transformation der diffusen Bewegungsenergie der Lichterketten und jüngster Demonstrationen zivilen Ungehorsams in das politische Institutionengefüge, dessen Rahmen sich partizipatorisch ausdehnte, ohne die Illusion der allseitigen Bürgernähe zu nähren." [73]

Zusammenfassung: Auch Elternmitwirkung im allgemeinbildenden Schulwesen kann in den Zusammenhang gestellt werden, daß sie ein Instrument zur Durchsetzung sozialen Wandels sein könnte sowie darüberhinausgehend ein Mosaiksteinchen für einen Neuanfang des politischen Systems. Hierfür sind verschiedene Formen und Mittel diskutiert worden. Die Einbettung der Elternmitwirkung in solche öffentlich anerkannte Formen, welche die der Ehrenamtlichkeit verlassen, ist grundlegend. Auch kollektive Elternmitwirkung wird verstanden als gemeinwohlorientierte Tätigkeit, deren Absicherung durch reine Ehrenamtlichkeit nicht oder nur unzureichend gegeben ist.

Als erster möglicher Schritt auf einem Weg zur Verbindung von Erwerbstätigkeit, individueller und gesellschaftlicher Arbeit können Modelle des Bildungsurlaubs angesehen werden; weiterreichende Vorschläge liegen vor in der Schaffung eines Zweiten Arbeitsmarkts, der nicht-marktförmig Leistungen für soziale Dienste und Reproduktionsaufgaben bereitstellt sowie schließlich das Modell der "Öffentlichen Arbeit", bei dem soziale und gemeinwesenorientierte Arbeit gegen Aus- und Fortbildung getauscht wird. Ein solches Bonussystem für soziale Dienste bewirkt eine Stärkung des intermediären Sektors zwischen Staat und Markt.

Arbeitszeitveränderungen, Festschreibung von materiellen Kompensationen sowie eventuell die Schaffung eines zweiten Sektors des Arbeitsmarktes sind jedoch nur dann möglich, wenn es zu einer grundsätzlichen Veränderung des

Verhältnisses von Produktions- und Reproduktionsbereich kommt. Dann können sich aus einer Neubestimmung und Verknüpfung von reproduktiven Aufgaben in der Gesellschaft und Demokratisierung Lösungen für Probleme hervorgehen, die sich aus der Veränderung der Arbeit, dem Verhältnis der Geschlechter zueinander sowie generell Beteiligungsproblemen an nicht-individualistischen Aktivitäten ergeben.

2. Modell des Netzwerkes als Vorschlag für eine Inkorporierung von Elterninteressen

Die recht große Anzahl von Akteuren im Mitbestimmungsbereich für das allgemeinbildende Schulwesen erfordert für die entstehenden Beteiligungsansprüche, die Art der im Schulwesen erbrachten Leistungen und damit zu regelnden Aufgaben als "Kollektivgüter" (s.u.) und infolge der "Dezentralisierung der Politikformulierung" die Installierung von "Vermittlerstrukturen", die weicher sind als Institutionalisierung und auch als "lose Koppelung" bezeichnet werden. Ihr Vorteil wird drin gesehen, daß sie mehr "personenbezogene Interaktions- und Kommunikationsprozesse" zulassen [74] als Institutionalisierungen, die durch "festgelegte Regelsysteme oder Weisungsbefugnisse die Bandbreite von Reaktions- und Handlungsformen der Akteure eingrenzen." [75]

Für diese Vermittlerstukturen möchte ich eine spezielle Variante der Netzwerktheorie heranziehen. Ein Netzwerk wird gebildet aus "Knoten" und den Verbindungssträngen zwischen den Knoten. Eine interaktionistische Variante dieser Theorie verwendet den Netzwerkbegriff als Muster sozialer Beziehungen und stellt die Personen des Netzes als dessen Knoten dar, welche durch ihre Verbindungen miteinander verknüpft sind. [76] Dem Einwand, damit lediglich ein "übergreifendes 'umbrella'-Modell" [77] zu benutzen, kann mit einer Präzisierung einer spezifischen Art der Ausgestaltung der Verbindungsstränge begegnet werden. Sie werden ausgestaltet als Verkoppelung von Vertrag und Organisation mit dem Ziel, einen Steigerungszusammenhang zwischen individuellen und gemeinschaftlichen Nutzen herzustellen. [78]

> "Im Unterschied zu den üblichen Definitionen des Netzwerks als lose Kooperationsform, als dezentrale Koordination autonomer Akteure oder als Übergangsform zwischen Vertrag und Organisation ist damit ein sehr viel engerer und zugleich präziserer Begriff des Netzwerkes gewonnen. Von Netzwerk sollte man dann und nur dann sprechen, wenn ein Handlungssystem sich zugleich als formale Organisation und als Vertragsbeziehung zwischen autonomen Akteuren formiert. [...] Auf die Terminologie (Netzwerk, symbiotischer Kontrakt) kommt es nicht an; entscheidend ist die Auszeichnung eines empirischen Phänomens durch den simultanen Doppelbezug auf Vertrag und Organisation." [79]

Warum diese Unterscheidung zwischen Markt und Organisation sowie ihrer Regulierungsmuster durch Austausch/ Vertragsbeziehungen und Kooperation/ Organisation? Ausgangspunkt ist die Beobachtung, daß diese beiden Formen für sich genommen an ihre Grenzen stoßen, Stichwort "Marktversagen", d.h.. "wenig Langfristorientierung, Durchschlagskraft, Kohärenz, Durchhaltevermögen und akkumulierte Erfahrung", und "Organisationsversagen", d.h. "Rigidität, Bürokratismus, Motivationsprobleme, Innovationsmangel, hohe Informationskosten". [80] Als Lösung wird vorgeschlagen, die speziellen Vorteile von Markt und Hierarchie jeweils in das andere System zu implementieren. Dabei kann noch einmal unterschieden werden in ein 'weicheres' Verfahrens in Form von ungeregeltem oder lediglich lose geregeltem Austausch und in die 'härtere' Variante einer Kooperation mit vertraglicher Ausgestaltung, d.h. geregeltem Austausch und formalisierter Kooperation durch Organisation.

Worin liegt nun das Neue dieser Variante der Netzwerktheorie, speziell in Bezug auf kollektives Handeln?

> "Kollektivakteure sind weder Fiktionen noch die 'leiblich-geistige Einheit' der realen Verbandspersönlichkeit, noch sind sie nur verselbständigte Ressourcenbündel. [...] Vielmehr besteht ihre soziale Realität in der sozial verbindlichen Selbstbeschreibung eines organisierten Handlungssystems als zyklische Verknüpfung von Identität und Handlung. Der 'Witz' des Kollektivs als handlungsfähiger sozialer Einheit besteht demnach darin, daß systeminterne Kommunikation eine Selbstbeschreibung des Handlungssystems als Ganzem produziert (corporate identity) und daß soziale Prozesse diesem semantischen Konstrukt Ereignisse als Handlungen des Systems zuschreiben." (206) [81]

Oder anders ausgedrückt: Kollektivakteure (wie Verbände) lassen sich sinnvollerweise als Zusammenfassung weder von individuellen Personen noch von Ressourcen beschreiben. Das Netzwerk wird beschrieben durch den Prozeß der Herausbildung eines Handlungssystems, welches einerseits durch "systeminterne Kommunikation" ein "semantisches Konstrukt" hervorbringt, und andererseits diesem durch "soziale Prozesse" Ereignisse nicht als Handlungen von Individualakteuren, sondern von einem Kollektivakteur zugeschrieben werden. So können die Bestandteile eines Netzwerks, Zentrale und Subeinheiten, in ihrer Arbeitsweise beschrieben werden:

> "Netzwerke handeln nicht durch ein einheitliches Willens- und Aktionszentrum, sondern über eine Vielzahl von 'Knoten', die jeder autonom für sich, aber zugleich für das 'Netz' operieren. Das 'Netz' selbst ist Kollektivakteur, dessen Handlungen nicht in einem 'Knoten', sondern in sämtlichen 'Knoten' vollzogen werden, ohne daß deswegen die 'Knoten' selbst ihre Eigenschaft als Kollektivakteure verlören." (208)

Indem die "Knoten" - verstanden nicht nur als Einzelpersonen, sondern auch als Kollektivakteure - sowohl autonom handeln als auch durch die Verbindungen über Vertrag und Organisation zu den anderen "Knoten" für das Netz als Ganzes handeln, ergibt sich eine besondere "Handlungslogik", welche die spezifischen Leistungen eines Netzwerkes beschreibt: "Nicht mehr Personifizierung, sondern polyzentrische Autonomisierung, nicht mehr Einheitszurechnung, sondern simultane Vielfachzurechnung werden erst der Handlungslogik des Netzwerkes gerecht"(208).

Die Strukturen des Netzwerkes bilden 'Löcher', und durch diese Maschen kann etwas durchfliegen. Der schwache Punkt von Netzwerken [82] ist die Verantwortlichkeit, dem nur mit der Vielfachzurechnung von "Verantwortung auf Kollektiv, Zentrale und Subeinheit" (211) sowie einer "hohen Flexibilität der Haftungsinstrumente" zu begegnen ist, so daß "ein kommunikatives Ereignis im Netzwerk sowohl einem der autonomen Vertragspartner als auch gleichzeitig der Gesamtorganisation zugerechnet [wird]." (199)

Enger gefaßt geht es um ein (mögliches) Modell der Interessenvermittlung zwischen öffentlichen und privaten, zwischen korporativen und individuellen Akteuren in einem und für ein spezifisches Politikfeld. Die Frage lautet also: was ergibt sich aus der Netzwerktheorie in Bezug auf mögliche Regelungsformen zwischen Eltern und Schule, hier spezieller: der staatlichen Administration des Schulwesens und Elternverbänden? [83]

Netzwerk Elternmitwirkung:
Expertenorganisation über Leistungsverpflichtung und Kooperation

Die Entstehung von Netzwerken wird mit der Differenzierung gesellschaftlicher Teilsysteme und deren Koordinationsbedarfen erklärt, die nicht (länger) über Markt und Hierarchie laufen können, "so daß die Entstehung von Netzwerken beinahe etwas Funktionalistisch-Zwanghaftes an sich hat." [84] Dies muß nicht bedeuten, daß ein Netzwerk Ausdruck einer "evolutionär höheren Strukturform" (14) ist, es kann sich auch um zeitlich und sachlich befristete Übergangsformen handeln, "die sich entweder auf dem Wege zur Integration in eine stabile Hierarchie befinden oder durch Desintegration in einen marktförmigen Steuerungsmodus zerfallen." (15) Hierarchie und Markt sind bei dieser Argumentation wieder die gegensätzlichen Steuerungsformen, Netzwerke können als vermischte Form sich in beide Richtungen, Markt und Hierarchie, entwickeln. Ihre Einschätzung als normativ anzustrebendes Mittel der Wahl bei anstehenden Problemen entfällt demnach, auch wenn die Vorteile der Netzwerkorganisation in der "Selbststeuerung" und dem "Steigerungszusammenhang" [85] der Verbindung von Vertrag und Organisation gesehen werden.

Ich möchte diesen Theorieansatz versuchsweise auf Elternmitwirkung anwenden. Das Grundproblem bisheriger Formen von Elternmitwirkung ist ihre einseitig über Organisation geregelte Beziehung zum Schulsystem, die deutlich die Züge vom oben beschriebenen "Organisationsversagen" trägt, wie Bürokratismus und Motivationsprobleme. [86] Können die Etablierung von Vertrag und Organisation die bislang vorherrschenden ungeregelten bzw. einseitig über Organisation geregelten Beziehungen ablösen?

Das Netz ist ein Handlungssystem autonomer Akteure mit zugleich Vertragsbeziehungen und formaler Organisation. (204) Fragen des Austausches sowohl als einfacher Tausch, als auch als Leistungsverpflichtung - als des durch Vertrag weiterentwickelten Tausches - sind damit angesprochen. Dies mag auf den ersten Blick insofern als Restriktion aufgefaßt werden, als daß der Eindruck der weiteren Formalisierung und "Verrechtlichung" entstehen könnte. Diese sind jedoch in ihrer Ambivalenz zu sehen als mögliche Verfeinerung von Selektionsverfahren und auch als Schutz vor Willkür. [87]

Hier ist zu fragen, ob sich in dem bestehenden System von Schule, welches über Recht und Kooperation gesteuert wird (Recht und Pädagogik/ Organisation) Eltern nur dann "einklinken" können, wenn die vertragliche Seite von Schule, d.h. der soziale Tausch, der sich im Recht manifestiert, gestärkt wird. Denn nur eine rechtlich-institutionelle Absicherung intermediärer Bereiche (hier Elternmitwirkung als Funktionssystem zwischen Gesellschaft und Staat) sichert u.a. die Bedingungen für die angestrebten Selbstverwaltungsaufgaben von Schule.

Damit sind gleichzeitig Änderungsoptionen für eine Verstärkung der sozialen Tauschbeziehungen offen, wie sie z.B. bei einer direkteren Finanzierung des Schulwesens (Finanzierung von Köpfen statt von Institutionen) stattfände. Erwartbar ist in der Folge auch eine Veränderung auf der Organisationsseite, d.h. die Kooperationsformen werden sich damit ebenfalls verändern. Konkret: es ist denkbar, daß die Umstellung der Finanzierung - die ja auch zur Autonomisierung der Schule beitragen soll - zu einer Profilierung/ Verbesserung der "Qualität von Schule" führt, [88] indem überhaupt Wahlchancen eröffnet werden.

Aus der Erweiterung der Finanzierungsarten und daraus wiederum veränderter Kooperationsformen differenzieren sich die Konfliktarten: unteilbare Konflikte mit ihrem Entscheidungsmodus des 'Entweder-Oder' könnten zum Teil wenigstens in teilbare Konflikte mit dem Entscheidungsmodus 'Mehr-oder-Weniger' überführt werden. Letztere haben den Vorteil, daß sie Kompromißlösungen leichter zugänglich sind; [89] so daß eine Entkrampfung in den richtungspolitischen Diskussionen um das Schulwesen erwartbar ist.

Im hier interessierenden Zusammenhang ist die Anerkenntnis und Verknüpfung von Individual- und Gemeinschaftsinteressen über ein Netzwerk entscheidend, weil in ihm die Koexistenz zwischen vergemeinschafteten Zwecken und Individualzwecken besteht. [90]

> "Das Handeln der Systemmitglieder ist gleichzeitig 'korporativ' am gemeinsamen Zweck und 'vertraglich' an den Individualzwecken der Systemmitglieder orientiert, ohne daß man vom normativen Vorrang der einen oder der anderen Orientierung ausgehen dürfte." (201)

Für die Schule könnte dies konkret bedeuten, daß Code und Programm besser aufeinander abgestimmt werden: Zertifizierung von Leistungen als Code sowie das Lernen von Fächern als Programm (N. LUHMANN).

Außerdem ergibt sich mit dem Netzwerkmodell eine Möglichkeit, die sterilen Abgrenzungen in der Diskussion von individuellem und kollektivem Elternrecht und daraus ableitbaren Handlungsrechten und -pflichten ad acta zu legen.

Netzwerke als sich selbst organisierende Gebilde sind mit den verstärkt eingeforderten Selbsthilfe- und Ehrenamtlichkeitsmodellen nicht zu verwechseln. [91] Es sind vielmehr im Wirtschaftsbereich entwickelte Modelle von Betrieben, wie Franchise-Betriebe. Soll Elternmitwirkung also wie beispielsweise McDonald's organisiert werden? Grundlegender ist zu fragen, ob in der ökonomischen Sphäre sich bewährende Methoden und Organisationsformen auf den non-profit-Bereich übertragen werden können. [92]

Voraussetzung ist eine Organisierung von Elterninteressen mit einer höheren Verbindlichkeit, die sich in vertraglichen Beziehungen dokumentieren ließe, und ihre Ausgestaltung durch Kooperationen in der geregelten Form der Organisation erhielte. Grundlage von Netzwerken ist in dieser speziellen Variante von Netzwerk nicht nur lose Kooperation oder dezentrale Koordination autonomer Akteure. [93] Die Leistung der Organisationsform Netzwerk besteht gerade in der Verbindung von Vertrag und Organisation, die auch

> "eine neue Form der kollektiven Handlungsfähigkeit [hervortreibt]. ... Entscheidend ist die Fragmentierung der kollektiven Handlungsfähigkeit in dezentrale Subeinheiten, zu denen auch die Zentrale als primus inter pares zählt. Netzwerke handeln nicht durch ein einheitliches Willens- und Aktionszentrum, wie es für die klassische Korporation typisch ist, sondern über eine Vielzahl von 'Knoten', die jeder autonom für sich, aber zugleich für das 'Netz' operieren." (208)

Fazit: Eine spezielle Variante von Netzwerktheorie bietet ein Modell für eine mögliche Form von Elternmitwirkung, die über Vertrag und Organisation geregelt wird. Sie eröffnet damit den Weg der Einbeziehung relevanter Akteure, deren Beteiligungswünsche ernstgenommen und nutzbar gemacht werden und dies in dezentralisierteren Politikformen ermöglicht. Die Stärkung der Seite des sozialen Tausches über Vertrag/ Recht erleichtert die Konfliktlösung über Kompromisse (statt über Richtungsentscheidungen). Damit sind Bindewirkungen für beide Seiten verbunden - hier Schule und Eltern -, die als Voraussetzung für die Veränderung von Schule angesehen werden in Richtung einer verstärkten 'Autonomisierung'. Theoretisch können außerdem die Schwächen bei der Organisierung von Eltern, die anhand des Ansatzes der Neuen Politischen Ökonomie als wenig wahrscheinlich angesehen wird, mithilfe einer speziellen Form der Netzwerktheorie, die verstärkte und geregelte Installierung von sozialen Austauschprozessen vorsieht, überwunden werden.

Die Frage des Tausches, verstanden als Leistungsverpflichtung, wird mithilfe dieses speziellen Netzwerkansatzes aus der bisher ungeregelten Form in eine zumindest lose geregelte Form überführt. Die Kooperationsprozesse lassen sich in informeller bis hin zu formalisierter Art ausgestalten. Die bisherige Steuerungsform bei Elternmitwirkung besteht aus einem Mix: neo-korporatistische Steuerung bei den Verbänden, nicht-geregelter Austausch und formale Kooperation auf der Gremienebene der Einzelschule. Dies führt intraorganisatorisch zu Spannungen, die eine Interessenvertretung zumindest beeinträchtigen.

Ich habe eine spezielle Art der netzwerkartigen Organisation von Elternmitwirkung vorgestellt, die einmal zur Stärkung der Teilsysteme der Elternmitwirkung beitragen, zum anderen eine Übergangslösung zu Vereinheitlichung der Organisationsform in Richtung Stabilisierung und, weitergehend, auch Institutionalisierung sein kann. [94] Damit ist dann schon eine "evolutionär höherstehende Strukturform" (M. DÖHLER) als der bislang bestehende Mix gefunden.

Außerdem hat sie den Vorteil, die Selektivität durchbrechen zu helfen, die zwischen den traditionellen Verbänden und den nicht-gesetzlich normierten Organisationen besteht. Da nicht Zugangswege zur staatlichen Administration im Mittelpunkt des Interesses stehen, können damit Auseinandersetzungen über privilegierte Beziehungen wegfallen zugunsten einer vertraglichen Ausgestaltung einer gemeinschaftlichen Nutzenmaximierung. Diese vertragliche Seite hat eine Bindewirkung auch für die Bestandsvoraussetzungen der Organisationen selbst: "Gelingt es also einer Bewegungsorganisation nicht, sich über 'Verträge' ins Netz zu integrieren, ist sie nicht überlebensfähig." [95]

3. Institutionalisierung von Verhandlungsverfahren und partizipativer Verfahrenssteuerung

Damit komme ich zu der Bedeutung von Verhandlungssystemen, deren Voraussetzung darin besteht, daß in den Teilsystemen, gebildet aus den gesellschaftlichen und staatlichen Akteuren, Reflexion im systemtheoretischen Sinn institutionalisiert wird. Das Teilsystem Elternmitwirkung müßte sich nach diesen Kriterien organisieren, d.h. Elternmitwirkung müßte sich als ein so komplexes System entwickeln, daß es die Umweltkomplexität ausreichend verarbeiten kann. Auf der Ebene von Kooperation bedeutet dies, daß rationale Strategien eingeschlagen werden können im Sinne stetiger Nutzenoptimierung, wie Selbstbeschränkung und Selbstbindung als wechselseitige Handlungsstrategie zur Erzielung kombinatorischer Gewinne für das Gesamtsystem.

Eine solcherart veränderte Organisationsform würde auch Veränderungen in den Steuerungsformen nach sich ziehen müssen. Die bisherige zentralistische (allerdings föderal gebrochene) und etatistische Steuerung sowie das Nebeneinander unterschiedlicher Steuerungsformen müßten abgelöst werden.

Es geht also um die Entwicklung alternativer Verfahren, die sowohl unter strategischen als auch institutionellen Gesichtspunkten tragfähig sind. Dabei geht es ausdrücklich nicht vordringlich um Begrenzungen auf kommunikative Funktionen wie:

- Akzeptanzbeschaffung für administrative Entscheidungen,
- administrative Interessendurchsetzung mithilfe "weicher" Verfahren,
- Aushandeln von Kompensationen für Akzeptanz von "sauren Äpfeln",
- Institutionenweiterbildung ("MitarbeiterInnen lernen kommunizieren"),
- (kommunal-) politische Beruhigung der BürgerInnen. [96]

Es geht vielmehrum Entscheidungsrechte und Entscheidungsdezentralisierung, und das bedeutet Machtverlagerung/ -abgabe an BürgerInnen, hier also Eltern. [97] Und das ist gemeint mit Demokratisierung und Dezentralisierung (und nicht nur Enthierarchisierung) von Entscheidungen, und dies nicht nur de jure, sondern de facto. Also: nicht um "vage Formulierungen von Volkssouveränität und Partizipation" geht es, sondern um Macht, Autorität, Bürokratie, Legitimität, Gerechtigkeit und Gleichheit. [98]

Beteiligung, Transparenz und Verhandlungssysteme sind in diesem Zusammenhang die Schlagworte für ein modernisiertes Verwaltungshandeln, bei dem die Nachvollziehbarkeit von Informationen und Entscheidungen durch den/die BürgerIn - also Legitimation - hergestellt werden soll. Diese offenen Entscheidungssysteme, statt Entscheidungsfindung durch institutionelle Autorität, sollen ein neues, Legitimation schaffendes Verfahren darstellen, in welchem u.a. enges Fachwissen durch das Einbringen von anderem Expertenwissen erweitert, und damit Entscheidungen rationalisiert und optimiert werden. [99] Damit es sich dabei nicht um 'Schönwetter'-Methoden handelt und bei Konflikten sich die alten etatistischen Umgangsformen gegen die moderneren bargaining-Formen wieder durchsetzen, [100] müßten sie institutionalisiert werden – also de-jure-abgesichert werden. Die Vereinfachung des Verfahrens und die Reduzierung des Aufwandes wären damit sichergestellt, weil sie nicht immer wieder von der nicht-administrativen Seite erkämpft werden müßten.

Auch gegenüber den zu Vertretenden bietet ein offeneres Verhandlungsverfahren den Vorteil, daß bei einer de-jure-Absicherung der Eindruck undurchschaubarer informeller Verhandlungen, deren Ergebnisse nicht nachvollziehbar sind, entfallen könnte. Gleichzeitig wären ständige Konsultationsprozesse zu institutionalisieren, auch zwischen den zu Vertretenden und ihren 'Delegierten', die verhindern helfen könnten, daß sich eine Funktionärsebene mit positionalen Eigeninteressen allzusehr entwickelt. Die dabei entstehende Gefahr, daß die Eigeninteressen, verbunden mit einer zu geringen Kommunikationsdichte zwischen Basis und Delegierten dazu führen, daß Kommunikationen zwischen den jeweiligen Positionsträgern - Elternvertreter und administrative Vertreter -, auch aufgrund sozialpsychologischer Faktoren wie Bekanntheit etc., verzerrt werden, könnte verringert werden, wenn es ein institutionalisiertes Verfahren für Rückkoppelungen zwischen Basis und Delegierten gäbe, auf das man sich berufen könnte.

Ansätze einer partizipativen Verfahrenssteuerung bleiben solange frommer Wunsch nach Konsens, Verhandlung, Kompromißlösung etc., solange die Machtverhältnisse zwischen Eltern und Lehrern nicht verändert werden. Anders gefragt: warum sollten z.B. Lehrer ihre über eine lange Zeitspanne erkämpfte Macht abgeben bzw. ein Stück davon gerade an Eltern?

Die Ansprüche nach einem Bildungswesen in öffentlicher Trägerschaft bedeuten:

> "Das gesamte Bildungswesen steht unter öffentlicher Verantwortung; die Bildungsinstitutionen erhalten in diesem Rahmen eine unterschiedliche Selbständigkeit; die Bildungsinstitutionen, die Träger und die gesellschaftlichen Gruppen werden an der Ausübung der öffentlichen Verantwortung beteiligt; die öffentliche Verantwortung und die Bildungsfinanzierung sind grundsätzlich voneinander unabhängig." [101]

Damit ist im Prinzip eine sozial gerechte Lastenverteilung nach der individuellen Leistungsfähigkeit [102] angestrebt, welche die "Basisziele" Chancengleichheit und Leistungsfähigkeit des Bildungswesens sichern soll. (9)

Die Ansprüche nach (in)direkter Umverteilung und optimaler Ressourcenallokation berühren die Frage nach dem Sozialstaatspostulat sowie Steuerungsformen. Bei Bildung handelt es sich um ein öffentliches und meritorisches Gut handelt, [103] dessen Finanzierung somit über den Staatshaushalt erfolgt. Der Versuch einer Auflockerung dieses Prinzips in Richtung marktlicher Steuerung ist unverkennbar, [104] und damit der privaten Finanzierung. Sie besteht besteht faktisch längst, wenn man allein an die diversen Eigenbeteiligungen an Schulbüchern, zusätzlichen Unterrichtsmaterialien, Kopierkosten und weitere "freiwillige" Zahlungen wie die an Klassenkassen, Beiträge zu Fördervereinen, Renovierungsbeiträge etc. denkt. Die Überführung dieser nur teilweise gesetzlich geregelten Finanzierungen (wie sie bei Schulbüchern besteht) in allgemeine Regelungen hat den Vorteil, daß sie ein wenig zur 'geregelten Kooperationsbeziehung' beitragen, anstatt zufällige und undurchschaubare Regulierungen fortzuführen.

Dies bedeutet dann u.U. einen realen Rückschritt in Bezug auf die öffentliche Finanzierung des Schulwesens; seine Einführung ist deswegen auch nur mit Kompensationen möglich, die beispielsweise in der Einräumung erweiterter Mitwirkungsrechte der Zahlenden, also in der Regel Eltern, bestehen können.

> "Es wird zudem nicht ausbleiben, daß die Autonomisierung mit pauschalen Zuweisungen von Stellen und Haushaltsmitteln an die jeweilige Schulgemeinde verbunden und daß ein Mindestmaß an Mitbestimmung der Eltern und Schüler festgesetzt wird." [105]

Genereller muß gefragt werden, welche gesellschaftlichen Gruppen überhaupt am Schulwesen beteiligt werden sollen und in welcher Form. Dazu werden hier partizipative Steuerungsformen vorgeschlagen, in deren Adäquatheit die Legitimation für eine kollektive Interessenvertretung liegt. Sie ist immer als Verfahren funktionaler Repräsentanz auf festgeschriebene Machtverhältnisse, auf erwünschte/ erwartbare Ergebnisse hin und unter pragmatischen Zweckmäßigkeitsgesichtspunkten zu begründen. [106] Gleichzeitig kann sie unter diesen Gesichtspunkten auch wieder infragegestellt werden.

Kollektive Interessenvertretung von Eltern als Verfahren ist so nicht auf prinzipielle Legitimationen angewiesen, wie sie angeblich aus dem erzieherischen Verhältnis, dem allgemeinen Demokratiegebot, dem aus dem Grundgesetz oder Naturrecht abzuleitenden Elternrecht erwachsen. Bei kollektiver Mitwirkung und Interessenvertretung sind mehr pragmatische Fragen des Einflusses, der

Macht und des Geldes entscheidend. Damit stellt sich die Frage der Steuerungsprobleme neu: die politisch-parlamentarische und die marktliche Steuerungsform werden längst ergänzt durch eine zweite politische Ebene der Einflußnahme auf die Bildungsinstitutionen: die der Interessengruppen. [107] Anstatt lediglich bedauernd ihren Einfluß auf die Bildungspolitik zu konstatieren, ist die offene Einbeziehung ihrer Kompetenzen zum Zwecke der verstärkten Selbstorganisation des Bildungswesens angebracht.

Verfahrensmäßig ausgedrückt bedeutet das: Nützlichkeit, Rechte und Verträge. Ob man dann Elternmitwirkung als materielle und immaterielle Transferleistung der Eltern für ihre Kinder ansieht,[108] den "gesellschaftlichen Diskurs mit einer zusätzlichen Komponente der Sachlichkeit [...anreichert]" [109] oder die Gefahr von "Mitwirkungspflichten" [110] bis hin zum denkbaren Partizipationszwang sieht: Mitwirkung von Eltern am allgemeinbildenden Schulwesen ist nicht die Methode der Systemveränderung, sondern höchstens der Systemanpassung an gesellschaftliche Prozesse.[111] Die Rolle von Interessengruppen, wie hier derjenigen der Eltern, läßt sich dann bestimmen: "Interessengruppen sind zielorientierte Handlungssysteme [...], die bestimmte politische und soziale Funktionen erfüllen in Abhängigkeit von jeweiligen strukturellen Rahmenbedingungen" [112] – also pluralistische Mitwirkung [113] statt Basispathos.[114]

4. Folgerungen für Verbände

4.1 Folgen der Entstaatlichung für organisierte Elterninteressen

Ich werde im Folgenden einige Diskussionslinien zusammentragen, die mit der Elternmitwirkung deshalb in Verbindung stehen, weil diese sich nur dann wirkungsvoll einbringen kann, wenn sie ihre Wahrnehmung und Verarbeitung von Schule, gedacht als Umweltkomplexität, entsprechend komplex organisiert. Das bedeutet u.a.,

> "daß die Schlußfolgerung aus der praktischen Unerheblichkeit von Einzelhandlungen in komplexen Systemen nicht Resignation sein muß, sondern die Einsicht, daß ich Handlungen jeweils auf dem Emergenzniveau ansetzen muß, auf welches ich einwirken will: politisches Handeln also auf dem komplizierten Weg der Mitarbeit in politischen Parteien und Verbänden, [...] Verbesserung der Schulsituation über organisierte Einflußnahme auf das komplexe Zusammenspiel ökonomischer, pädagogischer und politischer Prozesse." [115]

Die Notwendigkeit organisierter Einflußnahme besteht demnach infolge der Komplexität der Probleme selbst. Dazu kommt:

> "Die Chance von Reformen in modernen Demokratien ist weder eine lineare Funktion von Problemen und Restriktionen noch von sozialen und politischen Kräfteverteilungen. Vielmehr ist entscheidend, in welchem institutionellen Kontext Akteure überhaupt Probleme und Restriktionen definieren und erkennen und in

welchen institutionellen Zuordnungen der Akteure spezifische Kräfteverteilungen oder deren Veränderungen Reformblockaden oder Reformchancen schaffen." [116]

Die "organisierte Einflußnahme" von Eltern im "institutionellen Kontext" erfolgt z.Z. mithilfe disparat weltanschaulich zersplitterter und parteipolitisch ausgerichteter Gruppen. Dies bewirkt eine funktional wenig differenzierte Elternvertretung, die zudem über keine eigenständigen Steuerungsmechanismen verfügt, sondern lediglich über den Staat, die Kirchen, Parteien und vor allem Selbsthilfepotentiale Wirkung entfalten kann. Somit sind ihre funktionalen Leistungen, wie Integration, infolge zu geringer Eigenkomplexität gering.

Um auf die Komplexität des Schulsystems mit entsprechender Eigenkomplexität einwirken zu können, ist die Herausbildung von die Elternvertretung als autonomer Teilbereich mit Selbststeuerung und Selbstorganisation nötig. Dazu müßte sie sich institutionalisieren, d.h. die Frage der Verbände und Gremien ist nicht etwa vernachlässigenswert, sondern - nach dem institutionalistischen Ansatz - sogar entscheidend für Veränderungschancen.[117]

Eine Möglichkeit ist die Veränderung des Organisationsaufbaus der Elternvertretungen über die einzelne Schule hinausgehend (beispielsweise in Gemeinde- und Landesvertretungen). Sie ist dann auch "untrennbar mit einer Reform der Bildungsverwaltung auf dieser Ebene verbunden." [118] Dabei kommt es jeweils auf die Verschränkung von Institutionen und Interaktionen an:

> "Es wäre natürlich zu kurz gegriffen, würde man von Institutionen schon aufgrund ihrer bloßen Existenz eine politische Wirkung erwarten. Institutionen wirken nur in interaktiven Zusammenhängen, insbesondere wenn sie zum Gegenstand von Akteurshandeln werden und dadurch als restriktiver bzw. fördernder Faktor auf Handlungsalternativen einwirken." [119]

"Fördernder Faktor auf Handlungsalternativen" ist, daß diese Beteiligung als Teil eines demokratischen Prozesses im Sinne der "politischen Einmischung" als aktive, systematische und dauerhafte Einflußnahme in politische Beratungs- und Entscheidungsprozesse [120] auch wiederum nur von solchen Gruppen getragen werden kann, die in sich die wesentlichsten Demokratiepostulate verwirklichen.[121] So ist die innere Ordnung von Vereinen/ Verbänden analog zu derjenigen der Parteien an demokratischen Grundsätzen des Grundgesetztes zu regeln, und zwar bezüglich der demokratischen Mitwirkung der Mitglieder und der öffentlichen Rechenschaftsablegung über die Herkunft ihrer Mittel. Das ist

> "[...] zwar für andere Verbände, Organisationen, Vereine und Gesellschaften aller Art nicht obligatorisch, aber nach dem Sinn des Grundgesetzes als eines demokratischen Verfassungsystems doch der Maßstab für die demokratische Legitimität der Einwirkungsmöglichkeiten solcher Vereinigungen auf die politische Willensbildung des Volkes und der staatlichen Organe." (81)

Eine interne Demokratisierung der Verbände bedeutet, daß, hinausgehend über die formale Verfaßtheit - beispielsweise über das Vereinsrecht -, die Anwendung demokratischer Prinzipien auch de facto stattfindet. Sie entscheidet darüber mit, ob die in Frage stehende "gesellschaftliche Gruppe" an der öffentlichen Verantwortung mitbeteiligt wird.[122] Der Anspruch von Verbänden, soziale Gruppen zu vertreten und auf die staatliche Willensbildung einzuwirken, ist also gebunden an deren eigene demokratietaugliche Organisation im Binnenverhältnis zu den Mitgliedern und im Außenverhältnis zur Öffentlichkeit.

Innerorganisatorisch sind deshalb bei den Verbänden die interne Demokratisierung des verbandlichen Handelns sowie eine Veränderung des Organisationsaufbaus unverzichtbar, die eine demokratische Legitimation der durch Wahlen hervorgegangenen Vertretungen auf allen Ebenen gestatten. Zu diesem Komplex liegen weitgefaßte Vorschläge vor, die sich um die Ausbalancierung von Handlungsmotivationen der Mitglieder einer Organisation, der Organisationsführung und den staatlich vorgegebenen Steuerungsimperativen [123] - hier staatliche Verteilungspolitik für das Bildungswesen - bewegen. Ihnen allen liegt die Idee zugrunde, daß die "künstliche Installierung partizipativer Prozesse adäquatere Steuerungsformen" [124] abgibt, als daß man verschärfte Konflikte verschleiert (z.B. durch schlichtes Verleugnen, quasi-demokratische Beteiligung an Entscheidungsprozessen, Quasi-Entscheidungen durch demokratische Beteiligung, also symbolische Politik, vgl. den Begriff der "Placebo-Organisation" weiter unten).

Es hat in den Siebziger-Jahren Versuche gegeben, die Elternmitwirkung durch Institutionalisierung zu stärken; herausragend ist hier der Dt. Bildungsrat zu nennen sowie der Musterentwurf des 51. Deutschen Juristentages.[125] Sie beruhen auf dem Grundgedanken der Autonomisierung der Schule, um ihre Selbstverantwortlichkeit zu stärken — oder systemtheoretisch ausgedrückt: die Einrichtung eines selbstreflexiven Systems Schule. In der Folgezeit sind diese Vorschläge nicht verwirklicht worden.[126] Sie werden jetzt allerdings wieder aufgegriffen,[127] so daß die Organisierung von Elterninteressen zum inhaltlichen und institutionellen Zusammenwirken von Schule und Elternhaus ansteht.[128]

Verselbständigung statt "Autonomisierung"

Die Begriffsbildung "Autonomisierung" ist für die Durchsetzung der genannten Vorschläge nicht erleichternd: in rechtlicher Hinsicht kann eigentlich nur dann davon gesprochen werden, wenn es zu einer eigenständigen Regelsetzung durch die Organisation selbst kommt.

> "Zur Selbstverwaltung gehört immer die Selbstregierung des Selbstverwaltungsträgers, stets auch eine Selbstgesetzgebung (Satzungsrecht, Autonomie) und sogar eine materielle Rechtsprechungsgewalt (z.B. Ehren- oder Disziplinargerichtsbarkeit). Selbstverwaltungsträger unterliegen niemals einer Organ- oder Fachaufsicht, sondern nur einer Rechtsaufsicht, sowie allenfalls einer Finanzkontrolle."[129]

Die Gegenüberstellung von einem weitgefassten Begriff von Autonomisierung als tatsächliche Selbstverwaltung und einer enggezogenen Verselbständigung, die als begrenzt, staatlich beaufsichtigt und auf schulische Gremien beschränkt gedacht wird, macht deutlich, daß die Schule als (bisher) staatliche Veranstaltung mit einem so gefaßten Autonomiebegriff heillos überfordert sein dürfte.[130] Eine "staatlich beaufsichtigte begrenzte Verselbständigung, z.B. in der Form des Zusammenwirkens von Lehrern, Schülern und Eltern in Schulkonferenzen oder anderen schulischen [!] Gremien" [131] bezeichnet dann ein Minimum der Partizipationsmöglichkeiten. Es käme allerdings darauf an, elterliche Mitwirkung zu erweitern, sie beispielsweise nicht auf die schulischen Gremien allein zu beschränken. Die Übertragung weiterer Bereiche zur selbständigen Erledigung - und damit zur Ausweitung von Mitbestimmungsrechten auch von Eltern - wird als möglich angesehen, wenn sie im (interpretationsbedürftigen) Rahmen des Grundgesetzes und der Grundrechte bleibt. Danach steht nach Art. 7,1 GG die Schule unter staatlicher Aufsicht. Diese umfasse eben nicht nur eine Rechtsaufsicht, sondern auch die umfassende inhaltliche Gestaltung der Schule, die eine parlamentarische Verantwortung und Letztentscheidung miteinbeschließt. Eine der möglichen Interpretationen besteht darin, Extrempositionen herauszuarbeiten: der Willensbildung des Staates wird die gruppenunmittelbare Willensbildung durch die Betroffenen gegenübergestellt. Wenn dann gefolgert wird: "Für eine eigenständige oder auch nur ersatzweise Legitimation der Herrschaft des Staates durch Partizipation der Betroffenen bietet es [das Grundgesetz] keinen Raum." (14) so liegt dem das gleiche Denkmodell von "partizipativer Revolution" [132] zugrunde, das gerade abgewehrt werden soll.

Ich habe im 2. Kapitel auf die Engziehung der Mitwirkung in NRW sowie auf die Möglichkeit für den Landesgesetzgeber hingewiesen, mit einer weniger restriktiven Verfassungsinterpretation von Landesverfassung und Grundgesetz "partizipationsfreundlichere" Regelungen zu schaffen. Damit könnte das "verfassungsrechtlich Mögliche" hergestellt werden und mit der Verknüpfung von juristischer und organisationssoziologischer Ausrichtung die Mitwirkungsmöglichkeiten von Eltern im Sinne von Effizienz, Effektivität und Demokratisierung ausgestaltet werden. Solche Regelungen laufen nicht auf eine Abschaffung des Vorrangs parlamentarisch-gesetzlicher Verantwortlichkeiten hinaus, sondern sind gerade umgekehrt ein erweitertes Mitwirkungsverfahren bei der Formulierung von diesen Regulierungen.

Bisher sind die Formen der Elternvertretung in NRW lediglich von der Bürokratie selbstgeschaffene legitimatorische Apparate, da das Kultusministerium die "Bedeutsamkeit" als Kriterium der Anerkennung eines Verbandes bei der Mitwirkung in der Schule festlegt. Sie können nach dieser Konstruktion überhaupt nicht die Funktionen erfüllen, die sie haben müßten, nämlich vor allem ein sekundärer Kontrollmechanismus für Expertenentscheidungen zu sein, insbesondere der Exekutive.[133] Vielmehr hat sich hier das zu kontrollierende System, die Exekutive, ihr "Kontrollorgan" selbst geschaffen. Diese staatliche Initiierung von Elternverbänden wäre dann zu tolerieren, wenn damit "Unterschiede in der gesellschaftlichen Organisationsfähigkeit kompensiert werden" würden.[134] Die ge-

genteilige Auffassung - eine absichtsvolle Verzerrung und damit verbundene Ausschließung bestimmter gesellschaftlicher Interessen - ist nach bisherigen Erfahrungen nicht von der Hand zu weisen.[135]

4.2 Rolle von Verbänden bei institutionalisierter Mitwirkung – Gegenmacht, Steuerungsinstanz, Placebo

Welche Rollen können Verbände in einem Demokratisierungsprozeß spielen, der in der Schulpolitik mit Begriffen wie "Öffnung von Schule", "Dezentralisierung", "Regionalisierung", "Kommunalisierung", "Schule in öffentlicher Verantwortung", "Entstaatlichung" etc. betrieben wird?

Verbände allgemein erscheinen als "balancierende, integrierende Intermediarität" [136] in dem Beziehungsgeflecht zwischen Markt, Staat und privaten Haushalten. In dieser Perspektive liegt der Schwerpunkt ihrer Arbeit nicht nur in der faktischen Interessenvertretung durch Beratungs- und Koordinierungsfunktionen, sondern sie ist verschränkt mit basisdemokratischen Beteiligungsformen, die über die klassischen Repräsentationsstrukturen hinausgehen und bis zu Strukturen plebiszitärer Willensbildung reichen können.[137]

Ohne repräsentative Strukturen, und das heißt in diesem Zusammenhang ohne Organisation/ institutionelle Strukturierungen, ist Mitwirkung gar nicht machbar und nicht durchzustehen. Verbände als Gegenmittel zu dem "Kinderglaube[n] an die Selbsthilfe"? [138] Ja, denn die Institutionalisierung von Mitwirkungsrechten verweist gerade darauf, daß von staatlichen und/oder verbandlichen Institutionen ausgegangen wird, und eben nicht von "Selbsthilfe". Die Verbände der Eltern benötigen dann für eine aktive Rolle ein Mindestmaß an (demokratischen) Organisationsstrukturen, die es ihnen erlauben, im Namen von Eltern aufzutreten und wiederum auch ihre Mitglieder zu abgestimmten Positionen verpflichten zu können. Intern unterliegen auch sie dem Demokratisierungsgebot, welches sich mit den Stichworten Pluralität, Individualisierung, Transparenz und Optionenvielfalt beschreiben läßt.[139]

Will man tatsächlich Effizienz und Effektivität entwickeln, so bedeutet dies auch, daß eine intraorganisatorische Klärung über Interaktions- und Entscheidungsprozesse stattfinden muß. So ist die Frage nach dem Zusammenhang zwischen gewählten Vertretern auf der Einzelschulebene und den Verbandsvertretern klärungsbedürftig. Aber auch auf der Ebene der Einzelschule, z.B. zwischen Vertretern der Klassen und den Elternvertretern in den Fachkonferenzen, ist eine kontinuierliche Kommunikations- und Entscheidungsabstimmung kaum zu finden. Die Organisation einer sinnvollen Arbeitsstruktur zwischen den gewählten Vertretern in den unterschiedlichen Gremien, der Kommunikation und z.B. auch ihrer Rechenschaftspflicht gegenüber den sonstigen gewählten VertreterInnen und gegenüber der Gesamtelternschaft ist bisher völlig ungeklärt. Sie verbleibt noch auf der Basis der Hoffnung auf des Sich-irgendwie-schon-Verstehens, und dies ist eine äußerst krisenanfällige oder/und auch nicht weittragende Konstruktion. Für diese horizontale und vertikale Abstimmung von Gremien sind die entsprechenden personellen und finanziellen Mittel nötig für eine Art Geschäftsstelle, die Informationen aufbereitet, zur Verfügung stellt und publiziert.[140]

Ohne eine solche Organisation verläuft die Mitarbeit von Einzeleltern im Sande und erzeugt folgenreiche Schwächen, die darüberhinaus auch konsequent von der Gegenseite ausgenutzt werden. Dies wird u.a. darin deutlich, daß in Fragen des Unterrichts - Gegenstand, Ziele, Methoden als Hauptthema der Fachkonferenzen - Eltern/ Schüler eine marginale Rolle spielen. (Eine gewisse Aufwertung der Elternrolle in den Fachkonferenzen durch die Veränderung des SchMG NW vom Mai 1994 [§7] bietet zwar erste Ansatzpunkte, weil Elternvertreter nunmehr auch Antragsrechte haben, jedoch fehlen nach wie vor Entscheidungsrechte. Außerdem ist die beratende Mitarbeit von Eltern als Kann-Bestimmung aufgeführt.) Findet diese intraorganisatorische Klärung nicht in ausreichendem Maße statt, so sind alle - vielleicht - gut gemeinten Aufforderungen zur Mitwirkung zum Scheitern verurteilt, weil zu strukturellen Eigenunsicherheiten die des Kontextes dazukommen: ein so kontingentes Feld ist tatsächlich nicht beherrschbar. Ohne Klärung haben solche Ansätze, die Konfliktlösungen mit "weichen" kommunikativen Methoden anstreben, die Funktion der Verschleierung von Macht- und Interessengegensätzen durch Kanalisierung von Konflikten und deren ideologische Neutralisierung.[141]

Es wird nicht gelingen, die sich aus gesellschaftlicher Differenzierung ergebenden Partizipationsbedürfnisse zurückzuschrauben. Vielmehr kommt es darauf an, sie als Mechanismen zur Konfliktlösung einzusetzen anstatt sie zu unterdrücken. Repräsentative, institutionelle Strukturen, die arbeitsfähig sind, versprechen mehr Erfolg als Appelle zu freundlichen und hilfreichen 'Kommunikationen'.

Mitgliedskonzepte für Beteiligung

Selektive Anreize für Mitgliedschaft

Ansätze der Neuen Politischen Ökonomie stellen Beiträge für Mitgliedskonzepte vor, die eindeutig über appellative Formen der Mitgliederrekrutierung hinausgehen. Die Fragen nach der finanziellen Ausstattung und (Un-) Abhängigkeit, der Basislegitimation sowie der Frage von selektiven Anreizen für Beteiligung [142] sind als quasi "rationale" Faktoren zu ergänzen um die Analyse von "Mentalitäten", die Organisation und Kooperation fördern oder erschweren können. [143] Damit sind die wichtigsten Punkte angesprochen, die eine Beteiligung in Verbänden attraktiv machen können: demokratische Beteiligungsformen verbunden mit "Anerkennung".[144]

Eine (radikale) organisationspolitische Folgerung besteht in einer Zwangsmitgliedschaft von Eltern, wie sie an den deutschen Universitäten für Studenten besteht.[145] Diese schafft veränderte Voraussetzungen für die Verbandstätigkeit infolge der Mitgliederrekrutierung, die eine Alternative zu der bisherigen "freien" Mitgliedschaft ist. Ein Nebeneffekt besteht darin, daß die materiellen Grundlagen eines Verbandes nicht weiterhin individualisiert sind, d.h. alle Risiken wie Finanzierung, Rekrutierung von Mitgliedern, Aktivierung etc. bei denen verbleibt, die ein Interesse an der Wahrnehmung der kollektiven Mitwirkung haben. Eine Zwangsmitgliedschaft bedeutet also die Lösung des Trittbrettfahrerproblems.

Die vorhandene Lösung in NRW mit einer freiwilligen Mitgliedschaft von einzelnen Mitgliedern eines Gruppenorgans (Schulpflegschaft) bedeutet das andere Extrem. Lösungswege, die zwischen diesen beiden Extremen liegen, müssen grundlegend davon ausgehen, daß Eltern mit schulpflichtigen Kindern über einen Teil der Mittel zur Finanzierung von Schulen eigenverantwortlich entscheiden können. In einem solchen Zusammenhang haben dann organisierte Interessenvertretungen ihren Sinn, weil mit der Finanzierung die "Wertfrage" als Delegation von Macht und Gewährung finanzieller Mittel angesprochen ist. (s.o.)

Elternmitwirkung vollzieht sich - auf verbandlicher Ebene teilweise durchbrochen - in der Regel ehrenamtlich, d.h. im Gegensatz zur Hauptamtlichkeit der Gegenspieler 'Lehrer' gibt es für die Mitarbeit an/in der Schule keine finanziellen Gegenleistungen.[146] Von daher gewinnen die außerökonomischen Aspekte der Basislegitimation, der Demokratisierung und der Mentalitäten schärfere Bedeutung. Der allgemeine Überdruß an Bürokratisierung, extensiver Kontrolle und Verwaltung, Vorab-Festlegungen in Ausschüssen ("Korruption bis Klüngel") und eine extensive parteipolitische Politisierung [147] schrecken Mitwirkungsinteressierte in der Regel ab. Wahlen als ein Merkmal demokratischer Legitimation sind eine Grundvoraussetzung, allein genügen sie jedoch nicht zur Gewinnung von Partizipierenden.

Einflußmöglichkeiten bis hin zur eigenständigen Aufgabenerledigung

Hierfür sind die Einflußmöglichkeiten wesentlich interessanter. Die Schule, als Dienstleistungs- und Fürsorgeeinrichtung gedacht, bedarf der Kontrolle. Diese ist bisher durch zentrale Steuerung auf Landesebene und externe Kontrolle vorgesehen. Verbände haben dann die klassische Funktion der Formulierung und des Vortrags gebündelter Interessen bei Entscheidungsinstanzen bzw. Instanzen, die Entscheidungen vorbereiten, und der Information über die Regierungspolitik an die Mitglieder.

Bei einer politischen Dezentralisierung der Kontrolle, u.a. mit einer Bürgerbeteiligung an Verwaltungsentscheidungen, sind die Verbandsfunktionen zu ergänzen auf "Scharnier- und Pufferfunktionen [zwischen konkurrierenden Interessenlagen und wechselseitig bezogener Leistungsabhängigkeit] sowie um die Übertragung quasi-staatlicher Aufgaben im Vollzugsbereich". [148] Eine solche nicht nur interne Aufgabenstellung mit lediglich informatorischen Anspruch nach außen, sondern auch interorganisatorische Ausgleichsfunktionen und eigenständiger Aufgabenerledigung, eröffnet ein konkretes Feld für Kooperationen. Die Diskussion um günstigere Produktions- und Transaktionskosten bewegt sich damit weg von den Public-Relations-Funktionen der Verbände hin zu Mitsteuerung von Programmen, und weiter bis zu Dienstleistungsfunktionen in einem politisch kontrollierten Feld der Sozialpolitik. Damit vermindern sich bei den Tauschbeziehungen zwischen Eltern und Schule die Ungleichgewichte.

Für das Verbändehandeln können sich so interne und externe Dienstleistungsfunktionen ergeben sowohl in Beziehung zu ihren Mitgliedern, als auch beispielsweise im Verhältnis zu Staat/ Administration. Die Finanzierungsfrage wird entschärft, wenn Verbände ihrerseits Dienstleistungen sowohl für Mitglieder als auch für "Außenstehende" anbieten.[149] Damit ist dann auch eine gewisse Marktgängigkeit verbunden.[150] Es könnte auf der Ebene der Steuerungslogiken die alleinige Bindung an die des Staates durchbrochen werden.[151] Die Verbände können sich selbst finanzieren, sind unabhängiger von staatlicher Alimentation, und eine Professionalisierung ist erwartbar. Kurz: sie könnten echte Verhandlungspartner werden in dem "Einfluß- und Verantwortungszusammenhang" Schulaufsicht, Schulträger und innerschulische Willensbildung.[152] Damit ist einer meistens negativ gedachten Konnotation von Einfluß und daraus resultierenden Spannungen "zu anderen gesellschaftlichen Mächten, die Einfluß auf die Schule haben wollen", wie Kirchen, Gemeinden und Eltern, der Stachel gezogen.

Zusammenfassung: Die Vorstellung von drei Konzepten zur Mitgliederrekrutierung von Verbänden, die über appellative und rein ehrenamtliche Formen hinausgehen, nämlich materiellen und immateriellen Vorteilen einer Mitgliedschaft im Verband, Einflußmöglichkeiten über die Verbandsarbeit, die bis zur eigenständigen Aufgabenerledigung gehen kann und marktgängige Dienstleistungsangebote einbezieht, kann auch für den Bereich der Verbandsarbeit von Eltern Anregungen erbringen.

In Ansätzen lassen sich im Schulbereich alle drei Formen bereits finden: die Mitgliedschaft in einem kulturellen Forum einer Schule, welches u.a. über die dort beschäftigten Mitglieder des Forums Besichtigungen von Industriebetrieben vermittelt, die normalerweise der Öffentlichkeit nicht zugänglich sind, ist ein Beispiel für die immateriellen Vorteile einer Mitgliedschaft in einem Verein. Bei der eigenständigen Aufgabenerledigung, beispielsweise der Klassenraumrenovierung, der Bepflanzung von Schulgebäuden, Gestaltung von Pausenhöfen und ähnlichen Dienstleistungen, sind angesichts des Rückzugs bzw. der radikalen Mitteleinsparung der Kommunen bei der Instandhaltung der Schulen alle Eltern potentiell Beteiligte. Das Bereitstellen von Mitteln für die Schule, damit diese überhaupt in die Lage versetzt wird, Dienstleistungsprodukte anzubieten, erfolgt z.Z. mehr über den Verkauf diverser Produkte z.B. aus dem Kunstunterricht, der Verpflichtung von schulischen Theater- und Kabarettgruppen auch in außerschulischen Zusammenhängen, der Veranstaltung von Festen u.v.m..

Dieses sind Anfänge und Beispiele von selektiven Anreizen für eine Mitgliedschaft und eigenständige Aufgabenerledigung bis hin zu Dienstleistungsfunktionen direkt für die Schule; eine Ausweitung ist möglich und wird teilweise sogar eingefordert. Sie nicht auf die eigene Schule zu beschränken, sondern sie auch für eine überschulische Verbandsarbeit von Eltern nutzbar zu machen, bietet sich - ähnlich wie bei sonstiger verbandlicher Arbeit - an.[153] Dies hätte dann den Vorteil, daß Hilfe für die Schule nicht nur gefordert wird, sondern auch tatsächlich geleistet werden kann, weil erst eine 'betriebliche' und verbandliche Organisation zu Dienstleistungen fähig ist.

Insgesamt ergibt sich damit einer Perspektive von Demokratisierung und Dienstleistung, welche die Funktionen der innerverbandlichen Interessenvertretung von Eltern umfasst, die Aufgabe als Träger und Anbieter von sozialen Dienstleistungen anbieten kann und schließlich in anwaltschaftlicher Funktion für Kinder tätig wird.

Inhalte und Steuerungsformen der Elternmitwirkung

Ob diese Entwicklung allerdings von den Gegenspielern (Lehrer, Schüler und Administration) gewollt und gewünscht wird, ist noch nicht absehbar, denn das bestehende System - mit der Marginalisierung von Eltern im Entscheidungsbereich - funktioniert (noch). Es wird sich auf längere Sicht allerdings dann nicht halten lassen, wenn weiter ausgedehnte finanzielle Restriktionen den Umbau des allgemeinbildenden Schulsystems unabdingbar machen. Dabei sind vorrangig solche Steuerungsformen gefragt, die keine oder wenig finanzielle Mittel erfordern, oder anders ausgedrückt: es ist nicht zu erwarten, daß finanzielle Investitionen in das Politikfeld Bildung erfolgen. Investitionskapital sollen dann Ideen sein, die sich im Umkreis von Aufgabenkritik bewegen, um zumindest "mittelfristig neue Handlungsfelder zu eröffnen". Ein weiteres Instrumentarium ist Umverteilung, beispielsweise im Steuerrecht, um "aufkommensneutral für mehr soziale Gerechtigkeit zu sorgen" sowie schließlich Einnahmeverbesserungen.[154]

Vorschläge für den Schulbereich bewegen sich ebenfalls in diesem Kreis von Aufgabenkritik, Umverteilung und Einnahmeverbesserung; z.B. werde es zur Entlastung der öffentlichen Hand unabdingbar, für einige Schulen Schulgeld zu erheben.[155] Diese Einnahme(-verbesserungs-)maßnahmen dürften nur mit Kompensationen - wie erweiterte Beteiligungsformen - begründbar und durchsetzbar sein, so daß die Lasten nicht einseitig zuungunsten von Eltern verteilt werden.

Dabei ist es nicht ausreichend, den politischen Prozeß auf einige ausgewählte Probleme zu beziehen, die dann auch hierarchisch angebunden werden. Vielmehr müßte sich die Mitwirkung neben der Kontrolle der Finanzierung und der Zuweisung von Mitteln auch auf die Auswahl des Personals und die Planung und Implementierung des Unterrichts beziehen.[156]

Was können Elternverbände dazu leisten? Es scheint das vorherrschendeDenken zu sein, daß sich ihre Funktionen in Abwehr- und Gegenmachtpositionen erschöpfen. Dabei werden die spezifischen Funktionen des Verbandshandelns, die sich insbesondere in der Artikulation, Aggregation und Auswahl von Interessen zeigt, einseitig "konservativ" beurteilt. Die spezifische Steuerungsfunktion, die ein solches Verbandshandeln gegenüber den Mitgliedern als auch gegenüber den "Gegenspielern" in Staat und Gesellschaft hat, bleibt dabei ausgespart. Es besteht insbesondere darin, daß nur gut organisierte gesellschaftliche Gruppen überhaupt fähig sind zu Koordinations- und Regulierungsleistungen, die eben nicht nur als Einengung, sondern durchaus auch als Öffnung von Spielräumen für eine Reformpolitik auftreten können.[157]

Geht die Argumentation bis hierher davon aus, daß es "vernünftig" ist, wenn Eltern mitwirken und die Mitwirkungsstrategie Verhandlungslösungen bevorzugt, so geht W. SEIBEL mit seiner Fragestellung darüber hinaus: er bezieht sich auf "erfolgreich scheiternde Organisationen".[158] Er nennt sie "Placebo-Organisationen", (480) die zur symptomatischen Milderung unlösbarer Probleme beitragen so daß sie für den Abbau von Problemdruck, jedoch nicht zum Aufbau von Problemlösekapazität taugen. Gleichwohl bestehen diese Organisationen weiter, weil sie trotz des Mißverhältnisses zwischen (ökonomischen) Kosten und begrenztem Nutzen (491) die politischen Kosten senken, indem die Probleme als solche nicht veröffentlicht werden müssen. Gleichzeitig wird gegenüber der Öffentlichkeit so getan, als ob eine Problemlösung stattfinde: symbolische Politik. Für das Personal bedeutet dies, daß es unabhängig von der Qualität der Güter/ Dienstleistungen einen Reputations- und Machtgewinn hat. (485) Aus dem Gesamt dieser "Mogelpackung" (492) ergibt sich, daß Probleme versickern, ideologische Ersatzkriterien wie Solidarität die kognitiven Dissonanzen verdecken und die Lernfähigkeit der Organisation selbst "verläßlich herabgesetzt" ist. (492)

Jede Organisation ist potentiell von Bürokratismus bedroht mit den Folgen von Motivationsproblemen, Rigidität, Innovationsmangel etc.. Wenn man sie mithilfe des Ansatzes der "erfolgreich scheiternden Organisation" betrachtet, sind deshalb Bereiche mit (teilweiser) Insuffizienz und gleichzeitiger Funktionalität für andere Organisationen und Politikfelder unschwer auszumachen.

W. SEIBEL selbst hat dies am Beispiel von Frauenhäusern sowie der Treuhandanstalt gemacht – für das Schulsystem und dabei insbesondere das System der Elternmitwirkung drängt sich eine entsprechende Bewertung bezüglich mehrerer Eigentümlichkeiten auf.

Ich werde sie noch einmal zusammenfassen: Wenn mit der "Autonomisierung" von Schule, verstanden als "Gestaltungsoffenheit vor Ort", "Selbststeuerung" und "Selbstevaluation" Ernst gemacht wird, bedeutet dies auch eine Veränderung der Bildungsverwaltung. Von dieser Veränderung kann Elternmitwirkung nicht unberührt sein. Da es immer um abgestufte institutionalisierte Autonomie gehen kann, ist es notwendig, daß sich auch Elternmitwirkung entsprechend den unterschiedlichen Ebenen institutionalisiert. Die Beschränkung der Mitwirkung auf die Einzelschule ist ebenso defizitär wie das eingespielte Verhältnis zwischen Ministerialbürokratie, Politik und bestehenden Elternverbänden.

Die Autonomisierung der Schule macht die bisherige Zweistufigkeit der Organisationsebenen von Elternmitwirkung in NRW - Einzelschule und Land - unnötig. Sie ist abzulösen durch Anbindung auch der kollektiven Elternmitwirkung an regionale/ kommunale Entscheidungsinstanzen. Die Bildung von Stadtpflegschaften mit Mitwirkungsrechten in den Schulausschüssen könnte dann auch einer Rekommunalisierung der Schulpolitik Rechnung tragen.[159] Das Rekurrieren auf die ursprünglich föderale Idee kann Dezentralisierungsprozesse im Bildungsbereich in Gang setzen und unterstützen. Elternmitwirkung wird damit zu einem Moment in dem Prozeß der Rückgewinnung kommunaler Autonomiespielräume in diesem Politikfeld.[160]

Die Anbindung auch von Elternvertretungen an die Vertretungen der Kommunen und Kreise (Städtetag und Landkreistag) ist ebenso sicherzustellen wie die Mitwirkung auf Landesebene. Diese hätte allerdings infolge des veränderten Planungsverständnisses nicht mehr den Stellenwert einer zentralen Steuerung. Vorstellungen, nach denen mit der Autonomisierung die einzelschulübergreifende Elternmitwirkung ganz verzichtbar sei, als "schulferne Einflußgröße" qualifiziert wird, zumindest aber "neu zu definieren, möglicherweise auch aufzugeben" sei,[161] können als Indikator für die Bewertung der bisherigen Arbeit der Verbände verstanden werden, nicht jedoch als konzeptionell weitertragende Überlegungen.

Das Festhalten an der Verbändelösung in NRW durch die SPD[162] ist unter diesen Gesichtspunkten diskussionswürdig: bringt sie doch notwendigerweise Dissens als Folge der Konkurrenz der Verbände hervor. Das gleichzeitige "Angebot" von Verhandlungslösungen und Mehrheitsentscheidungen im parlamentarischen Bereich bedeutet eine Vermischung von Konfliktlösungsstrategien, deren Funktion eigentlich nur darin bestehen kann, Elterninteresse an der Verhedderung in den Entscheidungsarenen scheitern zu lassen. Oder anders ausgedrückt: infolge der organisatorischen und damit einhergehenden strategischen Unklarheiten werden Elterninteressen nur opportunistisch vertreten in dem Sinn, daß "das Entscheidungsverhalten von sich situativ bietenden Chancen abhängig gemacht und den Weg des geringsten Widerstands geht."[163] Dieses muddling-through mit seinen Instabilitäten, Unfähigkeiten zu längerfristigen Orientierung und Irrationalität als Ergebnis einer Strategie flexibler Anpassung zu deuten, verkennt meiner Ansicht nach die Verschiebung von Entscheidung zugunsten derer mit "geschützten Interessen" und/oder derer mit "großen Tauschpotentialen". (191) Macht und Ungleichheit werden zementiert, und sei es auch nur, indem "eigentlich notwendige Sachentscheidungen [..] verzögert oder immer wieder vertagt werden." (187) – die Verbändelösung in NRW kann demnach als 'erfolgreich scheiternde Organisation' bewertet werden.

- Anmerkungen zum 8. Kapitel:

1 Ich werde mich im folgenden an DAXNER, M. (1993) orientieren, der für den Bereich der Hochschule Überlegungen über ihre "Wiederherstellung" (so der Titel seines Buches) dargelegt hat. Seiner Anregung, diese als "Handbuch und Checkliste" für Probleme zu benutzen (18) werde ich probeweise für den Schulbereich folgen. Alle Seitenangaben dieses Abschnitts in Klammern beziehen sich auf diesen Text.

2 vgl. TILLMANN, H.-J. (1994), 48 mit seiner Warnung, pädagogische Argumentationslogiken umstandslos mit ökonomischen abstützen zu wollen – hier am Beispiel des Projektunterrichts.

3 SCHUBERTH, E. (1994), 11, Vorwort zu DAXNER, M.

4 DAXNER, M. (1994), 223

5 Analogisierung in Bezug auf Schule entlang DAXNER, M. (1994), 232

6 vgl. auch zum Folgenden: SCHÖNIG, W. (1996) - vgl. 3. Kapitel dieser Arbeit: in NRW ist die KED eine der (zwei) potentesten Elternorganisationen.

7 Sozialenzyklika 'Quadragesimo Anno' (1931), zit. nach SCHÖNIG. W. (1996), 102

8 SCHÖNIG, W, 103

9 so HORNUNG, K. (1990), 13

10 vgl. die Diskussion bei HORNUNG, K. (1990) und Dt. Bischofskonferenz (1993)

11 SCHMÄLZLE, U.F. (1989); der Autor (Direkor des Seminars für Pastoraltheologie und Religionspädagogik an der Universität Münster und Leiter des Franziskaner-Bildungswerkes in Großkrotzenburg) übt zwar heftige Kritik an der bisherigen Praxis der Elternmitwirkung und der Haltung der katholischen Kirche (Paternalismus, Funktionalisierung des Elternrechts für Interessen der Kirche, Theoriedefizite, autoritäre Erziehungspraktiken beim religiösen Unterricht in der Schule, Nicht-Beteiligung und Nicht-Ernstnehmen von Gemeindemitgliedern, postulatorisch-autoritäre Verdeckung von Konflikten, Nicht-Wahrnehmen von Einstellungen, Verhaltensweisen und Wirklichkeit durch die Kirche). Seine Vorschläge zur Elternmitwirkung bleiben jedoch auf der interaktiven Ebene stecken: Kommunikation, solidarische Kooperation, positives Denken (66), partnerschaftliche Umgangsformen u.a.. Wie so der starke Anspruch eingelöst werden soll: "Die Kirche steht in ihrem Umgang mit alternativen Werten und Lebenskonzepten Modell für die Interessengruppen in der pluralistischen Gesellschaft," (71) bleibt unklar.

12 SCHÖNIG, W. (1996), 103

13 SCHÖNIG, W. (1996), 108/109

14 siehe WILLKE, H. (1993), 64/65

15 WILLKE, H. (1993), 78 - er stellt diese Überlegungen in den Rahmen einer "Zivilisierung der Politik", welche "immer massiver auf der Nutzung und Pflege der *Ressource Wissen* beruhen wird. Die Qualität von Erziehung, Schulung, Ausbildung, Bildung, Forschung und Wissenschaft wird noch stärker als bislang das Niveau kollektiver Versorgung und Vorsorge bestimmen." (82)

16 CZADA, R./ SCHMIDT, M.G. (1993), 7

17 vgl. HEINZE, R.G./ VOELZKOW, H. (1993), 246 - die dies als 'inszenierten Korporatismus' bezeichnen oder auch "Neokorporatismus" bei BEYME, K. v. (1991), 131

18 siehe SCHARPF, F.W. (1991), 625

19 vgl. BEYER, L./ BRINCKMANN, H. (1990), die diese Modelle für die Kommunalpolitik diskutieren.

20 BEYER, L./ BRINCKMANN, H. (1990), 29 - vgl. auch JOHNSTON, L. (1993), der die Privatisierungsmentalität und das Kommerzmodell mit der Folgewirkung der Etablierung einer Zweiklassengesellschaft beschreibt, mit Partizipationszwang am Beispiel von "private policing".

21 vgl. HENSEL, H. (1995), 66, mit der ins Absurde führenden begrifflichen Aufladung: "Revolution ohne Revolutionäre. Das Dilemma des Projekts 'schulische Autonomie'."

22 vgl. zum folgenden: BENZ, A. (1992), 147 ff., der Verhandlungsprozesse zwischen den Ländern Schleswig-Holstein und Hamburg untersucht hat

23 CZADA, R. (1993), 87

24 vgl. 3. Kapitel dieser Arbeit, mit der Unterscheidung von Konfliktarten in teilbare und unteilbare Konflikte und entsprechende Konfliktlösungsmodi: bei kulturellen Konflikten geht um ein entweder/ oder, und nicht um ein mehr/ weniger wie bei den teilbaren Konflikten. - siehe HIRSCHMAN, A.O. (1994)

25 VOIGT, R. (1992)

26 siehe VOIGT, R. (1992), 4 ff., der diese Überlegungen bezüglich der Kommunalpolitik entwickelt "zwischen exekutiver Führerschaft und legislatorischer Programmsteuerung"

27 VOIGT, R. (1992), 6 - auch zum Folgenden

28 BENZ, A.(1992), 178. Er diskutiert drei Möglichkeiten für die Strukturierung von Entscheidungsprozessen zur Überwindung von Blockaden: opportunistisches Lavieren, Generalisierung von Tausch und Variation der Entscheidungssequenz.

29 BENZ, A. (1992), 178/179

30 so MANDELL, M.P. (1988), zit. nach BENZ, A. (1992), 176 - auch folgendes Zitat

31 vgl. ELIAS, N./ SCOTSON, J.L. (1990), die diesen Prozeß für die Stabilisierung und Kohäsion/Integration von Gruppen untersuchen unter dem leitenden Gesichtspunkt: Etablierte und Außenseiter.

32 vgl. BENZ, A. (1992), 178

33 Allerdings sollten diese Möglichkeiten auch nicht überschätzt werden. wie ein Beispiel aus den Neuen Bundesländern zeigt: SEYDEL, O. (1994) beschreibt das Scheitern eines Gründungsversuchs einer privaten Schule über einen Kapitalfonds.

34 vgl. Kölner Stadtanzeiger, 16./17.5.1996 - die Fördermittel liegen bei 6.000 DM pro Schule/ Jahr. Sie erlauben lediglich die Finanzierung von nicht-professionellem Kräften in sozialversicherugungsfreien Beschäftigungsverhältnissen Darüberhinaus ist die Elternschaft einer Einzelschule oftmals überfordert, wenn sie einen solchen Förderverein gründen soll, so daß es zur Übertragung dieser Aufgabe an bestehende Organisationen kommt, wie beispielsweise der AWO und der Katholischen Frauenschaft in Köln. (vgl. Kölner Stadtanzeiger, zuletzt 7.4.1997). - Es ist mir in dieserm Zusammenhang nicht bekanntgeworden, ob einer der bestehenden Elternvereine in NRW diese Aufgabe übernommen hat.

35 BENZ, A. (1992), 167: "Realisierbar sind Alternativen, wenn sie nicht nur in der Arena, in der sie entstehen, durchgesetzt, sondern auch die von ihnen ausgelösten Folgkonflikte in anderen Arenen gelöst werden können." - vgl. auch zum Folgenden.

36 BROCKMEYER, R. (1993) - vgl. Anm. 26 im 5. Kapitel

37 BENZ, A. (1992), 174

38 BENZ, A. (1992), 175 Wie dieses strukturelle Dilemma allerdings zu interpretieren ist, und wie es genutzt werden kann - ob mehr im Interesse der Erhöhung der Reformkapazität des kapitalistischen Staates oder im Interesse kritischer Demokratieansprüche der BürgerInnen - ist damit noch nicht ausgemacht. vgl. SEE, H. (1990), 596/597, der als leitendes Erkenntnisinteresse demokratischer Politikforschung das Herausarbeiten des Demokratisierungspotentials als Gegenmacht, welches "dem allgemein konstatierten Prozeß der Herausbildung eines fast ausschließlich nach übergeordneten Kapitalverwertungs- und Systemstabilisierungsinteressen entscheidenden staatsbürokratischen Zentralismus durch Gegenmachtbildung entgegenwirken könnte" (597), bestimmt.

39 vgl. WINGEN, M. (1994), 59 - der allerdings darauf hinweist, daß zwischen Normen/ Einstellungen und tatsächlichem Verhalten große Diskrepanzen liegen (können) - z.B. die Praxis der geschlechtsspezifischen Aufteilung von Hausarbeit

40 siehe als prototypische Beispiele für die Fülle von Ratgeberliteratur zum Verhältnis Eltern-Schule: KOWALCZYK, W. (1988) und ders./ OTTICH, K. (1992)

41 vgl. BOEßENECKER, K.-H./ BÜHLER, T. (1991), 74

42 so WÜRTTENBERGER, Th. (1993), 73/74

43 vgl. BEYER, L. / BRINCKMANN, H. (1990), 114

44 siehe WÜRTTENBERGER, Th. (1993), 83

45 siehe BEYER, L./ BRINCKMANN, H. (1990), 112/113

46 siehe u.a. BARBIAN, Th.W.J. (1993)/ FIETKAU, H.J./ WEIDNER, H. (1992) - zur Kritik vgl. LAMBECK, M.S. (1994), der von Verantwortungsverlagerung statt Machtabgabe spricht

47 so PHILIPP, E. (1992), 27, der sich mit seinen Vorschlägen zur Organisationsentwicklung im Kreis der Beratungs- und Therapietheorien befindet

48 siehe DIENEL, P.C. (1993), 69, der bereits bei der Einbeziehung des Bürgers in den Meinungsbildungsprozeß [!] von einem hart diskriminierten Gut spricht, "die gesamte politische Apparatur ist latent dagegen." - Ob die Hoffnung, daß die Demokratisierung durch Inselbildung vorangetrieben wird, die dann auf andere Ebenen und Konfliktbereiche diffundiert, mehr ist als das sattsam bekannte Modell des "guten Vorbilds" oder auch "Modellernens", müßte genauer untersucht werden.

49 siehe SCHOLZ, R. (1993), dagegen: FISCHER, W. (1993), 16 ff.

50 SCHARPF, F.W. (1992) diskutiert z.B. Markt, Hierarchie und Verhandlung in Bezug auf Verteilungsfragen und bezieht ausdrücklich (S. 77) Machtverhältnisse ein, genauso aber auch normative Verpflichtungen. Gerade in dieser Verknüpfung von Gerechtigkeitsfragen und pragmatischer Interessenverfolgung sehe ich einen weiterführenden Ansatz. - vgl. SCHÖNIG, W. (1993) in diesem Kapitel

51 SIMITIS, S. (1988) in GOLDSTEIN, J. et al. (1988), 195: "Die Hoffnung, das 'Kindeswohl' endlich wieder zweifelsfrei definieren zu können, hat sich in der Tat zerschlagen. Mehr als die jeweils am 'wenigsten schädliche Alternative' zu wählen, um die Formulierung der Autoren aufzugreifen, läßt sich nicht leisten." - Dies verweist auf die oben angeführte Minimumstrategie.

52 vgl. SCHARPF, F.W. (1993b), dessen Ausführungen über die "Logik der europäischen Mehrebenenpolitik" als Vorlage gedient hat.

53 in WEHNES, F.-J. (1976), 31 und 38

54 siehe ZOLL, R. (1994), insbes. 91 ff.

55 BECK, U. (1996) in: Der Spiegel, 20/1996, 146

56 siehe ausführlich MEYER, Th. (1994), 33 - vgl. Abschnitt 1.4 dieses Kapitels

57 MEYER, Th. (1994), 146

58 GORZ, A.(1994), 328, der damit das "Feld autonomer Tätigkeiten" umreißt, welche als "Lebenszeit" der "Arbeitszeit" als nicht-käuflich und preislos entgegengesetzt wird.

59 vgl. ENGELBERT, Angelika (1992), 21 sowie RÖNSCH, Hannelore (1992), KEIL, S. (1992), CORNELIUS, I. (1992) und LANDUA, D./ HABICH, R. (1994) mit einschlägigem Zahlenmaterial - siehe 6. Kapitel dieser Arbeit.

60 vgl. dazu: GORZ, A. (1994), 197, der drei weitere Kriterien für die Anwendbarkeit ökonomischer Rationalität nennt: Gebrauchswertschaffung, Erwerbszweck und Messungsmöglichkeit in Hinblick auf zeitliche sowie größtmögliche Leistung.

61 vgl. das Zwiebelmodell elterlicher Beteiligungstypen bei BÜCHNER, P. (1976), 7/8 und MAHRENHOLZ, E.G. (1976), 275: aktiver Kern, teilaktiver Ring, und weiter Hof passiver Eltern bei MAHRENHOLZ. Dem entsprechen bei BÜCHNER die fatalistisch-gleichgültigen Eltern, Aufstiegs- und Wettbewerbseleltern sowie die gesellschaftspolitisch orientierten Eltern.

62 vgl. IGL, G. (1994), 38 und 97/98

63 OPASCHOWSKY, H.W. (1995), 1

64 vgl. auch SCHMID, G. (1994), der den Vorschlag von Übergangsarbeitsmärkten macht als Kombination von Erwerbsarbeit und anderen gesellschaftlichen und persönlich nützlichen Aktivitäten, wie z.B. politisches und soziales Engagement, Familienarbeit etc.

65 so JÜLICH, Ch. (1982), der konstatiert, daß demokratische Organisationen von der Bereitschaft und Initiative der handelnden Personen abhängig sind - gleichlautend alle AutorInnen, die sich mit ehrenamtlicher Arbeit beschäftigen.

66 SCHEUCH, E. und Ute (1995), 1 – vgl. den empirischen Teil dieser Arbeit: manchmal muß man bei Elternmitwirkung z.Zt. noch Geld mitbringen....

67 Kirchenamt der Ev. Kirche in Deutschland/ Sekretariat der Dt. Bischofskonferenz (1994), 33 - wobei über die Höhe der "Bescheidenheit" Näheres zu sagen bliebe; wichtig ist erst einmal die generelle Abkehr von einem Modell der Ehrenamtlichkeit "für Gotteslohn" sowie deren Berücksichtigung im Rahmen der Sozialversicherung: wird damit doch die Anerkenntnis ihrer öffentlichen Bedeutung ausgedrückt.

68 ZOLL, R. (1994), 93 - mit weiteren Beispielen aus Italien und USA. In der Bundesrepublik sind Ansätze eines solchen Tauschsystems im Bereich der Bundeswehr zu finden: Studierende an den Bundeswehrhochschulen müssen sich als Gegenleistung für eine bestimmte Zeitspanne für den Dienst in der Bundeswehr verpflichten. Ansonsten gibt es z.B. im Bereich des Sekundarschulwesens lediglich kurzfristigere Praktika - vgl. Konrad-Adenauer-Gymnasium, Bonn - Bad Godesberg: in der Stufe 11.1 ein verpflichtendes Sozialpraktikum von einem Monat Dauer.

69 siehe DRUMMER, H. et al. (1990), 380

70 siehe LEIF, Th. (1993), der reduzierte Lösungskompetenz, Fehlsteuerung bei der Personalwahl, Allmachtsanspruch ohne Kontrolle, grenzenlose Politikfinanzierung und mangelnde Reformbereitschaft als Krisenphänomene der Parteien ausmacht.

71 Vgl. den Wegfall der KMK-Finanzierung der Geschäftsstelle des Bundeselternrates. Es ist fraglich, ob dadurch neue Handlungsspielräume für die Interessenvertretung eröffnet werden, oder ob der Wegfall der staatlichen Förderung als Zeichen für ein absichtsvolles Wegdrücken von Elterninteressen interpretiert werden muß.

72 LEGGEWIE, C. (1994), 7

73 LEGGEWIE, C. (1994), 12

74 FÜRST, D. (1993), 21

75 DÖHLER, M. (1993), 9 - auch zum Folgenden

76 siehe zu diesem interaktionellen Netzwerkbegriff: GMÜR, W. / STRAUS, F. (1994), 229

77 siehe KLEINFELD, R. (1993), 45 - vgl. auch DÖHLER, M. (1993), 7: "Das Konzept des Policiy-Netzwerkes [...] hat etwas überaus Modisches – wo man hinschaut, scheinen Netzwerke und Verflechtungen die Welt zu regieren."

78 siehe TEUBNER, R. (1992), 203

79 TEUBNER, G. (1992), 203/204 - er beschreibt Netzwerke wirtschaftlicher Unternehmungen zwischen Markt und Organisation, die - in Japan entwickelt - auch in Europa zu neuen Formen des Wirtschaftens und auch im Verhältnis von Staatsorganisationen und Privatunternehmungen geführt haben (189)

80 TEUBNER, G. (1992), 197, wobei er ausdrücklich darauf hinweist, daß dies nicht nur Probleme von Staatsunternehmen, sondern "speziell auch von Privatunternehmen" sind.

81 vgl. 5. Kapitel dieser Arbeit: U. SCHIMANK (1988) mit der Bezeichnung von Systemprozessen als "simplifizierende Inszenierungen" und "Kunstgriffe des Denkens", die gleichwohl Erwartungen und Handlungen steuern.

82 und auch von formalen Organisationen: die Rede ist von "organisierter Unverantwortlichkeit", BECK, U. (1988)

83 Dieses empirische Analyseinstrument sollte nicht mißverstanden werden als Regelungsvorschlag à la: Machen wir mal ein Netzwerk (für Frauen, von psychosozialen Gruppen, Jungunternehmern etc.) ... mit der Hoffnung, daß sich eine Problemlösung aus der Art der Organisation quasi zwangsläufig ergibt. – Es geht mir vielmehr darum, die Prozesse der Mitwirkung begrifflich differenziert fassen zu können. Ob sich dann

daraus Empfehlungen für eine veränderte politische Praxis ergeben, ist nicht Thema der vorliegenden Arbeit. - vgl. 7. Kapitel , Anm. 47

84 DÖHLER, M. (1993), 14 - Interessant sind die unterschiedlichen Einschätzungen des evolutionären Gehalts von Netzwerken bei FÜRST und DÖHLER: werden sie einmal als neuartige Steuerungsform begriffen, so bei DÖHLER auch als möglicher Ausdruck einer "Notlösung" (14) und Zerfallsform.

85 TEUBNER, G. (1992), 200 und 203

86 vgl. 6. und 7. Kapitel dieser Arbeit

87 vgl. SPECHT, F. (1984), 340, der im Schulbereich jedoch die Tendenz feststellt, daß "sie nur als Verfeinerung des Selektionsverfahrens begriffen und gehandhabt wird".

88 Die Befürchtung, daß eine stärkere Ausrichtung an Marktgesetzlichkeiten zu einer Nivellierung auf niedrigem Niveau führt, scheint mir reine Panikmache zu sein: es geht nicht um Privatisierung als alleinige Strategie, sondern lediglich um Einbeziehung von marktlichen Elementen.

89 siehe HIRSCHMAN, A. O. (1994), 301 - immer ist die Frage nach den verhandlungsfähigen Aspekten vordringlich.

90 TEUBNER, R. (1992), 201

91 vgl. GRONEMEYER, Marianne (1993), 62 ff., die Selbsthilfe als "Imitation subsistenter Tätigkeiten" kritisiert, Hilfstruppe für Experten, Betätigungsfeld gegen Anomie und Rationalisierung der Verwaltungen selbst. (64) - vgl. dazu LACHENMAIR, H. (1994), 14: als Beispiel für die Transformation von Selbstorganisation in Selbsthilfe diene die Entwicklung einer Bundesarbeitsgemeinschaft von Elterninitiativen (BAGE). Der Ablauf läßt sich in vier Stufen beschreiben: 1. Entstehen von Selbstorganisationen/ Initiativen, 2. staatliches Interesse an der Erforschung, welches über wissenschaftliche Modellprojekte sichergestellt wird, 3. staatliche Erfassung und Kontrolle durch Fördergelder, 4. Entlassung in Selbsthilfe und Ehrenamtlichkeit durch Zurückschrauben der Förderung auf Minimumbeträge.

92 denn soweit zu gehen, daß sich Elternmitwirkung als auf Profit ausgerichtetets Dienstleistungsunternehmen organisiert, möchte ich nicht. Die Frage, ob zum Zwecke der Eigenfinanzierung - und damit der Schaffung von Unabhängigkeit - einige Dienstleistungen nach wirtschaftlichen Gesichtspunkten auch für die eigene Organisation angeboten werden (und nicht wie bisher nur der Schule zufließen), ist damit noch nicht abschließend beantwortet.

93 TEUBNER, G. (1992), 203

94 vgl. ROTH, R. (1994), 88

95 CATTACIN, S./ PASSY, Florence (1993), 432 - das für Bewegungsorganisationen Gesagte gilt auch in Bezug auf Elternmitwirkung in welcher Form auch immer, weil die Grenzen zwischen Verein, Verband und Neuen Sozialen Bewegungen fließend sind. - vgl. RUCHT, D. (1991), 22, sowie ZIMMER, Annette (1994)

96 vgl. BARBIAN, Th. (1993), der diese möglichen Funktionen von Bürgerbeteiligung durchspielt anhand umwelt- und technologiepolitscher Entscheidungsverfahren, und sie

als Mittel administrativer Interessendurchsetzung diskutiert, die so nicht mehr als "partizipatorische Verzierungen traditionell getroffener Verwaltungsentscheidungen" (302) sind

97 s.o.: "Verlagerung von politischer Herrschaft" als politisches Ziel kollektiver Interessenvertretung

98 siehe FARNEN, R.B. (1994), 369

99 vgl. STRUBELT, W. / ADAM, Brigitte (1993), 143 ff., die anhand eines Flughafenausbaus in Bremen diese Form der Bürgerbeteiligung und eines Versuchs des veränderten Verwaltungshandelns diskutieren

100 wie sie MANOW-BORGWARDT, P. (1991), 35 ff. für den Bereich des Gesundheitswesens ausmacht.

101 Deutscher Bildungsrat (1974), 15

102 MATTERN, Cornelia (1997), 97ff.- auch zum Folgenden

103 zur Erläuterung: kollektive Güter sind durch Unteilbarkeit sowie nicht individuell zurechenbare Effekte (externe Effekte) gekennzeichnet, d.h., niemand kann von dem "Genuß" dieses Gutes ausgeschlossen werden, auch wenn er den geforderten Preis nicht bezahlt (Beispiel: Verteidigung eines Landes). Das (öffentliche) Gut wird von allen Mitgliedern einer Gesellschaft in gleicher Höhe in Anspruch genommen. Bei Bildung handelt es sich um eine Mixtur aus öffentlichem Gut und meritorischem Gut, d.h. es ist ein Gut, welches zur individuellen Befriedigung dient, es ist teilbar und individuell zurechenbar. Da der einzelne Bürger es eventuell aus Informationsmangel/ -verzerrung oder infolge irrationaler Entscheidungen nicht in einem gesellschaftlich wünschbaren Maße nachfragt, wird zur Korrektur die Konsumentensouveränität staatlicherseite eingeschränkt (Beispiel: Schulpflicht), um "langfristige Notwendigkeit"/ "Wohl der Allgemeinheit" (98) zu sichern, sprich: adäquate Ausbildung bzw. Sicherung des Qualifikationsprofils der Arbeitskraft. Der Überkonsum von Bildungsgütern ließe sich ebenfalls denken.

104 vgl. BECKER, J. (1994)

105 HENTIG, H. v. (1993), 236 - er spricht im Folgenden von "Zumutungen" für die Betroffenen, die für die Verantwortlichen allerdings "Auswege aus vielen Verlegenheiten" (237) sein könnten. "Das Befolgen der Anordnungen von Schulverwaltungen ist sehr bequem - das Neudenken der Schule ist höchst unbequem, verheddert sich in zeitverschlingenden Erörterungen, führt zu Konflikten, zieht unsichere Probeläufe nach sich. -" Die Neigung der Schule, sich dies freiwillig aufzuladen ("Ich denke, die Schulen werden das Bessere nicht leisten, wenn sie es nicht wollen. Deshalb sollte die Autonomie von ihnen beantragt werden müssen." S. 237) dürfte sich nicht vergrößern, wenn die Autonomie von oben verordnet wird.

106 OFFE, C. (1969), 87

107 vgl. dazu BAETHGE, M. (1984), 48: "Der Aufbau großer Stäbe von Bildungsexperten in den großen Interessenorganisationen der Unternehmen und Gewerkschaften. [...Dadurch] wird die Interessendurchsetzung im Bildungssystem offener, gewinnt die politische gegenüber der marktmäßigen Vermittlung an Bedeutung, und könnte verstärkt Demaskierung von Abhängigkeitsverhältnissen Platz greifen."

108 siehe VASCOVICS, L. et al. (1992), 400 ff., der neben den materiellen Leistungen die immateriellen anführt: arbeitsmäßige Leistungen und psychosoziale Unterstützung

109 so FEND, H. (1982) für die Rolle von wissenschaftlicher Expertise

110 so BEYER, L./ BRINCKMANN, H. (1990), 47, am Beispiel der Datenverarbeitung in der öffentlichen Verwaltung

111 siehe SCHARPF, F.W. (1991), 623, der in solchen Verhandlungssystemen eine Steigerung der gesellschaftlichen Problemlöse- und Koordinationskapazität sieht, und keine Verfallserscheinung staatlicher Souveränität.

112 WEBER, J. (1977), 188/189, der im übrigen bei Politisierung und Einfluß von Interessengruppen eine negative Korrelation sieht

113 NOVY, S., zit. nach ZIMMER, Annette (1994), 52

114 BADURA, P. (1990), 27

115 WILLKE, H. (1991), 119, der damit die Einheit von Handlung und System als gebrochen darstellt. Siehe auch S. 120: "Erst die Einsicht, daß komplexe Systeme nicht durch die Aggregation von Einzelhandlungen ('unit acts') sich bilden, sondern daß auf qualitativ unterschiedlichen Stufen der Komplexität neue emergente Eigenschaften sich entwickeln, die aus den Eigenschaften der Teile nicht ableitbar sind, verhilft zu angemessenen Konzepten der Steuerung hochkomplexer Systeme. Stichworte wie Unregierbarkeit, Desintegration, Systemkrise, Legitimationsprobleme, konterintuitives Verhalten von Planungssystemen etc. zeigen an, daß mit den herkömmlichen Mitteln einer Handlungstheorie die Überfülle bestehender praktischer Probleme nicht in den Griff zu bekommen ist."

116 ARMINGEON, K. (1993), 164 - die Generalisierung ist gewonnen aus empirischem Material über kollektive Arbeitsbeziehungen im internationalen Vergleich.

117 und steht somit quer zu den bislang vorherrschenden Interpretationen in der Diskussion der Elternmitwirkung, vgl. MELZER, W. (1987); MOHRHARDT, D. (1979); SPD (1994)

118 Dt. Bildungsrat (1973), 106

119 DÖHLER, M. (1993), 124

120 siehe MÖLLER, K. (1994), 254

121 siehe ausführlich: ABENDROTH, W. (1969), 81

122 dies scheint mir eine Minimalvoraussetzung zu sein - nicht entscheidbar ist damit allerdings die Frage der Legitimation funktionaler Repräsentanz, siehe OFFE, C. (2.1981), 87: "Alle Verfahren funktionaler Repräsentation entbehren eines universalistischen Legitimitätskriteriums", so daß nicht prinzipiell beantwortet werden kann, welche Interessen Repräsentationsrecht beanspruchen, mit welchen Mehrheitsverhältnissen und Verfahrensrechten und für welchen sachlichen Zuständigkeitsbereich.

123 siehe TEUBNER, G. (1979)

124 TEUBNER, G. (1979), 498

125 Dt. Bildungsrat (1973) und Schulkommission des Deutschen Juristentages (1981), Schule im Rechtsstaat, Bd. 1: Entwurf für ein Landesschulgesetz, sowie OPPERMANN, Th. Gutachten C zum 51. Deutschen Juristentag: Nach welchen rechtlichen Grundsät-

zen sind das öffentliche Schulwesen und die Stellung der an ihm Beteiligten zu regeln?, ferner: Stellungnahme der 209. KMK vom 11./12.3.1982

126 siehe zu der Kritik: RÖHRS, D.-G. (1982), der insbesondere auf den "eigenen Gestaltungsauftrag" der Exekutive (68) abstellt und soweit geht: "Mit der Kompetenzbeschneidung der Exekutive ginge der Schule wesentlicher Sachverstand verloren; Sachverstand, der jedenfalls über längere Zeiträume nicht ersetzbar ist." (69) Wieso dieser Sachverstand über die Rechts- und Fachaufsicht als Aufsicht und Kontrolle des Lehrpersonals eingesetzt werden muß, bleibt unklar, will man nicht der von ihm verfolgten Argumentationsrichtung zustimmen, daß mit der Auflösung der Verantwortung der Exekutive diese "in parzellierter Form auf die unterste Gestaltungsebene verschoben" (69) würde, eine Auflösung der politischen Verantwortung bedeute und synchron mit der zunehmenden Individualisierung in der Massengesellschaft verlaufe.

127 siehe das Interview H. HOLZAPFEL - H. DICHANZ, (1993)

128 Dt. Bildungsrat (1973), 103 - die Empfehlungen beziehen sich vor allem auf den Abbau von Kommunikationsbarrieren zwischen Elternhaus und Schule, um "die sich aus der Einheitlichkeit des Sozialisationsprozesses ergebende Notwendigkeit zum Abbau des Gegeneinanders von Schule und Elternhaus beizutragen." (105)

129 MARGIES, D. (1994) in seinem juristisch argumentierenden Gutachten für den Philologen - und Realschullehrerverband NRW

130 vgl. dazu auch: SALDERN, M. v. (1995), 352 mit einer systemtheoretisch ausgerichteten Argumentation

131 MARGIES, D. (1994), 14

132 WATTS, M. (1992)

133 vgl. HUCKE, J. (1990) 397, der es als Aufgabe der Politik ansieht, solche Kontrollmechanismen einzurichten.

134 CZADA, R. (1991): Regierung und Verwaltung als Organisatoren gesellschaftlicher Interessen, zit. nach SCHMID, J. (1993), 180

135 vgl. dazu: Elternbund Hessen, Brief an die KMK vom 29.11.1993 sowie deren Antwortschreiben vom 2.12.1993: der Elternbund als Koordinator des Arbeitskreises reformorientierter Elternverbände wurde nicht zu einem Treffen der KMK mit Elternorganisationen eingeladen. Teilnehmer waren der Bundeselternrat, die Bundesvereinigung evangelischer Eltern und Erzieher e.V., der deutsche Elternverein e.V und die katholische Elternschaft Deutschlands. In einem Schreiben der KMK an den Hessischen Kultusminister H. HOLZAPFEL vom 14.1.1994 heißt es zu dieser Nichteinladung: "Ich möchte abschließend noch einmal betonen, daß die politische Ausrichtung der Elternverbände kein Kriterium für die Auswahl war, zumal sie dem Sekretariat in den meisten Fällen auch gar nicht bekannt war." Auswahlkriterien für die Einladung sei es gewesen, "nur solche Elternverbände einzuladen, die nach ihrem Verbandszweck ein ausgesprochen breites Interessenspektrum vertreten und außerdem länderübergreifend und bundesweit tätig sind."

136 NULLMEIER, F. (1991), 16

137 siehe JUNG, O. (1991), 44

138 PAPKE, S. (1988), 74, der allerdings auch darauf hinweist, daß Demokratie weder eine "Herrschaft von Gruppen und Verbänden" (65) noch die "Altersversorgung einer Politikerkaste" ist, sondern: "Selbstregulierung" - Regierung, nicht Hilfe!

139 NULLMEIER, F. (1991), 20

140 vgl. Grüne Alternative in den Räten NRW (1994): GAR - Rundbrief Mai 1994, 18

141 vgl. SEIBEL, W. (1987), 211 - dazu paßt dann auch die "Philosophie des Selbermachens" (212)

142 diese Fragen stellen sich in allen Bereichen für die Organisation von Interessen, z.B. im Umweltbereich, Verbraucherschutz, Selbsthilfebewegung etc. - dort entwickelte Überlegungen sollten einbezogen werden, wenn es um die Entwicklung verbandlicher Strukturen für Elternmitwirkung geht. – Für den Bereich des Verbraucherschutzes vgl. LÜBKE, V. (1991), der die Alternativen zwischen den Polen: Gegenmacht – Dienstleistung sieht.

143 so BENZ, A. (1992), 147 bei der Erläuterung von Verhandlungen zwischen Bundesländern. Auch wenn der Rationalitätsgrad mit zunehmender Hierarchieebene nicht automatisch steigt - entgegen anderslautenden Selbstdarstellungen - so verweist das Ernstnehmen von Faktoren wie Mentalitäten, daß die psychische Steuerung von Kooperation nicht zu vernachlässigen ist gegenüber ökonomischen Rationalitätskriterien, siehe auch S. 152: "Daß sich entsprechende Strukturveränderungen als Ergebnis absichtsvoll koordinierten Verhaltens der Beteiligten entwickeln, ist eher unwahrscheinlich."

144 vgl. HONNETH, A. (1992), der mit diesem Begriff sowohl moralische als auch sozialökonomische Interessen und Motive verknüpft in Prozessen der Individuierung und Sozialisierung

145 vgl. BETHUSY-HUC, Viola Gräfin von/ HOLZER, Susanne (1987), 1

146 zu den Hoheliedern der Ehrenamtlichkeit vgl. in letzter Zeit: NOLTE, Claudia (1994)/ KNAPP, U. (1994) sowie ihrer Funktionalisierung für - angeblich unausweichliche - sozialstaatliche Abbauprozesse: KLINGER, F. (1994)

147 siehe BEYER, L./ BRINCKMANN, H. (1990), 32, die diese Prozesse als Folge der Kommunalverfassung NRW diskutieren

148 KLEINFELD, R. (1989), 8

149 vgl. die Diskussion im kirchlichen und gewerkschaftlichen Bereich um die "Trittbrettfahrer": auch dort liefert die abnehmende Rekrutierungsrate den Hintergrund.

150 Das Steuerrecht bietet attraktive Möglichkeiten für Zweckbetriebe von Vereinen bis zu einer Einnahmehöhe von 60.000 DM

151 vgl. KLEIN, A. (1991), der diese Strategie zum Unabhängigwerden an dem Beispiel der Wohlfahrtsverbände durchspielt

152 siehe NEVERMANN, K. (1984e), 559

153 die Diskussion über die Einrichtung von Fonds auf kommunaler Ebene, in die Sponsorengelder fließen, ist ein Beispiel in diese Richtung

154 siehe SCHNOOR, H. (1994), 462/463, allerdings mit der Einschränkung, daß die Einnahmeverbesserungen in einer arbeitsmarktrelevanten Höhe politisch z.Zt. nicht durchsetzbar seien.

155 so BECKER, J. , Oberbürgermeister der Stadt Pforzheim, (1994)

156 LEVIN, H.M. (1979), 614

157 vgl. CZADA, R. (1993), 73

158 siehe SEIBEL, W. (1991), dessen Denkansatz ich hier nicht anwende, um Elternmitwirkung zu blamieren, sondern um kritische Ereignisse herauszubekommen, die einer wirkungsvollen Interessenvertretung von Eltern im Wege stehen.

159 vgl. dazu die entsprechenden Vorstellungen von Bündnis 90/ Die Grünen (1994)

160 siehe MÄDING, H. (1984), 587

161 SPD (1994), 24: "Wir wollen die Gestaltungsräume und die Profilbildung der einzelnen Schule stärken. Dies bedeutet jedoch gleichzeitig, daß schulferne Einflußgrößen zurückgedrängt werden. Stadt-, Kreis- und Landeselternbeiträte sind in einem solchen Konzept in ihrer Kompetenz neu zu definieren, möglicherweise auch aufzugeben. Elterninteressen, die über die eigene Schulgemeinde hinausgehen, organisieren sich ohnehin auch politisch in Parteien oder in einzelnen Vereinen."

162 so ausdrücklich noch einmal die SPD (1994), 24

163 BENZ, A. (1992), 184 - auch zum Folgenden

9. Kapitel: Zusammenfassung

Die Beobachtung, daß Kinder und Jugendliche - und vermittelt damit ihre Eltern - Probleme mit und in der Schule haben, verlangt nach Problemlösungen. In dieser Arbeit werden Elternverbände auf ihre Leistungsfähigkeit und ihre Einflußmöglichkeiten befragt: was tragen sie zu einer Problemlösung im allgemeinbildenden Schulwesen bei, und was können sie tun, um ein einflußreicher Faktor bei der Problemlösung zu werden?

Verbände werden als organisierte Interessenvertretung verstanden, deren Arbeit sich als Interventionsmittel zur Handlungskoordination sowohl zwischen Administration und politischer Ebene sowie Eltern darstellen läßt.

Im einzelnen erstreckt sich die Analyse auf die rechtlichen und finanziellen Grundlagen elterlichen Verbandshandelns und die Organisationsstruktur, Arbeitserledigung sowie interorganisatorische Kooperationen der Verbände. Die Analyse der formalen Grundlagen und der faktischen Arbeit wird ergänzt mit theoretischen Überlegungen, die Möglichkeiten für eine Veränderung der Elternmitwirkung herausarbeiten. Dabei wird grundlegend davon ausgegangen, daß sich mit der Umsetzung des Ziels einer Demokratisierung der Schule auch die Formen der Mitwirkung von Eltern werden verändern müssen.

Rechtliche Regulierung als formale Grundlage der Arbeit von Elternverbänden

Die Durchmusterung von GG und LV NRW ergibt verfassungsmäßige Aufträge für eine auch kollektive Elternvertretung. Demgegenüber ist das SchMG NRW partizipationsunfreundlich in Bezug auf den organisationspolitischen Aufbau der Elternvertretungen (Demokratiedefizit) als auch in Bezug auf die Mitwirkungsgegenstände (vage auf der Landesebene, vage und restriktiv auf Einzelschulebene).

Die Regelungen des SchMG sind deshalb ungeeignet für die Übertragung von Entscheidungsrechten, die selbstregulatorische Prozesse ermöglichen können. Sie stehen auch quer zum partizipationsfreundlichem Charakter des GG sowie den Bestimmungen der LV NRW.

Faktische Arbeit von Elternverbänden

Die Hauptergebnisse der Untersuchung der elterlichen Verbände im allgemeinbildenden Schulwesen, unter besonderer Berücksichtigung der Verhältnisse in NRW, erbringt:

- Auseinanderfallen von SchMG und Verbändelandschaft,
- einheitliches Organisationsprinzip, wie z.B. Lebenslage Elternschaft, nicht vorhanden,

- Zersplitterung der Verbände ohne Koordination,
- Geschlossenheit der Verbandsarbeit durch geringe und ausgewählte Kontakte (speziell zu Lehrern),
- Organisationsstruktur uneinheitlich,
- Mitgliederrekrutierung defensiv, Mitgliederaktivierung sehr schwach,
- Organisationsdichte nur akzeptabel bei Gymnasium und Gesamtschule,
- Finanzierungsgrundlage außer bei Katholiken und Gymnasialeltern kaum vorhanden,
- Schwerpunkt auf interne und interorganisatorische Arbeit,
- entsprechende Akzeptanzprobleme bei Administration/ Lehrern-Schulleitungen/ Öffentlichkeit.

Die Koordinierung von Elternverbänden findet auf nationaler Ebene lediglich über eine Arbeitsgemeinschaft (Bundeselternrat) statt.

Auf europäischer Ebene existiert ein katholischer Verband, der eng koordiniert ist mit den Bischöfen, sowie ein überkonfessioneller Verband mit einer Organisationsstruktur, die sich an sonstigen EU-Regelungen orientiert. Ansonsten setzen sich auch auf europäischer Ebene die Schwächen der nationalen Verbände fort.

Offene Fragen sind bei der Analyse des Ist-Zustandes der rechtlichen Regulierung, wie und ob Partizipationsfragen überhaupt rechtlich zu regulieren sind. Bei Elternrechten und -pflichten ist darüberhinaus eine Verschränkung von Freiwilligkeit und Zwang (zu Verhandlungen) festzustellen, die eine Orientierung am Kindeswohl mit einbeschließt.

Bei den bestehenden Elternverbänden in Deutschland bzw. NRW ist die Abhängigkeit von schulstrukturellen Entscheidungen deutlich: schulformbezogene Elternverbände könnten obsolet werden. Zweifelhaft ist, ob mit den bestehenden Formen der Elternmitwirkung eine wirksame Kontrolle staatlicher Schulstrukturen in NRW stattfinden kann.

Überleitung zu Möglichkeiten der elterlichen Verbandsarbeit

Die Erweiterung der rechtlichen Regulierungen um die Funktionen von Schule ergibt den Begriff von Schulverhältnissen.

Die Diskussion der Funktionen ergibt, daß die Allokationsfunktion nicht mehr erfüllt werden kann. Die Sozialisationsfunktionen sind nur zusammen mit Eltern zu leisten.

Organisationsentwicklung wird als Mittel vorgeschlagen, um die Qualifikationsfunktionen der Schule mit den nur gemeinsam mit Eltern zu erfüllenden Sozialisationsfunktionen der Schule abzustützen. Kooperation und gegenseitiges Lernen sind bei Organisationsentwicklung grundlegende Prozesse und können deshalb neue Legitimationen für die Schule schaffen.

Ein Vorschlag für Organisationsentwicklung liegt mit der Denkschrift der Bildungskommission NRW vor.

Sie enthält weitgefaßte Begründungszusammenhänge für Mitwirkungsprozesse:

- bildungspolitisch - Demokratisierung und Mitwirkung
- gesellschaftspolitisch - gesellschaftlicher Wandel
- steuerungstheoretisch - Selbstorganisation und Subsidiarität
- rechtlich - Rahmenvorgaben, Präzisierungen
- schulreformerisch - Beteiligung an Reformüberlegungen; Reformrechte und Befähigung

Dem stehen unpräzise Empfehlungen für Elternmitwirkung bezüglich der Einzelschulebene und ausschließende Empfehlungen bezüglich der Regional-/ Landesebene gegenüber. Als Fazit ergibt sich aus der Denkschrift: keine Berechtigung und Berücksichtigung von - die Einzelschulebene übersteigenden - Elternvertretungen.

Theoretische Überlegungen zur Optimierung von Elternmitwirkung

Der Interessenbegriff wird differenziert in Grundbedürfnis (needs) und Wunsch nach etwas (wants), und artikuliert sich auf drei Ebenen: psychologisch (Aufmerksamkeit), sozial (Nutzen) und politisch (Einflußnahme).

Für politische Einflußnahme sind Macht und Kontrolle in organisatorischen Zusammenhängen entscheidend, die sich als institutionalisierte Spielregel fassen lassen, verstanden als Produkt von früheren Machtverhältnissen und Verhandlungen.

Für Elternmitwirkung ist die Klärung ihrer Ziele/ Interessen am Bildungssystem entscheidend. Sie erlauben auch eine Positionsbestimmung im Verteilungskampf um die Finanzierung des Bildungswesens (ob beispielsweise etwas grundlegend notwendig ist oder 'nur' wünschenswert). Weiter kann sich daraus eine Funktionsbestimmung ergeben, wie eine Koalition von direkt Beteiligten oder Privilegiensicherung/ Reprivatisierung.

Drei theoretischen Ansätze werden herangezogen zur Bestimmung von Rolle und Funktion von Elternmitwirkung.

◇ Systemtheorie

Da Elternmitwirkung in dieser Arbeit hauptsächlich in ihrer Form als kollektive Interessenvertretung untersucht wird, ist nach einer Verbindung von Handlungstheorie und Systemtheorie zu suchen. Es wird anhand ausgewählter Systemprozesse geklärt, was ein System überhaupt ist, was es tut und wie es arbeitet.

Man kann dies als einen Katalog von Anforderungen lesen; aus einem Vergleich mit den Ergebnissen der Untersuchung der Elternverbände lassen sich Schwachpunkte erklären und Hinweise für Veränderungen bei der Aufgabenerledigung geben.

Was ist ein System? Die Elemente eines Systems sind durch Relationen miteinander verbunden, welches die Struktur ergibt. Als Funktionen werden diejenigen Prozesse bezeichnet, die einen Beitrag zur Aufrecherhaltung des Systems leisten.

Was tut ein System? Die Strukturbildung erfolgt zwecks Komplexitätsreduktion mithilfe Grenzziehung zur Umwelt, interner Differenzierung und Verfahrenssteuerung. Diese Funktionen sind nur möglich mithilfe von Reflexion. Durch sie wird die Kompatibilität der Teile des Systems hergestellt. Sie beziehen ihre Identität aus den Funktionen für das System. Prozesse der Selbstthematisierung des Systems und seiner Beziehungen zur Umwelt werden mit Lernen umschrieben in der Bedeutung, daß das System sich als Umwelt für andere Systeme begreift. Sie umfassen die Berücksichtigung von Folgen des Handelns als eine Voraussetzung für die Erzielung eines kontinuierlichen optimalen Nutzens.

Wie macht es das? Kombinatorische Gewinne (und nicht nur Kosten) sind mithilfe kommunikativer Handlungsstrategien möglich. Eine Weiterentwicklung solcher Gewinne kann durch Institutionalisierung erfolgen.

Reflexion hat einen zentralen Stellenwert: sie ist nicht nur Voraussetzung für Strukturbildung, sondern auch für Selbststeuerung (als Spezialfall der Strukturbildung). Diese macht die Erhöhung der Reflexionsleistung, Selbstbeschränkung spezialisierter Möglichkeiten, Reintegration der Teile durch Kontrolle des Kontextes mit interdependenzgesteuerten Interaktionen und Institutionalisierung der Teilsysteme nötig.

Diese systemtheoretischen Gedankengänge führen in Bezug auf Elternmitwirkung zur Ableitung einer engeren Fragestellung der Arbeit: wie sind die Konstruktionen von Elternmitwirkung in NRW beschaffen? Gibt es überhaupt ein 'System' Elternmitwirkung? Welchen Einfluß hat es auf das System (und die Systembildung) des Schulwesens? Sind bei einer Veränderung des Schulsystems entsprechende Veränderungen bei Elternmitwirkung nötig? Sind Elternvereine eine (noch) tragfähige Basis?

Ein System Elternmitwirkung wird in zweierlei Hinsicht konstruiert: einmal als System Elternmitwirkung für sich und als Teilsystem des Schulsystems.

Wenn man sich die Relationen Eltern-Schulsystem ansieht, so sind sie durch die Ressourcenzufuhr grundlegend definiert. Sie werden geregelt durch Rechte in Form von Elternrechten und das Recht auf Schule sowie durch Pflichten in Form von Erziehungspflicht der Eltern und Schulpflicht (die auch mit Zwang durchgesetzt werden). Da Eltern ein unmittelbares Interesse (als Grundbedürfnis und Wunsch) an ihren Kindern haben, hier als Ressource für die Schule gedacht, kann man davon ausgehen, daß auch ein unmittelbares Interesse an der Schule besteht.

Für diese Relationierungen von Eltern und Schule sind Mitwirkungsprozesse nötig. Wenn sie als Kooperationsprozesse ausgestaltet werden, können sie ein Unterstützungssystem für das Schulsystem bilden. Kooperationsprozesse können nur von handlungsfähigen Akteuren [Reflexion !] geleistet werden; also ist eine Organisierung, verstanden als Entwicklung von Eigenkomplexität, nötig, d.h. Koordination, Kooperation und integrative Steuerung durch Selbstbegrenzung.

Verdeutlicht werden diese Organisationsleistungen, wenn man Mikro-, Meso- und Makroebene differenziert, ihnen dort hauptsächlich stattfindende Prozesse zuordnet und jeweils für jede Ebene förderliche Bedingungen angibt.

Die Verhältnisse in NRW stellen sich zusammengefaßt so dar: die Konstruktion von Elternmitwirkung hat kaum einen Einfluß auf der Landesebene und einen eher kontrollierenden Einfluß auf der Ebene der Einzelschule. Eine Struktur ist kaum vorhanden, weil mikro- und intermediäre Ebene ungeregelt sind und dann auch noch völlig auseinander fallen. So können Funktionen nicht erfüllt werden. Die Konstruktion der Elternmitwirkung in NRW enthält untaugliche Regelungen zum Aufbau eines sich selbstregulierenden Elternsystems.

◇ Neue Politische Ökonomie

Die Fragestellung in dieser Theorierichtung ist doppelt: werden im allgemeinbildenden Schulwesen Güter hergestellt, welche die Organisation von Eltern rational machen? Und welche Leistungen erbringen Verbände?

Für kollektive Interessenvertretung ist die Marktgängigkeit des zu vertretenen Gutes sowie ein exklusives Interesse Voraussetzung zur Organisierung. Bildungsgüter sind dagegen kollektive (nicht teilbare) Güter, und Eltern sind eine große, latente Gruppe mit inklusiven Interessen. Da die Marktgängigkeit der Bildungsgüter zwar gegeben ist, aber in der Zukunft liegt, ist aus diesen drei Gründen die Organisierung von Eltern schwer. Sie kann aber mithilfe selektiver Vorteile erfolgen (materiell und immateriell), welche dann teilbare Güter darstellen. Diese funktionieren als Anreize zur Organisierung. Sie können unterteilt werden in solche wirtschaftlicher, sozialer und weltanschaulicher Art.

Für weltanschaulichen 'Anreize' ist charakteristisch, daß eine klare Eintrittsoption ausgesprochen werden muß. Soziale Anreize können in attraktiven Beteiligungsmodellen liegen und der Einräumung von Entscheidungsrechten. Wirtschaftliche Anreize umfassen Gratifikationen materieller und immaterieller Art, wie beispielsweise die Abkehr von reiner Ehrenamtlichkeit. (vgl. weiter unten)

Das Verbandshandeln selbst kann Wählerstimmen zuführen, wenn eine Bindewirkung auf Wähler besteht. Dies setzt intermediäre Informationsfunktionen der Verbände voraus gegenüber Mitgliedern und Politik. Eine gewisse Markmacht ist möglich durch Lieferung bzw. Abnahme bestimmter Güter und Dienstleistungen.

Als Ergebnis kann festgehalten werden, daß die Maximierung des individuellen Nutzens bei einer kleineren Gruppe leichter möglich ist: dies ist ein Argument für die Beschränkung von Elternmitwirkung auf die Einzelschule. Fraglich ist die Bindewirkung von traditionellen Verbänden, so daß eine erfolgreiche Organisationspolitik auf Anreize zur Organisierung angewiesen ist.

◇ **Korporatismus**

Diese Theorie beruht auf der Einbeziehung und Vermittlung organisierter Interessenvertretung (Verbände) in Formulierung und Durchführung spezieller Politiken. Kennzeichen von Verbänden ist die Freiwilligkeit ihrer Gründung und ihre überdauernde Organisation.

Bei den Elternvertretungen auf Landesebene in NRW handelt es sich um Organisationen, auf die die Freiwilligkeit der Verbandsgründung im strengen Sinne nicht zutrifft und eine überdauernde Organisation durch die Mitgliedschaftsregelung nicht gegeben ist (Einzelmitgliedschaft statt Gremienmitgliedschaft). Deshalb ist die Rede von einer "Verbändelösung" ein doppelter Euphemismus. Zudem besteht auch keine sachliche Grundlage für korporatistisches Handeln wie relevante Themen und Entscheidungen. Deshalb verschärfen sich die generellen Probleme des Verbandshandelns: Schwächen bei Mitgliederbeteiligung/ -rekrutierung und Verselbständigungstendenzen positionaler gegenüber inhaltlichen Interessen.

Empirische Ergebnisse

Die drei vorgestellten Theorieansätze erklären die Ergebnisse der empirischen Untersuchung:

- ungeklärte schulstrukturelle Probleme sind verantwortlich für das Auseinanderfallen von SchMG und Verbändelandschaft,
- exklusive Interessen lassen sich lediglich bei den Gymnasialeltern feststellen (wer engagiert sich schon für das second best?),
- Anreizregelungen weltanschaulicher Art sind lediglich bei den katholischen Eltern vorhanden,
- eingeschränkt gilt dies auch für die Gesamtschuleltern, bei denen man eine entry-option schulreformerischer Art vermuten kann. Es ist deshalb rational erklärbar, daß die Organisationsrate nur bei diesen beiden Gruppen eine akzeptable Dichte erreicht. Entsprechend ist die Finanzierungsgrundlage auch nur bei den Gymnasialeltern aus eigener Kraft und bei den katholischen Eltern infolge Subventionierung vorhanden,
- die Zersplitterung der Verbände und ihre Nicht-Koordination läßt sich mit ihrer mangelnden Struktur, die keine funktionale Arbeit erlauben, erklären,
- die Abgeschlossenheit der Verbandsarbeit ist durch mangelnde Reflexion erklärbar,
- die defensive Mitgliederrekrutierung und schwache -aktivierung verweist auf ein wenig attraktives Beteiligungsmodell hin sowie auf das Fehlen von selektiven Anreizen zur Organisierung,

- die Akzeptanzprobleme bei Administration/ Lehrern-Schulleitungen/ Öffentlichkeit sind Folgeprobleme der infolge der Schwäche der Verbände nicht durchführbaren Kontrolle des Kontextes.

Fragt man nach den Bedingungen zur Konstruktion von Elternmitwirkung, so sind aus den Begründungszusammenhängen der Denkschrift (Stichwort: Sozialer Wandel) und der im engeren Sinn schulpolitisch anstehenden schulstrukturellen Entscheidungen Änderungen dringend erforderlich.

Dazu habe ich einige Diskussionslinien zusammengetragen, welche die staatliche Bildungspolitik als einen Bereich der Sozialpolitik darstellt.

Staatliche Bildungspolitik als sozialpolitische Steuerungspolitik

Dieses Kapitel läßt sich gliedern: ***was*** wird von ***wem***, ***wie***, ***wo*** und ***womit*** gesteuert?

Was wird gesteuert? Enggefaßt handelt es sich um den Schulbereich, weitergefaßt um sozialpolitische Steuerung. Dabei geht es eine demokratietheoretische Begründung von Staatsfunktionen als Repräsentation von Eigennutz und Gemeinwohl und letztlich um Legalität und Legitimität des Staatshandelns. Engergefaßt ist Bildungspolitik ein Bereich der Sozialpolitik, wobei Bildungspolitik als familienpolitisches Verteilungsproblem vorgestellt wird.

Der 'Umbau' des Sozialstaates wird auf fünf Prinzipien gegründet: Transparenz, Kalkulierbarkeit, Optionensteigerung, Individualisierung und Minimumstrategie. Diese Prinzipien - so die These - können auch für andere Bereiche von Sozialpolitiken relevant werden.

Wer steuert? Dabei geht es um die Akteurskonstellationen und ihre Veränderung. 'Organisationsentwicklung' und 'Lernprozeß über kognitive Dissonanzen' sind die Antwort auf die Frage, wie gesteuert wird.

Wo können sich Eltern mit Entscheidung und Einfluß in den Politikprozesse einschalten? Grundsätzlich muß der verbandliche Aufbau dem des "Gegenspielers", also dem administrativen Aufbau entsprechen. Damit ist die Kommune/ Region ein Ansatzpunkt. Es ergibt sich für NRW, daß es keine Entsprechungen beim Aufbau von Elternvertretungen mit den administrativen Ebenen gibt, und folglich gibt es auch keine abgesicherten Einflußmöglichkeiten auf kommunaler/ regionaler Ebene.

Womit sollten Elternverbände ihre Arbeit durchführen? Selbstregulierung, Pluralisierung der Einflußebenen und intraorganisatorische Pluralisierung sind auch hier - entsprechend dem Modell des Steuerungsstaates - Mittel der Wahl.

Verbindung Elternsystem-Schulsystem

Die Funktion von Elternmitwirkung wird in Bezug auf staatliche Planungsprozesse als Modernisierungspotential für sozialen Wandel angesehen. Im Bereich des Schulwesens ist sie Teil von (möglichen) Demokratisierungsprozessen und Selbststeuerungsprozesssen der Organisation Schule. Die Formen und Mittel, die angewendet werden, bestimmen sich nach den Interessenarten (entgegengesetzte/ gemeinsame) und der Stellung der Interessenvertretungen zur Schule (Beteiligte, Betroffene).

Ob die Demokratisierungs- und Selbststeuerungsprozesse staatliche Koordination verringern, und welche Rolle Verbände dabei einnehmen können, ist abhängig von der Art ihrer Inkorporierung bei staatlicher Steuerung. Rechtlich abgesicherte Entscheidungsrechte bei der Formulierung und Durchsetzung von speziellen Politiken sind nötig wegen des funktionalen Zusammenhanges von elterlichen und staatlichen Rechten und Pflichten. Eine Koordinierung erfüllt so die Funktion, Loyalität gegenüber Entscheidungen und deren Durchführung herzustellen.

Diese notwendige Verbindung von Eltern- und Schulsystem wird am Beispiel der Sozialisation mit der Fragestellung, wie Verantwortlichkeit von beiden Instanzen hergestellt werden kann, aufbereitet.

Dazu werden die unterschiedlichen Wertorientierungen von Elternhaus, Schulhaus und peers betrachtet: auch hier wird mit der Betonung auf Eigenständigkeit, der Anerkenntnis von jeweiligen Selbststeuerungspotentialen statt der Vermischung der Steuerungsmedien ("Macht" – universalistische Orientierung, "Liebe" – partikularistische Orientierung,) die Möglichkeit herausgearbeitet, Lernen zu ermöglichen.

Wie kann die Verantwortlichkeit der Schule gestärkt werden? In der Verschränkung öffentlicher und privater Handlungssphären wird ein Weg gesehen, um die Funktionsfähigkeit beider - Elternhaus und Schulhaus - zurückzugewinnen. Elternmitwirkung wird in einem solchen Zusammenhang als 'investment' angesehen, also Aktivitäten, die sich auf tätige Verantwortungsübernahme bei einem ausgewählten Problem beziehen. Verbände können dabei Akteure von Modernisierungspolitiken sein, wenn der politische Kern der Konflikte Inhalt der Kooperation mit der Schule ist. Dieser wird in der Öffentlichkeit des Schulwesens gesehen, die mit dem Mittel der Entstaatlichung der Schule deren Qualität sicherstellt.

Schlußfolgerungen

Sie beziehen sich erstens auf die Möglichkeiten zur Qualitätssicherung. Es wird eine Veränderung in der Steuerung vorgeschlagen, die sich auf eine Beteiligung von Eltern an der internen Evaluation und der externen Steuerung sowie Änderungen im Finanzierungsmodus der Schule beziehen.

Verhandlungslösungen (statt Konfrontationslösungen) sind wegen des unstrukturiertem Kontextes von Schule (politische Richtungskämpfe um Schule, unterschiedliche Konfliktlösungsmuster, verschiedene beteiligte Expertensysteme) vorzuziehen.

Wie können solche Verhandlungslösungen strukturiert werden? Durch Tausch, Verknüpfen von Arenen und deren jeweiliger Entscheidungsmodi (hierarchische [Schule], nicht-hierarchische [Elternhaus]) mit dem Ziel der Legitimierung durch Verhandlung und Kompromißbildung wird eine Selbstkoordination der beteiligten Systeme statt hierarchischer Koordination (staatliche Koordination) ermöglicht.

Was bedeutet das weitergehend für Elternmitwirkung? Sie wird als funktionales Äquivalent zu Parteien und traditionellen Verbänden diskutiert. Dann ist sie Teil der Öffentlichen Arbeit, was die Anerkenntnis ihres gemeinwesenorientierten Charakters durch Gratifikationen, die eine Abkehr von reiner Ehrenamtlichkeit bzw. Anerkenntnis von Ehrenamtlichkeit durch Gratifikationen bedeutet. Weitergehende Vorschläge liegen vor mit Bildungsurlaub, zweitem Arbeitsmarkt bis hin zu Öffentlicher Arbeit mit einem Bonussystem für soziale Dienste.

In welchen Formen kann das realisiert werden? Es wird der Vorschlag einer speziellen Netzwerkorganisation gemacht, bei der eine Verknüpfung über Vertrag und Organisation erfolgt. Damit ist Leistungsverpflichtung und Kooperation, weitergehend Institutionalisierung von Verhandlungsverfahren sowie partizipative Verfahrenssteuerung verbunden.

Als Fazit ergibt sich daraus das Modell von Elternmitwirkung als pluralistischer, verantwortlicher Mitwirkung mit Entscheidungsrechten in Absetzung von Selbsthilfemodellen.

Was bedeutet das alles für Verbände? Grundlegend ist erst einmal die Anerkenntnis ihrer Notwendigkeit infolge der Komplexität der Probleme: auf organisierte Entscheidungssysteme kann es auch nur eine organisierte Einflußnahme geben.

Eine Steigerung ihrer Eigenkomplexität kann durch Entwicklung eigenständiger Steuerungsmechanismen erfolgen, was eine weitergehende Ablösung von Staat, Kirche, Parteien und komplementär dazu auch die Aufgabe der Selbsthilfeideologie bedeutet.

Innerorganisatorische Veränderungen, wie Anpassung des Organisationsaufbaus entsprechend dem administrativen System, interne Demokratisierung und die Entwicklung von Mitgliedskonzepten, die selektive Anreize für Beteiligung wie materielle und immaterielle Vorteile bei Mitgliedschaft bereitstellen, werden vorgeschlagen. Die Entwicklung von Dienstleistungsfunktionen der Verbände kann zum Aufbau einer gewissen Marktmacht durch Lieferung von Gütern führen und bis zur eigenständigen Aufgabenerledigung gehen.

Unabdingbar sind Veränderungen in der rechtlichen Regulierung von Elternmitwirkung, die sich an dem "partizipationsfreundlichem Geist" des GG und der LV NRW (statt lediglich abwehrender Interpretation) orientieren.

Die Entwicklung einer rechtlich abgesicherten Mitwirkung über Entscheidungen (Entscheidungspartizipation) zum Aufbau von Spielräumen für Reformpolitiken ist so möglich, statt Elternmitwirkung in ihren Abwehr- und Gegenmachtfunktionen zu belassen. Diese bisherigen Formen sind "erfolgreich scheiternde Organisationen", weil zuverlässig mehrere Ziele verfehlt werden: Autonomisierung von Schule, Dezentralisierung von Entscheidungsprozessen, Koordination von Elternakteuren, Entwicklung stabiler, langfristig angelegter und rationaler Vertretung von Elterninteressen, Chancengleichheit bei den zu vertretenen Interessen, rasche Umsetzung von Entscheidungen.

Theoretische Schlußfolgerungen und Ausblick

Elternmitwirkung als Modernisierungspotential für Sozialen Wandel ist mit einer Theorie des Verbandshandelns zu fassen, die sich als Politische Ökonomie der sozialen Dienstleistungsproduktion darstellt. In der Verbindung mit schultheoretischen Ansätzen wird sich Elternmitwirkung dann als sozialer Dienst herausstellen, der soziale Dienstleistungsproduktion für die Schule erbringt und politische Organisation für die Vertretung von Interessen von Kindern und Jugendlichen im allgemeinbildenden Schulwesen ist.

Dies bedeutet eine Machtverlagerung auf Eltern, die als gleichberechtigte Akteure in diesem sozialpolitischen Feld 'Bildungspolitik' angesehen werden. Für die Regulierung der Beziehungen zwischen Elternhaus und Schule wird ein vertragstheoretisches Modell des Netzwerkes vorgeschlagen. Praktische Ansätze lassen sich für den Bereich des Schulwesens in den USA mit den Charter-Schools finden; in der Bundesrepublik Deutschland finden sich entsprechende Ansätze in Schulpartnerschaften zwischen Schulen und Betrieben, Überlegungen zum Zusammenführen von ehrenamtlicher Tätigkeit und Stiftungskapital in Fonds.

LITERATUR

ABELS, Heinz (1993): Jugend vor der Moderne. Soziologische und psychologische Theorien des 20. Jahrhunderts, Opladen

ABENDROTH, Wolfgang (1966): Das Grundgesetz. Eine Einführung in seine politischen Probleme. Pfullingen

ADAM, Konrad (1993): Weder Weimar noch Karthago, in: UNSELD, Siegfried (Hg.) Nachdenken über Deutschland, Frankfurt am Main, S. 87-105

ADORNO, Theodor W. (1965/1971): Tabus über den Lehrerberuf, in: Erziehung zur Mündigkeit, Frankfurt am Main, S. 70-87

AFHELDT, Horst (1996): Ausstieg aus dem Sozialstaat? Gefährungen der Gesellschaft durch weltweite Umbrüche, in: Aus Politik und Zeitgeschichte, B 25-26, S. 3-12

Aktion Humane Schule (AHS) (1996): Mitteilungen des Bundesverbandes, 22. Jg. Mai, Aalen

ALBRECHT, A. (1985): „Verbände", in: Staatslexikon: Recht, Wirtschaft, Gesellschaft, Hg. von der Görres-Gesellschaft, 7. völlig neubearbeitete Auflage, Freiburg u.a.

ALEMANN, Ulrich v./ HEINZE, Rolf G. (1981): Verbände und Staat. Vom Pluralismus zum Korporatismus, 2. Aufl., Opladen

Alliierte Kontrollbehörde in Deutschland (1947): Direktive Nr. 54 vom 25.6.1947, Grundsätzliches zur Demokratisierung des deutschen Bildungswesens, in: FROESE, Leonhard (1969): Bildungspolitik und Bildungsreform, München

ALTVATER, Elmar (1995): Die Arbeitsgesellschaft vor den Herausforderungen von Geld und Natur, in: Aus Politik und Zeitgeschichte, B 15/16, S. 16-24

ANWEILER, Oskar u.a. (Hrsg.) (1992): Bildungspolitik in Deutschland 1945-1990. Ein historisch-vergleichender Quellenband, Bonn

APPLE, Michael W. (1994): Wie Ideologie wirkt: Die Wiederherstellung der Hegemonie während der konservativen Restauration, in: SÜNKER, Heinz/ TIMMERMANN, Dieter/ KOLBE, Fritz-Ulrich (Hrsg.): Bildung, Gesellschaft, soziale Ungleichheit. Internationale Beiträge zur Bildungssoziologie und Bildungstheorie , Frankfurt am Main, S. 34-63

ARENDT, Hannah (1958): Die Krise in der Erziehung. Vortrag Ms.

ARMINGEON, Klaus (1993): Die Regulierung der kollektiven Arbeitsbeziehungen. Ein internationaler Vergleich, in: CZADA, Roland/ SCHMIDT, Manfred G. (Hrsg.): Verhandlungsdemokratie, Interesenvermittlung, Regierbarkeit, Festschrift für Gerhard LEHMBRUCH, Opladen, S. 145-170

BÄCKER, Gerhard (1993): Im Übergang vom Erwerbsleben in den Ruhestand. Beschäftigungsperspektiven älterer Arbeitnehmer zwischen demographischem Wandel und anhaltender Arbeitslosigkeit, in: Aus Politik und Zeitgeschichte B 44, S. 16-26

BÄCKER, Gerhard (1996): Sind die Grenzen des Sozialstaates überschritten? Zur Diskussion über die Reformperspektiven der Sozialpolitik, in: Aus Politik und Zeitgeschichte, B 25-26, S. 13-25

BADURA, Bernhard/ GROSS, Peter (1977): Sozialpolitik und soziale Dienste: Entwurf einer Theorie personenbezogener Dienstleistungen, in: KZfSS, SH 19, S. 361-385

BADURA, Peter (1991): Staatsaufgaben und Teilhaberechte als Gegenstand der Verfassungspolitik, in: Aus Politik und Zeitgeschichte, B 41, S. 20-28

BAETHGE, Martin (1984): Materielle Produktion, gesellschaftliche Arbeitsteilung und die Institutionalisierung von Bildung, in: Enzyklopädie Erziehungswissenschaft, Bd. 5,Organisation, Recht und Ökonomie des Bildungswesens, Hrsg. BAETHGE, Martin/ NEVERMANN, Knut, Stuttgart, S. 21-51

BAETHGE, Martin/ NEVERMANN, Knut (1984): Vorwort der Herausgeber zu: Enzyklopädie Erziehungswissenschaften, Organisation, Recht und Ökonomie des Bildungswesens, Hrsg. BAETHGE, Martin/ NEVERMANN, Knut, Stuttgart, S. 13-16

BARBIAN, Thomas W.J. (1993): Die Neuartigkeit umwelt- und technologiepolitischer Entscheidungsverfahren - Eine erste vergleichende Fallbewertung, in: ZILLEßEN, Horst/ DIENEL, Peter C./ STRUBELT, Wendelin (Hrsg.): Die Demokratisierung der Demokratie. Internationale Ansätze, Opladen, S. 297-327

BARTÖLKE, Klaus/ RIDDER, Hans-Gerd (1988): Technologieentwicklung und Betriebsverfassungsgesetz, in: contacte, Fernuniversität Hagen, 1988, S. 44

BASS (Bereinigte Amtliche Sammlung der Schulvorschriften des Landes Nordrhein-Westfalen) (9.1994)

BECK, Ulrich (1988): Gegengifte: Die organisierte Unverantwortlichkeit, Frankfurt am Main

BECK, Ulrich (1993): Der feindlose Staat, in: UNSELD, Siegfried (Hg.): Nachdenken über Deutschland, Frankfurt am Main, S. 106-122

BECK, Ulrich (1996): Kapitalismus ohne Arbeit, in: Der Spiegel, 20/1996, S. 140-146

BECK-GERNSHEIM, Elisabeth (1994): Auf den Weg in die postfamiliale Familie. Von der Notgemeinschaft zur Wahlverwandschaft, in: Aus Politik und Zeitgeschichte B 6, S. 3-14

BECKER, Hellmut (1954/ 1993): Die verwaltete Schule, in: RdJB, Jg. 41, Heft 3, S. 130-147

BECKER, Joachim (1994): Sparschock noch nicht begriffen. Wie die Krise der Kommunen den Wohlstandsbürger trifft, in: Spiegel-Spezial 1/1994, S. 108-111

BELOW, Peter/ STUBENRAUCH, Herbert (1977): Mit Geld und Macht gegen die Zukunft. Kursbuch 50, S. 149-164

BENZ, Arthur (1992): Mehrebenen-Verflechtung: Verhandlungsprozesse in verbundenen Entscheidungsarenen, in: ders./ SCHARPF, Fritz W./ ZINTL, Reinhard (1992): Horizontale Politikverflechtung. Zur Theorie von Verhandlungssystemen. Schriften des MPIFG Bd. 10, Frankfurt/ New York, S. 147-205

BENZ, Arthur (1994): Zur demokratischen Legitimation von Verhandlungen, in: KILPER, Heiderose (Hg.): Steuerungseffekte und Legitimation regionaler Netzwerke, Institut Arbeit und Technik, Gelsenkirchen, S. 69-80

BERTH, Rolf (1992): Welche Idee siegt? in: GABLER's Magazin, Vorabdruck Nr. 11-12/1992

BERTSCH, Frank (1992): Daten zur wirtschaftlichen Situation der Familien, in: JANS, Bernhard/ SERING, Agathe: Familien im wiedervereinigten Deutschland. Dokumentation einer Familienkonferenz der Arbeitsgemeinschaft der Deutschen Familienorganisation (AFG), Grafschaft, S. 59-70

BESSOTH, Richard (1974/1976): Schulaufsicht und Partizipation, in: WEHNES, Franz-Josef (1976): Mitbestimmung und Mitverantwortung in der Schule, Kastellaun, S. 63-91

BETHUSY-HUC, Viola Gräfin von/ HOLZER, Susanne (1987): Interessenverbände und Interessengruppen, in: Informationen zur Politischen Bildung 217, S. 1-29

BEYER, Lothar/ BRINCKMANN, Hans (Unter Mitarbeit von Monika KÄSE und Werner KILIAN) (1990): Kommunalverwaltung im Umbruch. Verwaltungsreform im Interesse von Bürgern und Beschäftigten, Köln

BEYME, Klaus von (1990): Politikfeldanalyse in der BRD, in: ders./ SCHMIDT, Manfred G. (1990): Politik in der BRD, Opladen, S. 18-35

BEYME, Klaus von /SCHMIDT, Manfred G. (1990): Politik in der BRD, Opladen

BEYME, Klaus von (1991): Theorie der Politik im 20. Jahrhundert. Frankfurt am Main

BEYME, Klaus von (1993a): Das politische System der Bundesrepublik Deutschland nach der Vereinigung. Vollständig überarb. Neuausgabe München (1.1979)

BEYME, Klaus von (1993b): Der Parteienstaat und die Vertrauenskrise in der Politik, in: UNSELD, Siegfried (Hg.), Nachdenken über Deutschland, Frankfurt am Main, S. 23-42

BILDUNGSKOMMISSION NRW (1995): Zukunft der Bildung, Schule der Zukunft. Neuwied/ Berlin

BISCHOFF, Norbert (1992): Interessenvertretung für Familien, in: JANS, Bernhard/ SERING, Agathe: Familien im wiedervereinigten Deutschland. Dokumantation einer Familienkonferenz der Arbeitsgemeinschaft der Deutschen Familienorganisation (AFG), Grafschaft, S. 149-151

BLANKERTZ, Stefan (1989): Legitimität und Praxis. Öffentliche Erziehung als pädagogisches, soziales und ethisches Problem. Studien zur Relevanz und Systematik angelsächsischer Schulkritik. Wetzlar

BLASIUS, Jörg/ WINKLER, Joachim (1989): Gibt es die 'feinen Unterschiede'? Eine empirische Überprüfung der BOURDIEUschen Theorie, in: KZfSS, Heft 41, S. 72-94

BOCKENFÖRDE, Ernst-Wolfgang (1976): Die politische Funktion wirtschaftlich-sozialer Verbände und Interessenträger in der sozialstaatlichen Demokratie, in: Der Staat, Heft 4, S. 457-483

BÖHM, Thomas (1994): Elternrechte in der Schule, in: Pädagogik, 46. Jg. 10/94, S. 51-55

BÖHNISCH, Lothar (1994): Gewalt, die nicht von außen kommt, in: HEITMEYER, Wilhelm (Hg.): Das Gewalt-Dilemma, Frankfurt am Main, S. 227-241

BÖHRET, Carl/ JANN, Werner/ KRONENWETT, Eva (1988): Innenpolitik und politische Theorie. 3. neubearb. & erw. Aufl. Opladen

BOEßENECKER, Karl-Heinz/ BÜHLER, Theo (1991): "Neue Verbände - neue Unübersichtlichkeiten", in: Forschungsjournal Neue Soziale Bewegungen, Heft 3, Marburg, S. 68-78

BOIS-REYMOND, Manuela du (1977): Verkehresformen zwischen Elternhaus und Schule, Frankfurt am Main

BOIS-REYMOND, Manuela du/ HÜBNER-FUNK, Sybille (1993): Jugend und Jugendforschung in Europa, in: KRÜGER, Karl-Heinz, Handbuch der Jugendforschung, 2. erw. Auflage, Opladen, S. 63-88

BOIS-REYMOND, Manuela du/ BÜCHNER, Peter/ KRÜGER, Heinz-Herrmann/ ECARIUS, Jutta/ FUHS, Burkhard (1994): Kinderleben. Modernisierung von Kindheit im interkulturellen Vergleich, Opladen

BOIS-REYMOND, Manuela du/ BÜCHNER, Peter/ KRÜGER, Heinz-Herrmann (1994): Modernisierungstendenzen im heutigen Kinderleben: Ergebnisse und Ausblick, in: diess. et al. (1994), Kinderleben. Modernisierung von Kindheit im interkulturellen Vergleich, Opladen S. 273-282

BRANDEL, Rolf/ STÖBE, Sybille (1994): Verwaltungsmodernisierung und lokale Demokratie, in: Institut Arbeit und Technik im Wissenschaftszentrum Nordrhein Westfalen, Jahrbuch 1994, S. 62-72

BREYER, Friedrich (1993): Ökonomische Theorie der Politik. Studienbrief I-IV der Fernuniversität Hagen [Kap. 0-2/ 3+4/ 5+6/7-10]

BREYVOGEL, Wilfried (1985): Soziale Lage und Bewußtsein von Lehrern, in: Enzyklopädie Erziehungswissenschaft, Bd. 5,Organisation, Recht und Ökonomie des Bildungswesens, Hrsg. BAETHGE, Martin/ NEVERMANN, Knut, Stuttgart, S. 298-319

BROCKMEYER, Rainer/ HAMACHER, Paul (Hrsg.) (1982): Schule zwischen Recht, Politik und Planung. Paderborn

BROCKMEYER, Rainer (1993): Bildungsplanung als Suchprozess, zit. nach SPIES, Werner: Schulautonomie - wünschenswertes Reformziel oder bildungspolitische Sackgasse?, in: Schulmanagement 4/93, S. 16-19

BUDDE, Hermann/ KLEMM, Klaus (1994): Zur Entwicklung der Bildungsfinanzierung: Stagnierende Bildungsausgaben - Privatisierung - Aufgabenreduzierung, in: ROLFF, Hans-Günter et al. (Hrsg.): Jahrbuch der Schulentwicklung, Bd. 8, Weinheim/München., S. 99-123

BÜCHNER, Peter (1976): Bürokratisierung statt Demokratisierung, in: Gesamtschule, Heft 1, S. 7-9

BÜCHNER, Peter/ FUHS, Burkhard unter Mitarbeit von Anne BÖRNER und Matthias BURKHOLZ (1994): Kinderkulturelle Praxis: Kindliche Handlungskontexte und Aktivitätsprofile im außerschulischen Lebensalltag, in: BOIS-REYMOND, Manuela du et al., Kinderleben. Modernisierung von Kindheit im interkulturellen Vergleich, Opladen, S. 63-220

BÜCHNER, Peter/ KRÜGER, Heinz-Herrmann (1996): Soziale Ungleichheiten beim Bildungserwerb innerhalb und außerhalb der Schule, in: Aus Politik und Zeitgeschichte B 11, S. 21-30

Bündnis 90/ Die Grünen, Bundesarbeitsgemeinschaft Bildung (1994): Schule zum Lebensort machen. Lernen mit Kopf, Herz und Hand. Bonn

BUNDESMINISTERIUM FÜR FAMILIE UND SENIOREN (Hg.) (1994): Familien und Familienpolitik im geeinten Deutschland - Zukunft des Humanvermögens. 5. Familienbericht, Bonn

BUSCH, Eckard (1993): Die gemeinsame Verfassungskommission. Eine neue Institution für die Grundgesetzreform, in: Aus Politik und Zeitgeschichte B 52-53, S. 7-11

CALLIESS, Rolf-Peter (1972/1976): Elternmitwirkung in Kindergarten und Schule, in: WEHNES, Franz-Josef (1976): Mitbestimmung und Mitverantwortung in der Schule, Kastellaun, S. 111-121

CATTACIN, Sandro/ PASSY, Florence (1993): Der Niedergang von Bewegungsorganisationen. Zur Analyse von organisatorischen Laufbahnen, in: KZfSS, Jg. 45, Heft 3, S. 419-148

COLBERT-SCHRADER, Hedi (1992): Kindheitsforschung für die Praxis, in: Diskurs 1, S. 22-25

COLEMAN, James S. (1986): Social Theory, Social Research and a Theory of Action, in: American Journal of Sociology, Vol. 91, 6/1986, S. 1309-1335

COLEMAN, James S. (1995): Families and Schools, in: Zeitschrift für Sozialisationsforschung und Erziehungssoziologie, 15. Jg., Heft 4, S. 362-374

CORNELIUS, Ivar (1992): Wirtschaftliche Situation der Familien, in: JANS, Bernhard/ SERING, Agathe: Familien im wiedervereinigten Deutschland. Dokumentation einer Familienkonferenz der Arbeitsgemeinschaft der Deutschen Familienorganisationen, S. 71-85

CROZIER, Michel/ FRIEDBERG, Erhard (1993): Die Zwänge kollektiven Handelns: Über Macht und Organisation. Neuausgabe, Frankfurt am Main (frz. 1977)

CZADA, Roland (1991): Regierung und Verwaltung als Organisatoren gesellschaftlicher Interessen, in: HARTWICH, Hans-Herrmann/ WEWER, Göttrik (Hrsg.): Regieren in der Bundesrepublik 3: Systemsteuerung und Staatskunst, Opladen, S. 150-173

CZADA, Roland/ SCHMIDT, Manfred-G. (1993): Einleitung: Verhandlungdemokratie, Interessenvermittlung, Regierbarkeit. Festschrift für Gerhard LEHMBRUCH. Opladen, S. 7-22

CZADA, Roland (1993): Konfliktbewältigung und politische Reform in vernetzten Entscheidungsstrukturen, in: ders./ SCHMIDT M.G. (Hrsg.): Verhandlungsdemokratie - Interessenvermittlung - Regierbarkeit. Festschrift für Gerhard LEHMBRUCH, Opladen, S. 73-93

CZADA, Roland/ SCHMIDT, Manfred G. (Hrsg.) (1993): Verhandlungsdemokratie, Interessenvermittlung, Regierbarkeit. Festschrift für Gerhard LEHMBRUCH, Opladen

DANNE, Werner (1975/1976): Partizipation in der Schule - Idee und Wirklichkeit, in: WEHNES, Franz-Josef, Mitbestimmung und Mitverantwortung in der Schule, Kastellaun, S. 92-121

DAXNER, Michael (1993): Die Wiederherstellung der Hochschule (Heinrich-Böll-Stiftung), Köln

DAXNER, Michael (1994): Wissenschaft und die Reform der Gesellschaft, in: NEGT, Oskar (Hg.), Die zweite Gesellschaftsreform, Göttingen, S. 266-275

DEBIEL, Thomas (1994): Kriegerische Konflikte, friedliche Streitbeilegung und die Vereinten Nationen, in: Aus Politik und Zeitgeschichte, B 2, S. 3-17

DEUTSCHE BISCHOFSKONFERENZ (1993): Unsere Verantwortung für Wirtschaft und Gesellschaft. Konsultationsprozeß zur Vorbereitung eines Wortes der deutschen Bischöfe zur wirtschaftlichen und sozialen Lage in Deutschland, Bonn

DEUTSCHER BILDUNGSRAT (1973): Empfehlungen der Bildungskommission, Zur Reform von Organisation und Verwaltung im Bildungswesen, Teil I: Verstärkte Selbstständigkeit der Schule und Partizipation der Lehrer, Schüler und Eltern, Stuttgart

DEUTSCHER BILDUNGSRAT (1974): Bericht der Bildungskommission zur Reform von Organisation und Verwaltung: Fragen einer ziel- und programmorientierten Schulverwaltung unter besonderer Berücksichtigungn des Ministerialbereichs, Bonn

DEUTSCHER JURISTENTAG (1981): Bericht der Kommission Schulrecht: Schule im Rechtsstaat, Bd. 1, München

DEUTSCHER STÄDTETAG(1993): Dienstleistungsunternehmen Stadt - Herausforderung an Politik und Verwaltung, Köln

DICHANZ, Horst/ SCHWITTMANN, Dieter (1986): Methoden im Schulalltag, in: Die Deutsche Schule, Heft 3, S. 327-337

DICHANZ, Horst (1994): Die Beziehungen zwischen Schulen und Gemeinden in den USA. Ms. Hagen (erschienen auch in: Jahrbuch 1994, Hg. Gesellschaft der Freunde der Fernuniversität, Hagen, S. 157-175: Chancen dezentraler Schulpolitik)

DIENEL, Christiane (1994): Familienpolitik und Armutsbekämpfung in den zwölf Ländern der Europäischen Gemeinschaft, in: Aus Politik und Zeitgeschichte 7-8, S. 22-31

DIENEL, Peter C. (1993): Zur Funktionaliät technologie- und umweltpolitischer Konflikte für eine Modernisierung der Demokratie, in: ZILLEßEN, Horst/ DIENEL, Peter C./ STRUBELT, Wendelin (Hrsg.): Die Demokratisierung der Demokratie. Internationale Ansätze, Opladen, S. 59-71

DIETZE, Lutz (1984): "Schülervertretung", in: Enzyklopädie Erziehungswissenschaft, Bd. 5, Organisation, Recht und Ökonomie des Bildungswesens, Hrsg. BAETHGE, Martin/ NEVERMANN, Knut, Stuttgart, S. 580-584

DÖHLER, Marian (1993): Netzwerke im politisch-administrativen System, in: Effektivität intermediärer Organisationen für den regionalen Strukturwandel. Ms. WZN, Gelsenkirchen, S. 7-34

DÖNHOFF, Marion et al. (1992): "Weil das Land sich ändern muß." Ein Manifest, Reinbek

DÖRING, Diether (1993): Umrisse einer künftigen Sozialpolitik, in: UNSELD, Siegfried (Hg.) Nachdenken über Deutschland, Frankfurt am Main, S. 385-408

DÖRRE, Klaus/ NEUBERT, Jürgen/ WOLF, Harald (1993): 'New Deal' im Betrieb? Unternehmerische Beteiligungskonzepte und ihre Wirkung auf die Austauschbeziehungen zwischen Management, Belegschaften und Interessenvertretungen. Ms. Göttingen (SOFI-Mitteilungen 20/1993, S. 15-36)

DÖRRE, Klaus/ NEUBERT, Jürgen (1994): Von der partizipativen Wende im Management zu konventioneller Krisenbewältigung? Ms. (vorläufige Fassung), Göttingen SOFI (endgültige Fassung in: Management 4/1994, Berlin)

DRUMMER, Hermann/ FACH, Wolfgang/ HÄUSLER, Jürgen/ SIMONIS, Georg (1990): Energiepolitik. Die Krisenregulierung der politischen Parteien, in: BEYME, Klaus v./ SCHMIDT, Manfred G., Politik in der BRD, Opladen, S. 360-381

DUBS, Rolf (1995): Autonome Schulen: Erstrebenswertes Ziel, Schlagwort oder politischer Schachzug? in: Zeitschrift für Berufs- und Wirtschaftspädagogik, 91. Band, Heft 1, S. 1-6

EDER, Klaus (1990): Kollektive Akteure zwischen Identitätssuche und Mobilisierungsindustrie. Oder: Wie man kollektive Akteure wieder theoriefähig macht. Diskussionspapier 3-90, Hamburger Institut für Sozialforschung

ELIAS, Norbert/ SCOTSON, John L. (/1976/1990): Etablierte und Außenseiter. Frankfurt am Main

ENGELBERT, Angelika (1992): Wie "teuer" sind Kinder? Wert und Kosten von Kindern für Familien und Gesellschaft, in: Diskurs 1, S. 12-21

ENGELHARDT, Michael von (1984): Schule und Arbeitssituation des Lehrers, in: Enzyklopädie Erziehungswissenschaft, Bd. 5,Organisation, Recht und Ökonomie des Bildungswesens, Hrsg. BAETHGE, Martin/ NEVERMANN, Knut, Stuttgart, S. 355-372

ENGLER, Wolfgang (1995): Die ungewollte Moderne. Ost-West-Passagen. Frankfurt/Main

ESCHENBURG, Theodor (1956): Staat und Gesellschaft in Deutschland, Stuttgart

ESSER, Hartmut (1994): Von der subjektiven Vernunft der Menschen und von den Problemen der kritischen Theorie damit, in: Soziale Welt, 45. Jg., Heft 1, S. 16-32

ESSER, Josef (1985/1990): Staat und Markt, in: FETSCHER, Iring/ MÜNKELER, Herfried (Hrsg.): Politikwissenschaft, Begriffe - Analysen - Theorien, Reinbek, S. 201-244

ESSER, Josef (1993): Die Suche nach dem Primat der Politik, in: UNSELD, S. (Hg.), Nachdenken über Deutschland, Frankfurt am Main, S. 409-430

FARNEN, Russel B. (1994): Politik, Bildung und Paradigmenwechsel: jüngste Trends in der Kritischen Pädagogik, in den politischen Wissenschaften, der politischen Sozialisation und in der politischen Bildung in den Vereinigten Staaten, in: SÜNKER, Heinz/ TIMMERMANN, Dieter/ KOLBE, Fritz-Ulrich (Hrsg.): Bildung, Gesellschaft, soziale Ungleichheit. Internationale Beiträge zur Bildungssoziologie und Bildungstheorie, Frankfurt am Main, S. 338-384

FEHR, Helmut (1994): Organisierte Interessen im Wandel - Neuere Beiträge zur Politik von Interessenverbänden, in: Soziologische Revue, 17. Jg., S. 147-155

FELL, Karl H. (1992): Einführung und Schlußwort zu: Familien im wiedervereinigten Deutschland, a.a.O., S. 9-22 und 167/168

FELTES, Thomas (1994): Mehr Polizeibeamte, weniger Straftaten?, in: Der Spiegel, 22/1994, S. 50-54

FEND, Helmut (1982): Erziehungswissenschaft - Bildungspolitik - Kultusverwaltung. Geschichten unglücklicher Liebschaften oder Modernisierungsprozeß von Bürokratien, in: BROCKMEYER, Rainer/ HAMACHER, Paul (Hrsg.): Schule zwischen Recht, Politik und Planung, Paderborn, S. 124-163

FETSCHER, Iring (1992): Leben ohne Utopie? Vortrag in Vlotho. Manuskript

FLAM, Helena (1990): Corporate Actors: Definition, Genesis and Interaction. Ms. MPIG 90/11, Köln

FRANK, Manfred (1993): Nachdenken über Deutschland, in: UNSELD, Siegfried (Hg.), Nachdenken über Deutschland, Frankfurt am Main, S. 250-282

FRIEDEBURG, Ludwig von/ OEHLER, Christoph (1984): Staatliche Bildungsplanung, in: Enzyklopädie Erziehungswissenschaften, Bd. 5, Organisation, Recht und Ökonomie des Bildungswesens, Hrsg. BAETHGE, Martin/ NEVERMANN, Knut, Stuttgart, S. 244-258

FEHNEMANN, Ursula (1978): Bemerkungen zum Elternrecht in der Schule, in: Die öffentliche Verwaltung 31 (1978), S. 489 ff.

FEHNEMANN, Ursula (1980): Die Bedeutung des grundgesetzlichen Elternrechts für die elterliche Mitwirkung in der Schule, in: Archiv des öffentlichen Rechts, Jg. 105, S. 529-563

FISCHER, Frank/ MANDELL, Alan (1994): Bildungspolitik und die postindustrielle Transformation: 'Excellence' als technokratische Ideologie, in: SÜNKER, Heinz et al., (Hrsg.): Bildung, Gesellschaft, soziale Ungleichheit. Internationale Beiträge zur Bildungssoziologie und Bildungstheorie. Frankfurt am Main, S. 120-144

FISCHER, Wolfgang (1974/1976): Die verselbständigte und partizipatorische Staatsschule des Deutschen Bildungsrates, in: WEHNES, Franz-Josef (1976): Mitbestimmung und Mitverantwortung in der Schule, Kastellaun, S. 45-62

FISCHER, Wolfgang (1993): Formen unmittelbarer Demokratie im Grundgesetz, in: Aus Politik und Zeitgeschichte, B 52/53, S. 16-18

FISCHER-OHLEMACHER, Anne/ KÖRBER, Stefan (1993): Partizipative Konsensfindung in der Stadtplanung, in: ZILLEßEN, Horst/ DIENEL, Peter C./ STRUBELT, Wendelin (Hrsg.): Die Demokratisierung der Demokratie. Internationale Ansätze, Opladen, S. 202-219

FÖLLING-ALBERS, Maria u.a. (2.1995): Schulkinder heute. Auswirkungen veränderter Kindheit auf Unterricht und Schulleben, Weinheim/Basel

FRIEDEBURG, Ludwig von (1992): Bildungsreform in Deutschland. Geschichte und gesellschaftlicher Widerspruch, Frankfurt am Main

FUCHS, Dieter (1991): Zum Wandel politischer Konfliktlinien: Ideologische Gruppierungen und Wahlverhalten. WZB FS III 90-205

FÜRST, Dietrich (1993): Thesen zu: Intermediäre Organisationen zwischen offenen Netzwerken und festen Strukturen, in: ders./ KILPER, Heiderose (Hrsg.): Effektivität intermediärer Organisationen für den Strukturwandel, WZN, Gelsenkirchen, S. 21-34

FÜSSEL, Hans-Peter (1987): Elternrecht und Sonderschule. Ein Beitrag zum Umfang des Elternrechts in der Schule für Lernbehinderte. MPIFB, Studien und Berichte 45, Berlin

FÜSSEL, Hans-Peter (1994): Schulalltag und rechtliche Regelungen, in: Pädagogik, Jg. 46, Heft 7-8, S. 77-80

GAGEL, Walter (1983): Interessenvermittlung im Bildungssystem. Das Beispiel der Eltern, in: ALEMANN, Ulrich von/ FORNDRAN, Erhard (Hrsg.): Interessenvermittlung und Politik. Interesse als Grundbegriff sozialwissenschaftlicher Analyse, Opladen, S. 67-101

GAISER, Wolfgang/ NISSEN, Ursula (1992): Kindheit heute - Aufwachsen in der Moderne, in: Diskurs 1, S. 2-5

GAST, Klaus/ LIESE, Leonard/ MITTAG, Elfriede (1993): Flexibilisierung der Schulzeit als Beitrag zur Schulzeitverkürzung. Ms. Dt. Städtetag, Köln - wiederabgedruckt: Arbeitskreis der Leiterinnen und Leiter kommunaler Schulpsychologischer Dienste beim Städtetag NW, Eildienst 3/1995, S. 42-48

GAUTRAT, Jacques/ LAVILLE, Jean-Louis (1988): Werkstattbericht aus der empirischen Forschung zur Arbeitnehmerbeteiligung in Frankreich, in: KIßLER, Leo (Hrsg.), Direkte Arbeitnehmerbeteiligung: Modernisierung oder Demokratisierung der Betriebe? in: con-tacte, Fernuniversität Hagen, S. 44

GELLNER, Ernest (1993): Was brauchen wir jetzt? Die soziale Anthropologie und ihr neuer globaler Kontext, in: Freibeuter 58, S. 21-31

GEIßLER, Rainer (1978): Bildung und Sozialchancen. Hypothesen zur Statuszuordnung durch das Bildungssystem, in : KZfSS, Heft 3, S. 468-487

GERHARDS, Jürgen/ NEIDHARDT, Friedhelm (1990): Strukturen und Funktionen moderner Öffentlichkeit. Fragestellungen und Ansätze. Ms. WZB FS III 90-101

GERHARDT, Uta/ HRADIL, Stefan/ LUCKE, Doris/ NAUCK, Bernhard (Hrsg.), (1995): Familie der Zukunft. Lebensbedingungen und Lebensformen, Opladen

GESSENHARTER, Wolfgang (1996): Warum neue Beteiligungsmodelle auf kommunaler Ebene? Kommunalpolitik zwischen Globalisierung und Demokratisierung, in : Aus Politik und Zeitgeschichte B 50, S. 3-13

GIESECKE, Hermann (1968/1976): Was heißt: studentische Mitbestimmung?, in: WEHNES, Franz-Josef (1976): Mitbestimmung und Mitverantwortung in der Schule, Kastellaun, S. 122-132

GIESEN, Bernhard (1991): Soziales System und sozialer Wandel - zum Begriff der Systemtheorie, in: KERBER, Harald/ SCHMIEDER, Arnold (Hrsg.): Soziologie. Arbeitsfelder, Theorien, Ausbildung. Reinbek, S. 516-543

GLASBERGER, Pieter (1993): Das Gelderse Tal, in: ZILLEßEN, Horst/ DIENEL, Peter C./ STRUBELT, Wendelin (Hrsg.): Die Demokratisierung der Demokratie. Internationale Ansätze, Opladen, S. 220-232

GMÜR, Wolfgang/ STRAUS, Florian (1994): Die Netzwerkperspektive in der Jugendforschung - Beispiel einer Netzwerkanalyse, in: Zeitschrift für Sozialisationsforschung und Erziehungssoziologie, 14. Jg., Heft 3, S. 227-244

GOLDSCHMIDT, Dietrich (1973/1976): Empfehlungen für die Schulen der BRD, in: WEHNES, Franz-Josef (1976): Mitbestimmung und Mitverantwortung in der Schule, Kastellaun, S. 22 - 44

GORZ, André (1994): Kritik der ökonomischen Vernunft. Sinnfragen am Ende der Arbeitsgesellschaft, Hamburg (frz. 1989)

GREVEN, Michael Th. (1988): Zur Kritik der Bewegungswissenschaft, in: Stiftung Mitarbeit (Hg.): Institutionalisierungsprozesse sozialer Protestbewegungen. Tagung 1988, S. 63-80

GREVEN, Michael Th. (1993): Ist die Demokratie modern? Zur Rationalitätskrise der politischen Gesellschaft, in: PVS, 34. Jg., Heft 3, S. 399-413

GRONEMEYER, Marianne (1993): Das Leben als letzte Gelegenheit. Sicherheitsbedürfnisse und Zeitknappheit. Darmstadt

GRONEMEYER, Marianne (1996): Lernen mit beschränkter Haftung. Über das Scheitern der Schule. Berlin

GRONEMEYER, Reimer (1989): Die Entfernung vom Wolfsrudel. Über den drohenden Krieg der Jungen gegen die Alten. Düsseldorf

Grüne Alternative in den Räten NRW (1994): Nachrichten aus der GAR-Küche, Mai 1994, Essen

GUGGENBERGER, Bernd (1990): Parlamentarische Parteiendemokratie, Bürokratie und Justiz. Aspekte der Theorie und Praxis politischer Institutionen in der Bundesrepublik, in: FETSCHER, Iring/ MÜNKELER, Herfried (Hrsg.), Politikwissenschaft. Begriffe - Analysen - Theorien. Hamburg, S. 494-544

HABERMAS, Jürgen (1976): Zur Rekonstruktion des Historischen Materialismus, Frankfurt am Main

HAENISCH, Hans (1989): Bewerung von Instrumenten, Verfahren und Zeithorizonten der Veränderung von Schule, Soest

HALFMANN, Jost (1993): Moderne soziale Bewegungen in der Bundesrepublik Deutschland: Reichweite und Wirkungen, in: Berliner Journal für Soziologie, Heft 2, S. 205-214

HAMMELRATH, Alf/ NIMPTSCH, Jürgen (1993): Wenn Schule wieder Spaß macht. Sechs Thesen zur Reform des Schulwesens in NRW, 2. stark veränderte Auflage, Köln

HANSEN, Klaus (1994): Schülerrechte oder: "Wir Lehrer haben ja nichts mehr in der Hand.", in: Pädagogik, Jg. 46, Heft 12, S. 40-44

HANSEN, Rolf/ ROLFF, Hans-Günther (1990): Abgeschwächte Auslesen und verschärfter Wettbewerb - Neuere Entwicklungen in den Sekundarschulen, in: ROLFF, Hans-Günther et al.: Jahrbuch der Schulenwicklung Bd. 6, Weinheim/München

HANSSON, Sven Ove (1993): Entscheidungsfindung bei Uneinigkeit von Experten, in: ZILLEßEN, Horst/ DIENEL, Peter C./ STRUBELT, Wendelin (Hrsg.): Die Demokratisierung der Demokratie. Internationale Ansätze, Opladen, S. 87-96

HARTMANN, Heinz (1977): Soziologische Ergebnisse zur Mitbestimmung - und die Reaktion der Praxis, in: KZfSS, SH 19, S. 331-352

HAUSER, Kornelia (1996): Die Kulturisierung der Politik. 'Anti-Political-Correctness' als Deutungskämpfe gegen den Feminismus, in: Aus Politik und Zeitgeschichte, B 21-22, S. 15-21

HECKEL Hans/ SEIPP, Paul (4.1969): Schulrechtskunde. 4. neubearbeitete Auflage, Neuwied/ Berlin

HEINZ, Wolfgang (1982): Oberste Lernziele in der liberalen Demokratie, in: BROCKMAYER, Rainer/ HAMACHER, Paul (1982), a.a.O., S. 112 -147

HEINZE, Rudolf G./ VOELZKOW, Helmut (1993): Verbände und "Neokorporatismus", in: ROTH, R./ WOLLMANN, H. (Hrsg.): Kommunalpolitik, Schriftenreihe der Bundeszentrale für politische Bildung, Bd. 320, Bonn, S. 245-255

HEITMEYER, Wilhelm (1987): Rechtsextremistische Orientierungen bei Jugendlichen, Weinheim/ Basel

HEITMEYER, Wilhelm (1994): Entsicherungen. Desintegrationsprozesse und Gewalt, in: BECK, Ulrich/ BECK-GERNSHEIM, Elisabeth (Hrsg.): Riskante Freiheiten, Frankfurt am Main, S. 376-401

HELSPER, Werner (1993): Jugend und Schule, in: KRÜGER, Heinz-Hermann (Hrsg): Handbuch der Jugendforschung, 2. erw. Auflage, Opladen, S. 351-402

HENSEL, Horst (2.1993): Die neuen Kinder und die Erosion der alten Schule. Bönen

HENSEL, Horst (1995): Die Autonome Öffentliche Schule. Das Modell des neues Schulsystems, Lichtenau/München

HENTIG, Hartmut von (1993): Die Schule neu denken. Eine Übung in praktischer Vernunft, München/Wien

HÉRITIER, Adrienne (1993): Policy-Netzwerkanalyse als Untersuchungsinstrument im europäischen Kontext: Folgerungen aus einer emprischen Studie regulativer Politik, in: PVS, SH 1993, S. 432-447

HÉRITIER, Adrienne (1995): Die Koordination von Interessenvielfalt im europäischen Entscheidungsprozeß und deren Ergebnis, in: Regulative Politik als 'Patchwork', MPIFG Discussion Paper 95/4

HERRLITZ, Hans-Georg/ HOPF, Wulf/ TITZE, Hartmut (1984): Institutionalisierung des öffentlichen Schulsystems, in: Enzyklopädie Erziehungswissenschaft, Bd. 5, Organisation, Recht und Ökonomie des Bildungswesens, Hrsg. BAETHGE, Martin/ NEVERMANN, Knut, Stuttgart, S. 55-71

HEUWINKEL, Dirk (1992): Familienpolitische Interessenvertretung - Beratungsmöglichkeiten von Verbänden, in: JANS, Bernhard/ SERING, Agathe: Familien im wiedervereinigten Deutschland. Dokumentation einer Familienkonferenz der Arbeitsgemeinschaft der Deutschen Familienorganisationen, S. 105-114

HILLER, Gotthilf Gerhard (1990): Zeitprobleme in schulischen Reformprojekten, in: LUHMANN, Niklas/ SCHORR, Karl Eberhard (Hrsg.): Zwischen Anfang und Ende. Fragen an die Pädagogik, Frankfurt am Main, S. 189-205

HIRSCH, Fred (1980, amerik. 1976): Die sozialen Grenzen des Wachstums. Eine ökonomische Analyse der Wachstumskrise, Reinbek

HIRSCHMAN, Albert O. (1982, dt. 1988): Engagement und Enttäuschung. Über das Schwanken der Bürger zwischen Privatwohl und Gemeinwohl, Frankfurt am Main

HIRSCHMAN, Albert O. (1989): Entwicklung, Markt und Moral. Abweichende Betrachtungen. München/ Wien

HIRSCHMAN, Albert O. (1994): Wieviel Gemeinsinn braucht die liberale Gesellschaft? in: Leviathan 2, S. 293-304

HOFFMANN-NOWOTNY, Hans-Jürgen (1995): Die Zukunft der Familie - Die Familie der Zukunft, in: GERHARDT, Uta et al., Familie der Zukunft. Lebensbedingungen und Lebensformen, Opladen, S. 326-348

HOLTAPPELS, Heinz-Günter/ ZIMMERMANN, Peter (1990): Wandel von Familie und Kindheit - Konsequenzen für die Grundschule, in: ROLFF, Hans-Günter et al., (Hrsg.): Jahrbuch der Schulentwicklung, Daten, Beispiele und Perspektiven, Bd. 6, S. 149-216

HOLZAPFEL, Hartmut/ DICHANZ, Horst (1993): Ist die Staatsschule am Ende? Ein Gespräch mit dem Hessischen Kultusminister Hartmut HOLZAPFEL mit Horst DICHANZ, in: Pädagogik 11/1993, S. 26-28

HOLZAPFEL, Hartmut (1994): "Autonomie verändert Schule schneller als erwartet", Interview in: Pädagogik 9/1994, S. 46-48

HONDRICH, Karl Otto (1977): Soziologische Ansätze und ihre Relevanz für die Sozialpolitik. Der bedürfnistheoretische Ansatz, in: KZfSS, SH 19, S. 213-231

HONNETH, Axel (1992): Kampf um Anerkennung. Zur moralischen Grammatik sozialer Konflikte, Frankfurt am Main

HOPF, Wulf (1984a): Bildung und Reproduktion der Sozialstruktur, in: Erziehungswissenschaft, Bd. 5, Organisation, Recht und Ökonomie des Bildungswesens Hrsg. BAETHGE, Martin/ NEVERMANN, Knut, Stuttgart 1984, S. 189-205

HOPF, Wulf (1984c): Selektivität (Sozialstruktur), in: Enzyklopädie Erziehungswissenschaft, Bd. 5, Organisation, Recht und Ökonomie des Bildungswesens. Hrsg. BAETHGE, Martin/ NEVERMANN, Knut, Stuttgart 1984, S. 605-609

HRADIL, Stefan (1994): Sozialisation und Reproduktion in pluralistischen Wohlstandsgesellschaften, in: SÜNKER, Heinz et al., (Hrsg.): Bildung, Gesellschaft, soziale Ungleichheit. Internationale Beiträge zur Bildungssoziologie und Bildungstheorie. Frankfurt am Main, S. 89-119

HUCKE, Jochen (1990): Umweltpolitik: Die Entwicklung eines neues Politikfeldes, in: BEYME, Klaus von/ SCHMIDT, Manfred. G. (Hrsg.): Politik in der Bundesrepublik Deutschland, Opladen, S. 382-398

HUISKEN, Freerk (1991): Die Wissenschaft von der Erziehung. Einführung in die Grundlügen der Pädagogik. Kritik der Erziehung. Teil 1, Hamburg

HUISKEN, Freerk (1992): Weder für die Schule noch fürs Leben. Vom unbestreitbaren Nutzen unserer Lehranstalten. Kritik der Erziehung, Teil 2, Hamburg

IGL, Gerhard (1994): Rechtsfragen des freiwilligen sozialen Engagements, Bonn

JANN, Werner (1993): Politikfeldanalyse, in: NOHLEN, Dieter (Hg.), Wörterbuch Staat und Politik, Bonn, S. 498-503

JOAS, Hans (1990): Die Demokratisierung der Differenzierungsfrage. Die Krise des Fortschrittsgedankens und die Kreativität kollektiven Handelns, in: Soziale Welt, 41. Jg., S. 8-27

JOHNSTON, Les (1992): The Rebirth of Private Policing. New York

JORDAN, Erwin/ SCHONE, Reinhold (1992): Jugendhilfeplanung, aber wie? Eine Arbeitshilfe für die Praxis, Münster

JÜLICH, Christian (1982): Schulgesetzgebung in Nordrhein-Westfalen. Ein Rückblick, in: BROCKMEYER, Rainer/ HAMACHER, Paul (1982), a.a.O., S. 20-45

JÜLICH, Christian (1986): Grundriß des Schulrechts in Nordrhein-Westfalen, Neuwied/Darmstadt

JÜRGENS, Ulrich (1990): Entwicklungslinien der staatstheoretischen Diskussion seit den siebziger Jahren, in: Aus Politik und Zeitgeschichte B 9-10, S. 14-22

JUNG, Otmar (1991): Welche Regeln empfehlen sich bei der Einführung von Volksbegehren und Volksentscheid (Volksgesetzgebung) auf Bundesebene? in: Direkte Demokratie in Deutschland, Handreichungen zur Verfassungsdiskussion in Bund und Ländern. Mit Entwürfen zur Einführung von Volksbegehren und Volksentscheid auf Bundesebene. ('Hofgeismarer Entwurf'), hrg. von Stiftung Mitarbeit, Bonn , S. 19-60

KAUFMANN, Franz-Xaver (1991): Diskurse über Staatsaufgaben. Ms. MPIG 91/5, Köln

KEIL, Siegfried (1992): Zur veränderten Lebenssituation der Familien in den neuen fünf Ländern. Perspektiven der Familienpolitik, in: JANS, Bernhard/ SERING, Agathe: Familien im wiedervereinigten Deutschland. Dokumentation einer Familienkonferenz der Arbeitsgemeinschaft der Deutschen Familienorganisationen, S. 47-70

KEVENHÖRSTER, Paul/ WINDHOFF-HÉRITIER, Adrienne (1981): Öffentliche Erziehung zwischen Sozialstaatspostulat und Freiheitsgebot, in: Zeitschrift für Pädagogik, Jg.3, S. 239-258

Kirchenamt der Ev. Kirche in Deutschland/ Sekretariat der Dt. Bischofskonferenz (1994): Zur wirtschaftlichen und sozialen Lage in Deutschland, Hannover/Bonn

KIRCHHEIMER, Otto: zit. nach Spiegel-Spezial 1/1994: Wahljahr '94, Hamburg, S. 29/30

KIẞLER, Leo (Hrsg.), Direkte Arbeitnehmerbeteiligung: Modernisierung oder Demokratisierung der Betriebe?, in: con-tacte, Fernuniversität Hagen, S. 34-36

KIẞLER, Leo/ BOGUMIL, Jörg/ WIECHMANN, Elke (1994): Das kleine Rathaus. Kundenorientierung und Produktivitätssteigerung durch den Bürgerladen Hagen. Baden-Baden

KLANDERMANS, Bert/ OEGEMA, Dirk (1987): Potentials, Networks, Motivations, and Barriers: Steps Towards Participation in Social Movements, in: American Sociological Review, Vol. 52, August, S. 519-531

KLEIN, Ansgar (1991): Editorial zu: Triumph der Verbände? Bewegungen zwischen Gesellschaft und Staat. Marburg

KLEINFELD, Ralf (1989): Mesokorporatismus. Ein Analysekonzept für kooperationsorientierte Interaktionen von Staat und Verbänden unter dem Doppelaspekt von Interessenvermittlung und nicht-etatistischer Steuerung, Ms. polis 11/1989, Fernuniversität Hagen

KLEINFELD Ralf (unter Mitarbeit von LÖBLER, Frank) (1993): Verbände und Interessenvermittlung. Überlegungen zu Theorie und Empirie von Verbänden in der pluralistischen Demokratie. Ms. Hagen

KLEMM, Klaus/ TILLMANN, Klaus-Jürgen (1984): Schule im kommunalen Kontext, in: Enzyklopädie Erziehungswissenschaft, Bd. 5, Organisation, Recht und Ökonomie des Bildungswesens, Hrsg. BAETHGE, Martin/ NEVERMANN, Knut, Stuttgart, S. 280-297

KLEMM, Klaus (1994): Bildungszeit: Geschenkte Zeit - geraubte Zeit, in: ROLFF, Hans-Günter et al. (Hrsg.): Jahrbuch der Schulentwicklung, Bd. 8, Weinheim/München, S. 125-141

KLINGER, Fred (1994): Aufbau und Erneuerung. Über die institutionellen Bedingungen der Standortentwicklung in Deutschland, in: Aus Politik und Zeitgeschichte B 17, S. 3-13

KLITGAARD, Jens Chr. (1996): Skizze einer (erfolgreichen) Schule für morgen, in: Schulpsychologie in der Schule der Zukunft. Tagungsbericht der 6. Fortbildungsveranstaltung vom 3.-5. Mai 1995 des Arbeitskreises der Leiterinnen und Leiter kommunaler schulpsychologischer Dienste beim Städtetag NRW, S. 74-77

KLUG, Wolfgang (1996): Mehr Markt in die Freie Wohlfahrt? in: Aus Politik und Zeitgeschichte, B 25-26, S. 34-43

KNAB, Doris/ MESSERSCHMID, Felix (1979): Tradition und Gegenwart. Profil von Schulen in katholischer Trägerschaft, in: GOLDSCHMIDT, Dietrich/ ROEDER, Peter Martin (Hrsg.): Alternative Schulen? Gestalt und Funktion nichtstaatlicher Schulen im Rahmen öffentlicher Bildungssysteme, Stuttgart, S. 363-389

KNAPP, Udo (1994): Den Sozialstaat von unten her neu befestigen, in: Vorwärts, Mai 1994, S. 17

KOCH, Claus (1993): Umbau des Sozialstaats - ist das ernst gemeint?, in: Leviathan 4, S. 445-452

KOCKA, Jürgen (1994): Ein deutscher Sonderweg. Überlegungen zur Sozialgeschichte der DDR, in: Aus Politik und Zeitgeschichte B 40, S. 34-45

KOWALCZYK, Walter (1988): Umgang zwischen Elternhaus und Schule. Eine qualitative Analyse der Alltagstheorien von Elternhaus und Schule. Regensburg

KOWALCZYK, Walter/ OTTICH, Klaus (1992): Der Elternabend. Ratgeber für Eltern und Lehrer. Reinbek

KRAFT, Alexander/ ULRICH, Günter (1994): Die Regionalisierung der Wirtschafts- und Strukturpolitik in systemtheoretischer Perspektive, in: KILPER, Heiderose (Hg.): Steuerungseffekte und Legitimation regionaler Netzwerke, Institut Arbeit und Technik, Gelsenkirchen, S. 56-68

KRIEGER, Hubert (1991): Mitbestimmung in Europa in den neunziger Jahren. Bestandsaufnahme, Konzepte und Perspektiven, in: Aus Politik und Zeitgeschichte B 13, S. 20-35

KRIPPENDORF, Ekkehart (1993): Nicht über Projekte, sondern politische Methoden nachdenken, in: UNSELD, Siegfried (Hg.): Nachdenken über Deutschland, Frankfurt am Main, S. 133-151

KRUMM, Volker (1987): Wem gehört die Schule? Anmerkungen zu einem Mißstand, mit dem fast alle zufrieden sind. Ms.

KRUMM, Volker (1988): Wie offen ist die öffentliche Schule? Über die Zusammenarbeit der Lehrer mit den Eltern. Ms. Saarbrücken

KRUMM, Volker (1990): Ein blinder Fleck der Unterrichtswissenschaft: Die Vernachlässigung außerschulischer Faktoren in der Unterrichtsforschung, in: Unterrichtswissenschaft, Zeitschrift für Lernforschung, 18. Jg, Heft 1 [hier zit. nach einem vom Autor zur Verfügung gestellten Sonderdruck]

KÖHLER, Helmut (1993): Bildungsbeteiligung und Sozialstruktur der Bundesrepublik. Zu Stabilität und Wandel der Ungleichheit von Bildungschancen. MPIFB, Berlin

KÖHLER-WEISKER, Angela/ HORN, Klaus/ SCHÜLEIN, Johann August (1993): Auf der Suche nach dem wahren Selbst. Eine Auseinandersetzung mit Carl ROGERS, Frankfurt am Main

KÜPPER, Willi/ ORTMANN, Günther (1986): Mikropolitik in Organisationen, in: Der Betriebswirt, Heft 5, S. 590-602

Kultusministerkonferenz [KMK] (1982): Stellungnahme der 209. KMK vom 11./12.3.1982

LACHENMAIR, Hannes (1994): Eltern helfen Eltern, in: päd.extra, Heft 9, S. 14

LAMBECK, Martin S. (1994): Moderierter Kompromiß, in: Das Parlament, Nr. 1, S. 5

Landesinstitut für Schule und Weiterbildung (1980): Der Lehrer als Kenner und Anwender des Schulrechts, Soest

Landesinstitut für Schule und Weiterbildung (1982/3.1991): Zusammenarbeit von Elternhaus und Schule, Teil 1. Erfahrungsbericht, Soest

LANDFRIED, Christine (1990): Rechtspolitik, in: BEYME, Klaus von/SCHMIDT, Manfred G. (1990): Politik in der BRD, Opladen, S. 76-98

LANDUA, Detlef/ HABICH, Roland (1994): Problemgruppen der Sozialpolitik im vereinten Deutschland, in: Aus Politik und Zeitgeschichte Bd. 3, S. 3-14

LEGGEWIE, Claus (1993): Die Kritik der Politischen Klasse und die Bürgergesellschaft. Muß die Bundesrepublik neugegründet werden? in: Aus Politik und Zeitgeschichte, B 31, S. 7-13

LEHMBRUCH, Gerhard (1981): Wandlungen der Interessenpolitik im liberalen Korporatismus, in: ALEMANN, Ulrich v./ HEINZE, Rolf G. (1981): Verbände und Staat. Vom Pluralismus zum Korporatismus, 2. Aufl., Opladen, S. 50-71

LEHMBRUCH, Gerhard (1986): Grenzen des Parteienwettbewerbs. Parteien im Netzwerk der Politikverflechtung, in: KROCKOW, Christian Graf von/ LÖSCHE, Peter (Hrsg.): Parteien in der Krise. Das Parteiensystem der BRD und der Aufstand des Bürgerwillens, S. 105-114 [zit. nach Reader Kurs 3219 der Fernuniversität Hagen, S. 135-145]

LEIF, Thomas (1993): Hoffnung auf Reformen? Reformstau und Partizipationsblockaden in den Parteien, in: Aus Politik und Zeitgeschichte, B 43, S. 24-33

LEISINK, Peter (1994): Bildungspolitik, Spaltung des Arbeitsmarktes und Emanzipation, in: SÜNKER, Heinz et al. (Hrsg.): Bildung, Gesellschaft, soziale Ungleichheit. Internationale Beiträge zur Bildungssoziologie und Bildungstheorie. Frankfurt am Main S. 145-171

LEITMANN, Steve (1993): Fallstudie über den Einfluß einer nicht-staatlichen, umweltpolitischen Organisation auf Fragen der Wasserwirtschaft, in: ZILLEßEN, Horst/ DIENEL, Peter C./ STRUBELT, Wendelin (Hrsg.): Die Demokratisierung der Demokratie. Internationale Ansätze, Opladen, S. 268-279

LESCHINSKY, Achim (1984): "Entschulung", in: Enzyklopädie Erziehungswissenschaft, Bd. 5, Organisation, Recht und Ökonomie des Bildungswesens, Hrsg. BAETHGE, Martin/ NEVERMANN, Knut, Stuttgart, S. 482-490

LEVIN, Henry M. (1979): Privatschulen im Gesellschaftsgefüge der USA, in: GOLDSCHMIDT, Dietrich/ ROEDER, Peter Martin (Hrsg.): Alternative Schulen? Gestalt und Funktion nichtstaatlicher Schulen im Rahmen öffentlicher Bildungssysteme, Stuttgart, S. 599-616

LIEBEL, Manfred (1984): Schule und Schülerleben, in: Enzyklopädie Erziehungswissenschaft, Bd. 5, Organisation, Recht und Ökonomie des Bildungswesens, Hrgs. BAETHGE, Martin/ NEVERMANN, Knut, Stuttgart, S. 373-392

LOHKAMP-HIMMIGHOFEN, Marlene (1994): Vereinbarkeit von Familie und Beruf. Die Situation in den zwölf Ländern der EG, in: Aus Politik und Zeitgeschichte, B 7-8, S. 3-13

LORENT, Hans-Peter de (1992): Schule ohne Vorgesetzte. Geschichte der Selbstverwaltung der Hamburger Schulen von 1870-1986, Hamburg

LUCKE, Doris (1995): Familie der Zukunft - Eine Einleitung, in: GERHARDT, Uta et al., Familie der Zukunft. Lebensbedingungen und Lebensformen, Opladen, S. 11-19

LÜBKE, Volkmar (1991): Verbraucherverände: Ansprüche, Wirkungen, Perspektiven, in: Forschungsjournal Neue Soziale Bewegungen, Heft 3, S. 60-67

LÜSCHER, Kurt (1977): Sozialpolitik für das Kind, in: KZfSS, SH 19, S. 591-628

LÜSCHER, Kurt (1995): Was heißt heute Familie? Thesen zur Familienrhetorik, in: GERHARDT, Uta et al., Familie der Zukunft. Lebensbedingungen und Lebensformen, Opladen., S. 51-65

LUHMANN, Niklas/ SCHORR, Karl Eberhard (1979/ Neuauflage 1988): Reflexionsprobleme im Erziehungssystem, Frankfurt am Main

LUHMANN, Niklas (1996): Das Risiko der Versicherung gegen Gefahren, in: Soziale Welt, 47. Jg., Heft 3, S. 273-283

LUTHARDT, Wolfgang (1997): Probleme und Perspektiven von direkter Demokratie in Deutschland, in: Aus Politik und Zeitgeschichte B 14/97, S. 13-22

MÄDING, Heinrich (1984): Finanzierung des Bildungswesens, in: Enzyklopädie Erziehungswissenschaft, Bd. 5, Organisation, Recht und Ökonomie des Bildungswesens, Hrsg. BAETHGE, Martin/ NEVERMANN, Knut, Stuttgart, S. 260-279

MÄDING, Heinrich (1984): "Schuletat", in: Enzyklopädie Erziehungswissenschaft, Bd. 5, Organisation, Recht und Ökonomie des Bildungswesens, Hrsg. BAETHGE, Martin/ NEVERMANN, Knut, Stuttgart, S. 584-588

MAHRENHOLZ, Ernst Gottfried (1976): Elternrecht und Schulreform, in: Recht der Jugend und des Bildungswesens, Heft 8/9, S. 272-275

MANN, Siegfried (1993): Macht und Ohnmacht der Verbände. Das Beispiel des Bundesverbandes der Deutschen Industrie e.V. (BDI) aus empirisch-analytischer Sicht, Baden-Baden

MANOW-BORWARDT, Philipp (1991): Neo-korporatistische Gesundheitspolitik? Die Festbetragsregelung des Gesundheitsreformgesetzes. Ms. WZB P 91-202

MARGIES, Dieter/ KNAPP, Rudolf/ GAMPE, Harald/ RIEGER, Gerald (1990): Allgemeine Schulordnung für Nordrhein-Westfalen. Kommentar, 2. Aufl. Neuwied/ Frankfurt am Main [Neuauflage 3.1995]

MARGIES, Dieter (1994): Mehr Selbständigkeit durch Autonomie von Schule?, in: Gesamtschulinfo 2/1994, S. 13-15 (Hrsg. Philologenverband und Realschullehrerverband für Lehrerinnen und Lehrer an Gesamtschulen)

MARTINY, Anke (1986): Wer nicht kämpft, hat schon verloren. Frauen und der Mut zur Macht, Reinbek

MATTERN, Cornelia (1979): Bildungsfinanzierung. Probleme und neue Ansätze. Frankfurt am Main/ Aarau

MAYNTZ, Renate (3.1985) : Soziologie der öffentlichen Verwaltung, Heidelberg

MAYNTZ, Renate/ SCHARPF, Fritz W. (1995): Steuerung und Selbstorganisation in staatsnahen Sektoren, in: diess. (Hrsg.): Gesellschaftliche Selbstregelung und politische Steuerung, Frankfurt am Main/ New York, S. 9-38

McADAM, Doug/ PAULSEN, Ronnelle (1993): Specifying the Relationsship between Social Ties and Activism, in: AJS Vol. 99, Number 3, S. 640-667

MELZER, Wolfgang (1987): Familie und Schule als Lebenswelt. Zur Innovation von Schule durch Elternpartizipation, Weinheim/München 1987

MERKEL, Wolfgang (1994): Systemwechsel. Probleme der demokratischen Konsolidierung in Ostmitteleuropa, in: Aus Politik und Zeitgeschichte, B 18-19, S. 3-11

MEULEMANN, Heiner (1993): Jugend, soziale Eliten und politische Werte. Der Funktionswandel der Idee der Jugend von der Eliterekrutierung zur Legitimierung politischer Wertansprüche, Fernuniversität Hagen 1993

MEYER, Thomas (1994): Die Transformation des Politischen, Franfurt am Main

MIEDEMA, Siebren (1994): Ethnizität, Pluralität und Weltbürgerschaft. Eine pädagogische Perspektive an der Nahtstelle zwischen Modernität, Postmodernität und Pragmatismus, in: SÜNKER, Heinz et al. (Hrsg.): Bildung, Gesellschaft, soziale Ungleichheit. Internationale Beiträge zur Bildungssoziologie und Bildungstheorie. Frankfurt am Main, S. 199-245

MÖLLER, Kurt (1994): Jugendarbeit als Lösungsinstanz gesellschaftlicher Gewaltverhältnisse: Eine magische Inszenierung, in: HEITMEYER, Wilhelm (Hg.) Das Gewalt-Dilemma, Frankfurt am Main, S. 242-272

MOHRHARDT, Dieter (1979): Elternmitwirkung in der BRD. Frankfurt am Main

MORGENROTH, Christine (1994): Das Prekäre des Geschlechterverhältnisses in Interesseorganisationen, in: NEGT, Oskar (Hg.) Die zweite Gesellschaftsreform, Göttingen, S. 131-140

MÜLLER, Sebastian/ TENORTH, Heinz-Elmar (1984): Professionalisierung der Lehrertätigkeit, in: Enzyklopädie Erziehungswissenschaft, Bd. 5, Organisation, Recht und Ökonomie des Bildungswesens, Hrsg. BAETHGE, Martin/ NEVERMANN, Knut, Stuttgart, S. 153-171

MÜLLER, Udo (1995): Controlling als Steuerungsinstrument der öffentlichen Verwaltung, in: Aus Politik und Zeitgeschichte B 5, S. 11-32

MÜLLER, Walter/ HAUN, Dietmar (1994): Bildungsungleichheit im sozialen Wandel, in: KZfSS, 46. Jg., Heft 1, S. 1-42

MÜNCH, Richard (1994): Das Dilemma der Umweltpolitik, in: Aus Politik und Zeitgeschichte B 37, S. 3-10

MÜNDER, Johannes (1984): "Jugendhilfe", in: Enzyklopädie Erziehungswissenschaft Bd. 5, Organisation, Recht und Ökonomie des Bildungswesens, Hrsg. BAETHGE, Martin/ NEVERMANN, Knut, Stuttgart, S. 503-511

MÜNKELER, Herfried (1985/1990): Politikwissenschaft. Zu Geschichte und Gegenstand, Schulen und Methoden des Fachs, in: FETSCHER, Iring/ MÜNKELER, Herfried (Hrsg.), Politikwissenschaft. Begriffe - Analysen - Theorien. Hamburg, S. 10-24

MURSWIECK, Axel (1990): Politische Steuerung des Gesundheitswesens, in: BEYME, Klaus von/ SCHMIDT, Manfred G., Politik in der BRD, Opladen, S. 150-176

MUTIUS, Albrecht von (1982): Das staatliche Schulwesen im Spannungsfeld zwischen Kirche, Staat und Gesellschaft, in: BROCKMEYER, Rainer/ HAMACHER, Paul (Hrsg.): Schule zwischen Recht, Politik und Planung, Paderborn., S. 237-254

NARR, Wolf-Dieter (1985/1990): Ethik und Politik - Skizze einer Physik der Sitten, in: FETSCHER, Iring/ MÜNKELER, Herfried (Hrsg.), Politikwissenschaft. Begriffe - Analysen - Theorien. Hamburg, S. 69-110

NAUCK, Bernhard/ MEYER, Wolfgang/ JOOS, Magdalena (1996): Sozialberichterstattung über Kinder in der BRD, in: Aus Politik und Zeitgeschichte, B 11, S. 11-20

NAVE-HERZ, Rosemarie (1994): Familie heute. Wandel der Familienstrukturen und Folgen für die Erziehung, Darmstadt

NEGT, Oskar (1994): Wir brauchen eine zweite, eine gesamtdeutsche Bildungsreform, in: ders. (Hg.): Die zweite Gesellschaftsreform, Göttingen, S. 276-290

NEVERMANN, Knut (1979): Gesetzesvorbehalt und Privatschulfreiheit. Verfassungsrechtliche Grenzen der Parlamentarisierung curricularer Entscheidungen, in: GOLDSCHMIDT, Dietrich/ ROEDER, Peter Martin (Hrsg.): Alternative Schulen? Gestalt und Funktion nichtstaatlicher Schulen im Rahmen öffentlicher Bildungssysteme, Stuttgart, S. 99-130

NEVERMANN, Knut (1984): Schule und Schulverfassung in der Bundesrepublik Deutschland, in: Enzyklopädie Erziehungswissenschaft, Bd. 5: Organisation, Recht und Ökonomie des Bildungswesens, Hrsg. BAETHGE, Martin/ NEVERMANN, Knut, Stuttgart, S. 393-404

NEVERMANN, Knut (1984d): "Personalvertretung", in: Enzyklopädie Erziehungswissenschaft, Bd.5, Organisation, Recht und Ökonomie des Bildungswesens, Hrsg. BAETHGE, Martin/ NEVERMANN, Knut, Stuttgart, S. 533-536

NEVERMANN, Knut (1984e): "Schulaufsicht", in: Enzyklopädie Erziehungswissenschaft, Bd. 5, Organisation, Recht und Ökonomie des Bildungswesens, Hrsg. BAETHGE, Martin/ NEVERMANN, Knut, Stuttgart, S. 588-591

NICKEL, Hildegard Maria (1995): Frauen im Umbruch der Gesellschaft, in: Aus Politik und Zeitgeschichte, B 36-37, S. 23-33

NIEPEL, Gabriele/ NESTMANN, Frank (1994): Das soziale Netzwerk der Einelternfamilie. Kinder als interne Unterstützungsressourcen, in: Archiv für Wissenschaft und Praxis der sozialen Arbeit, 25. Jg., Heft 3, S. 231-253

NISSEN, Ursula/ de RIJKE, Johann (1993): Was tun die Kinder am Nachmittag? in: Diskurs 1, S. 35-43

NOLTE, Claudia (1994): Fortschritte in Sachen Gleichberechtigung, in: Das Parlament, Nr. 17, 29.4.1994, S. 5

NULLMEIER, Frank (1991): Zivilgesellschaftlicher Liberalismus. Schattenseiten eines Trends politischer Theorieentwicklung, in: Forschungsjournal Neue Soziale Bewegungen, Heft 3, S. 13-26

NULLMEIER, Frank/ RÜB, Friedbert W. (1991): Bedürfnisse, Interessen und 'Neue Staatlichkeit'. Theoretische und empirische Überlegungen am Beispiel rentenpolitischer Entscheidungsprozesse. Ms. eines Vortrages in Cambridge/ Mass. 1990

OFFE, Claus (1969): Politische Herrschaft und Klassenstrukturen, in: KRESS, Gisela/ SENGHAAS, Dieter (Hrsg.): Politikwissenschaft. Eine Einführung in ihre Probleme, Frankfurt am Main, S. 135-184

OFFE, Claus (1975): Berufsbildungsreform. Eine Fallstudie über Reformpolitik. Frankfurt

OFFE, Claus (1981): Die Institutionalisierung des Verbandseinflusses - eine ordnungspolitische Zwickmühle, in: ALEMANN, Ulrich v. / HEINZE, Rolf G. (1981): Verbände und Staat. Vom Pluralismus zum Korporatismus, 2. Aufl., Opladen, S. 72-91

OLSON, Mancur (3.1992): Die Logik kollektiven Handelns. Kollektivgüter und die Theorie der Gruppen. Tübingen (engl. 1965)

OPASCHOWSKY, Horst W. (1995): "Ehrenamtlichkeit muß sich 'lohnen' ", in: Das Parlament, 7/8, S. 1

OPPERMANN, Thomas (1976): Gutachten für den 51. Dt. Juristentag: Nach welchen rechtlichen Grundsätzen sind das öffentliche Schulwesen und die Stellung der an ihm Beteiligten zu ordnen? Gutachten C, in: Verhandlungen des 51. Dt. Juristentages, München, Teil C [108 Seiten]

OSSENBÜHL, Fritz (1978): Elternrecht in Familie und Schule, Köln

OSTERLOH, Margit/ OBERHOLZER, Karin (1994): Der geschlechtsspezifische Arbeitsmarkt: ökonomische und soziologischeErklärungsansätze, in: Aus Politik und Zeitgeschichte, B 6, S. 3-10

OSWALD, Hans (1992): Beziehungen zu Gleichaltrigen, in: Jugendwerk der Deutschen Shell (Hrsg.): Jugend '92, Im Spiegel der Wissenschaften, Bd. 2, Opladen, S. 319-332

PÄTZOLD, Günther (1993): Jugend, Ausbildung,Beruf, in: KRÜGER, Karl-Heinz, Handbuch der Jugendforschung, 2.erw. Auflage, Opladen, S. 383-402

PANKOKE, Eckart (1986-1992): Gesellschaftlicher Wandel sozialer Werte. Studienbriefe der Fernuniversität Hagen, KE 1-6

PAPCKE, Sven (1988): Auf dem Weg in die Moderne. Tendenzen zunehmender Ungleichheit und Entsolidarisierung, in: Gewerkschaftliche Monatshefte, 39. Jg., Heft 1, S. 65-74

PAPCKE, Sven (1994): Neukodierung der Soziologie? Besprechungsessay zu: Hartmut ESSER (1993): Soziologie. Allgemeine Grundlagen, Frankfurt am Main / New York, in: KZfSS, 46. Jg. Heft 2, S. 312-315

PARSONS, Talcott (1985): Das System moderner Gesellschaften, Reprint Weinheim (Erstausgabe 1966, dt. 1975)

PESCHEL-GUTZEIT, Lore Maria (1994a): Rechte müssen im Grundgesetz stärker verankert werden, in: Das Parlament, 44. Jg., Nr. 7-8

PESCHEL-GUTZEIT, Lore Maria (1994b): Zum Wohle des Kindes - Der Beitrag der Verfassung zur Verbesserung der Lage von Kindern und Jugendlichen, in: Kinderrechte - Plädoyers für eine kinderfreundliche Gesellschaft, Schriftenreihe Jugendpolitik Bd. VII des Parteivorstandes der SPD, Bonn

PEUKERT, Wolfgang (1992): Wohlfahrtsstaat und Lebenswelt, in: Grundkurs Neuere Geschichte, KE 4: Der kompromittierte Kompromiß, Studienbrief 4112 der FeU Hagen, S. 28-41

PFEFFER, Martin (1994): Schulgemeindliche Planung eines Grundschulgebäudes, in: Bildung und Erziehung, 47. Jg., Heft 1, S. 37-56

PFEIFFER, Hermann (1992): Eine notwendige Ergänzung der Schulentwicklungsplanung: Betroffene wirken bei der Rahmen- und Maßnahmeplanung mit, in: ROLFF, Hans-Günter et al. (Hrsg.), Jahrbuch der Schulentwicklung, Bd. 7, S. 279-298

PFETSCH, Barbara (1994): Themenkarriere und politische Kommunikation. Zum Verhältnis von Politik und Medien bei der Entstehung der politischen Agenda, in: Aus Politik und Zeitgeschichte B 39, S. 11-20

PHILIPP, Elmar (1992): Gute Schule verwirklichen. Ein Arbeitsbuch mit Methoden, Übungen und Beispielen der Organisationsentwicklung, Weinheim/Basel

PLAKE, Klaus (1978): Umweltstrategien und Strukturprobleme von Sozialisationsorganisationen, in: Soziale Welt, Heft 3, S. 288-304

POMPEY, Heinrich (1993): Psychosoziale Aspekte von Armut und Verarmung. Ms. Freiburg

POULANTZAS, Nico (1976): Die gesellschaftlichen Klassen und ihre erweiterte Reproduktion, in: JAEGGI, Urs (Hg.): Sozialstruktur und politische Systeme, Köln, S. 15-37

QUENSTEDT, Fritz (1994): Elternarbeit - ein Thema für die Berufsschule? in: Zeitschrift für Berufs- und Wirtschaftspädagogik, Heft 3, S. 285-287

RAPOPORT, Anatol (1972): Spieltheorie, Konflikt und Konfliktlösung, in: Systemtheorie, Hg. KURZROCK, Rupert, Berlin, S. 187-198

RASCHKE, Joachim (1993): Die Grünen. Wie sie wurden, was sie sind. Köln

REICHEL, Peter (1985/1990): Politische Kultur in Deutschland, in: FETSCHER, Iring/ MÜNKELER, Herfried (Hrsg.): Politikwissenschaft, Begriffe - Analysen - Theorien, Reinbek, S. 111-154

REY, Michel (1993): Die Steuerung eines Beratungs- und Entscheidungsprozesses, in: ZILLEßEN, Horst/ DIENEL, Peter C./ STRUBELT, Wendelin (Hrsg.): Die Demokratisierung der Demokratie. Internationale Ansätze, Opladen, S. 183-192

RHODE, Barbara (1993): Regulierung und Deregulierung. Zur Beschleunigung des Rechts, in: Soziale Welt, Heft 3, S. 512-536

RICHTER, Ingo (1979): Versuch macht klug. Rechtsprobleme bei der Verwirklichung gesellschaftspolitischer Alternativen im Bildungswesen, in: GOLDSCHMIDT, Dietrich/ ROEDER, Peter Martin (Hrsg.): Alternative Schulen? Gestalt und Funktion nichtstaatlicher Schulen im Rahmen öffentlicher Bildungssysteme, Stuttgart, S. 63-98

RICHTER, Ingo (1984a): Verfassungsrechtliche Grundlagen des Bildungswesens, in: Enzyklopädie Erziehungswissenschaft, Bd. 5, Organisation, Recht und Ökonomie des Bildungswesens, Hrsg. BAETHGE, Martin/ NEVERMANN, Knut, Stuttgart, S. 226-243

RICHTER, Ingo (1984b): "Föderalismus", in: Enzyklopädie Erziehungswissenschaft, Bd. 5, Organisation, Recht und Ökonomie des Bildungswesens, Hrsg. BAETHGE, Martin/ NEVERMANN, Knut, Stuttgart, S. 491-494

RITTNER, Volker (1993): Sport und Gemeinsinn. Wohin geht eine Gesellschaft ohne Gemeinsinn? Eine Analyse der Wertorientierung in unserer Gesellschaft. Ms. Deutsche Sporthochschule Köln

ROEDER, Peter Martin (1979) Einleitung, in: GOLDSCHMIDT, D. /ders. (Hrsg.): Alternative Schulen? Gestalt und Funktion nichtstaatlicher Schulen im Rahmen öffentlicher Bildungssysteme, Stuttgart, S. 11-35

RÖHRS, Dieter-Georg (1982): Verfassung und Schulgestaltung, in: BROCKMEYER, Rainer/ HAMACHER, Paul (Hrsg.) (1982): Schule zwischen Recht, Politik und Planung, Paderborn, S. 46-73

RÖNSCH, Hannelore (1992): Familienpolitik im geeinten Deutschland, in: JANS, Bernhard/ SERING, Agathe: Familien im wiedervereinigten Deutschland. Dokumentation einer Familienkonferenz der Arbeitsgemeinschaft der Deutschen Familienorganisationen, S. 23-46

ROHWER, Götz (1991): Möglichkeiten und Grenzen einer kapitalistischen Dienstleistungsgesellschaft. Ms. Hamburger Institut für Sozialforschung, 2-91

ROLFF, Hans-Günter (1990): Wie gut sind gute Schulen? Kritische Analysen zu einem Modethema, in: ders. et al. (Hrsg.): Jahrbuch der Schulentwicklung, Bd. 6, Weinheim/Basel, S. 243-261

ROLFF, Hans-Günter (1991): Schulentwicklung als Entwicklung von Einzelschulen? in: Zeitschrift für Pädagogik, 37. Jg., Heft 6, S. 865-886

ROLFF, Hans-Günter/ BAUER, Karl-Oswald/ KLEMM, Klaus/ PFEIFFER, Hermann (Hrsg.) (1992): Jahrbuch der Schulentwicklung, Daten, Beispiele und Perspektiven, Bd. 7, Weinheim/München, S. 279-298

ROLFF, Hans-Günter (1993): Wandel durch Selbstorganisation. Theoretische Grundlagen und praktische Hinweise für eine bessere Schule, Weinheim/München

ROLFF, Hans-Günter/ BAUER, Karl-Oswald/ KLEMM, Klaus/ PFEIFFER, Hermann/ SCHULZ-ZANDER, Renate (1994) (Hrsg.): Jahrbuch der Schulenwicklung, Daten, Beispiele und Perspektiven, Bd. 8, Weinheim/München

ROLFF, Hans-Günter (1994): Gestaltungsautonomie verwirklichen. Lehrerinnen und Lehrer als Träger der Entwicklung, in: Pädagogik, 46. Jg., Heft 4, S. 40-44

ROSENBERGER, Peter W. (1993): Fast alle sind gegen Gewalt. Psychologische Beratungsstelle der Stadt Bonn, Tätigkeitsbericht 1992/93, S. 13-48

ROTH, Roland (1994): Demokratie von unten. Neue soziale Bewegungen auf dem Wege zur politischen Institution, Köln

RUCHT, Dieter (1991): Parteien, Verbände und Bewegungen als Systeme politischer Interessenvermittlung. WZB, Berlin

RÜRUP, Bernt/ SESSELMEIER, Werner (1993): Die demographische Entwicklung Deutschlands: Risiken, Chancen, politische Optionen, in: Aus Politik und Zeitgeschichte B 44, S. 3 -15

RÜRUP, Bert (1995): Controlling als Instrument effizienzsteigernder Verwaltungsreformen? in: Aus Politik und Zeitgeschichte, B 5, S. 3-10

RUDZIO, Wolfgang (1983): Das politische System der Bundesrepublik Deutschland, Opladen

RUMPF, Horst (1994): "Erfahrungsdefizite überwinden", Interview in: Herder-Korrespondenz, 48. Jg., Heft 8, S. 4o1-406

RUMPF, Mechthild (1994): Wo bleiben die Kinder? Aspekte eines neuen Geschlechtervertrages zwischen den Geschlechtern, in: NEGT, Oskar (1994), Die zweite Gesellschaftsreform, Göttingen,, S. 141-150

SACHSE, Carola (1990): Kontrollpotentiale von Soźialpolitik. Ms. Hamburger Institut für Sozialforschung 7-90

SALDERN, Matthias von (1995): Zur systemtheoretischen Begründung der Evaluation von Schule, in: ZSE, 15.Jg., Heft 4, S. 351-358

SAUBERZWEIG, Dieter (1982): Bildungspolitik zwischen Land und Gemeinden - belastbare Partnerschaft? in: BROCKMEYER, Rainer/ HAMACHER, Paul (1982), Schule zwischen Recht, Politik und Planung, Paderborn, S. 222-236

SCHARPF, Fritz W. (1989): Politische Steuerung und Politische Institutionen, in: PVS, 30. Jg., Heft 1, S. 10-21

SCHARPF, Fritz W. (1991): Die Handlungsfähigkeit des Staates am Ende des 20. Jahrhunderts, in: PVS, Heft 4, S. 621-634

SCHARPF, Fritz W. (1992): Koordination von Verhandlungssystemen. Analytische Konzepte und institutionelle Lösungen, in: BENZ, Arthur/ ders./ ZINTL, Reinhard: Horizontale Politikverflechtung. Zur Theorie von Verhandlungssystemen. Frankfurt am Main/ New York, S. 51 -96

SCHARPF, Fritz W. (1992b): Koordination von Verhandlungssystemen. Analytische Konzepte und institutionelle Lösungen, in: BENZ, Arthur/ ders./ ZINTL, Reinhard (1992): Horizontale Politikverflechtung. Zur Theorie von Verhandlungssystemen. Schriften des MPIFG Bd. 10, Frankfurt/New York, S. 51 -96

SCHARPF, Fritz W. (1993a): Versuch über Demokratie im verhandelnden Staat, in: CZADA, R./ SCHMIDT, M.G., Verhandlungsdemokratie - Interessenvermittlung - Regierbarkeit. Festschrift für Gerhard LEHMBRUCH, Opladen, S. 25-50

SCHARPF, Fritz W. (1993b): Autonomieschonend und gemeinschaftsverträglich: Zur Logik der europäischen Mehrebenenpolitik, Ms. MPG 9/93

SCHEFFLER, Beate (1994): Forderungen an eine gute Schule, in: päd.extra, 3/1994, S. 40-43

SCHEUCH, Erwin K. und Ute (1995): "Die Entmachtung durch Professionelle", in: Das Parlament 7-8, S. 1/2

SCHIMANK, Uwe (1985): Der mangelnde Akteursbezug systemtheoretischer Erklärungen gesellschaftlicher Differenzierung - Ein Diskussionsvorschlag, in: Zeitschrift für Soziologie, Jg. 14, Heft 6, S. 421-434

SCHIMANK, Uwe (1988): Gesellschaftliche Teilsysteme als Akteursfiktionen, in: KZfSS, Vol. 40, Nr. 3, S. 619-639

SCHMID, Günther (1994): Übergänge in die Vollbeschäftigung. Perspektiven einer zukunftsgerechten Arbeitsmarktpolitik, in: Aus Politik und Zeitgeschichte B 12-13, S. 9-23

SCHMID, Josef (1993): Parteien und Verbände. Probleme der Konstitution, Kontingenz und Koevolution im System der Interessenvermittlung, in: CZADA, R./ SCHMIDT, M.G., Verhandlungsdemokratie - Interessenvermittlung - Regierbarkeit. Festschrift für Gerhard LEHMBRUCH, Opladen, S. 171-189

SCHMID, Michael (1994): Entscheiden, Handeln und Institutionen. Neuere Arbeiten zur soziologischen Handlungstheorie, in: Berliner Journal für Soziologie, Heft 4, S. 571-580

SCHMIDT, Manfred G. (1990): Die Politik des mittleren Weges. Besonderheiten der Staatstätigkeit in der BRD, in: Aus Politik und Zeitgeschichte B 9-10, S. 23-31

SCHNETZ, Diemut (1991): Neue soziale Bewegungen und direkte Demokratie, in: Forschungsjournal Neue Soziale Bewegungen, Heft 3, Marburg, S. 89-98

SCHNOOR Herbert (1994): Gehen der Politik die gewaltlosen Steuerungsmittel zur Beherrschung zukünftiger ethnischer Konflikte aus? in: HEITMEYER, W. (Hg.) Gewaltdilemma, Frankfurt am Main, S. 452-464

SCHÖNIG, Werner (1996): Zur Zukunft der Prinzipien Sozialer Sicherung, in: ders./ L'HOEST, Raphael (Hrsg.) Sozialstaat wohin? Umbau, Abbau oder Ausbau der Sozialen Sicherung. Darmstadt, S. 100-118

SCHOLZ, Rupert (1993): Die gemeinsame Verfassungskommission. Auftrag, Verfahren, Ergebnisse, in: Aus Politik und Zeitgeschichte B 52, S. 3-5

SCHUBERT, Klaus (1989): Politikfeldanalyse. Eine Einführung, Studienbrief 3222 der Fernuniversität Hagen

SCHWAB, Dieter (1993): Familienrecht, 7. neubearbeitete Auflage, München

SCHWEITZER, Rosemarie (1995): Probleme der Familienberichterstattung über Familie und Gesundheit, in: GERHARDT, Uta et al., Familie der Zukunft. Lebensbedingungen und Lebensformen, Opladen., S. 99-109

SCHWENDTER, Rolf (1989): Alternative Ökonomie. Geschichte, Struktur, Probleme, in: Aus Politik und Zeitgeschichte B 26, S. 41-53

SEE, Hans (1990): Kommunalpolitik, in: FETSCHER, Iring/ MÜNKELER, Herfried (Hrsg.): Politikwissenschaft, Begriffe - Analysen - Theorien, Reinbek, S. 583-608

SEFFEN, Achim (1996): Umbau des Sozialstaates unter Sparzwang. Eine Herausforderung für Politik und Gesellschaft, in: Aus Politik und Zeitgeschichte, B 25-26, S. 26-33

SEIBEL, Wolfgang (1987): Der Staatsstil für Krisenzeiten: Selbststeuerung öffentlicher Aufgabenträger und das Problem der Kontrolle, in: PVS, 28. Jg., Heft 2, S. 197-219

SEIBEL, Wolfgang (1991): Erfolgreich scheiternde Organisationen. Zur politischen Ökonomie des Organisationsversagens, in: PVS, 32. Jg., Heft 3, S. 479-496

SEIFERT, Karl-Heinz/ HÖMIG, Dieter (Hrsg.) (1991): Grundgesetz für die Bundesrepublik Deutschland. Taschenkommentar. 4. Aufl. Baden-Baden

SEYDEL, Otto (1994): Das Echo. Die Geschichte der Vision einer 'Neuen Schule', in: Bildung und Erziehung, Heft 2, S. 175-185

SIMITIS, Spiro (1988): Das Kindeswohl als Entscheidungsziel: von der Euphorie zur Skepsis, in: GOLDSTEIN, Joseph et al., Das Wohl des Kindes. Grenzen professionellen Handelns, Frankfurt am Main

SOEFFNER, Hans-Georg (1993): Populisten - Profiteure, Handelsagenten und Schausteller ihrer Gesellschaften, in: Jahrbuch 1993 der Fernuniversität Hagen, Hg. von der Gesellschaft der Freunde der Fernuniversität e.V., Hagen, S. 97-118 [veröffentlich ebenso in: BERKING, H./ HITZLER, R. / NECKEL, S. (Hrsg.) (1993): Politikertypen in Europa, Frankfurt am Main, S. 259-279]

Sozialdemokratische Partei Deutschlands (1994): Bildung 2000. Diskussionsbeitrag der Kommission für Bildung und Wissenschaft beim Parteivorstand der SPD, Bonn

SPECHT, Friedrich (1984): Schule und Sozialisation, in: Enzyklopädie Erziehungswissenschaften, Bd. 5, Organisation, Recht und Ökonomie des Bildungswesens, Hrsg. BAETHGE, Martin/ NEVERMANN, Knut, Stuttgart, S. 337-354

SOFSKI, Wolfgang/ PARIS, Rainer (1994): Figurationen sozialer Macht. Autorität - Stellvertretung - Koalition. Frankfurt am Main

SPIES, Werner E. (1982): Moralische Kategorien in Bildungsplanung und Bildungspolitik, in: BROCKMEYER, Rainer/ HAMACHER, Paul (Hrsg.): Schule zwischen Recht, Politik und Planung, Paderborn, S. 148-163

SPIES, Werner E. (1984): "Kultusministerien" in: Enzyklopädie Erziehungswissenschaft Bd. 5, Organisation, Recht und Ökonomie des Bildungswesens, Hrsg. BAETHGE, Martin/ NEVERMANN, Knut, Stuttgart, S. 512-514

SPIES, Werner E. (1993): Schulautonomie – wünschenswertes Reformziel oder bildungspolitische Sackgasse? in: schul-management, 24. Jg., 4/1993, S. 16-19

STAUPE, Jürgen (1991): Schulrecht von A-Z., München

STEFFENS, Ulrich/ BARGEL, Tino (Hrsg.) (ab 1987): Beiträge aus dem Arbeitskreis Qualität von Schule, Hessisches Landesinstitut für Bildungsplanung und Schulentwicklung, Heft 1 - 4

STEINERT, Heinz (1990): Sozialpolitik als soziale Kontrolle. Ms. Hamburger Institut für Sozialforschung 7-90

Stiftung Mitarbeit (Hg.) (1991) : Direkte Demokratie in Deutschland, Handreichungen zur Verfassungsdiskussion in Bund und Ländern. Mit Entwürfen zur Einführung von Volksbegehren und Volksentscheid auf Bundesebene. ("Hofgeismarer Entwurf"), Bonn

STOCKHAUSEN, Joachim von (1994): Entwicklungshilfe im Spannungsfeld von politischen Interessen und sozialer Gerechtigkeit, in: Aus Politik und Zeitgeschichte B 20, S. 3-10

STRUBELT, Wendelin/ ADAM, Brigitte (1993): Entscheidungsprozesse um Flughafenplanungen - am Beispiel des Flughafenausbaus in Bremen, in: ZILLEßEN, Horst/ DIENEL, Peter C./ STRUBELT, Wendelin (Hrsg.): Die Demokratisierung der Demokratie. Internationale Ansätze, Opladen, S. 135-155

SWAAN, Abram de (1993, niederl. 1989): Der sorgende Staat. Wohlfahrt, Gesundheit und Bildung in Europa und den USA der Neuzeit. Frankfurt am Main

TARROW, Sidney (1991): Kollektives Handeln und politische Gelegenheitsstruktur in Mobilisierungswellen: Theoretische Perspektiven, in: KZfSS, Heft 1, S. 647-670

TAUSCH, Reinhard (5.1973/1960): Gesprächspsychotherapie. Göttingen

TEUBNER, Gunther (1979): Neo-korporatistische Strategien rechtlicher Organisationssteuerung: Staatliche Strukturvorgaben für die gesellschaftliche Verarbeitung politischer Konflikte, in: Zeitschrift für Parlamentsfragen, 10. Jg., S. 487-509

TEUBNER, Gunther (1992): Die vielköpfige Hydra: Netzwerke als kollektive Akteure höherer Ordnung, in: KROHN, Wolfgang/ KÜPPERS, Günter: Emergenz: Die Entstehung von Ordnung, Organisation und Bedeutung. Frankfurt am Main, S. 189-216

THRÄNHARDT, Dietrich (1990): Bildungspolitik, in: BEYME, Klaus von/ SCHMIDT, Manfred G. (Hrsg.): Politik in der BRD, Opladen, S. 177-202

TILLMANN, Klaus-Jürgen (4.1993): Sozialisationstheorien. Eine Einführung in den Zusammenhang von Gesellschaft, Institution und Subjektwerdung, Hamburg

TILLMANN, Hans-Jürgen (1994): Schule und Wirtschaft in einem neuen Reformdialog? in: Technik, 4. Jg., Heft 16, S. 46-48

THAYSEN, Uwe (1992): Runde Tische - Kriseninstrument zur Herstellung demokratischer Legitimität, in: Der Runde Tisch - ein neues Demokratiemodell? Hg. Stiftung Mitbestimmung, Bonn

TYRELL, Hartmann (1987): Die 'Anpassung' der Familie an die Schule, in: OELKERS, J./ TENORTH, H.E. (Hrsg.): Pädagogik, Erziehungswissenschaft und Systemtheorie. Weinheim/Basel, S. 102-124

Übereinkommen über die Rechte des Kindes (1989): UN-Kinderkonvention, ratifiziert in der BRD 1992, Hg. BMFJ, Bonn

VASCOVICS, Lazlo A./ BUBA, Hanspeter/ FRÜCHTEL, Frank (1992): Postadoleszenz und intergenerative Beziehungen in der Familie, in: ZINNECKER, Jürgen/ FISCHER, Arthur (1992): Jugendstudie '92, Opladen, S. 395-408

VOBRUBA, Georg (1991): Moderne, Modernisierung, Sozialpolitik, Ms. Hamburger Institut füt Sozialforschung, 4-1991

VOELZKOW, Helmut (1994): Die Regionalisierung der Strukturpolitik und neue Formen einer intermediären Interessenvermittlung, in: KILPER, Heiderose (Hg.): Steuerungseffekte und Legitimation regionaler Netzwerke, WZN, S. 7-39

VOGEL, Johann Peter (1972): Mitbestimmung in der Schule. Bemerkungen aus Anlaß neuer Mitbestimmungsgesetzentwürfe in einigen Bundesländern, in: Neue Sammlung, 12. Jg., Heft 3, S 216-229

VOGEL, Johann Peter (1979): Goldener Käfig oder Förderung freier Initiativen? Die staatliche Finanzhilfe für Privatschulen, in: GOLDSCHMIDT, Dietrich/ ROEDER, Peter Martin (Hrsg.): Alternative Schulen? Gestalt und Funktion nichtstaatlicher Schulen im Rahmen öffentlicher Bildungssysteme, Stuttgart S. 131-148

VOGEL, Johann Peter (1991): Die Privatschulbestimmungen des Grundgesetzes - ein Verfassungsmodell für das gesamte Schulwesen, in: BERG, Hans-Christoph/ STEFFENS, Ulrich (Hrsg.): Schulqualität und Schulvielfalt. Das Saarbrücker Schulgütesymposion '88, Wiesbaden 1991, S. 73-79

VOGEL, Johann Peter (1995): Verfassungsrechtliche Bemerkungen zur Verselbständigung der Schule, in: Zeitschrift für Pädagogik, Heft 1, S. 39-48

Voigt, Rüdiger (1992): Kommunalpolitik zwischen exekutiver Führerschaft und legislatorischer Programmsteuerung, in: Aus Politik und Zeitgeschichte, B 22-23, S. 2-12

WAGNER-WINTERHAGER, Luise (1979): Schule und Eltern in der Weimarer Republik. Weinheim/Basel

WALLRABENSTEIN, Wulf (1994): "Weg mit dem Korsett", in: 'Stern' 19, S. 36

WATTS, Meredith W. (1992): Legitimität unkonventioneller politischer Beteiligung: Unterschiedliche Spuren der 'partizipatorischen Revolution' in West und Ost, in: Jugendwerk der Deutschen Shell (Hrsg.): Jugend '92, Im Spiegel der Wissenschaften, Bd. 2, Opladen, S. 73-89

WEBER, Jürgen (1977): Die Interessengruppen im politischen System der Bundesrepublik Deutschland, Stuttgart

WEBER, Max (1919/5.1988): Politik als Beruf, in: Gesammelte Politische Schriften, Tübingen, S. 505-560

WEHNES, Franz-Josef (1976): Mitbestimmung und Mitverantwortung in der Schule, in: ders., Mitbestimmung und Mitverantwortung in der Schule, Kastellaun., S. 9-21

WEISS, Carol H. (1995): The Four "I's" of School Reform: How Interests, Ideology, Information, and Institution Affect Teachers and Principals, in: Harvard Educational Revue, Vol. 64, 4, p. 571-592

WEISS, Manfred (1993): Der Markt als Steuerungssystem im Schulwesen? in: Zeitschrift für Pädagogik, 39. Jg., Heft 1 , S. 71-84

WESEL, Uwe (1992): Fast Alles Was Recht Ist. Jura für Nichtjuristen, Frankfurt am Main

WEßELS, Bernhard (1994): Besprechung von: KNIGHT, Jack (1992): Institutions and Social Conflict. Cambridge/USA, in: KZfSS, 46. Jg. Heft 2, S. 332/333

WHITTY, Geoff (1994): Ist die jüngste Bildungsreform ein postmodernes Phänomen? in: SÜNKER, Heinz/ TIMMERMANN, Dieter/ KOLBE, Fritz-Ulrich (Hrsg.): Bildung, Gesellschaft, soziale Ungleichheit. Intern. Beiträge zur Bildungssoziologie und Bildungstheorie, Frankfurt/M. S. 64-88

WIATER, Werner/ LOHRENZ, Hubert (1980): Mitwirken und Mitgestalten. Schule in der gemeinsamen Verantwortung von Lehrern und Schülern, Bad Heilbrunn

WIDMAIER, Hans Peter (1977): Zur Theorie der Durchsetzbarkeit sozialer Bedürfnisse, in: KZfSS, SH 19, S. 438-462

WILHARM, Irmgard (1993): Wiederaufbaudynamik und Wertewandel, in: Bürgerliche Gesellschaft in Deutschland, KE 6, Nachfaschistische Alternativen, Studienbrief der Fernuniversität Hagen, S. 45-59

WILLKE, Helmut (1991): Systemtheorie. Eine Einführung in die Grundprobleme der Theorie sozialer Systeme. 3. überarb. Auflage, Stuttgart/New York

WILLKE, Hellmut (1993): Abwicklung der Politik, in: UNSELD, Siegfried (Hg.): Nachdenken über Deutschland, Frankfurt am Main, S. 54-84

WILLKE, Helmut (1994): Systemtheorie II: Interventionstheorie. Grundzüge einer Theorie der Intervention in komplexe Systeme, Stuttgart/Jena

WINDHOFF-HÉRITIER, Adrienne (1987): Policy-Analyse. Eine Einführung. Frankfurt am Main

WINGEN, Max (1994): Zur Theorie und Praxis der Familienpolitik. Schriften des Deutschen Vereins für Öffentliche und Private Fürsorge. Allg. Schrift 270, Frankfurt am Main

WINTER, Gerd (1994): Von der ökologischen Vorsorge zur ökonomischen Selbstbegrenzung, in: Aus Politik und Zeitgeschichte B 37, S. 11-19

WIRTZ, Albert (1993): Intermediäre Organisationen zwischen offenen Netzwerken und festen Strukturen, in: Effektivität intermediärer Organisationen für den regionalen Strukturwandel, WZN, Gelsenkirchen, S. 35-42

WOLF, Hans-Georg (1991): Arbeitslosenprojekte und die Logik des kollektiven Handelns, in: Forschungsjournal Neue Soziale Bewegungen, Heft 3, S. 46-58

WOLF, Harald (1994): Rationalisierung und Partizipation, in: Leviathan, Heft 2, S. 243-259

WOLF, Rainer (1991): Zur Antiquitiertheit des Rechts in der Risikogesellschaft, in: BECK, Ulrich (Hg.): Politik in der Risikogesellschaft, Frankfurt am Main, S. 378-423

WÜRTTENBERGER, Thomas (1993): Konfliktlösung durch Akzeptanz-Management, in: ZILLEẞEN, Horst/ DIENEL, Peter C./ STRUBELT, Wendelin (Hrsg.): Die Demokratisierung der Demokratie. Internationale Ansätze, Opladen, S. 72-86

ZAPF, Wolfgang (1990): Modernisierung und Modernisierungstheorien. WZB P 90-104, Berlin [Eröffnungsvortrag zum 25. Dt. Soziologentag 1990 in Frankfurt]

ZIEHE, Thomas (1994): Jugend, Alltagskultur und Fremdheiten. Zur Reform der Lernkultur, in: NEGT, Oskar (Hg.) Die zweite Gesellschaftsreform, Göttingen, S. 258-265

ZILLEẞEN, Horst/ DIENEL, Peter C./ STRUBELT, Wendelin (1993) (Hrsg.): Die Demokratisierung der Demokratie. Internationale Ansätze, Opladen,

ZIMMER, Anette (1994): Grundformen organisierter Interessen: Vereine. Kurs 3214 Fernuniversität Hagen

ZINNECKER, Jürgen/ FISCHER, Arthur (1992): Jugendstudie '92. Die wichtigsten Ergebnisse im Überblick in: Jugendwerk der Deutschen Shell, Jugend '92, Bd. 1, Gesamtdarstellungen und biografische Porträts, Opladen, S. 213-306

ZINNECKER, Jürgen (1996): Kinder im Übergang, in: Aus Politik und Zeitgeschichte B 11, S. 3-10

ZINTL, Rainer (1995): Der Nutzen unvollständiger Erklärungen: Überlegungen zur sozialwissenschaftlichen Anwendung der Spieltheorie. Discussion Paper 95/2 MIPFG, Köln

ZOLL, Rainer (1994): Staatsbürgereinkommen für Sozialdienste. Vorschläge zur Schaffung eines zweiten, nicht marktförmig organisierten Sektors der Gesellschaft, in: NEGT, Oskar (Hg.) Die zweite Gesellschaftsreform, Göttingen, S. 79-96

Anhang

Fragebogen
(im Original DIN A 4)

Susanne Soppart-Liese Köln, April 1995

Sehr geehrte Damen und Herren,

vor einiger Zeit habe ich mit Ihnen telephonisch Kontakt aufgenommen. Im Rahmen eines Promotionsvorhabens an der Fernuniversität Hagen (Fachbereich Erziehungs-, Sozial- und Geisteswissenschaften, Lehrgebiet Theorie der Schule und des Unterrichts, Prof. Dr. Horst Dichanz) bearbeite ich das Thema:

Reform der Schule und elterliche Interessenvertretung.

Mir geht es dabei vor allem um Rolle und Funktion von organisierten Elterninteressen, in Nordrhein-Westfalen also insbesondere um die Verbände.

Ich bitte Sie um die Beantwortung der folgenden Fragen, weil ich die Arbeit nicht im theoretischen 'Absichts-Himmel' belassen möchte. Bei Ihnen als Vertreterin oder Vertreter eines beim Kultusministerium NW anerkannten Verbandes kann ich von der Kompetenz für diese Fragestellung ausgehen. Ich hoffe, daß Sie sich die Zeit für die Beantwortung der Fragen nehmen können.

Der Fragebogen ist recht umfangreich geworden (Sozialwissenschaftler sind neugierige Leute!), und ich hoffe natürlich, daß Sie alle Fragen beantworten können und wollen. Vielleicht bekommen Sie im Verlauf der Beantwortung meiner Fragen auch die eine oder andere Anregung für Ihre Verbandsarbeit (?).

Für den zügigen Fortgang meiner Arbeit wäre eine rasche Rücksendung des ausgefüllten Bogens sehr hilfreich. Falls Sie Fragen haben, rufen Sie mich bitte an (& 0221 - 44 78 61).

Mit freundlichem Gruß und vorab herzlichem Dank für Ihre Kooperation

---

0. Name des Verbandes (falls es doch nicht ohne Rückfragen gehen sollte):

____

1. Wann wurde der Verband gegründet? ______________

   Gab es einen Vorläuferverband? ja / nein

   Wenn ja, welchen? ________________________

   Wann wurde der Vorläuferverband gegründet? ____________

➢

2. Wieviele **Mitglieder** hat der Verband zur Zeit? ____________________

Davon sind ________ Frauen und ________ Männer

Könnten Sie zum Vergleich die jeweiligen Mitgliederzahlen angeben (im Idealfall auch geschlechtsspezifisch) für die Jahre

	Gesamt	weiblich	männlich
1980	______	______	______
1985	______	______	______
1990	______	______	______

3. Können Sie bitte ungefähr angeben, zu welchen Anteilen die Mitglieder des Ver bandes folgende **Berufe** ausüben:

Selbständige	______	
Unselbst. Arbeitnehmer	Wirtschaft	Öffentl.Dienst
leitende Position	______	______
nicht-leitende Position	______	______
z.Z. ohne Anstellung	______	______
Hausfrauen/Hausmänner	______	
ohne Berufsausbildung	______	

4. Welche **Altersgruppen** sind mit welchen ungefähren Anteilen im Verband vertreten?

Bis 20 Jahre ____________ %

20 - 35 Jahre ____________ %

35 - 50 Jahre ____________ %

über 50 Jahre ____________ %

5. Der Verband hat eine

e.V.-Satzung / andere Satzung

6. Der **Vorstand** besteht aus ________ Mitgliedern.

7. Hat der Verband eine **Geschäftsführerin / einen Geschäftsführer**?

ja / nein

➢

8. Beschäftigt der Verband sonstiges **Personal**? ja / nein

Falls ja, wieviele Personen

	regelmäßig	bei Bedarf
Vollzeit	_______	_______
Teilzeit	_______	_______
stundenweise	_______	_______

9. Haben Sie, außer dem Vorstand und der Mitgliederversammlung, sonstige **Gremien**, die unterstützend tätig sind, z.B. Beiräte, Aussschüsse oder Abteilungen?

ja / nein

wenn ja: ______________________________

10. Wie oft findet eine **Mitgliederversammlung** statt? (eventuell über den satzungsgemäßen Turnus hinausgehend?)

Durchschnittlich pro Jahr _________ mal

11. Wie lange ist satzungsgemäß die **Amtsperiode** der/des Vorsitzenden?

____

12. Wie lange war die Amtszeit der/des vorigen Amtshaberin/ Amtsinhabers?

_________________ Wie lange ist die/der jetzige Amtsinhaberin/ Amtsinhaber im Amt? _________________

13. Wo würden Sie die **Schwerpunkte** Ihrer Verbandsarbeit sehen? Mehrfachnennungen sind hier natürlich möglich.

- ❑ schulformbezogene Arbeit
- ❑ allgemeine bildungspolitische Arbeit
- ❑ Öffentlichkeitsarbeit
- ❑ Mitgliederinformation / Mitgliederschulung
- ❑ Informationsaustausch
- ❑ Einflußarbeit in Richtung ❍ Politik ❍ Wissenschaft ❍ Administration
- ❑ Sonstiges, bitte nennen

____

______________________________ ➢

14. Betreibt Ihr Verband **Mitgliederwerbung**? ja / nein

Wenn ja, in welcher Form?

____

15. Kann jede/jeder Mitglied werden? ja / nein

Wenn nein: welche **Voraussetzungen** müssen erfüllt sein (z.B. schulpflichtige Kinder)?

____

16. Gibt es die Möglichkeit einer fördernden Mitgliedschaft? ja / nein

Wenn ja: ca. ______ %-Anteil der Mitgliederschaft

17. Wer beschließt über die **Aufnahme** neuer Mitglieder?

❑ Vorstand

❑ Mitgliederversammlung

❑ nicht geregelt

❑ anders geregelt ______________________________

18. Wieviele Mitglieder beteiligen sich regelmäßig an der Verbandsarbeit?

Ungefähr ______ Mitglieder.

19. Hat der Verband eigene Büroräume? ja / nein

20. Worin sehen Sie die wesentlichen Probleme Ihrer innerorganisatorischen Aufgabenerledigung?

____

____

____

21. Hat der Verband ein **Publikationsorgan**? ja / nein

Wenn ja: regelmäßig / unregelmäßig

Innerhalb welchen Turnus? ______________________________

Ungefährer Umfang? ______________________________

Verteilung an

❍ alle Mitglieder

❍ auf Anforderung

❍ Versand an Zielgruppen der Verbandsarbeit

➢

22. **Führen Sie spezielle Veranstaltungen durch?** ja / nein

unregelmäßig / regelmäßig ❍ bis 5 pro Jahr ❍ mehr als 5 pro Jahr

Themen der Veranstaltungen in den vergangenen zwei Jahren

____

____

____

____

23. An wen richten sich die Veranstaltungen vorrangig?

❍ Mitglieder ❍ allgemeine Öffentlichkeit ❍ Zielgruppen

24. Betreibt Ihr Verband schulbezogene **Gremienarbeit**? ja / nein

Wenn ja: In welchen Gremien ist der Verband vertreten?

❑ an der einzelnen Schule

❑ Stadtebene bzw. Bezirksebene

❑ Landesebene

❑ Bundesebene

25. Wer ist in diesen Gremien vertreten?

❑ Vorstandsmitglieder

❑ sonstige, vom Verband gewählte Mitglieder

❑ wie es sich ergibt, nach Interesse, zeitlicher Verfügbarkeit u.ä.

26. Gibt es Kontakte zu anderen Verbänden? ja / nein

Wenn ja:

	regelmäßig	nach Bedarf
auf Vorstandsebene	❍	❍
auf Mitgliederebene	❍	❍

27. Welches sind die wesentlichen **Einnahmequellen** Ihres Verbandes?

❑ Mitgliedsbeiträge

Wie hoch ist der jährliche satzungsmäßige Mitgliedsbeitrag? ______________

❑ Spenden

❑ Öffentliche Zuwendungen

❑ Sponsoring

❑ Selbsterwirtschaftete Einnahmen

➢

28. Ist Ihr Verband in den vergangenen fünf Jahren gefördert worden?

ja / nein

Wenn nein: Haben Sie sich um eine Förderung bemüht? ja / nein

Wenn ja: Wie hoch war die Förderung in diesem Zeitraum insgesamt?

Ca. ________________

Wenn Ihr Verband gefördert wurde, war das

❍ fortlaufend ❍ projektbezogen ❍ unregelmäßig

Wer hat gefördert?

❑ Öffentliche Hand

❍ Stadt ❍ Land ❍ Bund

❑ Wirtschaft

❑ Parteien

❑ Kirchen

❑ sonstige Organisationen

29. Wie hoch waren im letzten Jahr ungefähr die Ausgaben Ihres Verbandes?

Ca. ____________

Wofür wurden diese Ausgaben hauptsächlich verwendet?

❑ Sach- und Personalausgaben

❑ Publikationen

❑ Veranstaltungen

❑ Sonstiges

30. Ist Ihr Verband Mitglied eines Dachverbandes / eines sonstigen überregionalen Zusammenschlusses (Arbeitsgemeinschaft, Aktionsbündnis etc.)?

ja / nein Wenn ja: ❍ Länderebene

❍ Bundesebene

❍ europäische Ebene

❍ internationale Ebene

31. Ist Ihr Verband Mitglied in sonstigen Organisationen?

nein / ja, ____

➢

32. Gibt es einen **Informationsaustausch** mit anderen Organisationen im Bildungswesen?

❑ ja / nein

Wenn ja, ❍ regelmäßig ❍ n ach Bedarf

mit ❍ Lehrerverbänden ❍ anderen schulformbezogenen Verbänden

❍ Sonstigen ______________________

❍ durch Gespräche ❍ durch Publikationen

33. Arbeitet Ihr Verband mit den vorgenannten oder auch anderen Organisationen zusammen?

ja / nein

Wenn ja, in welcher Form?

- ❑ Publikationen
- ❑ Öffentlichkeitsarbeit
- ❑ Veranstaltungen
- ❑ Gremienarbeit
- ❑ Finanzierung
- ❑ Personal
- ❑ Sonstiges ______________________

34. Welches sind aus Ihrer Sicht die **Hauptprobleme** Ihres Verbandes?

- ❑ zu geringe Mittel
- ❑ mangelndes Mitglieder-Engagement
- ❑ fehlende Räumlichkeiten
- ❑ mangelnde Resonanz
  - ❍ in der Öffentlichkeit
  - ❍ bei den Parteien
  - ❍ bei anderen Verbänden
  - ❍ in der Administration von
    - ❍ Stadt
    - ❍ Land
    - ❍ Bund
- ❑ fehlende Hilfen und Förderungen (Rechtsbeistand, Expertisen, finanzielle Zuwendungen)
- ❑ Anderes ______________________

➢

35. Wenn Sie die **Zielsetzung** Ihres Verbandes mit dem tatsächlich Erreichten vergleichen: wie schätzen Sie die Wirkung Ihres Verbandes ein?

Zielsetzung

- ❑ voll erreicht
- ❑ teilweise erreicht
- ❑ kaum erreicht
- ❑ nicht erreicht

36. Wenn Sie in den nächsten zwei Jahren Maßnahmen zur **Optimierung** Ihrer Verbandsarbeit planen, auf welchen Ebenen bewegen sich diese?

- ❑ Verbesserung der internen Organisation
- ❑ bessere Finanzausstattung
- ❑ verstärkte Öffentlichkeitsarbeit
- ❑ modifizierte Mitgliederwerbung
- ❑ Verbesserung der Zusammenarbeit mit anderen Verbänden/Organisationen
- ❑ Verstärkung der Gremienarbeit
- ❑ Verstärkung informeller Kontakte
- ❑ Sonstiges ______________________________

37. Trotz der vielen Fragen kann ich mir vorstellen, daß ich aus Ihrer Sicht noch etwas vergessen habe. Wenn ja, was ist das?

Ich danke Ihnen nochmals ganz herzlich für die geduldige Beantwortung meiner Fragen.

Rücksendung bitte an

Susanne Soppart-Liese
Klettenberggürtel 56
50939 Köln

FSC
www.fsc.org
MIX
Papier | Fördert
gute Waldnutzung
FSC® C083411

Kolibri 360 GmbH
Ferdinand-Jühlke-Straße 7
99095 Erfurt, Deutschland
produktsicherheit@kolibri360.de

Druck:
CPI Druckdienstleistungen GmbH
im Auftrag der
Kolibri 360 GmbH
Ferdinand-Jühlke-Str. 7
99095 Erfurt